Mind Games

Andreas Jacke

Mind Games

Über literarische, psychoanalytische
und gendertheoretische *Sendeinhalte*
bei A. C. Doyle und der BBC-Serie
Sherlock

Andreas Jacke
Berlin, Deutschland

ISBN 978-3-658-17474-3   ISBN 978-3-658-17475-0 (eBook)
DOI 10.1007/978-3-658-17475-0

Die Deutsche Nationalbibliothek verzeichnet diese Publikation in der Deutschen Nationalbibliografie; detaillierte bibliografische Daten sind im Internet über http://dnb.d-nb.de abrufbar.

Springer VS
© Springer Fachmedien Wiesbaden GmbH 2017
Das Werk einschließlich aller seiner Teile ist urheberrechtlich geschützt. Jede Verwertung, die nicht ausdrücklich vom Urheberrechtsgesetz zugelassen ist, bedarf der vorherigen Zustimmung des Verlags. Das gilt insbesondere für Vervielfältigungen, Bearbeitungen, Übersetzungen, Mikroverfilmungen und die Einspeicherung und Verarbeitung in elektronischen Systemen.
Die Wiedergabe von Gebrauchsnamen, Handelsnamen, Warenbezeichnungen usw. in diesem Werk berechtigt auch ohne besondere Kennzeichnung nicht zu der Annahme, dass solche Namen im Sinne der Warenzeichen- und Markenschutz-Gesetzgebung als frei zu betrachten wären und daher von jedermann benutzt werden dürften.
Der Verlag, die Autoren und die Herausgeber gehen davon aus, dass die Angaben und Informationen in diesem Werk zum Zeitpunkt der Veröffentlichung vollständig und korrekt sind. Weder der Verlag noch die Autoren oder die Herausgeber übernehmen, ausdrücklich oder implizit, Gewähr für den Inhalt des Werkes, etwaige Fehler oder Äußerungen. Der Verlag bleibt im Hinblick auf geografische Zuordnungen und Gebietsbezeichnungen in veröffentlichten Karten und Institutionsadressen neutral.

Gedruckt auf säurefreiem und chlorfrei gebleichtem Papier

Springer VS ist Teil von Springer Nature
Die eingetragene Gesellschaft ist Springer Fachmedien Wiesbaden GmbH
Die Anschrift der Gesellschaft ist: Abraham-Lincoln-Str. 46, 65189 Wiesbaden, Germany

Inhalt

1 Einleitung. Zur Rezeption – »The game is on!« 1
1.1 Eine literarische und eine filmgeschichtliche Figur 6
1.2 Die Lust am Krimi 14
1.3 Der enge Realitätsbezug 15
1.4 Ritualisierte Abläufe 22
1.5 Über die richtige Länge der Sendungen 24
1.6 Die Abwesenheiten des Detektivs 27

2 Die Sherlock-Holmes-Geschichten und die Psychoanalyse 31
2.1 Watson und Holmes in Analyse 33
2.2 Deduktion und Psychoanalyse 37
2.3 Geheimschriften 46
 Exkurs I: Lacan und *The purloined letter* 51

3 Düstere Vorbilder: E. A. Poe 57
3.1 *The purloined letter* und *A Scandal in Bohemia* 57
3.2 Desolate Vaterfiguren und schlimme Vorgeschichten 62
3.3 Poes Einfluss auf Doyle 68
3.4 Schwarze Romantik und *The Hounds of Baskerville* 74
 Exkurs II: Benjamin und Poe:
 Die Detektivgeschichte als Großstadtroman 80

4 Denkbewegungen 85
4.1 Holmes und Platon/Sokrates 86
4.2 Wie kann man Denkvorgänge visualisieren? 90
4.3 Holmes und Kracauer 97

4.4	Die Deduktion als Zaubertrick	106
	Exkurs III: Telepathie und Psychoanalyse	110
4.5	Spirituelle Interessen	115
4.6	Holmes und die Geister	123
4.7	*The Abominable Bride*	125
5	**Charakteränderungen**	**131**
5.1	Gesicht und Charakter	132
5.2	Die zwanghaften, autistischen, schizoiden und traumatischen Züge in der Persönlichkeit des Meisterdetektivs	140
5.3	Die Freundschaft zwischen Watson und Holmes	152
5.4	Moral	159
5.5	Das Verhältnis zu den Frauen	164
5.6	Die Nebenfiguren	172
6	**Philosophische Betrachtungen des Mordes**	**183**
6.1	Lacans Spiegelstadium	183
6.2	Levinas, Derrida und der Ödipuskomplex	184
6.3	Tierphilosophie	188
6.4	Ein Fallbeispiel: Die Handlungsstruktur in *The Adventure of the Speckled Band*	190
	6.4.1 Täterprofil	190
	6.4.2 Exotische Ursprünge	192
	6.4.3 Wettkampf	198
	6.4.4 Die Schlange	199
	6.4.5 Moral	201
	6.4.6 Verschlüsselungen	202
7	**Resümee: »*It's not a game anymore*« – Die vierte Staffel von *Sherlock***	**203**
7.1	Politische Implikationen und das Bedürfnis nach Sicherheit	203
7.2	Eine tote Frau	206
7.3	*Der Ostwind* oder ein horrormäßiges Finale	209
7.4	»*Miss Me*« – Zukunftsperspektiven	212
Literaturverzeichnis		**215**

1 Einleitung. Zur Rezeption – »The game is on!«[1]

»Jedes Buch ist eine Pädagogik, die dazu bestimmt ist, seine Leser zu formen und zu bilden« (Derrida 2005, S. 39).

In einem seiner wichtigsten Bücher, *La carte postale* (1980/*Die Postkarte*), schrieb Jacques Derrida, »die Stimmen werden von der Leinwand kommen, man wird nicht mehr wissen, wer interpretiert was« (Derrida 1982, S. 299). Obwohl jede Filminterpretation mehrdimensional angelegt sein sollte, allein schon aufgrund der verschiedenen Ebenen, aus denen ein Film sich zusammensetzt, gilt es doch für einen Filmwissenschaftler dieses Ereignis in seiner Analyse zu strukturieren. Er gibt ihm damit zwar stets eine neue Form und diese sollte immer offen bleiben für die vielen anderen möglichen Formen. Er legt sich damit aber auch fest. Daher möchte ich das Programm meiner Interpretation zunächst darlegen, deren Stil eher feuilletonistisch als in einem strengen Sinne rein wissenschaftlich ist. Derrida spricht von »Aufpfropfungen des Poetischen auf das Philosophische (ohne zu vermischen)« (Derrida 2005, S. 38). In diesem Fall ist es aber auch umge-

---

1 Diese berühmte Phrase stammt in ihrer ursprünglichen Form *The game is afoot* (auf Deutsch: *Das Spiel hat begonnen*) aus dem Anfang von *The Abbey Grange* (1904/*Abbey Grange*). Seitdem ist sie in zahlreichen Pastiches und Verfilmungen zu einem populären Leitsatz des Detektivs geworden. Für *Sherlock* hat man den altmodisch klingenden Wortlaut modernisiert in »The game is on!«. Einmal erklärt Holmes bei Doyle gegenüber seinem Bruder Mycroft seine Motivation Kriminalfälle zu lösen: »Wenn ich mitspiele, dann um des Spiels selbst willen« (Doyle, WA Bd. 8, S. 119 f.). Das berühmteste Detektivspiel ist Cluedo. In *The Hounds of Baskerville* (2012/*Die Hunde von Baskerville*) beschließen Holmes und Watson es nicht mehr zu spielen, weil Holmes seine Regeln falsch findet (Stafford 2015, S. 132). Unterdessen ist nicht nur eine Cluedo Sherlock Edition in England auf dem Markt, sondern schon 1949 hieß das Spiel in den USA *Clue, The Sherlock Holmes Game*. Und auch auf der britischen Ausgabe von Cluedo war seinerzeit eine Holmes-Figur mit Deerstalker und Lupe abgebildet. Holmes wird also schon lange als eine spielerische Figur wahrgenommen.

kehrt: Die philosophische und psychoanalytische Interpretation wird aufgepfropft auf die Poesie einer Reihe von Detektivgeschichten und einer TV-Serie. Auch hier sollen beide Ebenen nicht gänzlich miteinander vermischt werden.

Dabei gilt es sich von bisherigen Büchern über *Sherlock* abzusetzen. Diese Analyse wird *keine* weitere umfassende, vergleichende Studie anbieten, die die Inhalte der einzelnen TV-Episoden im Detail abgleicht mit dem Originalkanon[2] der Holmes-Geschichten von Sir Arthur Conan Doyle. Das ist zur Genüge geschehen und unterdessen bereits sogar im Internet einsehbar. Vielmehr sollen hier die gesamten Kontexte und ihre Hintergründe insgesamt miteinander verglichen und damit tiefergehende Zusammenhänge zwischen der literarischen Vorlage und ihrer Umsetzung durch die BBC-Serie *Sherlock* aufgezeigt werden. Dazu wird nach einer Einleitung zunächst der traditionelle und konventionelle Vergleich zwischen der Psychoanalyse und der Detektivgeschichte herangezogen. Im nächsten Schritt wird der Einfluss des literarischen Vaters von Doyle, Edgar Allen Poe, ausführlich beschrieben. Der vierte Abschnitt handelt dann von Denkbewegungen des Detektivs, erklärt ihre philosophische Herkunft und zeigt, mit welchen Strategien sie für die BBC-Serie visuell auf dem neusten Stand der Filmtechnik gebrauchsfähig gemacht worden sind. Dazu gehört auch eine eingehende Beschäftigung mit den spirituellen Interessen von Doyle, der verdeckten Seite der Holmes-Geschichten. Der fünfte Teil widmet sich dann im Detail der BBC-Serie und zeigt, welche Veränderungen gegenüber den literarischen Charakteren von Arthur Conan Doyle für die Verfilmung vorgenommen worden sind. Im sechsten und letzten Teil soll eine philosophische Abhandlung über den Mord einen innovativen Blick auf die Darstellung der Verbrechensbekämpfung bei Sherlock Holmes sicherstellen.

Am Ende oder in den Kapiteln stehen zugleich häufiger Exkurse, die wie Brücken aufgespannt worden sind. Sie stellen neue Verbindungen von mehr übergeordneten, externen Standpunkten her und die hier gezeigten Inhalte werden im weiteren Verlauf der Studie wiederaufgenommen. Das sechste Kapitel ist insgesamt ein Exkurs, der die Studie abschließt.

Drei wesentliche Fragestellungen durchlaufen dieses Buch wie rote Fäden:

---

2   Man unterscheidet bei Sherlock-Holmes-Geschichten zwischen dem Kanon, das sind nur die Originalgeschichten von Doyle und den zahlreichen Pastiches, die Nachdichtungen von anderen Autoren sind. Der Name Kanon ist natürlich verdächtig und verweist auf eine strenge Orthodoxie, die aber notwendig war, um sich von den zahlreichen Nachahmern abzugrenzen. In diesem Zusammenhang ist es interessant, dass der erste Holmes-Roman von Anthony Horowitz *Das Geheimnis des weißen Bandes* (2011/ *The House of Silk*) vom Sir Arthur Conan Doyle Estate als eine *echte* Geschichte anerkannt worden ist, eine Ehre die bisher noch keinem Pastiche zuteilwurde. Zum Kanon gehört der Roman aber natürlich dennoch nicht.

1) Das Verhältnis der Detektivgeschichte zur Psychoanalyse in allen möglichen Variationen.
2) Der Versuch mithilfe von Jacques Derridas Philosophie (insbesondere *Der Postkarte* 1980) eine dekonstruktive Lesart der literarischen und TV-Sendungen vorzunehmen. Und zugleich mithilfe der Frankfurter Schule eine kritische.
3) Eine feministische Lesart, die den Fokus auf die Darstellung der Weiblichkeit in den Geschichten und Filmen legt.

Alle drei Aspekte sind eng miteinander verbunden und beziehen sich zuweilen aufeinander.

In Bezug auf das feministische Thema hat sich zwischen Doyles Holmes und dem *Sherlock* Holmes (Benedict Cumberbatch) einiges verändert. In der Gegenwart wäre das misogyne Frauenbild des Detektivs aus der viktorianischen Epoche kaum mehr akzeptabel. Ein interessantes Beispiel dafür, welches sich aus denselben Motiven speist, gibt es in dem neuen Kinofilm *Mr. Holmes* (2015), der nicht zufällig wie die *Sherlock*-Reihe von der BBC produziert wurde. Der zugrunde liegende Roman *A Slight Trick of the Mind* (2005) des amerikanischen Schriftstellers Mitch Collin, musste zehn Jahre warten, bevor er durch die durch *Sherlock* entstandene *Renaissance* des berühmten Detektivs endlich verfilmt werden konnte. Der Film zeigt nicht nur einen alternden Holmes, der seine geistigen Fähigkeiten zum Teil verloren hat, sondern auch einen Detektiv, der sein zuweilen asoziales Verhalten gegenüber Frauen am Ende zutiefst bereut. Diese neue Ausrichtung des Detektivs ist symptomatisch für die Adaptionen des Holmes-Mythos im 21. Jahrhundert. Die Story von *Mr. Holmes* ist einfach: Sie berichtet von dem allerletzten Fall des Detektivs, der dazu führte, dass er seinen Beruf aufgab. Er stellte darin die Ehefrau Alm Kelmot zur Rede, die Gift gekauft hatte, um damit, wie Holmes glaubte, ihren Ehemann zu ermorden. Kelmot hatte zuvor zwei Fehlgeburten gehabt und trauerte um ihre beiden ungeborenen Kinder, was ihr Ehemann, im Gegensatz zu Holmes, nicht verstehen konnte. Sie bot dem Detektiv, nachdem er sie gestellt hatte, sogar eine Beziehung an, weil sie fühlte, dass er ihre Einsamkeit teilte und nachvollziehen konnte. Holmes wehrte dieses Angebot jedoch ab und riet ihr, zu ihrem Mann zurückzukehren. Daraufhin beging Kelmot den zuvor bereits geplanten Selbstmord, indem sie sich nun vor einen Zug warf. Holmes war verzweifelt. Alle seine kognitiven Fähigkeiten hatten ihm in diesem Fall nichts genutzt, weil er zwischenmenschlich vollkommen versagt hatte. Er bereute das Liebesangebot der Frau nicht angenommen zu haben, das ihn zutiefst berührt hatte. Nach diesem Fall hat er seine Arbeit als Detektiv an den Nagel gehängt und sich fortan nur noch der Bienenzucht verschrieben. Der Film selbst berichtet davon, wie er sich schrittweise versucht, an diesen, seinen letzten Fall zu erinnern und ihn aufzeichnet, bevor ihn seine geistigen und körperlichen Kräfte endgültig verlassen.

Innerhalb der BBC-Serie wird das Motiv von Holmes schroffen Zurückweisungen emotionaler Kontakte häufig gerade in den ersten zwei Staffeln als sein Problem herausgearbeitet. Und von Anfang an wird die psychische Gesundheit des Detektivs hinterfragt. Bei älteren Verfilmungen, wie beispielsweise der sehr bekannten und originalgetreuen Granada-Reihe (1984–1994) mit Jeremy Brett, wurde dieser Aspekt noch nicht hinterfragt. Das ist einer der Gründe, warum sie heute so veraltet wirkt. Ich möchte versuchen, neben einigen anderen Themen, genau dieser Spur zu folgen. Mit ihr verknüpft ist der Heldenstatus von Holmes, bei dem es sich zwar um eine Figur handelt, die sich durch Größe auszeichnet, deren moralische Integrität aber zuweilen zweifelhaft ist. In der TV-Serie Sherlock schreibt Watson, nachdem er Holmes kennengelernt hat, in seinen Block: »Und ja, er ist sehr wahrscheinlich, eigentlich eher sicher, verrückt. Aber er kennt einige nette Restaurants und ist nicht in allem schlecht.« Dass der kluge Detektiv nicht nur ein großer Denker, sondern auch ein guter und äußerst sympathischer Mensch ist, wird zwar mit der Zeit in der BBC-Serie immer deutlicher (Marinaro 2012, S. 72), aber dennoch wird er nie zu einem *reinen* Helden. Seine Schwächen liegen nicht bei der Verbrechensbekämpfung, sondern bei seinem zwischenmenschlichen Verhalten. Wenn Holmes, wie er in der BBC-Serie selbst immer wieder eingesteht, ein *Soziopath* ist, dann sind die Grenzen seiner Möglichkeiten damit bereits präzise benannt. Und es ist kein Zufall, dass seine mangelnde *Empathie* nun zu einem wichtigen Charaktermerkmal innerhalb der gesamten Serie wurde. Diese Thematik hatte Doyle zwar immer wieder angedeutet, sie hat aber in der Gegenwart ganz andere Konsequenzen als noch im patriarchalen, viktorianischen Zeitalter, wo man über die Schrullen des genialen Detektivs noch weitaus gnädiger mit einem Lächeln hinwegsehen konnte.[3] Holmes hat zwar immer noch dieselben Attribute, wie in der Vergangenheit, er musste jedoch seine Gestalt verändern, um in dem modernen Kontext weiterhin akzeptiert zu werden (Taylor 2012, S. 101). Der Privatdetektiv, dessen Serie weltweit rezipiert wird, ist heute eben nicht nur ein genialer Nerd,[4] ein Profi auf dem Gebiet der Forensik und zugleich der Prototyp eines idealen Geisteswissenschaftlers, der allein mit seiner *Gehirnakrobatik* verblüffende Einsichten eröffnet; er ist zugleich auch in einer übertriebenen Form ein typisch männlicher Charakter, der Nähe zurückweist und emotionale Bindungen zum anderen Geschlecht fast unerträglich findet. Und für seine negativen Eigenschaften bräuchte man in der Gegenwart ein höheres Maß an Selbsteinsicht und

---

3 Doyles Geschichten sind weitgehend geschrieben worden in der Regierungsperiode von Queen Victoria und finden auch in ihr statt. Sie regierte von 1837 bis 1901.

4 In der Populärkultur werden sehr intelligente Personen oft als *Freaks* dargestellt (Bochman 2012, S. 147). Dahinter versteckt sich die proletarische Denkweise, dass jemand, der übermäßig viel Geist hat, an anderen Stellen nur verkümmert sein kann. Vor allem Menschen, die neue Techniken anwenden, sind davon häufiger betroffen (ebd., S. 153).

auch tiefergehende Erklärungen. Denn beide Elemente gehören seit jeher zusammen: Er will kognitiv die Situationen beherrschen und meistern, und dabei kann er Zufälle, Emotionen und unlogisches Verhalten eben nicht gebrauchen. Er ist realitätsfremd und entdeckt in der Realität zugleich Dinge, die alle anderen übersehen haben. Holmes ist daher eine faszinierende männliche Identifikationsfigur. Er ist ein Held und ein Antiheld zugleich (Marinaro 2012, S. 79), eine ambivalente Figur, ein sehr femininer, höflicher, sympathischer und fragiler Mann, einerseits ein perfekter Gentleman, andererseits ein starrköpfiger, narzisstischer Unhold, ein zwischenmenschlicher, arroganter Versager, dem zuweilen das Taktgefühl völlig fehlt. Er hat eine faszinierende Persönlichkeit und ist nicht selten ein soziales Ärgernis.

Für einen Überblick sei hier am Ende der Einleitung erstmals grob der Verlauf der gesamten TV-Serie kurz skizziert: Die erste Staffel (2009) diente dazu die Figuren einzuführen, das Verhältnis zwischen Holmes und Watson zu erklären und ihre Charaktere beim Publikum zu etablieren. Niemand konnte damals ahnen, dass die Reihe einen solch großen Erfolg haben würde. Die Themen der drei Folgen in Schlagwörtern sind: 1. Einführung 2. Exotik 3. Ultimatum. Für die zweite Staffel (2012) nahm man sich dann die drei wirklich großen Sherlock-Holmes-Geschichten vor, die am berühmtesten sind: 1. *A Scandal in Bohemia* (1891), *The Hound of the Baskervilles* (1902) und *The Final Problem* (1893) (vgl. Tribe 2015, S. 216). Die Themen sind: 1. Liebe, 2. Angst und 3. Tod. In der dritten Staffel (2014) wurde das Gespann der zwei Freunde erweitert. Denn von nun an agierte auch Watsons Ehefrau Mary (Amanda Abbington) mit Holmes und Watson zusammen und sie bildeten kein Duo mehr, sondern nun die neue Figur eines Dreiecks, bei dem allerdings das freundschaftliche Verhältnis zwischen den Männern durch die Frau nicht gestört, sondern ergänzt wurde (Tribe 2015, S. 223). Einen Höhepunkt in der dritten Staffel bildete nicht nur Watsons Hochzeit, sondern auch die letzte Folge, die die ebenfalls aus dem Kanon herausragende Geschichte *The Adventure* of *Charles Augustus Milverton* enthält, die einen Verbrecher zeigt, der Holmes über alle Maßen *anwidert*. Auffallend war nun der Anstieg an emotionalen Verbindungen, die auch durchaus durch die Hinzunahme einer Frau in einer klassischen Form evoziert wurden. Die Themen sind 1. Rückkehr, 2. Hochzeit und 3. Ekel. Die vierte Staffel wurde 2017 veröffentlicht und war düsterer als alle Folgen zuvor. Sie ist überschattet durch Mary Watsons Tod in der ersten Folge. Die Themen waren: 1. Terror, 2. Drogen und 3. Anstalt. Dabei wurden primär Doyle-Geschichten aus der letzten Dekade genommen, was auf ein mögliches Ende der Serie hinweist.

1.1 Eine literarische und eine filmgeschichtliche Figur

»Es ist eine Serie über einen Detektiv, keine Detektivserie« (Mark Gatiss, einer der zwei Erfinder der TV-Reihe *Sherlock*, Bonusmaterial, Zweite DVD, Staffel Drei),

Sherlock Holmes ist, nach seiner Einführung vor immerhin 130 Jahren, der populärste Detektiv aller Zeiten (Stafford 2015, S. 1). Nach Angaben des englischen Spezialisten David Stuart Davis ist der Detektiv die literarische Figur, mit der es die meisten Verfilmungen gibt (Doyle 1998, S. V). 2012 erhielt diese Figur tatsächlich dafür einen Eintrag ins Guinness Buch der Rekorde: »Zu diesem Zeitpunkt war Sherlock Holmes in 254 Filmen von mehr als 75 Schauspielern dargestellt worden« (Fleischhack 2015, S. 246). Zwischen 1914 und 2012 wurde allein *The Hound of the Baskervilles* (1902/*Der Hund der Baskervilles*) 25 Mal verfilmt (ebd., S. 31). Sherlock Holmes ist eine Ikone mit einer langen Geschichte und einem starken kulturellen Einfluss. Er ist mehr noch als James Bond (weil er nicht dessen Playboy-Verhalten hat) ein Ausdruck für das, was man für *Britishness* hält, aufgrund seiner stets distinguierten, distanzierten und höflichen Art.[5] Und er ist philosophisch betrachtet vor allen anderen Zuordnungen (von denen in dieser Studie noch einige angestellt werden) ein Anhänger des Empirismus, der die englische Geisteshaltung so sehr geprägt hat. Denn im Empirismus gelten ausschließlich Erkenntnisse für wahr, die auf Sinneserfahrungen basieren. Daher ist das scharfe Beobachtungsvermögen des Detektivs die ultimative Voraussetzung für seine gesamte kriminalistische Forschung.

Der momentan weiterhin anhaltende starke Boom geht eindeutig auf die TV-Serie *Sherlock* (seit 2010) vom BBC zurück: »*Sherlock* ist mit Abstand die erfolgreichste britische Serie des letzten Jahrzehnts und wurde mit renommierten Fernseh- und Filmawards ausgezeichnet« (ebd., S. 253). Schon die zweite Staffel feierte 2012 ihre Premiere im BFI, dem einflussreichen britischen Filminstitut und verband sich so auch mit der akademischen Welt der Filmwissenschaften. Durch *Sherlock* wurde ein neues Interesse an dem Detektiv aus dem 19. Jahrhundert geweckt, welches sich dann auch in zahlreichen anderen Neuauflagen äußerte. Um einen solchen Erfolg zu erzielen, mussten die Geschichten und Charaktere erstmal grundlegend verändert und dem *Zeitgeist* des 21. Jahrhunderts angepasst werden.

---

5   *Sherlock* ist so britisch, dass man sogar in der deutschen Synchronisation darauf verzichtet hat, bestimmte englische Kürzel zu übersetzen. So sagt Holmes auch im deutschen Fernsehen weiterhin sein bestimmendes »Nope« (was soviel heißt wie ein kräftiges no – aber auch no hope), eine Redewendung, die es im Deutschen nicht gibt.

Der neue Sherlock Holmes, sei es nun primär der im TV, aber auch der im Kino, bewegt sich vor allem in einer extrem hohen Geschwindigkeit. Die Actionquote in der Handlung hat extrem zugenommen. Im Kino agiert der Detektiv wie eine Art intelligenter Superheld (Marinaro 2012, S. 72) und wird auch von dem Schauspieler Robert Downey jr. gespielt, der sonst oft Superhelden verkörpert. Aber auch in der TV-Serie *Sherlock* löst Holmes in jeder Folge nicht einen Fall, sondern mindestens drei, bei denen sich allerdings häufiger zeigt, dass sie zusammengehören. Und im Kino liefen die zwei Holmes-Filme (2009 u. 2011) von Guy Ritchie mit ansteigendem Erfolg. Seine zwei videoclipartigen Sherlock-Holmes-Filme sind in einem sehr virtuellen und dekorträchtigen Ambiente gehalten, das deutlich angelehnt ist an den Stil von Baz Luhrmanns *Moulin Rouge* (2001) und anderen Filmen dieser Art. Hier wurde der clevere Detektiv zu einem richtigen Actionhelden. Auf einmal trat er als Boxer in Erscheinung, eine Eigenschaft die bisher kaum zur Geltung kam und bei Doyle auch nur marginal angelegt worden ist. Ritchie setzte den klügsten Kopf Englands als verschlafenen Draufgänger in Szene, der in einem völlig überkandidelten, viktorianischen London rasante Bewegungen körperlicher und geistiger Art zugleich vollzieht. Die BBC-Reihe hingegen zeigte ein sozial stark geschwächtes Superhirn, das nun im London der Gegenwart lebt. Parallelen zwischen dem vergangenen, viktorianischen Zeitalter und der Gegenwart spielen hier vor allem in Bezug auf den rasenden, technischen Fortschritt eine erhebliche Rolle (Stafford 2015, S. 4f.). In beiden Versionen lebt Sherlock Holmes am Anfang eines neuen Zeitalters. Der ursprüngliche Holmes erlebt die Folgen der fortschreitenden Technisierung, vor allem den sogenannten Taylorismus innerhalb der Industrialisierung. Die Folge war die extreme Arbeitsteilung und Spezifizierung. Heute durchläuft Holmes die Vernetzung der verschiedensten digitalen Maschinen. Er arbeitet demnach multimedial.[6] Er kann mit Handys und Laptops umgehen und verwendet sie für seine Arbeit. Texte vom Mobiltelefon wurden im Bild eingeblendet (vgl. Tribe 2015, S. 65) und in einer der neusten Folgen, *The Six Thatchers* (2017/*Die sechs Thatchers*), kommt sogar das Bildtelefon (FaceTime) zum Einsatz und die Sprecher sind ebenfalls im Bild zu sehen. In *The Lying Detective* (2017/*Der lügende Detektiv*) verbreitet der angeschlagene Holmes über Twitter, das Culverton Smith ein Serienkiller ist. In *The Final Problem* (2017/*Das letzte Problem*) landet eine Drohne mit einer Bombe in seiner Wohnung, die bei der geringsten Bewegung im Raum detoniert. Die TV-Reihe *Sherlock* »spricht die Technik-affinen jungen Zuschauer an« (Tribe 2015, S. 291)

---

6 Einige Male verschickt Holmes schon bei Doyle Telegramme, um so rasch die gewünschten Informationen zu erfragen. In späteren Geschichten taucht dann auch ein paar Mal das Telefon auf. Der kluge Detektiv wusste sich also schon in der Tradition dieser Geräte zu bedienen. Sie sind aber keineswegs so wichtig wie bei *Sherlock*.

und gibt so den logischen Denkprozessen des Meisterdetektivs einen aktuellen Hintergrund. Auf sie wird sich diese Studie vor allem fokussieren.[7] Der neue Sherlock Holmes ist in der Folge *The Six Thatchers* süchtig danach, SMS zu verschicken und kann seine Finger sogar während der Taufe von Watsons Tochter nicht von seinem Handy lassen.

Neue Folgen von *Sherlock* erscheinen im ungewöhnlichen Rhythmus von zwei Jahren 2010–2012–2014–2016/17 und die Reihe hat sich dennoch so als ein stabiles kulturelles Ereignis in Großbritannien etablieren können. Sie kann im Moment neben der James-Bond-Reihe als eine der innovativsten und ausgereiftesten filmischen *Exportprodukte* von der Insel bezeichnet werden, wenn man Superlative verwenden will. Mit der dritten Staffel (2014) erreichte sie bisher ihre höchste Einschaltquote im Ursprungsland. Tatsächlich wurde bei ihrer Erstausstrahlung jede der drei Folgen durchschnittlich von elf bis zwölf Millionen Menschen gesehen. In der ersten Staffel lag die Einschaltquote noch bei durchschnittlich neun Millionen, bei der zweiten Staffel immerhin schon um die zehn Millionen Zuschauer (Tribe 2015, S. 308 ff.).

Diese Erfolgsquote wurde bei der vierten Staffel nicht weiter gesteigert, da es sich nun auch um düstere Inhalte handelte, mussten sogar Einbußen hingenommen werden. Gerade die erste Folge *The Six Thatchers* wurde sogar sehr kritisiert, die zweite Folge jedoch, *The Lying Detective,* hatte jedoch bereits wieder den üblichen Erfolg zu verzeichnen. Das eigenwillige und brutale Finale der Staffel war dann zu Recht wieder umstritten. Auch in Deutschland erfreut sich die Reihe seit vielen Jahren einer großen Beliebtheit, die allerdings nicht mit der in Großbritannien vergleichbar ist. Sie wird hier jedoch auf vielen Sendern oftmals wiederholt und nahezu jeder hat sich mal eine Folge angeschaut.

---

7   Als die Produktionsfirma der alten Sherlock-Holmes-Filme, mit Basil Rathbone und Nigel Bruce, nach dem zweiten Film von Twentieth Century Fox zu Universal wechselte, bekamen auch die Figuren eine neue und andere Richtung. »Und so wird aus dem viktorianischen Gentleman, der abstruse Probleme mit Geist und Witz aufklärt, ein ausgewachsener Action-Held, der Nazispionen und Serienmördern das Handwerk legt« (Ross 2012, S. 6). Dieser Wechsel ist bis in unsere Zeit typisch für die zwei grundverschiedenen Ausrichtungen der Figur im Film. Wenn er die amerikanischen Kinofilme von Guy Richie mit der aktuellen TV-Serie des BBC vergleicht, so stößt der Betrachter auf genau dieselbe Differenz. Für viele Anhänger gelten daher die beiden ersten Verfilmungen mit Rathbone *The Hound of the Baskervilles* (1939/*Der Hund der Baskervilles*) und *The Adventures of Sherlock Holmes* (1939/ *Die Abenteuer des Sherlock Holmes*) als die besten. Von den actionreicheren Filmen gilt *The Scarlet Claw* (1944/*Die Kralle*) trotz vieler logischer Ungereimtheiten (die es eben auch schon bei Doyle gibt) aufgrund seines packenden Inszenierungsstils als die gelungenste Verfilmung (vgl. Ross 2012, S. 18). Den Engländern waren jedoch schon die ersten Filme zu amerikanisch. Schon *The Hound of the Baskervilles* fiel in London durch.

Mit zunehmender Popularität wurden einige Male in *Sherlock* direkte Bezüge zur Bond-Reihe hergestellt.[8] Das bot sich an, denn wie Bond verwendete nun auch Holmes die neuste Technologie (Bochman 2012, S. 146). In der ersten Folge der dritten Staffel *The Empty Hearse* (2014/*Der leere Sarg*) gab es einige auffällige Parallelen in der Handlung zu den James-Bond-Filmen. So ist der Sturz von Holmes mittels einem Bungee-Jumping-Sprung zwar eine Täuschung, die aber zugleich aus dem frauenscheuen Holmes wenigstens für einen Augenblick Bond machen sollte. Die Folge startet mit dieser Szene und zeigt, wie Holmes sich retten konnte, als er von dem Dach des Krankenhauses sprang. Durch ein Bungee-Seil wurde er wieder nach oben gezogen und sprang dann durch ein Fenster. Dort stand die in ihn schon lange verliebte Pathologin Molly Hooper, die er im Vorbeigehen auf den Mund küsste. Im Drehbuch steht: »Mit der Lässigkeit eines James Bond schnallt er sich ab, küsst sie auf den Mund und schlendert davon in den Korridor« (Tribe 2015, S. 227). Hooper, die in Holmes verliebt ist, erinnert nur dabei deutlich an die Figur von Miss Moneypenny in den Bond-Filmen. Auch der Bond-Film *Golden Eye* (1995) begann mit einem Bungee-Jumping-Sprung aus 195 Metern Höhe von einem Staudamm. Der Agent (Pierce Brosnan) landete damals in einem Militärstützpunkt in Russland. Holmes wird danach in der gleichen Folge von den Serben gefangen genommen und gefoltert (eine Verdichtung aus mehreren Bond-Filmen) und schließlich fährt er später auch noch Motorrad, um Watson zu retten (eine typische Bond-Handlung). Am Ende von *The Empty Hearse* gibt es einen Bombenanschlag auf das britische Parlament, der durch einen U-Bahnwaggon, der eine gut getarnte Sprengladung enthält, unterirdisch gezündet werden soll. Holmes kann sich des Wortspiels, dass dieser Anschlag von einer *Untergrundorganisation* verübt wurde, nicht erwehren. Zwei Jahr zuvor in dem Bond-Film *Skyfall* (2012) spielt die Londoner U-Bahn ebenfalls eine wichtige Rolle. Der Schurke benutzt sie, um auf dem schnellsten Weg ins Parlament zu gelangen, wo M sich gerade verteidigen muss. Er will sie umbringen. Ferner steht Holmes am Anfang von *The Empty Hearse* (2014/*Der leere Sarg*) auf demselben Gebäude (Department for Energy and Climate Change) wie Bond am Ende von *Skyfall* und betrachtet die Stadt. Die Bond-Reihe übernahm für *Spectre* (2015) den Schauspieler des Oberschurken Moriarty Andrew Scott und setzte ihn als eine wichtige kriminelle Nebenfigur ein. Das Haus des Schurken Magnussen in der letzten Folge der dritten Staffel hat die Größendimension »eines richtigen Bond-Bösewichts«, erklärte der Schauspieler

---

8   Tatsächlich hat Mark Gattis, einer der beiden Erfinder der *Sherlock*-Reihe, einige Jahre zuvor eine dreiteilige, ironische Spionageroman-Serie mit dem bisexuellen Agenten Luzifer Box verfasst (2004–2008), die deutliche Bezüge zu Flemings Figur aufweist. Die andere traditionelle, britische Figur, mit der Holmes filmgeschichtlich gut verglichen werden kann, weil sie ähnlich erfolgreich und ikonographisch ist, ist Graf Dracula (Graham 2012, S. 26).

Lars Mikkelsen, der die Rolle dieses Schurken spielte (Tribe 2015, S. 297).[9] In der Folge *The Six Thatchers* (2017/*Die sechs Thatchers*) verhält sich Mary Watson wie eine clevere Geheimagentin, wenn sie bei dem Versuch, ihre Verfolger abzuschütteln, eine Reise um die halbe Welt unternimmt und dabei sowohl den Pass als auch die Haarfarbe wechselt. Sherlock Holmes findet sie am Ende dennoch an ihrem Ziel in Marokko wieder, weil er den USB-Stick über ihre Vergangenheit gelesen hat. Diese Episode, Mark Gatiss hat sie geschrieben, wirkt hier streckenweise tatsächlich wie ein Bond-Film. Dieser Eindruck wird vor allem durch die starken Actionszenen (Schlägereien, Schießereien), die hier ungewöhnlich massiv eingesetzt worden sind, verstärkt.

In der Folge *The Lying Detective* (2017/*Der lügende Detektiv*) fährt Mrs. Hudson mit einem Aston Martin Sportwagen (dem Bond-Auto schlechthin) zu Beethovens neunter Sinfonie durch die Straßen, um den drogenkranken Detektiv zu seinem besten Freund Watson zu bringen. Verfolgt wird sie dabei von zwei Polizeiwagen und einem Hubschrauber. Sie fährt tatsächlich wie der Geheimagent und der Zuschauer ist freudig überrascht, wenn aus dem Auto am Ende eine ältere Dame steigt.[10]

Die vielen Bond-Bezüge (es gibt noch weitere)[11] sind also beabsichtigt. Sherlock Holmes und James Bond wurden ohnehin oft verglichen (vgl. Bochman 2012, S. 146), weil beide Figuren eben schon lange sehr berühmte und langlebige Kulturexporte des Vereinigten Königreichs sind. Dennoch handelt sich um ganz unterschiedliche Typen, die sehr verschiedene literarische Hintergründe haben. Sherlock Holmes ist vor allem eine Figur des 19. Jahrhunderts, während Bond erst in der Mitte des 20. Jahrhunderts erfunden wurde. Und in Bezug auf das andere Geschlecht verhalten sich diese beiden fiktiven Figuren im Grunde geradezu *konträr* zueinander. Ein wirkliches Interesse an der Sexualität scheint bei dem im Grund introvertierten und selbstbezüglichen Sherlock Holmes nicht denkbar zu sein. Und natürlich stellt sich dabei sofort die Frage, weshalb diese Figur so deutlich und klar über alle erotischen Anreize *erhaben* ist? Hat sie ihre Triebe wirklich

---

9   Lars Mikkelsen ist der ältere Bruder von Mads Mikkelsen, der in dem Bond-Film *Casino Royal* (2006) in einer sehr eindrucksvollen Weise den Schurken gespielt hatte.
10 Gedreht wurde die Szene mit dem Stunt Driver Mark Higgins, der in den Bond-Filmen *Quantum of Solace* (2008/*Ein Quantum Trost*) und *Skyfall* bereits diese Aufgabe übernommen hatte.
11 Zum Beispiel soll die Pistole, die Mary Watson (Amanda Abbington), in *His last Vow* (2014/ *Sein letzter Schwur*) verwendet hat, um Holmes zu erschießen, dieselbe Waffe gewesen sein, die Daniel Craig in *Skyfall* benutzt, erklärte die Schauspielerin in einem Interview (Stafford 2015, S. 218). Die Bezüge sind sehr zahlreich aber auch schon älter. Schon 1976 hatte der damalige Bond-Darsteller Roger Moore in der (allerdings ziemlich schlechten) US-TV-Verfilmung *Sherlock Holmes in New York* die Hauptrolle gespielt.

in einem solchen Ausmaße in reine Denkbewegungen sublimiert? Oder hat dieses Verhalten, das zugleich auch ihre Faszination ausmacht, vielleicht noch ganz andere Gründe?

Holmes erscheint philosophisch betrachtet vor allem ein cartesianisches Subjekt zu sein, also ein Mann, der das berühmte *Cogito ergo sum (Ich denke also bin ich)* wirklich zum Fundament seiner Existenz erhoben hat. Kracauer sieht aber eine wichtige Differenz zwischen Descartes und dem Detektivroman. Während Descartes das Verdienst zukommt »den Anteil des Ich ganz herausgestellt zu haben«, so gehe der Detektivroman noch einen entscheidenden Schritt weiter und vernichte den Gegenstand, wenn er im Grunde vorführt wie die Ratio das Phänomen erzeugt (Kracauer 1978, S. 182). Wackelig ist diese Ansicht in zweierlei Hinsicht: Erstens geht Kracauer zu weit, wenn er behauptet, in diesem spezifischen Sujet werde dargestellt, wie *die Ratio* Phänomene erzeuge, und zweitens unterschätzt er Descartes Meditationen auf der Höhe des *Cogito ergo sum,* die dort tatsächlich die von ihm beklagte Trennung im Miteinander von Ich und Welt vollziehen. Heidegger hat diesen Zusammenhang nach meiner Ansicht genauer erfasst: »Erstmals wird das Seiende als Gegenständlichkeit des Vorstellens und die Wahrheit als Gewißtheit des Vorstellens in der Metaphysik des Descartes bestimmt« (Heidegger 1980, S. 85).[12] Die Welt kann nur dadurch, dass sie im Subjekt als eine Vorstellung erscheint, berechenbar werden: »Vorstellen meint hier etwas vor sich stellen und das Gestellte als solches sicherstellen. Dieses Sicherstellen muß ein Berechnen sein, weil nur die Berechenbarkeit gewährleistet, im Voraus und ständig des Vorzustellenden gewiss zu sein« (ebd., S. 106). Die Welt wird zum Bild, zu einer Repräsentation, die per Vorstellungskraft fungiert und das Seiende lässt sich damit *durchrechnen.* Diese *Relation,* in der die Welt zur Anschauung eines Subjekts wird, ist für Heidegger der Grundbaustein der Neuzeit. Und dieser Ansatz stimmt mit dem von Kracauer überein. Einmal mehr kann Holmes damit Geltung als ein typisches Subjekt in einem wissenschaftlichen Feld beanspruchen. Diese Relation, in der die Welt zum Bild gerät, ist nach Heidegger auch erstmal überhaupt nicht auflösbar. Der Geist wird damit überbewertet. Ihm kommen animistische Fähigkeiten zu.

Der Detektiv verfügt dann zwar auch über eine »Leibeswalt«, er ist ein Sportsmann, doch »diese Fertigkeiten sind hier nicht die Selbstdarstellung ungebroche-

---

12 Dem Autor ist bewusst, dass es *unmöglich* ist Heidegger zu zitieren, ohne die Konnotationen in seinen Texten, die politisch bedenklich und gefährlich sind, kenntlich zu machen. Dieser Vortrag von 1938 enthält nach meiner Ansicht einerseits faschistoide Tendenzen, wenn es um »das Große in der Geschichte« geht (Heidegger 1980, S. 81 u. S. 110), aber andererseits auch eine klare Absage an »die nationalsozialistischen Philosophien« (S. 97). Am Rande sei bemerkt, dass kritische Lektüren, wie die von Derrida, diese starke Ambivalenz schon lange vor der Veröffentlichung der Schwarzen Hefte, geäußert haben.

ner Körperlichkeit, die in der Welt sich durchzusetzen verstehen, sondern die Mittel der ratio, ihre Erkenntnisse zu verifizieren« (Kracauer 1978, S. 177). Sie arbeiten nur im Dienste des Intellekts, der hier stets die höchste Priorität hat und dessen Tätigkeit es gilt herauszustellen. Demnach wird das Material durch die Formkraft des Intellekts erst geformt. Das »zerpulverte Anschauungsmaterial« wird »gemäß den dem Erkenntnissubjekt innewohnenden Prinzipien in einen gesetzlichen Zusammenhang« gebracht (ebd., S. 180). Das Subjekt allein konstruiert den Zusammenhang, der dann mit der Realität in der Narration stets in einer verblüffenden Weise übereinstimmt. Durch diese *Koinzidenz*, denn mehr ist es kaum, wird Holmes schließlich fündig. Doch Kracauer geht zu weit, wenn er behauptet der Detektiv leite seine Deduktionen nicht aus der Wirklichkeit ab, sondern setzte sie voraus (ebd., S. 183).

Es ist das nach Heidegger kaum auflösbare Repräsentationsdenken, welches dem Detektiv seine wissenschaftliche Vorgehensweise zuallererst ermöglicht. Wenn wir aber schon nicht an den Grenzen der Repräsentation rühren können, so doch an denen von Holmes *allmächtig* wirkender Rationalität. Bekanntlich ist der Traum von einer rationalen Auflösung der Welt spätestens seit Freuds Analysen und Adornos Kritik zu einer Illusion zusammengeschrumpft. Das hindert uns aber nicht daran, ihn umso *lieber* im Kino oder beim Lesen genießen zu können und zu dürfen. Der Traum von einer restlosen Aufklärung ist ein Rausch, dem wir uns nur allzu gern hingeben. Holmes ist ein Übermensch der Aufklärung, ein *Denk-Supermann*, der uns fasziniert. Hat er gerade keinen Fall, dem er in dieser euphorischen Weise nachgehen kann, muss er zumindest in jungen Jahren Rauschgift nehmen, um seinen aufwendigen Denkapparat, der sich nicht herablassen kann, sich mit den gewöhnlichen Banalitäten der alltäglichen Realität zufrieden zu geben, zu *betäuben*.[13] Holmes ist abhängig von seinem Geist, *süchtig* nach geistiger Beschäftigung, die ihn möglichst weit wegführt von der Banalität alltäglicher und materieller Dinge: »Ich kann nicht leben ohne Arbeit für mein Hirn. Wofür lohnt es sich sonst zu leben? Stellen Sie sich hierher, ans Fenster. Gab es je etwas Öderes, Trübseligeres, Unergiebigeres als diese Welt? Schauen Sie, wie der gelbe Nebel durch die Straße wallt und zwischen den fahlgrauen Häusern dahintreibt. Was könnte hoffnungsloser prosaisch und materialistisch sein? Was nützt es denn, Doktor, Fähigkeiten zu besitzen, wenn es kein Feld sie anzuwenden gibt? Das Verbrechen ist banal, das Dasein ist banal, und von allen mögli-

---

13 So erklärt er Watson, nachdem er sich Kokain gespritzt hat: »Wahrscheinlich ist seine Wirkung auf den Körper tatsächlich von Übel. Auf den Geist jedoch, finde ich, wirkt es so über alle Maßen anregend und erhellend, daß die Nebenwirkungen kaum ins Gewicht fallen« (Doyle, WA Bd. 2, S. 8).

chen Eigenschaften gelten einzig die banalen etwas auf dieser Welt« (Doyle, WA Bd. 2, S. 16 f.).[14]

Im Grunde beschreibt diese Haltung aber zugleich in einer übertriebenen Form den Genuss des Lesers oder des Kinozuschauers, der unterhalten und in Spannung versetzt werden möchte. Doyle schrieb in einem Vorwort zu dem letzten Band seiner gesammelten Kurzgeschichten *The Case Book of Sherlock Holmes* (1927/*Sherlock Holmes' Buch der Fälle*): »Und somit, Leser, nehmen Sie Abschied von Sherlock Holmes! Ich danke Ihnen für die langjährige Treue und kann nur hoffen, daß diese Art von Zerstreuung ein wenig für die Plackerei des Lebens entschädigt hat und jene anregende geistige Abwechslung gewährte, die man nur im Feenreich erfundener Geschichten finden kann« (Doyle, WA Bd. 9, S. 8 f.). Das *Feenreich* (*fairy kingdom*) erfundener Geschichte ist das Betäubungsmittel, das den Leser hier vom tristen Alltag entlasten soll (und zugleich eine merkwürdige Anspielung von Doyle, der tatsächlich an die Existenz von Feen geglaubt hat). Wie steht es um den Traum einer wissenschaftlichen, geistigen Durchdringung unserer Lebenswelt? Holmes gehört zu den Figuren, die diesen Zusammenhang auf eine abenteuerliche Art erleben und uns zu ihm hin verführen, sowie alle Filme vor allem Verführungsangebote darstellen (vgl. Stiglegger 2006). Aber was sind das genau für literarische und cineastische Träume, die uns dabei vorgeführt werden? Warum hat gerade diese literarische Figur einen solch ausgeprägten cineastischen Widerhall und verfügt über eine so enorme Langlebigkeit?

---

14 Es ist die geistige Stimulanz, die er sucht, eine *Verführung* des Geistes jenseits aller materiellen Begrenztheiten, jenseits der Schwerkraft. Watson klärt ihn auf, welchen Preis er für diese Art von »geistigen Höhenflügen« zu zahlen hat: »›Aber bedenken Sie doch‹, sagte ich eindringlich, ›um welchen Preis! Ihr Gehirn mag wohl, wie Sie sagen, angeregt, ja erregt werden; aber dies ist ein krankhafter und zerstörerischer Vorgang, mit dem eine beschleunigte Gewebe-Erneuerung einhergeht und dessen Folge eine bleibende Schwächung ist. Sie wissen ja selbst am besten, welch schwarze Stimmung jeweils im Nachhinein von Ihnen Besitz ergreift. Nein, dieses Spiel lohnt den Einsatz wirklich nicht. Warum in aller Welt riskieren Sie um einer nichtigen, vergänglichen Lust willen die großen Fähigkeiten, die Ihnen verliehen worden sind? Bedenken Sie auch, daß ich nicht nur als Freund so zu Ihnen spreche, sondern als Arzt, der bis zu einem gewissen Grade für Ihre Gesundheit verantwortlich ist‹« (Doyle, WA Bd. 2, S. 8). Rauschgift wird bei Doyle *nur* von Holmes in dieser zweifelhaften Weise benutzt, um seinen Geist zu beschäftigen. In *The Adventure of Wisteria Lodge* (1908/ *Wisteria Lodge*) beispielsweise wird der Gouvernante Opium ins Essen gemischt, um sie ruhig zu stellen (Doyle, WA Bd. 8, S. 49), von geistigen *Höhenflügen* bei ihr ist aber keine Rede.

1.2 Die Lust am Krimi

Der bevorzugte Ort für die Lektüre eines Krimis ist für Walter Benjamin die *Eisenbahn*, eine bewegliche, äußerst dynamische Location, im Grunde ein *Nicht-Ort*, der auch in den Holmes-Geschichten einige Male von den Protagonisten benutzt wird, wenn sie für ihre Recherchen ins Londoner Umland fahren müssen. Es war eine gemeinsame Zugfahrt von Cardiff nach London (den späteren Hauptdrehorten ihrer Serie), auf der die Erfinder und Drehbuchautoren Steven Moffat und Mark Gatiss zusammen auf die Idee kamen, gemeinsam eine aktuellen Sherlock-Holmes-Reihe zu entwerfen (Tribe 2015, S. 6). Eine Zugfahrt ist nach Benjamin eine Erfahrung, bei der sich die Reisenden auf etwas Neues und Ungewohntes einlassen müssen. Mithilfe der Lektüre von Mordgeschichten betäubt der Reisende nach Benjamin seine Angst vor den Aufregungen der Reise (Benjamin 1991, Bd. IV, S. 381). Der Krimi und die Zugfahrt sind eng miteinander fusioniert. Es gibt wohl kaum einen Ort auf der Welt, der enger mit der Kriminalgeschichte assoziiert ist, wie der Nicht-Ort eines Zuges.

»Das Gefühl, das der entscheidenden Handlung des Detektiv-Romans antwortet, ist das der Spannung schlechthin«, schrieb Kracauer (Kracauer 1978, S. 197). Nach Benjamin werden die Ängste der Reisenden durch die Krimirezeption, die selbst Ängste weckt, kompensiert. Durch diese lustvolle Kompensation legitimiert sich das Genre in seinen klassischen Formen. Die fiktive Geschichte setzt sich wie ein schützender *Paravent* vor die Wirklichkeit und verwandelt die Sorgen und Ängste vor dem Neuen, die sie auslöst, einfach in Genuss. Man wird noch weitergehen müssen: Die Geschichten konfrontieren ihre Leser zwar mit der Angst vor dem Mord/Tod, gleichzeitig haben sie aber einen streng ritualisierten Ablauf und verwandeln so das *Ungewohnte* beim Reisen in das Gewohnte. Befindet sich der Reisende oft genug in der Sorge über das Unbekannte, welches sein Reiseziel darstellen kann oder hat er einfach Angst, während einer Bahnfahrt seinen Anschluss zu verpassen, wird er konfrontiert mit vielen fremden Menschen, die ihm während seiner Fahrt begegnen, so sind seine zwei fiktiven Reisebegleiter namens Sherlock Holmes und Dr. Watson, stets die gleichen. Wer Krimis liest, liest *eine Serie*. Er mag die Wiederholungen. Sie wirken beruhigend und lösen, weil es Holmes stets gelingt, das Böse dingfest zu machen, Wohlbehagen aus. Dabei wird aus dem zur Passivität verdammten Reisenden ein aktiver Begleiter eines Detektivs, der vor seinen Augen das Rätsel eines gefährlichen Verbrechens löst. Der Krimi ist demnach in erster Linie ein Genre für Angsthasen. Die Aufgabe des Detektivs besteht nicht zuletzt darin, dem Leser das Gefühl von Souveränität und Sicherheit zu vermitteln. Die Fiktion stellt also eine Beruhigung her, die sich auf die Realitätswahrnehmung positiv auswirkt. Was für spezifische Ängste bearbeiten die Sherlock-Holmes-Geschichten? Und wo liegt ihr Realitätsanspruch?

1.3 Der enge Realitätsbezug

Fiktion und Beobachtung bilden zwei sehr verschiedene Formen sich der Wirklichkeit anzunähern. Was als Fiktion *genussvoll* sein kann, ist es unter Umständen in der aufmerksamen Beobachtung der Realität keineswegs. Aber auf der Ebene von Texten und Filmen verschwinden die *Grenzen* zwischen dem dokumentarischen und fiktiven noch viel mehr. Jacques Derrida hat diesen Unterschied anhand des Märchens *Des Kaisers neue Kleider* (1837) von Christian Andersen und Freuds *Traumdeutung* (1900) erläutert: »Man wird sagen, daß der Text von Freud wissenschaftlichen Wert oder Anspruch hat: das ist keine literarische Fiktion. Aber welches ist das Kriterium letzter Instanz für eine solche Teilung? Ihre Evidenz scheint nicht gesichert, weder vom formalen noch vom semantischen Standpunkt« (Derrida 1983, S. 191). Derrida erklärt dann weiter, dass es das *Wahrheitskriterium* ist, welches hier allein die Unterscheidung ermöglicht. Literatur kann aber Wahrheit produzieren, wenngleich sie es sicherlich in einer anderen Form zuwege bringt als ein wissenschaftlicher Text. Oft wird vergessen, dass *jeder* Text, insofern er Buchstaben aneinanderreiht, um seine Aussagen zu treffen, niemals frei sein kann von fiktionalen Elementen. Und ähnliches gilt auch für jeden Film, ganz gleich, ob er dokumentarisch ist oder inszenierte Szenen zeigt. Er ist durch Kameraperspektiven und Schnitte strukturiert. Aber gerade die Texte von Freud haben einen hohen literarischen Stellenwert und verkürzen Sachverhalte, um beim Leser Interesse zu wecken. Sie bedienen sich also *literarischer* Mittel, obwohl sie kein fiktives Material beschreiben.

Ein merkwürdiger Zusammenhang besteht nun darin, dass Sherlock Holmes, der nur zwei Fälle im Kanon der Doyle-Geschichten verfasst hat, selbst über seine Schwierigkeiten dabei berichtet. Oder genauer gesagt: Doyle lässt ihn über seine Schwierigkeiten sprechen. Doyle schreibt meistens in der Person von Watson die Abenteuer von Holmes auf, so, wie es Platon mit der Philosophie von Sokrates gemacht hat. Holmes selbst kommt darin also nur indirekt zu Sprache. Am Ende gibt es jedoch zwei Ausnahmen: In *The Blanched Soldier* (1926/*Der erbleichte Soldat*) und *The Lion's Man* (1926/*Die Löwenmähne*) hat der Detektiv den Fall selbst aufgezeichnet, weil Watson darin kaum oder gar nicht vorkommt. Zuvor hatte der treue Gefährte des Meisterdetektivs aber schon mindestens einmal darauf hingewiesen, dass der harte, trockene Stil, in dem Holmes ihm einen Sachverhalt geschildert hatte, von ihm umgeschrieben worden sei, um für das Publikum bekömmlich zu werden (vgl. Doyle, WA Bd. 9, S. 26). Holmes kritisiert den Schreibstil von Watson und vor allem die darin auftauchenden romantischen Elemente immer wieder. Er ist demnach ein Sokrates, der seinem Platon widerspricht, der sich falsch wiedergegeben fühlt. In *The Adventure of Shoscombe Old Place* (1927/*Shoscombe Old Place*) faucht er seinen alten Freund sogar an, er solle doch auf die Poesie in seiner Beschreibung einer Mauer verzichten (Doyle, WA Bd. 9, S. 289). In *The Lion's Man* weist er am Anfang darauf hin, dass er nun (weil Watson fehlt) dazu gezwungen sei, die Geschichte mit der ihm »eigenen Schlichtheit zu erzählen« (ebd., S. 223). Aber dem ist dann doch nicht so. Und schon in *The Blanched Soldier*, wo lange Teile der Narration von dem Klienten erzählt werden, erkennt der Detektiv an, das auch er selbst den Stoff bearbeiten muss, um »das Interesse des Lesers zu wecken« (ebd., S. 45). Es wird also innerhalb dieser fiktiven Narration darauf hingewiesen, dass es stilistische Umarbeitungen der »realen Ereignisse« gab. Deshalb handelt es sich hier um eine Fiktion *über* die Fiktion, also um eine Fiktion zweiten Grades.

Dies und andere Umstände führten dazu, dass viele Leser den Eindruck erhielten, dieser Detektiv und sein Freund Watson würden wirklich leben, wie in der literarischen Holmes-Forschung immer wieder erwähnt wird. So wurde beispielsweise massenhaft *Post* aus aller Welt in die Baker Street geschickt. Ein weiterer Grund für diese enorme Glaubwürdigkeit kam daher, dass Doyle reale Beschreibungen und Fiktion in seinen Geschichten nahtlos ineinander übergehen lassen konnte (vgl. Fleischhack 2015, S. 10), weil die kriminalistische Logik eine ist, die an die Realität heranführt. Als Holmes und Watson sich in *A Study in Scarlet* (1887/ *Eine Studie in Scharlachrot*) kennenlernen, wird dieser Aspekt sogleich betont. Watson erklärt Holmes, dass er ihn an den Detektiv Dupin in Edgar Allan Poes Kurzgeschichten erinnere und dass er geglaubt habe, solche Wesen würden nicht »außerhalb von Erzählungen existieren« (Doyle, WA Bd. 1, S. 28). Eingefleischte Fans gingen sogar dann soweit zu ignorieren, dass es sich um literarische Gestalten handelt und sahen in Doyle nunmehr nur den Literaturagenten von Watson (Fleischhack 2015, S. 203). Die Abenteuer von Holmes bekamen damit den Status von Zeitungsnachrichten. Ihnen wurde eine Form von Authentizität unterstellt, die sie gar nicht hatten. Der Eindruck dieser Authentizität wurde durch die Chronologie und die Nähe der Ereignisse zu historischen Daten für den Leser noch verstärkt.

Es gibt unterdessen sogar zahlreiche Rekonstruktionen der Wohnräume von Holmes, die liebevoll ausgestattet sind und möglichst viele Details aus den Geschichten enthalten. Das Spiel besteht hier darin Fiktion in Realität (und umgekehrt) übergehen zu lassen. Darin bestand auch das Potenzial für die zahlreichen Verfilmungen. Doyle hat Holmes jedoch in den Geschichten gar nicht so *konsistent* erfunden, wie es einige Fans gerne hätten. Die Logistik des Autors war nicht so ausgeprägt, wie die der Holmes-Anhänger. Es gibt zwischen den Geschichten immer wieder kleinere logische Brüche und Unstimmigkeiten. So kann es vorkommen, dass Watsons Verwundung aus dem Afghanistan-Krieg einfach die Körperstelle wechselt oder dass Watson Professor Moriarty doch nicht erst in *The Final Problem* (1893/*Das letzte Problem*) kennenlernt, wie ausdrücklich von ihm behauptet wird, sondern dass er dem Schurken schon in der zeitlich früher spielenden Geschichte *Das Tal der Angst* (1914–15) zum ersten Mal begegnet. Solche Ungereimtheiten sind dem gewöhnlichen Leser vollkommen egal. Sie erwecken nur das Interesse der Holmes-Anhänger, die an den logischen Verbindungen *zwischen* den einzelnen Geschichten interessiert sind und dabei fast das Kalkül des Detektivs verwenden, um Kohärenz herzustellen, auch wenn sie gar nicht vorhanden ist. Schon Doyle war selbst verblüfft darüber, wie seine fanatische Leserschaft versuchte, die zahlreichen Widersprüche zwischen und auch in seinen Geschichten zu erklären (Fleischhack 2015, S. 204).

Das *Gefühl* (das sich rasch in Luft auflöst, wenn man näher hinsieht), es handele sich um authentische Berichte (und das gilt auch für viele Kriminalfilme), hängt zunächst mit dem Anspruch des *Genres* Krimi selbst zusammen, welches genau diesen Eindruck evozieren möchte. Der Mord, der innerhalb ödipaler Verstrickungen hier vollführt wird, ist nur dann dramaturgisch wirkungsvoll, wenn er der Realitätsprüfung des Rezipienten einigermaßen standhält und *nicht* als reine Fiktion oder Fantasie abgetan werden kann. Der Ödipuskomplex, den diese Geschichten auf Ihre spezifische Weise durchspielen, verbindet die Psyche mit der Realität. In ihm bildet sich gleichsam die Ebene des Sozialen. Doyle musste demnach alle seine spiritistischen und übersinnlichen Interessen (auf die ich in diesem Buch noch sehr genau eingehen werde) bei den Holmes-Geschichten weitgehend außen vor lassen, um einen möglichst hohen Grad an Glaubwürdigkeit seiner Detektiv-Geschichten zu erreichen.

Die *lokale* Ebene spielt dabei eine ebenso große Rolle. London und Holmes sind eng miteinander verbunden. In der Reihe *Sherlock* hatte die Produzentin den Eindruck, der Film würde enorm davon profitieren, wenn man mehr von London zeigen würde, als es ursprünglich der Fall war (Tribe 2015, S. 64). Der Detektiv könnte nirgendwo anders sein Quartier haben.[15] Bis heute basiert die Überzeugungskraft vieler Krimiserien darin, dass das Verbrechen quasi nebenan verübt wird oder zumindest in einem deutlich abgesteckten, realen Terrain stattfindet, beispielsweise ein *Tatort* aus dem Ruhrgebiet. Der heutige *Hype* um die Lokalkrimis, die am besten im eigenen Wohnzimmer spielen, zeigt, dass sich dieses Genre am besten verkauft, wenn der Leser oder Zuschauer den Eindruck bekommt, die Handlung fände in seiner eigenen Lebenswelt statt. Die erste Leserschaft der

---

15 »Die BBC-Serie versetzte allerdings die 221B Baker Street in die 187 North Gower Street, die etwa 1,5 km östlich der Baker Street liegt« (Fleischhack 2015, S. 199). Für diese Logistik waren Kostengründe verantwortlich. Man drehte auch möglichst wenige Tage überhaupt in London, um Gelder zu sparen (vgl. Tribe 2015, S. 84). Das B in der Adresse meint übrigens nicht das Haus, sondern die Etage. Es kann also nicht an der Haustür gestanden haben. Dieses Detail wurde von den Verfilmungen stets übersehen und man ging dazu über die berühmte Adresse 221B vollständig und deutlich auf einem Schild vor die Tür zu hängen (ebd.).

Originalgeschichten lebte vornehmlich in London, wo die Narration stets ihren Ausgang nahm. Immer wieder wurden dabei bekannte reale Orte genannt (vgl. Fleischhack 2015, S. 196). Doyle vermischte sehr geschickt reale und erfundene Schauplätze, sodass der Eindruck entstand, die Ereignisse könnten unmittelbar in der näheren Umgebung stattgefunden haben. Die Verwendung von Jahreszahlen, die zur realen Zeit in einem möglichst engen Bezug standen, vermittelten ebenfalls die Vorstellung Holmes sei ein echter und kein virtueller Zeitgenosse. Er habe wirklich gelebt.

Der Hauptimpuls für den Start der TV-Serie *Sherlock* war demzufolge ein umfassendes *Update*, in dem die Figur und ihre Geschichten in die Gegenwart des 21. Jahrhunderts versetzt werden sollten. Damit wollten die Autoren die ursprüngliche Faszination der Geschichten, die ebenfalls stets in einem streng zeitgenössischen Kontext erschienen waren, wiederherstellen (Tribe 2015, S. 23). »Holmes war immer ein Mann seiner Zeit« erklärte Gatiss (zit. aus: Taylor 2012a, S. 131). Doyle hatte seine Geschichten ja niemals in dem nostalgischen Licht einer historischen Vergangenheit betrachtet, mit der sie dann oftmals später im viktorianischen Stil verfilmt worden sind. Anstatt einem historischen Monument zu huldigen, wollten die beiden Drehbuchautoren Moffat und Gatiss Holmes neu erfinden, ohne dabei die Vorlage zu verraten. Holmes sollte nicht damals eingefroren worden sein und jetzt wieder aufgetaut werden (ebd., S. 34), sondern tatsächlich ein Zeitgenosse sein, den man wohl heute eben mit dem Titel eines *Freaks* benennen kann (und so wird er in der Serie auch mehrfach von der Polizistin Donovan abwertend genannt).

Ein wichtiger Vorläufer von *Sherlock* war die TV-Miniserie *Jekyll* (2007) eine ebenfalls in die Gegenwart versetzte Version des berühmten Romans von Robert Stevenson *The Strange Case of Dr. Jekyll and Mr. Hyde* (1886/*Dr. Jekyll und Mr. Hyde*). Diese Reihe war aber keine Transformation ihrer Vorlage, sondern die ursprüngliche Geschichte wurde eher weitererzählt. Wie *Sherlock* wurde auch sie für BBC One entwickelt, allerdings von Moffat allein.[16] Mark Gattis schrieb aber das Drehbuch für die erste von sechs Episoden. Bei *Sherlock* ist die Anlehnung an die Vorlage nun enger und zugleich wurde viel verändert und hinzugefügt. Vergleicht man nur den Mord an der Dame im rosa Kostüm in *A Study in Pink* (2010) mit dem Mord in der Vorlage *A Study in Scarlet* (1887/*Eine Studie in Scharlachrot*) stößt man auf eine ganze Reihe wesentlicher Veränderungen: Im Original hat der Täter das Wort RACHE mit seinem eigenen Blut (er hatte Nasenbluten) auf eine Wand geschrieben. Die Polizei, die kein Deutsch kann, sucht daraufhin nach einer

---

16 Moffats Karriere begann zunächst mit Drehbüchern zu mehreren Sitcoms, die er oftmals allein schrieb (vgl. Stafford S. 2f.). Er ist wie Gatiss ein Profi mit einer langjährigen Erfahrung als Drehbuchautor. Moffat war außerdem bis 2016 der Showrunner der TV-Serie *Dr. Who*, wodurch er Gatiss auch kennengelernt hat.

Frau namens Rachel. Holmes klärt sie darüber auf, dass hier wirklich Rache gemeint ist und sie nicht weiter zu suchen brauchen. In der Verfilmung ist es genau umgekehrt: Das Wort Rache wurde von der Toten (die nun auch eine Frau ist und nicht wie im Roman ein Mann) mit den Fingernägeln in den Boden geritzt. Sie hat es aber nicht zu Ende geschrieben und wollte nun tatsächlich Rachel schreiben, was der Name ihrer Tochter, aber auch das Codewort ihres Handys ist, das sie dem Mörder vor ihrem Tod untergeschoben hat. Mithilfe dieses Codewortes kann Holmes ihr Handy orten und weiß damit, wo der Mörder, der ein Taxifahrer ist, sich gerade befindet (nämlich in seiner Wohnung). Es geht augenscheinlich auch darum, die Geschichte so umzustellen, dass jeder, der das Original kennt, seine Freude und Überraschungen an diesen gezielten Veränderungen hat und sie zugleich auch ohne dieses Vorwissen funktionieren.

Der Regisseur von vier Folgen innerhalb der ersten und zweiten Staffel, Paul McGuigan, wies darauf hin, dass er sich nicht von den früheren Verfilmungen habe inspirieren lassen, sondern von Doyles Geschichten. Durch sie würden Vorstellungen im Kopf entstehen, die stärker seien als jede Verfilmung (ebd., S. 98). Dieser Zusammenhang, der Rückbezug auf die originären Geschichten bei einer gleichzeitigen restlosen Umarbeitung, ist für die gesamte Reihe besonders wichtig. Zu den Aktualisierungen gehörte, dass sich nun Dr. Watson und der berühmte Detektiv beim Vornamen ansprechen (ebd., S. 25), was der TV-Reihe zweifelsohne auch ihren Titel gab.[17] Allein die Form der Anrede mit Sherlock und John drückt Modernität, aber auch mehr Nähe aus. Um sie massenwirksamer zu machen, wurde Watson, das sieht man auf den ersten Blick, etwas volksnäher und nicht mehr so bürgerlich in Szene gesetzt. Auf die vielen anderen Details, die verändert worden sind, werde ich im Laufe des Buches ausführlich eingehen.

Doyles Geschichten beginnen nicht zufällig häufiger damit, dass Watson und Holmes eine Zeitung lesen, so, wie ihre Leser. Man beginnt mit einer Bibliotheks- bzw. Lesesituation, die die Situation der Leser spiegelt und so zur Identifizierung einlädt. Das *Strand Magazin* (1891–1950), in dem die Holmes-Geschichten erschienen, enthielt neben Erzählungen auch Berichte über Natur und Technik, Zeitgeschichte und außerdem Kurzmeldungen über berühmte Persönlichkeiten oder Kuriositäten. Es kostete 6 Pence, was heute dem Wert von 1,70 Euro ungefähr entspricht (ebd., S. 215) und war damit für den Durchschnittsbürger erschwinglich. Seine Auflage stieg und fiel mit den Holmes-Geschichten und zugleich waren diese Fiktionen gleichsam eingebettet in eine reale Berichterstattung.

Der engere Bezug zur Realität kommt in den Geschichten auch dadurch zustande, dass ein *Zeuge* der Ereignisse (eben Dr. Watson) in einem sehr persön-

---

17 Diese Ebene wurde für die vorliegende Studie nicht übernommen. So ist hier stets von Holmes und Watson die Rede.

lichen Ton von ihnen berichtet. Die vier Kurzgeschichten, in denen Watson nicht als Erzähler agiert, sind ein Fremdkörper innerhalb des Kanons (Fleischhack 2015, S. 69). Neben den zweien, in denen Holmes selbst erzählt, verwendet Doyle noch zweimal einen neutralen Erzähler. In *Seine Abschiedsvorstellung* (1917/*His Last Bow*) und *The Mazarin-Stone* (1921/*Der Mazarin Stein*) findet die Narration von einem objektiven Standpunkt aus statt, weil Watson bei den wesentlichen Ereignissen zum Teil nicht anwesend ist. Durch diesen Perspektivwechsel spürt man aber erst, dass es absolut wichtig ist, dass die Geschichten aus einer subjektiven Perspektive, wie auch schon bei Poe, erzählt werden. Eine vollkommen neutrale Beschreibung der Handlung nimmt ihnen viel von ihrem Charme und rückt die Handlung zu sehr auf Distanz. Die Verfilmungen verzichten fast alle darauf, Watson als Erzähler mit Off-Stimme kenntlich zu machen. Dennoch war es den Machern von *Sherlock* besonders wichtig, dass der Zuschauer sich gut mit Watson identifizieren kann. Man »muss das Abenteuer DURCH John erleben« (Tribe 2015, S. 34). Das entspricht der Auffassung von Doyle, die ein Erfolgsrezept seiner Detektivgeschichten ist.

Außerdem hat John Watson hier einen Blog angelegt, weil seine Psychoanalytikerin ihm dazu geraten hat.[18] Dieser Blog wurde von den Zuschauern der Serie auch tatsächlich gelesen. Es handelt sich um die moderne Version, in der Watson als Berichterstatter der Holmes-Geschichten erheblich zum Ruhm des Gespanns beiträgt. Der Blog wurde im Internet real erstellt und dort von Joseph Lidster geschrieben. Lidster erklärte, dass er viele kleine Ergänzungen enthalte, die keiner gelesen haben muss, um die Serie zu verstehen, die sie aber gleichzeitig farbenfroher machen würden (ebd., S. 240). Auch Holmes hat eine eigene Internetseite angelegt (die in der Serie auch erwähnt wird).[19] Sie enthält einige Rätsel und ihre Lösungen für den Leser und ist viel kürzer als die von Watson. »Seit Staffel 2 konzentrieren wir uns auf Johns Blog, weil eine zentrale Anlaufstelle besser ist. In der Serie macht der Blog die beiden berühmt, und darum lohnt es sich ihn durchzuziehen. Sherlocks Seite wird nur noch aktualisiert, wenn das für die Serie notwendig ist« (ebd.).

Das Drehbuchkonzept zu *Sherlock* ist sehr aufwendig. Das Drehbuch zu jeder Folge stammt immer nur von jeweils einem der beiden Autoren, der es allein geschrieben hat. Da jede Staffel drei Folgen hat, nahmen Gatiss und Moffat noch Stephen Thompson hinzu, der bei der ersten Staffel das Drehbuch für die zweite Folge schrieb. Es fand anfangs ein reger Austausch zwischen allen drei Autoren statt (vgl. ebd., S. 72 ff.). Bei der zweiten Staffel ging man dann genauso vor. Nun

---

18 Zu finden ist der persönliche Blog von Dr. John H. Watson unter: http://www.johnwatsonblog.co.uk/
19 Siehe: http://www.thescienceofdeduction.co.uk/

schrieb Thompson die dritte Folge. In der dritten Staffel wurde die mittlere Folge *The Sign of Three* (2014/*Im Zeichen der Drei*), die eigentlich Thompson allein schreiben sollte, aber dann aufgrund ihrer Komplexität von allen drei Autoren zusammen verfasst (ebd., S. 248). Dabei wurde vor allem stets sehr viel Wert darauf gelegt, den schrulligen Detektiv und seine Freund von der *humorvollen* Seite zu zeigen: »Der Spaßfaktor beim Schreiben stand im Vordergrund – es sollten keine Thriller werden« erklärte der dritte Drehbuchautor Steven Thompson (ebd., S. 72). Dennoch sind die Filme zugleich auch sehr spannend. Die oftmals traumatischen Motive innerhalb des Thriller-Genres wurden jedoch ganz offensichtlich gemischt mit der zwangsneurotischen Komödie. Diese Richtung führt natürlich weg von einem engen Realitätsbezug. *Sherlock* gibt sich auf allen Ebenen als eine inszenierte filmische Realität zu erkennen (so, wie Doyles Geschichten ganz offensichtlich ein Stück Literatur sind und immer schon waren). Die Lust am fiktiven *Thrill* wird durch Holmes' pathologische Haltung selbst verkörpert. Die Angstlust wird durch ihn gesteigert, weil so immer deutlich wird, dass es sich hier vor allem um eine Art kognitiver Herausforderung handelt, nicht aber um ein existenzielles Drama. Diese kognitive Herausforderung fusioniert aber immer noch mit der Realität. Allerdings entfernt sich die TV-Reihe (wie nahezu alle Verfilmungen, ausgenommen die mit Jeremy Brett) auch immer wieder so weit von der Wirklichkeit, dass absolut niemand auf die Idee kommen würde, dieser Sherlock Holmes würde wirklich im heutigen London leben. Vielmehr wissen die Fans, dass nur die Schauspieler, die unterdessen angesehene Filmstars sind, in der Realität vorhanden sind und spenden nun ihnen ihre persönliche Aufmerksamkeit.

Und schon bei Doyle gibt es, beispielsweise wenn es um die Fälle geht, die er nicht niedergeschrieben hat, Utopien. Ein starkes Motiv, in einem erwähnten, aber von Doyle niemals geschriebenen Fall, ist die *Riesenratte von Sumatra*. Holmes erklärt, dass für diese Geschichte die Welt einfach noch nicht reif sei (Doyle, WA Bd. 9, S. 115). Sie regte wie keine andere zahlreiche Autoren zu einem *Pastiche* an und das hat gute Gründe: Holmes, der gegen eine Riesenratte antritt, ist einfach eine sehr naheliegende kafkaeske und zugleich typisch zwangsneurotische Fantasie, wenngleich auch viel zu abstrus und fantastisch, um von Doyle für Holmes geschrieben zu werden.[20]

---

20 Eine tolle kurze Hommage, die das komische Element der von Doyle erwähnten, aber nie ausführlich dargestellten Fälle vorführt, wird in *Sherlock* in der Folge *The Sign of Three* (2014/ *Im Zeichen der Drei*) gezeigt. Überhaupt werden häufiger am Anfang der Folgen auf eine komische Weise die Fälle, die Holmes nicht interessieren, vorgeführt und wie er sie ablehnt oder sehr rasch auflöst.

1.4 Ritualisierte Abläufe

Die meisten Holmes-Geschichten spielen, obwohl die Zeit auch in ihnen fortschreitet, im Grunde in derselben Zeit (vgl. Osterwalder 2011, S. 63). Sie ähneln sich untereinander. Sie zu lesen oder zu sehen, kommt eher einem Ritual, einer Zeremonie nahe als einem innovativen Ereignis. Holmes selbst ist der Ansicht alle Verbrechen ereignen sich in Zyklen (Doyle, WA Bd. 4, S. 25). Das nostalgische Element ist eine tragende Stütze der Narration. Eine gewisse konservative Gleichmäßigkeit gehört zu dieser *Serie* dazu. Sie drückt sich vielleicht schon in der ungewöhnlich auffälligen Tapete in der Wohnung von Holmes und Watson in *Sherlock* aus. Sie besteht ganz aus einheitlich bräunlichem Blumenornament. Bei dieser Wahl gab es zunächst einige Diskussionen (Tribe 2015, S. 56). Dann wurde die Tapete zu einem optischen Wahrzeichen der Reihe und dieser Effekt war sicherlich intendiert. Später wurde das Motiv in Variationen wiederholt. So gibt es beispielsweise auch eine Blumentapete in dem Wohnzimmer von Watsons Wohnung.

In fixierten und festen Kreisläufen besteht die nostalgische aber auch *zwanghafte* Komponente der Geschichten. Es reicht ein Tropfen Innovation, um eine neue Variante in einem ganzen Reich von ziemlich starren Konventionen hervorzubringen. Und genau das macht letztendlich eine gute Sherlock-Holmes-Geschichte im klassischen Sinne aus. In *Sherlock* wurde diese Haltung jedoch aufgebrochen. Die Geschichten sind voller ungewöhnlicher Lösungen und darin besteht ein enormer Reiz.

Bei Doyles Kanon ist aber das Ritual entscheidend. Wenn der Todesfall hier zum Mordfall wird, geht es nie darum, den Tod zu verarbeiten oder den Toten zu betrauern, sondern aus dem Todesfall wird stets jener Mordfall, der um das Rätselraten, um das Auffinden des Täters und dem Nachstellen seiner Tat kreist. Das Rätsel des Mordes erzeugt Furcht, wie Doyle schreibt. So erklärt Holmes: »Hierbei ist ein Rätsel, das die Phantasie aufreizt; wo keine Phantasie ist, da ist auch kein Grauen« (Doyle, WA Bd. 1, S. 55). Es gibt bei Doyle viele Elemente des Grauens, aber kaum welche der Trauer. Das heißt die *Trauerarbeit* wird ausgespart. Sie stört Holmes nur beim Denken. In dieser Verdrängung des Todes und des Verfalls oder Fortschritts (alles bleibt weitgehend gleich) liegen die auffälligsten zwanghaften Komponenten innerhalb der Narration.

Zum ritualisierten Ablauf der Geschichten gehört, dass sie fast immer in der Baker Street in einer gemütlichen Situation aus dem Alltag beginnen. »Diese Konstante ruft beim erneuten Lesen der Geschichten ein Gefühl des Heimkehrens und der Behaglichkeit hervor« (Fleischhack 2015, S. 120). Holmes und home gehen ineinander über. Es handelt sich um eine vertraute Angelegenheit, der Leser weiß schon vorher, was ihn erwartet. Er wird durch die wohlige Atmosphäre des Anfangs vor allem in eine entspannte Stimmung gebracht, die ihm bei der weiteren *lustvollen* Lektüre der Geschichte behilflich sein soll. In der Geschichte *The Musgrave Ritual* (1893/*Das Musgrave-Ritual*) hat Doyle das Ritual selbst ausdrücklich zum Thema gemacht. Anders als in vielen Verfilmungen (inklusive *Sherlock*), die oft einen harschen Auftakt haben, wird der Leser in den Fall behutsam eingeführt und langsam und sorgfältig eine bestimmte Erwartungshaltung aufgebaut. Insbesondere die sonst extrem eng an ihre literarische Vorlage angelehnte Sherlock-Holmes-TV-Serie mit Jeremy Brett (1984–1993) übernahm den Anfang von Doyles Geschichten *nicht*. Sie hatte nur den gemütlichen immer gleichen Vorspann und vorher hatte man schon der Darstellung eines brutalen Verbrechens oder einem ungewöhnlichen Ereignis beigewohnt. Sie beginnen also mit einer Sensation.

Bei Doyle haben die Geschichten einen festgelegten Ablauf, der sich strukturell so beschreiben lässt:

1) Einführung und mögliche Verknüpfung mit anderen Geschichten
2) Besuch des Klienten oder der Polizei in der Baker Street, die den Detektiv um Hilfe bitten.
3) Beginn der Ermittlungen – Holmes und Watson begeben sich an den Tatort.
4) Etappenweise Auflösung des Rätsels inklusive der falschen Verdächtigungen durch die Polizei
5) Dramatische und abenteuerliche Festnahme des Täters, der oft auch Holmes und Watson bedroht
6) Holmes erklärt, wie er durch seine Deduktion und Schlussfolgerungen zum Ziel gelangt ist

Heutzutage ist ein solch einfacher und bekannter Ablauf für eine erfolgreiche Verfilmung vollkommen undenkbar. Demnach wurden viele Zwischenschritte und Umwege eingebaut. Dennoch wurde dieses narrative Schema nicht völlig aufgegeben, sondern ergänzt und erweitert. Der Hauptfall wird auch in *Sherlock*, trotz all der vielen Nebengeschichten und Verästelungen nahezu in dieser Weise fortgeführt. Auf der anderen Seite hat Doyle in seine Geschichten schon einige Variationen verwendet. Die Standardgeschichte verläuft aber in dieser Weise und fesselt ihre Leser durch *Gewohnheit*. Doyle hat sich auch in seinem Werk häufiger direkt wiederholt. So ist beispielsweise die Kurzgeschichte *The Strokebroker's Clerk* (1893/ *Der Angestellte des Börsenmaklers*) ziemlich offensichtlich eine schwache Wiederholung von *The Red-Headed League* (1891/*Die Liga der Rotschöpfe*), obwohl sie nur zwei Jahre später verfasst wurde. In beiden Geschichten werden schriftkundige Männer unter mysteriösen Umständen für eine neue Stelle angeworben. Auch der Plot ist ähnlich. Das Motiv selbst benutzt Doyle noch häufiger, wie zum Beispiel in *The Norwood Builder* (1903/*Der Baumeister aus Norwood*), wo der Arbeitgeber zugleich als Gönner auftritt oder *The Greek Interpreter* (1893/*Der griechische Dolmetscher*), wo er von Anfang an als Entführer und Krimineller in Erscheinung tritt. Einige Male sind es auch Frauen, denen ihre Arbeitgeber zu Recht nicht geheuer sind, wie zum Beispiel in *The Copper Beeches* (1892/*Die Blutbuchen*). Der Einfallsreichtum des Autors hielt sich demnach in Maßen. Er arbeitet oft mit Variationen.

Ein anderes Beispiel dafür, welches sehr oft vorkommt, besteht darin, dass die Kriminellen schwer durchschaubare Strategien verwenden, um an ihr Ziel zu gelangen. Die Hauptaufgabe von Holmes besteht dann darin ihre Pläne rechtzeitig nachvollziehen zu können. Die berühmteste (und erste) Finte dieser Art findet sich sicherlich in *The Red-Headed League*. Dort sind es die roten Haare, die nur dazu dienen eine Person aus ihrem Geschäft zu locken. In *The Three Garridebs* (1924/*Die drei Garridebs*) ist es dann der seltene Name Garrideb, der ebenfalls dazu dient einen Sammler aus seiner Wohnung zu locken, die er sonst nie verlässt. In *The Three Gables* (1926/*Die Drei Giebel*) versuchen die Verbrecher das gesamte Haus einer alten Dame aufzukaufen, nur um an ein verräterisches Manuskript ihres gerade verstorbenen Sohns zu kommen, dass gerade erst in einem Koffer aus Italien angekommen ist. In allen Fällen sind die betroffenen Personen nicht die Opfer des Verbrechens, sondern stehen diesem nur im Weg und müssen wegelockt werden, um an den Gegenstand zu kommen, den die Kriminellen eigentlich haben wollen.

1.5 Über die richtige Länge der Sendungen

Der Erfolg der Detektivgeschichte kam zunächst auch durch ihre Kürze zustande. Die beiden Holmes-Romane *A Study in Scarlet* (1887/*Eine Studie in Scharlachrot*) und *The Sign of Four* (1890/*Im Zeichen der Vier*), die Doyle zuerst verfasste, hatten nur sehr mäßigen Erfolg. Erst als er die Form wechselte und dazu überging lediglich Kurzgeschichten mit dem klugen Detektiv zu schreiben, wurde die Figur rasch populär. Das Moment der kurzweiligen Unterhaltung anstelle der umfassenden Erzählung spielt also innerhalb der Rezeption eine wesentliche Rolle. Doyle brauchte für die Niederschrift einer Geschichte, mit nahezu fast keiner Forschung, meistens weniger als eine Woche (Stafford 2015, S. 37). Die Geschichten wurden zunächst in einem monatlichen Magazin abgedruckt und er war der Erste, dessen Geschichten in diesem Format *nicht* als Fortsetzungen erschienen, sondern abgeschlossen waren (Fleischhack 2015, S. 20). Es gab allerdings auch Ausnahmen, wie die zweiteilige Geschichte *The Adventure of Wisteria Lodge* (1908/*Wisteria Lodge*) oder *The Illustrious Client* (1924/*Der illustre Klient*), die zwar zuerst in den USA als einteilige Folge im Collier's Weekly erschienen, dann aber in England im Strand Magazin als ein Zweiteiler veröffentlicht wurden. Die vollständige Rezeption jeder gewöhnlichen Geschichte konnte so in ca. 45 Minuten geleistet werden und dieser Umstand trug erheblich zu ihrem Erfolg bei.

Diesem Konzept blieben vom Timing her auch die meisten TV-Verfilmungen, die meistens sechzig Minuten oder kürzer sind, verpflichtet. Das galt jedoch nicht für die BBC-TV-Serie, bei der man sich rasch dazu entschied anstatt sechzig Minuten lieber weniger Folgen zu drehen, die dafür neunzig Minuten lang sind. Bei jeder gewöhnlichen TV-Serie ist es nun oftmals ähnlich wie bei Doyles Geschichten. Die einzelnen Folgen können gewöhnlich isoliert voneinander betrachtet werden und sie enthalten jeweils eine in sich abgeschlossene Geschichte. Zugleich sind sie aber auch miteinander verwoben und bilden insgesamt so etwas wie ein dichtes narratives Geflecht, wenn man sie alle kennt. Ausgefeilte Drehbücher, die auch die Entwicklung der Figuren über längere Zeiträume im Auge behalten, sind also bei einer Fernsehserie viel wichtiger als bei einem Kinofilm, der im Allgemeinen auf das Erlebnis von einem Abend abgestellt ist. Das BBC-Format enthält nun beides: Jede Folge hat mit ihren neunzig Minuten die Länge eines Kinofilms und ist zugleich doch Teil einer kleinen Staffel von jeweils drei Folgen. Sherlock Holmes war zugleich der erste literarische Charakter, der in einer *Kurzgeschichtenserie* erschien, die sich letztendlich über mehrere Jahrzehnte erstreckte. Und auch genau diesen Charakter, die Reihe auf einen langen Zeitraum zu strecken, wurde vom Fernsehen häufiger übernommen. Mit ihren zweijährigen Pausen hat *Sherlock* aber den Rahmen eine Langzeitserie zu sein von Anfang an aufgespannt.

Generell rückt aber im TV die Narration mehr in den Vordergrund als im Kino. Auch wenn sich das optische Niveau und Budget für TV-Serien in den letzten Jahren extrem verbessert hat, bleibt es doch dabei, dass der Film immer noch auf einem kleineren Bildschirm rezipiert wird als im Kino (wenngleich die gewöhnliche private Ausrüstung heute technisch gesehen bei Weitem besser ist als etwa noch vor zehn Jahren). »Beim Kinofilm ist der Regisseur König, beim Fernsehen ist es der Autor«, erklärte 2010 der Regisseur Paul McGuigan, der vier Folgen von *Sherlock* in Szene gesetzt hat (Tribe 2015, S. 96). Jede Folge von *Sherlock* in der zweiten Staffel wurde in ca. zweiundzwanzig Tagen abgedreht, was sehr kurz ist im Vergleich zur Herstellung eines Kinofilms (vgl. ebd., S. 126). Es mussten also oftmals viele Szenen an einem Tag gedreht werden. Die Entscheidung von BBC One, dass die Folgen nicht, wie ursprünglich vorgesehen, sechzig Minuten lang sein sollten, sondern man das Format verlängerte auf die Dauer von neunzig Minuten hatte konkrete Gründe. Man entschied sich für das längere Format aufgrund der in der Einleitung bereits erwähnten Event-Struktur und um die Komplexität der Holmes-Figur besser darstellen zu können. Es war zu diesem Zeitpunkt schon ein sechzigminütiger Pilotfilm *A Study in Pink* (2009) von Coky Giedroc gedreht worden, der nun als Grundlage dafür benutzt wurde, was man alles verbessern könnte. Dabei wurde das Budget vergrößert und das optische Niveau extrem verfeinert. Die Filmsets wurden viel besser ausstaffiert und man konnte sich auch eine bessere Kamera leisten (Tribe 2015, S. 65). Man sollte mehr von London sehen können und die Figuren sollten oft in Sets agieren, die moderne Architekturen mit viel Stahl und Glas vorführten, um zu zeigen, wie stark die Reihe in der unmittelbaren Gegenwart verankert ist. Ohne alle diese sehr aufwendigen Veränderungen wäre die Reihe niemals ein solcher Erfolg geworden. Vergleicht man nur einmal die Szene, in der Watson Holmes kennenlrnt im Obduktionslabor mit der ursprünglichen Fassung in einem Computerlehrraum, dann fällt die Kargheit der ursprünglichen Fassung deutlich ins Auge.

Der Charakter der kurzweiligen Unterhaltung, mit dem es Doyle gelungen war so erfolgreich zu sein, blieb dabei aber erhalten. Auch wenn die TV-Reihe sich auf die Romane stützte, wie in den Folgen *A Study in Pink* (2010/Ein Fall in Pink), *The Hounds of Baskerville* (2012/Die Hunde der Baskervilles) und *The Sign of Three* (2014/Im Zeichen der Drei), wurden diese eher als rasche Erlebnisse in Szene gesetzt und gaben keineswegs den längeren narrativen Rahmen wieder, in dem Doyle sie entworfen hatte. Das betraf vor allem die Vorgeschichten, die zwar auch manchmal in TV-Folgen erwähnt werden, aber längst nicht den Charakter und Raum einnehmen, den sie bei Doyle haben.

Eine andere Ebene wurde aber sehr wohl übernommen. Denn Doyle, der seine Geschichte gern im Tonfall der sensationellen Einmaligkeit präsentierte, stellte immer wieder starke Bezüge zum Zeitungswesen her, welche eben die Lesersituation unmittelbar spiegelten. So wurde zum Beispiel in *The Illustrious Client* die Nachricht »Mordanschlag auf Sherlock Holmes« wie eine Schlagzeile in einem gerahmten Kasten gedruckt (Doyle, WA Bd. 9, S. 30), ebenso wurde in *The Three Garridebs* (1924/Die drei Garridebs) eine ganze Zeitungsannonce in voller Länge in einem Kasten abgedruckt (ebd. S. 148). Schon in dem frühen Holmes-Roman *The Sign of Four* (1890/Das Zeichen der Vier) wird eine Zeitungsannonce vollständig wiedergegeben (Doyle, WA Bd. 2, S. 86 f.). In der Narration wird die Ebene eines Zugangs zur sensationshungrigen Presse im ersten Roman schon gespiegelt: Watson stellt fest, dass Holmes ungewöhnlich detaillierte Kenntnisse im Bereich der Sensationsliteratur besitzt (Doyle, WA Bd. 1, S. 23). In der TV-Serie wurde der Bezug zur Boulevardpresse, in der Holmes nun selbst als eine berühmte Persönlichkeit erscheint, mehrfach hergestellt. Vor allem die Folge *Der Reichenbachfall* (2012) berichtet davon, wie Holmes von der Presse zunächst gefeiert und dann aber auch vernichtet wird. Der Charakter der kurzweiligen, abgeschlossenen und sachlich gehaltenen Kurzgeschichte imitierte bei Doyle allein den Zeitungscharakter und nähert sich ihm auch viel dichter an als beispielsweise die auf einen langen Roman hin angelegte Episode. Ein gutes Beispiel dafür sind die Romane von Charles Dickens, die meistens wie *Oliver Twist; or, The Parish Boy's Progress*

(1837–39/*Oliver Twist*) ebenfalls in Zeitschriften abgedruckt wurden und dennoch vollkommen anders funktionieren, weil sie trotz ihrer Episodenhaftigkeit den großen narrativen Bogen eines Romans enthalten.

Die hohe Geschwindigkeit und Wendigkeit, die der Detektiv im 21. Jahrhundert besitzt, ist von Doyle also bereits präfiguriert worden. Sie entspricht unserer Zeit, in der das Erlebnis immer mehr an die Stelle der Erfahrung rückt, ein Unterschied, den Walter Benjamin als Konsequenz des Ersten Weltkrieges betrachtet hat (Benjamin 1991, Bd. II, S. 213 ff.). Das Tempo ist jedoch enorm gesteigert, sodass bei den Geschichten von Doyle noch Erfahrungswerte enthalten sind, die die TV-Serie nach mehrfachem Sehen bereitstellt.

1.6 Die Abwesenheiten des Detektivs

In der Ära von Doyle gab es ein entscheidendes Ereignis, das das öffentliche Interesse an Sherlock Holmes als einer Art realer Figur entschieden verstärkte und bis heute seine Nachwirkungen zeigt. Der Tod des Meisterdetektivs im Jahre 1893 in *The Final Problem* (*Das letzte Problem*) löste bei seiner großen Anhängerschaft eine ungewöhnlich heftige Reaktion aus: »Eine solche Welle öffentlicher Trauer und Enttäuschung war noch nie zuvor durch den Tod einer literarischen Figur ausgelöst worden« (Fleischhack 2015, S. 145). Bis heute wird die Lücke, die durch den vorgetäuschten Tod und die achtjährige Abwesenheit (er kehrte wieder in dem Roman *The Hound of the Baskervilles* (1902/*Der Hund der Baskervilles*), der als Fortsetzungsroman ab 1901 im Strand Magazin abgedruckt wurde) des Detektivs gerissen wurde, von Sherlock-Holmes-Fans als »Der große Hiatus« bezeichnet (Fleischhack 2015, S. 150). Dabei handelt es sich um eine Art vorgetäuschten Suizid, weil Holmes sich absichtlich in die Reichenbachfälle stürzt, um dabei allerdings den gefährlichen Professor Moriarty mit in die Tiefe zu reißen.[21] Zu Doyles Zeiten war Holmes durch seine regelmäßigen Auftritte zu einer Gewohnheit geworden, auf die seine Leser nicht verzichten wollten. Als Doyle ihn für seinen Roman *The Hound of the Baskervilles* dann kurzerhand *wiederauferstehen* ließ, löste er damit erneut eine Sensation aus und wurde zu einem der bestbezahltesten Autoren auf der Welt (Stafford 2015, S. 36 u. S. 39). Nicht umsonst sollte gerade dieser Roman, in dem Holmes (wieder) einen langen Abschnitt lang fehlt und Watson den Fall allein verfolgen muss, sein erfolgreichster werden. Es ist ganz of-

---

21 Das Motiv des erzwungenen Selbstmordes gibt es in der TV-Serie nochmals in *A Study in Pink* (2010/*Ein Fall in Pink*) und wurde auch in der Folge *The Reichenbachfall* (2012/*Der Reichenbachfall*) stark dramaturgisch aufgebauscht. Tatsächlich ist es in den zugrunde gelegten Vorlagen von Doyle aber schon enthalten und wurde nur übernommen.

fensichtlich, dass eine Ökonomie von An- und Abwesenheit, eine Art literarisches Fort-/Da-Spiel, diese Figur psychisch noch stärker, wichtiger und glaubwürdiger werden ließ. Die Abwesenheit, Krankheit oder der vorgetäuschte Tod des feinsinnigen Detektivs ließ Watson und seine Leser in Sorge erstarren.[22]

Dadurch, dass Holmes dem Leser stets nur als Text oder Illustration zugänglich war, also gleichsam als eine reine Spur, war er immer schon abwesend und anwesend zugleich. Für die Figur gilt jedoch, dass die Angst um ihr Leben und Wohlergehen ein wesentliches Motiv innerhalb der Narration ist. Einige weitere Geschichten enthalten dieses Motiv. In *The Final Problem* (1893/*Das letzte Problem*) und *The Empty House* (1903/*Das leere Haus*) ist Holmes außerdem selbst die Zielscheibe des Verbrechens. Überhaupt begibt sich der Detektiv regelmäßig in Gefahr, wenn er in ein Verbrechen eingreift. In *The Adventure of the Dying Detective* (1913/*Der Detektiv auf dem Sterbebett*) ist Holmes angeblich todkrank und Watson muss Hilfe holen. In *The Illustrious Client* (1924/*Der illustre Klient*) wird er auf der Straße zusammengeschlagen und schwebt danach auch angeblich in Todesgefahr. In *The Mazarin-Stone* (1921/*Der Mazarin Stein*) schützt sich Holmes, wie schon in *The Empty House*, durch eine Attrappe hinter dem Fenster davor, erschossen zu werden. Einige Male täuscht er seine Invalidität oder seinen Tod vor, um seine Gegner, die sich so in Sicherheit wiegen, besser fangen zu können. In der TV-Reihe wird er in der ersten Folge *A Study in Pink* (2010/*Ein Fall in Pink*) fast vergiftet (Watson rettet ihn und damit beginnt *tatsächlich* ihre Freundschaft) und in der Folge *His last Vow* (2014/*Sein letzter Schwur*) wird er fast erschossen. Außerdem ist eine sehr häufige Bewegung, wie Holmes einfach den Tatort verlässt und Lestrade und Watson dort einfach zurücklässt. Watson regt sich in *The Empty Hearse* (2014/*Der leere Sarg*) sehr darüber auf, dass Holmes ihn getäuscht hat, ihm nicht verraten hat, dass er noch lebt. Er hat den Tod des Detektivs stark betrauert. Aber was bedeutet dieser Verlust für Watson und seine Leser? Ein Verlust der niemals tatsächlich innerhalb der Fiktion vollzogen wird, denn es gibt keine Geschichte und keinen Film, in denen Holmes tatsächlich stirbt. Es wirkt fast so, als würde der Detektiv für sein Publikum den Platz einer fürsorglichen *Mutterimago* einnehmen. Der Grund dafür ist weniger seine exzellente Beobachtungsgabe oder sein kühler Verstand, sondern seine Selbstlosigkeit. Denn der clevere Privatdetektiv interessiert sich schließlich fast nur für die Probleme und Sorgen der Anderen. Ihn zu verlieren wiegt deshalb sehr schwer.

---

22 Das Hörspiel von und mit Orson Welles, mit dem Titel *The Immortal Sherlock Holmes* (1938/ *Der unsterbliche Sherlock Holmes*), begann mit einem allzu kritischen und sachlichen Kommentar gegenüber den Toden des Detektivs: »Ein Gentleman, der nie gelebt hat und niemals stirbt«. Welles hatte demnach möglicherweise sehr wohl verstanden, um was es ging, wollte diese Ebene aber selbst gerade nicht verwenden.

Die Serie *Sherlock* machte sich diesen außergewöhnlichen Aspekt des literarischen Vorgängers durch eine extreme Weise von *Event Television* zunutze. Jede Folge von *Sherlock* soll dabei als ein eigenständiges Ereignis funktionieren. Die gesamte Serie wurde auch nicht in gewöhnlichen Formen, sondern mit langen Wartepausen und vielen Zwischeninformationen veröffentlicht. Eine Serie von der nur alle zwei Jahre drei Folgen zu sehen sind, ist äußerst ungewöhnlich.[23] Zudem arbeitet sie am Ende jeder Staffel mit einem gezielten Cliffhanger, auf deren Auflösung der Zuschauer dann zwei Jahre warten muss. *Sherlock* ist rar und genau deshalb so beliebt. Der Serie gelang es (zusammen mit den beiden Kinofilmen) ein neues und sehr starkes Interesse an dem alten Detektiv auszulösen (Boström 2016, S. 548). Es handelt sich bei *Sherlock* um etwas besonders Auserlesenes und besonders Ausgeklügeltes. Die Erwartungen der Zuschauer werden stark berücksichtigt und immer wieder wurde auch mit ihnen gespielt. Dabei wurde sogar der Zeitpunkt der Ausstrahlung strategisch festgelegt. Die Geschichte von Doyle über den Tod von Holmes, *The Final Problem* (1893/*Das letzte Problem*), welche eine solche Welle der Erschütterung auslöste, erschien zu Weihnachten, was nicht unerheblich ist, weil auch die *Sherlock*-Reihe ihre Folgen (abgesehen von der ersten Staffel) stets kurz nach Weihnachten, im Januar ausstrahlt. Weihnachten, das Familienfest schlechthin, ist also der Zeitpunkt, der zu dem häuslichen Detektiv am besten passt. Es ist sehr durchdacht, dass in der Folge *A Scandal in Belgravia* (2012/*Skandal in Belgravia*) gezeigt wird, wie Holmes und Watson in ihrer Wohnung mit Freunden Heiligabend feiern. Und in der Folge *His last Vow* (2014/*Sein letzter Schwur*) wird nochmals gezeigt, wie die beiden zusammen mit Watsons Ehefrau und Holmes Bruder das Weihnachtsfest bei den Eltern von Holmes feiern. Ebenso wünschen sich Holmes, Watson und Lestrade fröhliche Weihnachten in der Sonderfolge *The Abominable Bride* (2016/*Die Braut des Grauens*). Seit 2013 werden sogar kleine Minifilme gedreht, die zwischendurch Werbung für *Sherlock* machen. Sie wurden bis jetzt zweimal zur Weihnachtszeit online gestellt. Der erste war *Happy Returns* (2013), der als Prequel für die dritte Staffel funktionierte. Er zeigt Sherlocks Auftritte während des großen Hiatus in einem tibetanischen Kloster (wo er eine Blondine enttarnt) und bei einer Mordaufklärung in Hamburg. Die Minifolge kündigte die Rückkehr des für tot gehaltenen Detektivs in der Handlung und zugleich seine Rückkehr mit der dritten Staffel im TV an. Im Sommer 2015 erschien dann ein kurzer Werbefilm, in dem Holmes und Watson nun auf einmal doch im viktorianischen Zeitalter auftraten. Zur Vorweihnachtszeit 2015 wurde dann klarer, um was es ging. Nun wurde für eine ganze Sonderfolge geworben, in der die beiden im England des 19. Jahrhunderts auftraten. Diese Sonder-

---

23 Aufgrund dieser langen Wartezeiten gewannen ältere Verfilmungen wieder an Interesse und wurden auf DVD wieder zugänglich gemacht (Boström 2016, S. 546 f.).

folge *The Abominable Bride* wurde am 1. Januar 2016 im BBC und in den USA ausgestrahlt und außerdem in ausgewählten, englischen Kinos gezeigt.

Die Werbestrategie besteht darin die Auftritte des Detektivs als große, mediale Ereignisse in Szene zu setzen. Sie erzeugen unterdessen eine solch hysterische Atmosphäre, dass die Dreharbeiten der dritten Staffel, wenn die beiden männlichen Hauptdarsteller auftraten, an die »Beatlemania« erinnerte (Tribe 2015, S. 221). Holmes ist alles andere als eine alltägliche Figur. Er ist in der Serie und auch in der Realität ein großer Medienstar. Dass die Serie so berühmt wurde, konnte so für sie selbst genutzt werden, indem auch Holmes selbst als eine äußerst berühmte Figur mit Seltenheitswert darin auftreten konnte. Sie funktioniert nun in der Tat wie großangelegtes Fort-/Da-Spiel, wobei die Zeiten der Abwesenheit des Detektivs, die Zwei-Jahres-Hürde bisher nicht überschritten haben. Nur durch seine Abwesenheit konnte er schon bei Doyle zu einem richtigen Idol werden. Warum ist aber die Sehnsucht nach dieser Figur so groß? Ist es wirklich nur seine Fürsorglichkeit, der doch zugleich auch viele unverschämte Charakterzüge beigegeben sind, sodass er eigentlich nur schwer zu ertragen ist.

Die Sherlock-Holmes-Geschichten und die Psychoanalyse

2

Die Reflexion, die das Verhältnis zwischen der Psychoanalyse und Doyles Detektivgeschichten vollzieht, ist als klassisch zu bezeichnen. Sie ist oft angestellt worden und kann damit als traditionelle Überlegung bezeichnet werden. Durch die TV-Serie bekommt sie einen neuen Status, weil sogar die Filmfiguren im 21. Jahrhundert ein anderes Verhältnis zu dieser unterdessen längst etablierten Therapieform besitzen. Sigmund Freud und der viktorianische Detektiv leisteten hingegen einmal Pionierarbeit. Während die kognitive Arbeit von Holmes aufgrund ihrer Fiktionalität und ihrem übermächtigen Wissen aber immer noch die Verfahrensweise eines Exzentrikers und Einzelgängers ist, der seine Umwelt verblüfft, wurde die Psychoanalyse zu einer Institution, die einen festen, wenn auch nicht unumstrittenen Platz in unserer Gesellschaft behaupten kann. Dafür musste sie allerdings die hysterischen Komponenten ihres Urhebers (Freud) aufarbeiten und sich zugleich in zahlreiche, verschiedene Strömungen hin aufteilen und so demokratisieren.

Die Kriminalistik hingegen arbeitet *ähnlich* wie Holmes, wenngleich auch nicht in dieser hohen Geschwindigkeit und eben auch eher selten mit dem Verfahren der Deduktion. Der von Doyle (und Holmes) stets verwendete Ausdruck der Deduktion, der die logische Denkform des Detektivs benennt, wird hier, obwohl in der Sekundärliteratur seine Zuschreibung häufiger angezweifelt wird (vgl. Stafford 2015, S. 65 f.), einfach uneingeschränkt übernommen, so, wie das auch für die *Sherlock-Reihe* und nahezu alle weiteren Verfilmungen gilt. Holmes zieht aus den empirischen Fakten, die für ihn die gegebenen Prämissen darstellen, in einer logischen Schlussfolgerung die zwingenden Konsequenzen. Auf dem Weg dorthin, das heißt innerhalb seiner Schlussfolgerung, bedient er sich allgemeiner Gesetze und seines umfassenden Wissens. In *The Sign of Four* (1890/*Das Zeichen der Vier*) betont Holmes gleich zweimal, dass man nur alle *unmöglichen* Wege systematisch ausschließen muss, um dann zum einzig *möglichen* zu gelangen (Doyle,

WA Bd. 2, S. 13 u. 55). Insofern er aus den empirischen Fakten ein allgemeines Gesetz ableitet, kann man auch von einer Induktion sprechen, die aber eine Form der Deduktion ist. In jedem Fall wird aber in einer logischen Form ein Puzzlespiel aus verstreuten Fakten von ihm so zusammengefügt, dass am Ende ein komplettes Bild des Verbrechens entsteht. Mit diesen logischen Hilfsmitteln kann die fiktive Kriminologie des Detektivs den Abstraktionsgrad einer so exakten Wissenschaft wie der Mathematik erreichen. Holmes erweist sich in dieser Hinsicht als ein versteckter Anhänger von Kants *reiner Vernunft* (Kant 1992, S. 22). Er wendet demnach dieses Verfahren aufgrund seiner Logistik einfach *a priori* an. Er leitet es nicht wirklich aus der Realität ab, sondern aus seinem Denken. Darin liegt sowohl die Faszination aber auch das Unglaubwürdige, Eigentümliche und die Verschrobenheit seiner Vorgehensweise, die letztendlich viel zu starr und schablonenhaft ist, um sich Ernsthaft mit der weitaus komplexen Realität auseinandersetzen zu können. Wirkten Freuds psychoanalytische Konstruktionen zuweilen genauso spekulativ und unglaubwürdig, so war der Leser in beiden Fällen vor allem zunächst irritiert. Doch während Freud das bis dato unbekannte Material des Unbewussten erkannte und seine ungeheure Wirkungsmacht in immer wieder neuen gedanklichen Strukturen versuchte zu erklären und so freizulegen, bot Sherlock Holmes lediglich die immer gleiche Annäherung an das Wesen des Verbrechens an. Es geriet unter seinem Blick zu einer Art Scrabble-Spiel, einem Kreuzworträtsel. Aus der Perspektive des Detektivs wurde eine unberechenbare Welt damit sehr rasch berechenbar, während es sich bei der Arbeit des Analytikers mit dem Patienten um einen weitaus dynamischeren Prozess handelt, der schrittweise und über einen langen Zeitraum das Problemfeld herauszufinden und zu bearbeiten versucht. Das Krankheitsbild ebenso wie das Heilungsmittel sind dabei in Bewegung und verändern sich. Holmes' schematischere Vorgehensweise ist für den Zuschauer hingegen lustvoll, weil sie die Komplexität der Realität scheinbar logistisch und sehr schnell bewältigt. Die Arbeit in einer Psychoanalyse ist viel mühsamer und anstrengender, weil die verbale Zergliederung und Verarbeitung weitaus schwieriger und weniger fassbar ist. Außerdem kann Holmes die Verbrechen am Ende kriminalistisch meistens nahezu *restlos* auflösen. Psychoanalytisch hingegen sind die Spielräume hier viel begrenzter. Es kommt, wie in einer Realität, die sich ständig verändert, niemals zu einer endgültigen Auflösung, sondern die einmal in Gang gesetzten Prozesse und Innovationen dauern an und müssen immer wieder erneut und in veränderten Formen angewendet werden. Holmes ist so betrachtet ein Kantianer, der auf das Gesetz der Deduktion fixiert ist und in einer etwas zwanghaften Weise seine Maximen wiederholt. Freud war aber ein Hegelianer (ohne Glauben an das Absolute), der in einer nie endenden und zugleich *unmöglichen* Vermittlung zwischen Bewusstsein und Unbewusstsein stets in Bewegung blieb und stets an einem Transfer arbeitete, der in immer wieder neuen

Übersetzungen versuchte Inhalte zu artikulieren, die sich *letztendlich* nicht artikulieren lassen.

2.1 Watson und Holmes in Analyse

In der TV-Serie *Sherlock* unterzieht sich erstmals Watson, der am Bein verwundet aus dem Afghanistan-Krieg heimgekehrt ist, einer Psychotherapie. Die Reihe beginnt damit, dass sie zeigt, wie ihn die Bilder seiner Kriegserlebnisse nachts im Schlaf verfolgen. Diese erste Sequenz wirkt wie eine *light* Version des Anfangs von *Apocalypse Now* (1979). Allerdings leidet der junge Kriegsveteran Watson gar nicht unter einem Kriegstrauma (wie Captain Willard in Coppolas Kinofilm), sondern angeblich nur darunter, dass der Krieg für ihn vorbei ist und er nichts mehr erlebt, wie er selbst am Anfang auch erklärt. Seine Therapeutin trifft eine falsche Diagnose, die von Mycroft, dem Bruder von Sherlock Holmes, im Lauf der ersten Folge korrigiert wird. »Sie werden nicht von dem Krieg heimgesucht, Dr. Watson, Sie vermissen ihn«, erklärt ihm Mycroft.[24] Watson leidet demnach vor allem unter seiner Isolation, eben darunter, dass nichts mehr in seinem Leben passiert und er nicht mehr gebraucht wird. In schweren Lebenslagen, wie dem angeblichen Tod von Holmes in *The Reichenbachfall* (2012/*Der Reichenbachfall*) oder nach dem Tod seiner Ehefrau in *The Lying Detective* (2017/*Der lügende Detektiv*) sucht er eine Psychoanalytikerin auf. Er kommt vor allem mit dem Alleinsein nicht zurecht und braucht dann Hilfe. Die Frage, die sich aus einer psychoanalytischen Perspektive ergibt, wäre die, ob dies eine Folge der geballten Kriegserlebnisse ist, oder ob der junge Arzt diese Leere bereits vorher empfunden hat? Doch darüber, wie die Kindheit von Watson gewesen ist, erfahren wir in der Serie nichts. Mycrofts Aussage ist außerdem strategisch, schließlich möchte er das Watson als Begleiter (und Beschützer) seines jüngeren Bruders Sherlock, sich erneut in eine abenteuerliche und gefährliche Welt begibt. Letztendlich erfährt der Zuschauer aber, dass der Arzt Dr. Watson psychisch nicht gesund ist. Und das ist vollkommen neu. Denn bei Doyle ist Watson ein robuster, normaler Mann, der keineswegs durch ein Kriegstrauma belastet ist. Aus seiner physischen Verwundung, die er auch hier hat, wird nun eine psychische.

---

24 Dass Watson aus diesen und anderen Gründen in der TV-Serie selbst einen abenteuersüchtigen Soziopathen repräsentiert, wie es Toadvine behauptet, geht nach meiner Ansicht zu weit (Toadvine 2012, S. 59 ff.). Solche Überlegungen legt die Serie zwar zuweilen nahe, die dramaturgisch essenziellere Differenz zwischen dem Charakter von Holmes und Watson wird dadurch aber zu sehr verwischt.

Dramaturgisch bekommt Watson damit einen ganz anderen Platz. Um seine Einsamkeit auszudrücken, wurde sogar eine kleine Melodie, bestehend aus vier Akkorden, komponiert, das Watson-Thema (Stafford 2015, S. 58). Sein psychosomatisches Leiden – er humpelt – verschwindet dann ganz von selbst, während er sich zusammen mit Holmes in sein erstes gefährliches Detektiv-Abenteuer stürzen kann. Er ist also genauso süchtig nach Gefahren wie sein Freund, aber er ist bei Weitem kein so exzentrischer Misanthrop. Watson sucht das Abenteuer (genauso wie der Zuschauer), um sich nicht zu langweilen. Und gleichzeitig *heilt* es ihn von seiner psychischen Krankheit, die demnach nicht besonders schwerwiegend sein kann. Es ist die Bindung an Holmes, die Freundschaft zu dieser außergewöhnlichen Person, die Watson ins Leben zurückbringt.

Holmes selbst wird in der Reihe häufiger als ein Psychopath bezeichnet und Watson anfangs sogar gewarnt davor, mit ihm Umgang zu pflegen. Der kluge Detektiv entledigt sich dieses Vorwurfs mit einer klugen Einschätzung seiner Person in der ersten Folge: »Ich bin kein Psychopath, sondern ein hochfunktionaler Soziopath.« Holmes als einen Psychopathen zu bezeichnen hat in der TV-Serie die Funktion einer Denunziation. Zwei Mitarbeiter der Polizei, denen seine Klugheit missfällt, versuchen so seine Arbeit zu entwerten. Holmes ist zwar psychisch nicht ganz gesund, aber so krank wie ein wahnhafter Psychopath ist er nun auch wieder nicht.

Diese Vorgehensweise, psychische Krankheiten als Mittel der Denunziation zu verwenden, gab es als Reaktion auf Derridas Philosophie. Serge Doubrovsky und sogar Jacques Lacan erklärten, Derrida wäre *in* Analyse, um seine Arbeit zu entwerten. »Tatsächlich kenne ich wenig Leute, die wissen, ertragen, sich klarmachen, daß ich nicht innanalyse bin (Du siehst, von wem ich spreche), sie ermessen diese Frage und ich traue ihnen mehr Luzidität zu im Hinblick auf die Geschichte und den gegenwärtigen Zustand der analytischen Institution« (Derrida 1982, S. 249). Bekanntlich haben schon Michel Foucault und Gilles Deleuze, wenn auch in einer polemischen Form, sehr eingehend über die Gefahren der *Pathologisierung* durch die Psychoanalyse philosophiert.[25] Es gibt demnach stets eine Verantwortung, wenn man die psychoanalytischen Begriffe verwendet. Andererseits zeigt Holmes gerade in der BBC-Serie, wie er durch seine Krankheitsein-

---

25 In einer neueren, umfassenden Publikation hat der Psychiater und Psychotherapeut Andreas Heinz darauf hingewiesen, dass der Begriff der *psychischen Krankheit* erhebliche Definitionsschwierigkeiten aufweist und niemals ohne eine gewisse Verantwortung gebraucht werden sollte, die von ihren eigenen Schwierigkeiten ein Bewusstsein hat. Er kann dazu missbraucht werden »sozial missliebiges Verhalten zu stigmatisieren« (Heinz 2014, S. 33). Freud, der diese Vorgehensweise kannte, entschärfte die Stigmatisierung, indem er erklärte, dass im Grund jede Person den Keim aller psychischen Krankheiten in sich trage. Entscheidend für die Grenze zwischen pathologisch und gesund sind damit lediglich die *Ausmaße*.

sicht die asozialen Tendenzen seines Charakters zumindest häufiger reflektieren und abmildern, wenngleich auch nicht vollständig beseitigen kann. Sein Verhalten wird aber innerhalb der Reihe immer mehr sozial angepasst. Die Figur selbst macht durch ihre Freundschaft zu Watson über die Jahre scheinbar eine gewisse Entwicklung durch. Frühe Zuschreibungen, wie dass Holmes sich in Gesellschaft ganz vorzüglich verhalten könne (Doyle, WA Bd. 2, S. 106), fallen hier im Grunde weg, weil der Detektiv gar nicht merkt, wenn er unakzeptable Äußerungen macht. Er verfügt wie jeder kluge Patient in einer Psychoanalyse über eine *Krankheitseinsicht*, was ihn aber keineswegs daran hindert, sich dennoch falsch zu verhalten. Im Gegenteil, die Einsicht in seine Schwächen legitimiert bei Doyle sogar sein falsches Verhalten. Auch hier weiß er über seine Schwächen Bescheid, richtet sich jedoch vollkommen in ihnen ein. Der Holmes bei Doyle ist mindestens ein Neurotiker, der vor vielen Aspekten der Realität flieht und sie nur eingeschränkt rezipieren kann.

Am Ende, also erst in der bisher letzten Folge *The Final Problem* (2017/*Das letzte Problem*) wurde, wie im Gegenwartsfilm so oft, die psychische Störung des Detektivs auf ein *Trauma* zurückgeführt: »Bekanntlich ist Trauma in der Populärkultur zu einer Währung geworden, die es manchem über den klinischen Bereich (posttraumatischer Stress), den historischen Bezug (Holocaust, Vietnam) und den autobiographischen Tatbestand (Vergewaltigung; Inzest) hinaus erlaubt, den affektiven Wert *als Opfer* einzulösen. Fast scheint es als stifte erst ein persönliches Trauma Identität und werde damit zu einer Seinsweise an sich« (Elsaesser 2009, S. 34). Der kluge Detektiv ist nun als Kind aus seiner Bahn geworfen worden. Seine bösartige Schwester Eurus (Siân Brooke) hat den besten Freund des kleinen Holmes, Victor Trevor, beim Piratenspiel – Sherlock spielte den Pirat Yellowbeard (Gelbbart), Trevor Redbeard (Rotbart) – aus Eifersucht ermordet. Er hat dieses Ereignis aufgrund seiner Schwere, wie auch jede Erinnerung an seine Schwester, aus seinem Gedächtnis gelöscht. Das Trauma agiert damit nun gleichsam als der blinde Fleck im Denken des Detektivs, der zugleich sein gesamtes Verhalten und seine Motivationen steuert. So erklärt ihm sein Bruder Mycroft: »*Every choice you've ever made, every path you've ever taken, the man you are today, is your memory of Eurus*« (*Jede Wahl, die Du je getroffen hast, jeden Weg den Du je genommen hast, der Mann der Du heute bist, besteht aus Deiner Erinnerung an Eurus*). Damit sind alle anderen Diagnosen zweitrangig. Das gilt aber nicht für Doyles Holmes, der keineswegs unter einem Trauma leidet. Denn die Drehbuchautoren entfernten sich damit von ihm. Im Kanon hat Holmes keine Schwester und daher ist es auch kein Zufall, dass er auch in der TV-Serie alle Erinnerungen an sie aus seinem Gedächtnis gelöscht hat.

Eine andere These, nach der der aktuelle Holmes und hier zugleich auch sein literarisches Vorbild an dem *Asperger-Syndrom* leiden (eine abgeschwächte Form des Autismus), erscheint ebenfalls naheliegend, wenngleich auch nicht wirklich zutreffend. Watson äußert diese Diagnose mit einem einzigen Wort gegenüber Lestrade in der Folge *The Hounds of Baskerville* (2012/*Die Hunde von Baskerville*). Tatsächlich lässt sich das eigenwillige Verhalten des Detektivs damit gut nachvollziehen. Allerdings liegen in seiner Arbeit, die ausschließlich auf eine kriminelle Welt, also ein *negatives Objekt* fixiert ist, auch andere psychische Motivationen vor. Und der Nachteil dieser Beschreibung besteht darin, dass der kluge Detektiv (ebenso wie sein Bruder Mycroft) dann an einer vor allem genetisch bedingten Krankheit leidet, die nur wenig Spielräume lässt für eine breitere psychoanalytische Auslegung. Vielmehr erscheinen die leicht autistischen Charakterzüge des Detektivs innerhalb der TV-Serie nun als eine Folge eines verdrängten Traumas.

Da es sich aber ohnehin um eine erfundene Figur handelt, ist sowieso keine *eindeutige* Diagnose möglich (Wie sollte das gehen? Eine fingierte Figur kann letztendlich nur fingierte Krankheiten haben). In jedem Fall ist jede Deutung des Krankheitsbildes, welches über den fiktionalen Zusammenhang hinausweist, fragwürdig und ohnehin ist der pathologische Kontext genauso fiktiv wie die Figur selbst und kann niemals jene Eindeutigkeit oder Richtigkeit erreichen, die er bei lebendigen Personen anzunehmen vermag. Die umstrittene Selbstaussage, dass Sherlock Holmes ein hochfunktionaler Soziopath sei, hat deshalb ebenfalls ihren Wert, weil sie aus der aktuellen Serie selbst stammt und hier nicht als fachmännisches Urteil, sondern als eine analytische Selbsteinschätzung fungiert. Dass diese Beschreibung ihren Ursprung in einem Trauma hat, aus dem sich die Motivation, Menschen zu retten und Kriminelle hinter Gitter zu bringen, speist, wird so innerhalb der TV-Serie als festes Motiv etabliert. In der dritten Staffel wurde dieses Motiv bereits angedeutet, in *The Final Problem* wurde es vollständig ausgearbeitet.

Tatsächlich wurde der Detektiv innerhalb seiner zahlreichen Fiktionalisierungen nach Doyle *bereits* in eine Psychoanalyse geschickt. Diese Fantasie wurde in dem Roman von Nicholas Meyer *The Seven-Per-Cent-Solution* (1974/*Kein Koks für Sherlock Holmes*) und seiner gleichnamigen Verfilmung von Herbert Ross (1976) allerdings in einer äußerst flachen Weise durchgespielt. In der Verfilmung wird der Detektiv aufgrund seiner *Drogensucht* von Watson nach Wien gelockt, um sich dort einer Kur bei Sigmund Freud zu unterziehen. Bevor Freud auf die psychische Ursache von Holmes' Suchtverhalten kommt, lösen die beiden zusammen noch in einer ziemlich actionreichen Weise einen Kriminalfall. Innerhalb dieser Inszenierung bot dies eine gute Gelegenheit, die Verwandtschaft zwischen der kriminalistischen und psychoanalytischen Technik hervorzuheben, die hier nun Hand in Hand zu gehen scheinen. Am Ende entdeckt Freud, dass die Mutter von Holmes eine Affäre hatte und dafür von seinem Vater ermordet worden war. Damit wird die patriarchale Thematik des viktorianischen Holmes, das Erbe, welches diese Figur begleitet, bereits skizziert. Der Liebhaber seiner Mutter war dann ein Hauslehrer namens Moriarty, also genau der Mann, der in den Geschichten von Doyle als der Erzfeind des Detektivs und als der größte Gangsterboss aller Zeiten beschrieben wird. Noch einfacher hätte man den Familienroman eines neurotischen Detektivs kaum erzählen können. Dennoch handelt es sich sogar bei diesem ziemlich niveaulosen *Pastiche*, um eine Fantasie, in der die Kindheit von Holmes durch den *ödipalen Konflikt* eines tyrannischen Vaters, der aus Eifersucht seine Mutter ermordet hat (anstatt ihren Liebhaber), strukturiert wird. Die TV-Serie *Sherlock* hat eine andere, weitaus interessantere, vielschichtige und modernere Struktur gewählt, in der die Rivalität zwischen Holmes und seinem Bruder Mycroft viel entscheidender ist und eine bösartige Schwester Holmes in ein frühkindliches Trauma gestoßen hat. Weil er diese Vergangenheit verdrängt hat, muss er sie nun stets in einer schockhaften Weise in der Gegenwart wiederholen. Holmes ist süchtig nach dem Kampf mit der Kriminalität, weil er von dem Krimi in seinem eigenen jungen Leben nichts mehr weiß.

2.2 Deduktion und Psychoanalyse

Folgende Passage könnte auch aus einem Bericht über einen engagierten Psychoanalytiker stammen: »›Und doch – und doch‹ – er ballte seine hageren Hände in einem Anfall von Selbstgewißheit – ›*weiß* ich, die Sache stimmt vorn und hinten nicht. Ich spüre es in meinen Knochen. Irgend etwas ist noch nicht zur Sprache gekommen, und diese Haushälterin weiß es. In ihren Augen lag eine Art von schmollendem Trotz, der nur mit Schuldbewußtsein zu vereinbaren ist‹« (Doyle, WA Bd. 7, S. 52). Es handelt sich aber um eine typische Sherlock-Holmes-Szene. Die Verbissenheit, mit der der Detektiv beharrlich dem Verbrechen bis in seine tiefsten Abgründe hinein folgt, erinnert zuweilen eben doch sehr an die Arbeit eines Analytikers, der bestimmte verdrängte Motive seines Patienten ebenso massiv und gewissenhaft zu dessen Bewusstsein bringen möchte. Dieser Zusammenhang ist, wie schon erwähnt, in der Literaturwissenschaft so oft herausgearbeitet worden, dass er als ein fester Topos gelten darf. Selbst Derrida sieht eine Parallele zwischen »Konstruktionen in der Analyse« und »kriminalistischen Konstruktionen« (vgl. Derrida 1997, S. I) und benennt damit einen spezifischen Zusammenhang, der davon ausgeht, dass in beiden Fällen diese *Rekonstruktionen* nicht unbedingt die Wirklichkeit nachzeichnen, sondern als ein eigenständiges Element zu betrachten sind.

Doyle hat nur einige Male zur Charakterisierung einer Person das Vokabular von Freud verwendet. So taucht die Beschreibung hysterisch häufiger auf. Das

Wort neurotisch wird hingegen nur einmal verwendet für einen restlos verängstigten Gutsverwalter in *The Problem of Thor Bridge* (1922/*Die Thor Brücke*) (Doyle, WA Bd. 9, S. 181). In *The Retired Colourman* (1926/*Der Farbenhändler im Ruhestand*) wird der Täter als ein extrem eifersüchtiger Mann beschrieben, der sich in eine rasende Manie hineinsteigert (Doyle, WA Bd. 9, S. 301). Einige weitere Parallelen liegen schon formal auf der Hand: Sowohl der Detektiv als auch der Psychoanalytiker empfangen ihre Klienten/Patienten häufig persönlich in ihrer Privatwohnung. In beiden Fällen sind die Besucher dazu aufgerufen ihre Geschichte (so ausführlich wie möglich) zu erzählen. Jedes Mal geht es dabei um bestimmte schwerwiegende Lebenserfahrungen, die von dem Detektiv oder Analytiker bearbeitet und soweit wie möglich aufgelöst werden sollen. Dies geschieht nicht selten ohne die theatralische Note eines dramatischen Auftritts, wie Doyle Watson einmal schreiben lässt (Doyle, WA Bd. 7, S. 125). Sowohl der Detektiv als auch der Analytiker lassen sich ausführlich von ihren Kunden die jeweiligen Vorkommnisse berichten, die sie so bedrücken, dass diese sie Hilfe suchend aufsuchen. Und beide ziehen aus diesen Berichten ihre ganz eigenen Schlüsse, die meist sehr weit von dem entfernt sind, was andere Menschen darüber denken würden. Es ist also kein Wunder, dass es eine traditionelle *Liaison* zwischen der Detektivgeschichte und der Psychoanalyse gibt, die sich über mehrere Etappen hin, bis zur Gegenwart erstreckt. In *Sherlock* geht Watson am Beginn zu einer Psychoanalytikerin. Also er Holmes kennenlernt, kuriert der durch seine Abenteuerlust sein psychosomatisches Symptom (Watson hinkt). Er trifft sie jedoch wieder, nachdem er glaubt Holmes sei Tod, was er nur schwer verkraften kann.

Tatsächlich war schon Freud persönlich an den Abenteuern von Sherlock Holmes interessiert, wie einer seiner schwierigsten und kompliziertesten Patienten, ausgerechnet der Wolfsmann 1951 zu berichten wusste: »Einmal kamen wir auf Conan Doyle und auf die von ihm geschaffene Figur des Sherlock Holmes zu sprechen. Ich dachte, daß Freud diese Art leichter Lektüre überhaupt ablehne, und war daher überrascht, daß dies keineswegs der Fall war und daß Freud auch diesen Schriftsteller recht aufmerksam gelesen hatte« (Gardiner 1982, S. 182). Lacan hat in seiner berühmten Exegese von Poes dritter und letzter Detektivgeschichte *The purloined letter* (1844/*Der entwendete Brief*, aber wörtlich auch *Der entwendete Buchstabe*) diese Analogie noch verstärkt und dabei Poes Detektiv am Ende sogar den Platz des Analytikers eingeräumt, wenn er sich für die Wiederbeschaffung des Briefes bezahlen lässt (Lacan 1986, S. 36). Außerdem hat er einen bisher in Deutschland kaum rezipierten Aufsatz geschrieben, der diese Analogie weiter forciert: *Theoretische Einführung in die Funktionen der Psychoanalyse in der Kriminologie* (1951) (Lacan 2016, S. 146–175). Im Kino war es unter anderem Alfred Hitchcock, der in Filmen wie *Spellbound* (1945/*Ich kämpfe um dich*) sogar die Psychoanalytikerin (Ingrid Bergmann) gleichzeitig zur Detektivin werden ließ. Die

Aufdeckung eines psychischen Problems geht hier scheinbar oftmals Hand in Hand mit der Offenlegung eines Mordes. Beide Diskurse überlappen sich. Gehört der Mord im Ödipuskomplex zu den Grundthemen der orthodoxen Freudianer, so ist damit die Nähe des Analytikers zum Detektiv bereits hergestellt (vgl. Rohrwasser 2005, S. 61).

Der Ödipuskomplex erfüllt nach Lacan dieselbe mythologische Form, die die Erbsündenlehre in der Theologie innehat. Sein wissenschaftliches Pedant ist bei Freud der Kastrationskomplex (vgl. Derrida 2015, S. 194 f.). Durch den so erzeugten *Mangel* trennt sich der Mensch vom Tier, das nach Lacan in einer imaginären Spiegelbeziehung verharrt. Das Denken ist nach Lacan verwoben mit jenem ersten Signifikanten, dem Phallus (als kastrierter Penis), der den Menschen mit dem Symbolischen verbindet. Damit trennt sich das Denken von der sinnlichen Welt, die immer nur eine Täuschung gewesen ist. Die berühmte strukturelle Aufteilung Lacans in die Register von Imaginär, Symbolisch und Real enthalten das klassische Leib-Seele-Problem, wenn er von einer »relativen Autonomie des Symbolischen gegenüber dem Körperlichen« spricht (Widmer 1997, S. 45). Und dieses Symbolische ist stets Träger der Wahrheit, einer Wahrheit die unabhängig von der Realität existiert. Diese Autonomie der Wahrheit und des Symbolischen ist als *klassisch* zu bezeichnen. Sie wird auch in den deduktiven Denkbewegungen von Holmes, der das Sinnliche stets wie ein *eindeutiges* Zeichensystem liest, aufgenommen. Nicht die Lesart der Realität als einer *Spurensuche* bildet dabei schon das Problem, sondern die *Eindeutigkeit* der wahren Zeichen, die sich aus ihr extrahieren lassen. Der Detektiv arbeitet stets mit Indizienketten: »Indizien sind gedeutete Spuren« (Haubl 1996, S. 51). Aber eine Spur wird gelesen und wie in der Psychoanalyse gedeutet und ist deshalb im Gegensatz zum Geständnis immer nur ein *indirekter* Beweis. Mit ihrer Hilfe lässt sich keine eindeutige Schlussfolgerung herstellen, sondern lediglich über verschiedene Möglichkeiten spekulieren. Es fehlt die Dissemination, die Streuung, die jede Spur im Bedeutungsbereich auslöst. »Das *kommt* immer an« (Derrida 1983, S. 261). Es ist die *Perfektion* der Relation bei Holmes, der Ausschluss jeglicher unbekannter Mehrdeutigkeit und die Fokussierung auf die *eine* Wahrheit, die problematisch sind. Was passiert denn, wenn die Botschaften nicht mehr ankommen, ihre Empfänger verfehlen oder es eben (wie meistens) mehr als einen Empfänger gibt? Für Lacan manifestiert sich in der Fiktion die Wahrheit (Derrida 1983, S. 247). Dichtung und Wahrheit fallen im symbolischen System in eins, weil die Wahrheit des Subjekts sich auf jeden Fall artikuliert und das stets unabhängig von der Realität. »Die Wahrheit kommandiert das fiktionale Element ihrer Manifestationen, das ihr erlaubt zu sein und zu werden, was sie ist, sich zu bewahrheiten« (ebd.). Dieses Kommando setzt sowohl Ursprung als auch Telos voraus. Am *Anfang* war bei Lacan die Wahrheit und nicht wie bei Derrida die Post (vgl. Derrida 1982, S. 84). Die Post steht aber im *Plural*.

Gesendet wird in alle Himmelsrichtungen und in vielerlei Bedeutungen. Sogar der Absender kann unbekannt sein, wie im Fall von Platon und Sokrates, deren Positionen nur in unserer Lesart als zwei verschiedene, vollkommen voneinander getrennte Identitäten verstanden werden. »ich gehe aus, diesen Brief an der Straßenecke zu postieren, ich stecke nochmals Dupont und Dupond rein (der zweite Spürhund totologisiert, überbietet wie der Schüler der Dialoge, er hebt den Finger: ›ich würde sogar sagen mehr‹). Glaub ja nicht, daß sie zwei sind« (Derrida 1982, S. 141).[26] In dem Comic *Tintin* (1929–1983/*Tim und Struppi*) überbieten sich die zwei zwillingshaften Detektive (Dupont und Dupond). Das ist eine geschickte Parodie auf Holmes und Watson, die hier nun nicht in einer Differenz, sondern eben nahezu als eine Person dargestellt werden (oder als zweifacher Watson, denen Tim als der klügere Detektiv stets überlegen ist).

Der Eindeutigkeit der Deduktion von Holmes, die kausalen Abläufe so zurückzuverfolgen, als ob sie die ganze Welt wie ein mechanisches Uhrwerk organisiert hat, steht die Vielstimmigkeit der Subjekte, ihrer Motive und ihrer Sprachen gegenüber. Allgemeiner ausgedrückt: Ein wichtiger Unterschied zwischen Kriminalistik und Psychoanalyse besteht jedoch darin, dass Holmes weniger nach den *vielen* Gründen für einen Mord als nach dem einzelnen Täter Ausschau hält, während Freud viel tiefer nach den komplexen Ursachen der Tat forscht (vgl. Osterwalder 2011, S. 92). Auch muss man hier die einfache empirische, faktische Realität von der schillernden psychischen Realität unterscheiden. Im Gegensatz zu den ödipalen Mordfantasien werden die Morde in den Kriminalfällen des Detektivs schließlich *tatsächlich* begangen. Nur weil es sich insgesamt um eine Fiktion handelt, *kann* die Literatur der lediglich fantasierten Mordvorstellung eines Neurotikers näherkommen als ein realer Mordfall. Und das Verfahren ihrer Aufklärung endet mit der Festnahme, die den Schuldkomplex des Neurotikers befriedigt. Freud hat sich zu Recht dagegen verwahrt, einfach »den Ödipuskomplex mit Kriminalität gleichzusetzen« (Haubl 1996, S. 26). Denn damit wird einerseits die Grenze zwischen Fantasie und Realität völlig verwischt und andererseits die Mächtigkeit des Komplexes ausschließlich für Kriminelle geltend gemacht und so erheblich reduziert (ebd.). Von den gewünschten und vorgestellten Taten, um die es in der Psychoanalyse geht, weiß der Täter (Patient) im Allgemeinen auf der Ebene seines Bewusstseins zunächst gar nichts. Es gehört zur langwierigen Arbeit des Analytikers diese verdrängten oder verworfenen Motive erst einmal offen zu

---

26 Der spätere Derrida-Biograf Benoît Peeters hat das Paar präzise charakterisiert. Seiner Ansicht nach wird die Dummheit dieser beiden Detektive dadurch, dass sie im Duo auftreten noch potenziert: »Tautologien und Weitschweifigkeit sind typisch für ihre Sprache; berühmt wurde der Satzanfang: ›Ich wurde sogar sagen, daß …‹ an den sich dann die Wiederholung einer vorher gesagten Fehleinschätzung oder Falschbeobachtung anschließt« (Peeters S. 96).

legen und dann auch dem Patienten so bewusst zu machen, dass dieser sie (an)erkennen, verstehen und besser auf der bewussten Seite seines Seelenlebens integrieren kann.

Der italienische Historiker Carlo Ginzburg hat versucht in seinem sehr bekannten Aufsatz *Spurensicherung* (1983), nicht nur den einfachen Gegensatz zwischen »›Rationalismus‹ und ›Irrationalismus‹« aufzugeben (Ginzburg 1988, S. 78), sondern die Praktiken von Holmes direkt mit denen von Freud zu verbinden. Dabei diente ihm der Kunsthistoriker Giovanni Morelli als Vermittler zwischen dem Erfinder der Psychoanalyse und dem Privatdetektiv. Morellis Leistung hatte darin bestanden die Originalität von Kunstwerken zu überprüfen, indem er *nicht* vom Gesamteindruck ausging, sondern unauffällig Details wie Hände oder Ohren auf den Bildern eines Künstlers miteinander verglichen hat. So konnte er etliche Irrtümer in Bezug auf die angenommene Urheberschaft aufdecken. Allein in der Galerie in Dresden mussten 46 Gemälde aufgrund seiner Untersuchungen umbenannt werden. Freud erklärte in seinem Aufsatz *Der Moses des Michelangelo* (1914), dass *eine* Inspirationsquelle für sein Verfahren der Psychoanalyse die *Morellische Methode* gewesen sei (Freud 2000, Bd. X, S. 207). Und er wendet das so erlernte Verfahren dann in diesem Aufsatz auch selbst auf einen Kunstgegenstand an. Die Aufmerksamkeit auf die sonst *untergeordneten Details,* die der Patient während der Sprechkur *nebenbei* äußert und die sich nicht auf die großen Zusammenhänge richten, gehörte zu den wichtigsten Errungenschaften von Freuds neuer Therapieform. Ebenso versucht Morelli die Identität des Künstlers anhand von »unbeabsichtigten Zeichen« des Künstlers, »ein Kalligraph würde sie Schnörkel nennen«, herauszufinden (ebd., S. 108). Der unbewusste Nebenschauplatz wird dabei zum Hauptschauplatz. Doch die Zeichen lassen sich nicht eindeutig und für immer ablesen. Sie konfigurieren immer wieder neue Kontexte, deren Bahnen oder Verläufen man folgen kann.

Freud selbst stellte richtig, dass die Indizienbeweise und Hinweise seiner Patienten sehr gering sein können und auch darin ähnelt er Holmes, dem der Hauch einer Spur genügt, um daraus den gesamten Vorgang rekonstruieren zu können. Freuds *metaphorischer* Vergleich mit den Forschungsmethoden der Kriminalistik lautet: »Und wenn Sie als Kriminalbeamter an der Untersuchung einer Mordtat beteiligt sind, erwarten Sie dann wirklich zu finden, daß der Mörder seine Photographie samt beigefügter Adresse an dem Tatorte zurückgelassen hat, oder werden Sie sich nicht notwendigerweise mit schwächeren und undeutlicheren Spuren der gesuchten Persönlichkeit begnügen?« (Freud 2000, Bd. I, S. 52).

Ginzburg führt nun sogar einen Fall an, in dem Holmes direkt die Methode von Morelli anwendet (Ginzburg 1988, S. 81f.). In *The Cardboard Box* (1892/*Die Pappschachtel*) vergleicht der Detektiv die frisch abgeschnittenen Ohren, die einer englischen Dame in einem Pappkarton zugeschickt wurden, rasch mit denen der

Empfängerin, um aufgrund der Ähnlichkeit festzustellen, dass zwischen der Besitzerin der Ohren und der Empfängerin eine enge Verwandtschaft herrschen muss. Er benutzt damit also direkt die von Morelli entworfene Methode. Ginzburg folgert zu Recht aus diesen von ihm beschriebenen Analogien: »In allen drei Fällen erlauben es unendlich feine Spuren, eine tiefere, sonst nicht erreichbare Realität einzufangen. Spuren, genauer gesagt: Symptome (bei Freud), Indizien (bei Sherlock Holmes) und malerische Details (bei Morelli)« (ebd., S. 87). Er verortet den Zusammenhang zwischen den drei Personen schließlich in einem medizinischen Diskurs, der in dieser Zeit entsteht. Sir Arthur Conan Doyle, Giovanni Morelli und auch Freud waren zunächst Ärzte. »In allen drei Fällen erahnt man das Modell der medizinischen Semiotik: einer Wissenschaft, die es erlaubt, die durch direkte Beobachtung nicht erreichbaren Krankheiten anhand von Oberflächensymptomen zu diagnostizieren« (ebd.). Ginzburg wird diesen Strang seiner Argumentation dann kulturwissenschaftlich bis in die Antike und sogar Steinzeit zurückverfolgen (ebd. S. 90).

Die semiotische Lesart, in der die Symptome zu *verdächtigen* Zeichen eines an sich unsichtbaren Vorgangs werden, hatte sich bereits im vorhergehenden Jahrhundert, das im Zeichen der aufkommenden Aufklärung stand, organisiert. Michel Foucault (dessen Vater eine Professur für Anatomie innegehabt hatte und ein Chirurg gewesen war) hat in seinem Buch *Die Geburt der Klinik* (1963) über die Diagnosetechnik im 18. Jahrhundert geschrieben: »Das Zeichen zeigt an, was eintreten wird, was vorausgegangen ist und was sich eben abspielt; es ist prognostisch, anamnetisch und diagnostisch. Zwischen dem Zeichen und der Krankheit liegt eine Distanz, die es nicht überbrückt, ohne sie zu unterstreichen, denn es tritt oft auf Umwegen und Überraschungen auf. Es verhilft nicht zu Erkenntnissen, sondern höchstens zu Schlussfolgerungen, die im Dunkeln tappen: so verrät der Puls die unsichtbare Kraft und den Rhythmus des Kreislaufs; andere Zeichen enthüllen die Zeit; so etwa das Blauwerden der Nägel, das untrüglich den Tod ankündigt, oder die Krisen des vierten Tages, die beim Darmfieber Heilung versprechen. Durch das Unsichtbare hindurch zeigt das Zeichen das Fernste, das Verborgenste und das Künftige an. Das Zeichen spricht vom Ausgang der Krankheit, vom Leben und vom Tod, es spricht von der Zeit und nicht von der unbeweglichen Wahrheit, von der zugleich gegebenen und verborgenen Wahrheit, welche von den Symptomen transparent gemacht wird« (Foucault 1993, S. 104).

Doyle und Freud waren zunächst Ärzte und die von ihnen aufgemachten Diskurse partizipieren deutlich am medizinischen Diskurs. Nicht nur Ginzburg, sondern auch Kracauer und Seesslen erwähnen die Nähe von Holmes Detektivarbeit zu den Praktiken eines Arztes (vgl. Ginzburg 1988, S. 87; Kracauer 2006, S. 148; Seesslen 2011, S. 17). Holmes zieht sogar selbst einmal den direkten Vergleich. Als er glaubt Watson wolle lieber in seine Praxis zurückkehren, sagt er mit einer gewissen Schärfe: »Oh, wenn Sie Ihre eigenen Fälle interessanter finden als meine« (Doyle, WA Bd. 6, S. 250).

Doyle, der ein großes Interesse an der Fotografie hatte, war zunächst ein Augenarzt und eröffnete 1882 seine eigene Praxis in Southsea in der englischen Grafschaft Hampshire (Fleischhack 2015, S. 17). Er konnte diese Stelle jedoch aufgeben als er mithilfe von seinen Holmes-Geschichten so berühmt wurde, dass er ganz vom Schreiben leben konnte. Er ließ sich zu der Figur des Detektivs durch die Persönlichkeit seinen Medizinprofessors Joseph Bell anregen. Bell war Dozent und Chirurg an der Universität Edinburgh. In seinen Vorlesungen betonte er die Wichtigkeit der genauen Beobachtung, um eine Diagnose zu stellen. Er konnte eine Vielzahl von Fakten eruieren, ohne mit dem Patienten auch nur ein einziges Wort zu sprechen. Dieses genaue Beobachtungsvermögen teilen sich der berühmte englische Detektiv und der Wiener Erfinder der Psychoanalyse. Doch während Freud fast alle seine Erkenntnisse aus den sprachlichen Äußerungen seiner Patienten zieht, sind es bei dem Detektiv viel öfter die visuellen Eindrücke, aus denen er rückfolgern kann, was passiert ist. Holmes besucht die Tatorte in der Realität, während Freuds Schauplatz die Schrift ist (Derrida 1976, S. 302).

Beide lesen die Äußerungen (seien sie nun verbal oder visuell) jedoch als Zeichen für einen versteckten Diskurs, der letztendlich durch sie erst zugänglich wird. Es geht in beiden Praktiken um das Auflösen von Rätseln. Und schon allein weil die Tiefenpsychologie dann ihre Analysen vor allem auf die Wirkungsmächtigkeit der geistigen (und oftmals unbewussten) Ebene konzentriert hat, steht sie in einer empfindlichen Nähe zur Arbeit des Privatdetektivs. Freud vergleicht sich mit einem Archäologen, der die versteckten Dinge ausgräbt und zu den verschütteten Inhalten vordringt. Von Lacan stammt nicht zufällig der Satz: »Die Spitze an Sinn, man spürt es ist das Rätsel« (Lacan 1991, S. 7). Das impliziert, dass der Sinn stets in Bewegung und weder abschließbar noch vorhersehbar ist. Die linguistische Betrachtungsweise evoziert hier das Rätsel. Holmes hingegen löst bei Doyle, aber auch im TV, ein Rätsel nach dem anderen. »Jeder Schritt bei der Untersuchung dieses Falls fördert wieder neue Rätsel zutage« sagt Holmes schon über den verzwickten Fall *The Bruce-Partington Plans* (1908/*Die Bruce-Partington-Pläne*) (Doyle, WA Bd. 8, S. 133). Den naheliegenden, flachen Gedankengängen folgt oft die Polizei, die dabei den wirklichen Knoten des Rätsels gar nicht anrührt und an der Komplexität des Falls naiv vorübergeht, ohne sie überhaupt zu beachten. Es gibt allerdings auch Ausnahmen. So ist Inspektor Baynes in *The Adventure of Wisteria Lodge* (1908/*Wisteria Lodge*) Holmes tatsächlich gewogen und verhaftet den falschen Mann absichtlich, damit sich der echte Täter sicher fühlt und so besser aufgespürt werden kann. Aber meistens tappt die Polizei im Dunkeln, damit so die Genialität des Detektivs umso deutlicher herausgestellt werden kann.

Vor allem Sigmund Freuds fünf große Fallbeispiele (der kleine Hans, Dora, der Rattenmann, der Wolfsmann und der Präsident Schreber) lesen sich über weite Strecken wie spannende Krimis, die auf eine Lösung hinauslaufen, die der gewöhnlichen Auffassung vollkommen zuwiderläuft und die unbewussten Geheimnisse der betreffenden Personen offenlegt. Der Analytiker wird dabei zunächst zum Detektiv und dann zum Schriftsteller. Er klärt den Leser über den rätselhaften Fall soweit wie möglich auf. Der Leser bekommt bei Freud oder Doyle kaum eine Chance den Fall selbst zu lösen (vgl. Fleischhack 2015, S. 191). Beide verfügen über ein derart spezielles Wissen, das ihm die Lösung vorenthält. Er kann ihren Gedankengängen nur folgen, den nächsten Schritt aber kaum vorhersehen. Allerdings inszenieren die Texte von Freud keinen solch steilen Spannungsablauf wie die Texte von Doyle. Aber der Leser gerät auch hier ins Staunen darüber, wie die Lösung des Rätsels aussieht. Sie wirkt bei Holmes und Freud oftmals gleichermaßen an den Haaren herbeigezogen und hat bei Freud auch nicht selten den *Widerstand* seiner Leser hervorgerufen.[27] Anders als bei Freud, der auf wichtige Informationen nur aufgrund von Diskretion gegenüber seinen Patienten verzichtete, werden in den Holmes-Geschichten jedoch ganz systematisch Informationen lange Zeit zurückgehalten und falsche Fährten ausgelegt. Holmes sieht darin stets mehr als der Leser und Watson und er behalten es im Allgemeinen bis zum Schluss für sich. Das ist in der TV-Reihe *Sherlock* verändert worden. Hier verrät Holmes meistens umgehend nahezu alles, was er gerade herausgefunden hat. Und er beeilt sich damit, weil es ihn selbst schon wieder langweilt. Das gehörte zur Steigerung des Tempos und zu den genialen Veränderungen: Es gibt nun meistens keine langwierigen nachträglichen Erklärungen mehr.

Oftmals geht es demnach in den Original-Holmes-Geschichten um die Vorspiegelung falscher Fakten, sodass so die Wahrheit verborgen bleiben kann. Wie Platon/Sokrates muss die Täuschung (durch die Sinne) erst ausgehebelt werden, um zur Wahrheit vorzustoßen. Der Fintenreichtum überschlägt sich beispielsweise in der sonst durchaus schwächeren Kurzgeschichte *The Resident Patient* (1885/ *Der niedergelassene Patient*). Der Arzt Trevelyan wird hier finanziell unterstützt von dem ehemaligen Bankräuber Mr. Blessington und kann mithilfe seiner Gelder eine neue Praxis im noblen West End eröffnen. Er weiß aber nicht, mit wem er es bei seinem Sponsor zu tun hat. Blessington wird außerdem wegen einer Herz-

---

27 In einem interessanten kleinen Aufsatz hat der in seinem Heimatland sehr bekannte holländische Essayist Karel van het Reve versucht, nachzuweisen, was einem bei der Lektüre eines jeden Holmes-Falls, ebenso wie beim Lesen von Freuds Fallbeispielen sofort ins Auge fällt: Die logischen Schlussfolgerungen sind nicht *zwingend*. Man könnte aus den berichteten Fakten jederzeit alternative Konsequenzen ziehen. Die Herleitungen wirken deshalb häufig konstruiert. Bei Holmes wird die Kritik van het Reves dann abgeschwächt, denn er spricht häufiger von Wahrscheinlichkeiten (Reve 1994, S. 24).

schwäche zu seinem Dauerpatienten. Er hat die anderen Teilnehmer des Bankraubes verraten, um sich so die eigene Freiheit zu erkaufen. Als diese wieder auf freien Fuß gesetzt werden, muss er um sein Leben fürchten. Seine ehemaligen Komplizen schleichen sich dann auch als ein Duo von Vater und Sohn, unter dem Vorwand der Vater sei an der Katalepsie erkrankt, bei dem Arzt ein und töten schließlich ihren ehemaligen Kompagnon. Der Arzt, der auf Anraten des Bankräubers zu Holmes ging, um Rat zu holen, ist somit zweifach getäuscht worden: sowohl von der Seite seines Sponsors Blessington als auch von der Seite seiner mysteriösen Patienten. Er war umgeben von einer Bande von Bankräubern, wie sich in der Kurzgeschichte aber erst ganz am Ende herausstellt.

Eine Pointe ist auch die häufige Verkehrung von Opfer-Täter-Positionen. In *The Abbey Grange* (1904/*Abbey Grange*) ist das Opfer der eigentliche Täter. Oder in *The Bruce-Partington Plans* (1908/*Die Bruce-Partington-Pläne*) wird ein Toter verdächtigt die Geheimpläne der Regierung gestohlen zu haben. Er soll bei dem Versuch, sie an einen ausländischen Agenten zu verkaufen, ums Leben gekommen sein. In Wirklichkeit hat er den tatsächlichen Dieb verfolgt und wurde dabei ermordet. Der verdächtigte Täter ist also eigentlich das Opfer des tatsächlichen Täters. Solche Umkehrungen und Täuschungen sind für die Geschichten typisch, die stets nach einem ungewöhnlichen Plot suchen, auf den der Leser nach Möglichkeit vorher selbst nicht kommt. Metaphorisch ausgedrückt ist hier der Originaltext (der die Wahrheit enthält) wie in Freuds Wunderblock durch andere Texte systematisch überschrieben worden. Er muss erst durch Holmes rekonstruiert werden. Die Polizei sieht nicht so weit, sie glaubt stets an den *einfachen* Text, der direkt ins Auge fällt und kann nicht sehen, dass er Fehler und große Löcher enthält.

Die Polizei ist demnach in den Geschichten vergleichbar mit dem einfachen Bewusstsein, das die tieferen und gut versteckten Schichten gar nicht wahrnehmen kann. In Freuds Fallbeispielen ist aber vollkommen anders als in den Kriminalgeschichten die Tendenz zum Mitraten und damit auch zum Täuschen gar nicht intendiert. Der Analytiker beschreibt daher schon oftmals am Anfang das Material, welches einen erheblichen Teil der Lösung des Falls darstellt. Das Rätsel einer psychischen Krankheit wird anders aufgelöst als das eines Verbrechens. So vielversprechend die zahlreichen Analogien auch sein mögen, sie verstellen den Blick für die einschneidenden Differenzen. Bei einer Psychoanalyse sind die Symptome das Rätsel, welches durch die Geschichte des Patienten sprachlich aufgelöst werden kann. Bei Holmes ist es ein »realer Täter«, den er innerhalb einer fiktiven Geschichte herausfinden muss. Eine letzte und wichtige Schnittmenge besteht allerdings darin, dass sowohl der Psychoanalytiker als auch der Detektiv oftmals nach kryptierten Zeichen suchen.

2.3 Geheimschriften

»Ich bin Dein alter Sekretär, Du lädst mir alles auf, sogar meine Briefe (das ist hyperkryptisch) und wenn ihnen eines Tages diese Kreuzworträtsel in die Hände fallen, können sie lange laufen, bis sie den Sinn einholen« schreibt Derrida am 7. September 1977 in einem Brief in seinem Buch *La carte postale* (1980/*Die Postkarte*) (Derrida 1982, S. 89). Der vollständige Sinn des Textes kann und soll sich nicht mehr vollständig erschließen. Er ist zum Teil ausgelöscht. Und nach Derrida gehört es stets zum Wesen der Spur sich auszulöschen (Derrida 2015, S. 189). Die Spur wird demnach immer zum Teil unzugänglich oder verschwindet. Es gehört zu ihrem Wesen (von Anfang an) zu verschwinden. Durch die Auslöschung wird sie aber auch kryptiert. Aus den Fragmenten, Resten kann man nur noch über das Ganze spekulieren. Zu den Rätseln bei Doyle und bei Freud gehört häufig ihre Verschlüsselung. Geheimschriften bilden eine gemeinsame *Basismetapher* für die Detektivarbeit von Holmes und die Analysetätigkeiten von Freud zugleich. In der TV-Reihe sind bereits die Titel der einzelnen Folgen leicht verschlüsselte Abwandlungen von den Originaltiteln von Doyle. Durch die Abwandlung konnten die Inhalte der TV-Folge besonders herausgestellt werden und gleichzeitig assoziative Verknüpfungen zu den Originalgeschichten hergestellt werden. Manchmal weisen sie direkt auf veränderte Elemente hin, die es nur in der TV-Serie, nicht aber in den Originalgeschichten gibt. Ein Beispiel für eine solche Änderung ist die TV-Folge *The Empty Hearse*/2014 *Der leere Sarg*). Sie basiert auf der Geschichte *The Empty House* (1903/*Das leere Haus*). Der Akzent liegt nun anders als im Originaltitel darauf, dass Holmes nicht tot ist. Zugleich ist *Das leere Haus* bei Doyle eben auch die Geschichte, wo der totgeglaubte Holmes zurückkehrt. Hearse heißt eigentlich Leichenwagen und ist fast homofon mit House im Originaltitel.

Ein großes Interesse an zu entschlüsselnden Kryptogrammen findet sich schon bei dem Erfinder der Detektivgeschichte, Edgar Allan Poe. Er hatte sich zwischen 1840 und 1841 »intensiv mit Kryptographie beschäftigt« (Poe 1979, Bd. 2, S. 1043). In seiner Piraten-Kurzgeschichte *The Gold Bug* (1843/*Der Goldkäfer*) wird minutiös vorgeführt, wie man eine *Geheimschrift*, die großteils aus Zahlen besteht, dechiffriert (S. 901 ff.).[28] Diese Kurzgeschichte beginnt damit, wie ein Schatz gehoben wird, erst dann erfolgt die umfassende Erklärung, dass dies nur mithilfe eines Dokuments, das der Piratenkapitän Kidd hinterlassen hatte, überhaupt möglich war. Das Dokument aus Pergament ist mehrfach verschlüsselt, um sich

---

28 *The Gold Bug* ist in derselben Zeitspanne entstanden wie Poes drei berühmte Detektivgeschichten, auf die ich in Kap. 3 noch sehr ausführlich eingehen werde. In der 1966 neu erschienen deutschen Werkausgabe wird der *The Gold Bug* deshalb zu den Detektivgeschichten dazu gezählt, was einen Sinn ergibt, wie hier zu sehen ist.

dem Zugriff zu entziehen. Zunächst kann man überhaupt keine Schrift auf ihm lesen. Diese erscheint erst, wenn das Pergament erhitzt wird. Dann ist darauf nur eine Reihenfolge von Zahlen und Zeichen zu lesen. Diese Geheimschrift muss erst in eine Buchstabensprache übersetzt werden. Aber selbst dann entsteht nur ein dunkler Text. Die einmal dekryptierten Zeichen mussten also einer erneuten Analyse unterzogen werden und schrittweise angewendet werden, um zu erkennen, dass sie präzise Angaben enthalten, um das Versteck des Schatzes ausfindig zu machen. Es handelt sich also letztendlich um eine *dreimal* verschlüsselte und so abgesicherte Landkarte.

In der Folge *Der Reichenbachfall* (2012) aus der Reihe *Sherlock* hinterlässt Moriarty bei seinem Hausbesuch bei dem berühmten Detektiv gleich zwei Geheimbotschaften. Erstens ritzt er die Buchstabenfolge I.O.U in einen Apfel und dann erklärt er: »Ich schulde Ihnen etwas (I owe you)«. Holmes erkennt erst mit der Zeit, wie Moriarty seine Schulden (damit gemeint ist seine Rache) zu begleichen gedenkt. Holmes sieht die Buchstabenfolge I.O.U dann nochmals in den Fenstern eines Gebäudes gegenüber von Scotland Yard und diese Buchstabenfolgen ist auch als Graffiti mit Flügeln hinter ihnen zu sehen als Holmes mit einer Pistole Watson vor den Augen der Polizei als Geisel nimmt. Am Ende der Folge nimmt Watson dieselben Worte an dem Grab von Holmes in den Mund: »I owe you so much«. Im Gegenteil zu Moriartys negativen Rachegelüsten drücken sie hier das Gefühl seiner tiefen Dankbarkeit für ihre Freundschaft aus (Stafford 2015, S. 150). Der zweite Code, den Moriarty für Holmes hinterlässt, ist noch subtiler. Er tippt dabei nur mit seinem Finger auf sein Hosenbein und durch den Rhythmus und die Abstände lässt sich dieses Klopfen als Nullen und Einsen, also als ein digitaler Binärcode lesen. Angeblich handelt es um einen digitalen Schlüssel, den Code zur Dechiffrierung von allen Sicherheitssystemen. Holmes kann ihn nachvollziehen und erfährt dann allerdings von Moriarty, dass dieser Code nur ein Bluff war und dass er über einen derartigen digitalen Schlüssel, der alle Sicherheitssysteme hacken würde, überhaupt nicht verfügen kann. Das sind nur zwei recht komplexe Beispiele für Geheimschriften in einer einzigen Folge. Es gibt viele weitere, denn die Welt der Computer, Laptops und Handys in *Sherlock* ist schließlich voller solcher Codes, die Holmes regelmäßig entschlüsseln muss, um seine Fälle zu lösen. So handelt die gesamte Folge *A Scandal in Belgravia* (2012/*Skandal in Belgravia*) davon, dass Sherlock den Code des Handys von Irene Adler nicht knacken kann. Erst als er durchschaut, dass sie in ihn verliebt ist, kann er die fehlenden Buchstaben SHER einfügen. Die gesamte Phrase ergibt dann ihr Liebesgeständnis: »I am SHERlocked«. In *The Hounds of Baskerville* (2012/*Die Hunde der Baskervilles*) meint das Wort *Hound* nicht nur einen Hund, sondern vielmehr ein geheimes Forschungsprojekt, in dem eine Substanz hergestellt werden sollte, die extreme Angsterlebnisse künstlich erzeugt. Die Buchstaben H.O.U.N.D. sind die Initialen der daran beteiligten Wissenschaftler. Dass Holmes' Klient nicht *dog*, sondern das im Englischen völlig veraltete Wort *hound* verwendet, ist der Grund, warum der Detektiv den Fall übernimmt. Hound ist außerdem mit haunt homofon (herumspuken, herumgeistern). Es enthält damit schon einen Hinweis auf den Plot des Films, der hier tatsächlich vielmehr um einen herumspukenden und nicht wie bei Doyle um einen angemalten Hund organisiert ist. Ein anderes Beispiel ist der Name der militärischen Einsatzgruppe A.G.R.A aus der Folge *The Six Thatchers* (2017/*Die sechs Thatchers*). Der Name dieser Gruppe wurde gebildet aus dem ersten Buchstaben der Namen ihrer vier Mitglieder. Auch der Codename der Täterin Amo (das lateinische Wort für ich liebe) bildet hier ein weiteres wichtiges Rätsel.

In *The Lying Detective* (2017/*Der lügende Detektiv*) wird nach dem Namen des Opfers gesucht, welchen der prominente Unternehmer und Mörder Culverton Smith in einem Geständnis bei einer Versammlung seinen Kollegen und seiner Tochter verraten hat. Die Teilnehmer können sich an das Ganze nicht erinnern, weil Smith ihnen währenddessen ein Medikament per Tropfer verabreicht, das ihre Gedächtnisleistung blockiert. Nur seine Tochter hat kurz darauf einige schriftliche Notizen machen können, um sich zu erinnern. Da es sich bei Smith um einen Serienmörder handelt, gab es aber gar keinen konkreten Namen eines Opfers, sondern Smith sagte »*anyone*«, nachdem er seine Mordlust gestanden hatte. Als Holmes nach einer durchgemachten Nacht mitten auf einer befahrenen Straßenkreuzung zu dieser Erkenntnis kommt, erkennt er erst, wie gefährlich Smith tatsächlich ist. Er twittert seinen Verdacht, woraufhin der clevere und prominente Unternehmer einfach eine TV-Werbung für Müsli macht mit dem Slogan »*I'm a cereal killer*« (*Ich bin ein Getreidemörder*). *Seriel killer* (Serienmörder) und *cereal killer* (Getreidemörder) sind im Englischen homofon. Mithilfe dieses Wortspiels gibt er ein öffentliches Geständnis ab und verdeckt zugleich seine wirklichen Taten.

Die eindrucksvollsten und klarsten Beispiele dafür, wie die gesamte Serie umcodiert wurde, sind aber bereits die Titel der einzelnen Folgen. Weil hier nun homosexuelle Aspekte integriert wurden, die Doyles literarische Welt gar nicht kannte, war der Name der allerersten Folge nicht der Originaltitel *A Study in Scarlet* (1887/*Eine Studie in Scharlachrot*), sondern *A Study in Pink* (2010/*Ein Fall in Pink*). Die Farbe Pink deutet den homosexuellen Kontext an, obwohl sie sich hier nur auf kitschige Kleidung und den Koffer des weiblichen Opfers bezieht. Ähnliches gilt für die meisten Titel der Reihe: So wurde beispielsweise aus Doyles *His Last Bow* (1917/*Seine Abschiedsvorstellung*) bei *Sherlock His last Vow* (2014/*Sein letzter Schwur*) oder aus *The Adventure of the Dying Detective* (1913/wörtlich: *Der sterbende Detektiv*) *The Lying Detective* (2017/*Der lügende Detektiv*). Und immer sind deutliche Elemente der Vorlage vorhanden und zugleich entschieden verändert worden.

In den Geschichten von Doyle gehört der Aspekt von geheimer Codierung häufig zur Grundausstattung. Ein sehr typisches Beispiel dafür ist *The Dancing Men* (1903/*Die tanzenden Männchen*), wo der ehemalige kriminelle Verlobte aus Chicago einer unterdessen in England verheirateten Frau verschlüsselte Botschaften schickt. Er bedroht sie, weil sie zu ihm und ihrer Heimat zurückkehren soll. Die Schriftzeichen auf den Botschaften sehen aber ganz harmlos aus, so als seien es bloß von Kindern gezeichnete Strichmännchen. Dieser Geheimcode stammt zudem von dem Vater der Frau, der der Boss einer kriminellen Vereinigung gewesen ist, zu der ihr Verlobter gehört. In dieser Geschichte erklärt Holmes, der zwar die relativ einfachen Zeichen rasch entschlüsseln, aber ein Verbrechen doch nicht verhindern kann, sein Faible für Geheimsprachen: »Ich bin mit allen Arten von Geheimschriften ziemlich vertraut und habe auch selbst eine bescheidene Monographie über diesen Gegenstand verfaßt, in der ich einhundertsechzig verschiedene Chiffrensysteme analysiert habe; doch muß ich gestehen, daß dies hier mir vollkommen neu war« (Doyle, WA Bd. 7, S. 89). Auf dieser Geschichte basiert die TV-Folge *The blind Banker* (2010/*Der blinde Banker*), wo Holmes versucht eine ganze Folge lang die Bedeutung alter chinesischer Zahlen (Suzouh-Ziffern) zu erkennen, die nur mit einer Buchverschlüsselung aufzuklären sind. Es geht dabei um ein Buch, was jeder besitzt. Diese Idee stammt aus dem Anfang von *The Valley of Fear* (1915/*Das Tal der Angst*), wo Holmes eine Nachricht mithilfe von *Whitaker's Almanach* dechiffriert (Doyle, WA Bd. 4, S. 16). Im TV-Film ist der Straßenatlas *London von A–Z* das für die Codierung zugrunde gelegte Werk. Die Drehbücher von *The blind Banker* und der *The Reichenbachfall*, beide Storys handeln in einer sehr aufwendigen Weise von Codierung, stammen von Stephen Thompson. Er war bis 2003 Mathematiklehrer und interessiert sich besonders für Chiffren (vgl. Tribes 2015, S. 74 f.). Im Drehbuch von *The blind Banker* gibt Holmes folgende umfassendere Erklärung ab: »Codes und Chiffren bestimmen unsere Welt, John. Vom kostspieligen Sicherheitssystemen der Bank bis zu der automatischen Kasse, mit der sie Ärger hatten. Kryptografie ist beinah allgegenwärtig« (Tribe 2015, S. 74). Das digitale Zeitalter ist also die Ära der Chiffren. Codewörter zum Einloggen in alle möglichen Datenbanken und Services bestimmen unseren Alltag, in dem Kontonummern und Zahlen schon lange vor allem die ökonomischen Daten symbolisieren. Das war einer der Gründe, weshalb die Umarbeitung der Holmes-Geschichten so gut gelingen konnte. Diese Zahlen sind scheinbar immer eindeutig und wenden sich, anders als die Buchstaben, dagegen sich auslöschen zu lassen oder gar eine Vielstimmigkeit an Sinn zu erzeugen. Sie widersprechen wie die ganze *Sherlock-Serie* der Philosophie von Derrida und gehören zugleich zu unseren Sicherheitssystemen. »So wie Derrida am Beispiel der Postkarte die logistischen Verläufe von Bedeutungsübertragungen erklärt, würde wohl kein Unternehmen mit ökonomischen Zielen seine Sendungen Derridas

Logistik anvertrauen. Denn seine Sprachtransporte bergen eine unendliche Fülle an Umwegen und Ausfällen, die zeichentheoretisch Profit versprechen, (wirtschafts-)analytisch betrachtet jedoch unweigerlich in den Konkurs führen« (Hoffmann 2015, S. 242 f.).

Die Ökonomie des psychischen Apparates (dieses Vokabular hat Freud ganz bewusst angewandt, um damit auszudrücken, dass die menschliche Psyche durchaus energetisch effizient zu arbeiten versucht) unterscheidet sich aber erheblich von wirtschaftlichen Prozessen, die vor allem quantitative Steigerungen im Blick haben und mithilfe von Zahlen artikulieren müssen, um diese zu taxieren. Daran lässt sich der Unterschied zwischen der empirischen Logistik von Holmes aber erneut gut unterscheiden von dem Denken innerhalb der Psychoanalyse. Wenngleich auch komplizierte Verschlüsselungen aller Art eine erhebliche Rolle spielen in der Psychoanalyse und im Detektivroman, so weichen die hier angewandten Kalküle dennoch ganz erheblich voneinander ab. Die Motive, die die Psychoanalyse hinter den Kryptogrammen ihrer Patienten zutage fördert, weichen in ihrer komplexen Ausdifferenzierung, ihren assoziativen Verknüpfungen und ihrer niemals bis zum Ende durchführbaren Dechiffrierung erheblich ab von den vergleichsweise einfachen, kausalen Beweisketten und deduktiven Schlüssen, die die Kriminalistik von Holmes entdeckt.

Obwohl sich eine gewisse Verwandtschaft keineswegs verleugnen lässt, wäre es dennoch abwegig, oberflächlich und am Ende sogar falsch den Psychoanalytiker einfach mit einem Detektiv zu identifizieren. Das Spektrum seiner Möglichkeiten und der Raum seines Arbeitsgebietes definiert sich letztendlich doch gänzlich anders (zum Beispiel durch die Übertragung), wenngleich er auch schon so manches verdrängte Mordmotiv seiner Patienten zu Sprache gebracht hat. Die Quintessenz dieser Überlegungen lautet demnach, dass die Analogien zwischen den beiden Bereichen doch eher begrenzt und teilweise sogar falsch sind. Der Ansatz den Freud und Breuer in ihren *Studien über Hysterie* (1895) entwickelt haben, ist letztendlich nicht vergleichbar mit dem Verfahren der Deduktion, den Holmes gleich am Anfang sehr ausgiebig in seiner allersten Geschichte *A Study in Scarlet* (1887/*Eine Studie in Scharlachrot*) vorführt. Sinnvoller als die Suche nach Analogie erscheint es daher, die Psychoanalyse auf den Autoren Doyle und noch mehr auf die von ihm erfundenen Charaktere, wie sie in seinen Geschichten und der BBC-Verfilmung auftauchen, zu richten.

Exkurs I: Lacan und *The purloined letter*

»*Man muß die Gewalt, sei sie politischer oder anderer Art, eingestehen, die in den akademischen oder intellektuellen Diskussionen im allgemeinen am Werk ist. Indem ich das sage, befürworte ich nicht die Entfesselung oder das einfache Akzeptieren dieser Gewalt. Ich verlange zunächst, daß man versucht, sie so gut wie möglich zu erkennen und zu analysieren, unter den offensichtlichen und verschleierten, institutionellen oder individuellen, wörtlichen oder metaphorischen, aufrichtigen oder scheinheiligen Formen, mit gutem oder schlechtem Gewissen*« (Jacques Derrida 2001, S. 173).

Der französische Psychoanalytiker Jacques Lacan hat Poes Geschichte *The purloined letter* (1844/*Der entwendete Brief*) interpretiert (und zwar im April 1955) und seine Auslegung später als Eröffnungstext seiner 1966 erschienen *Écrits* (Schriften) verwendet (Lacan 1986, S. 9 ff.). Jacques Derrida hat dann anhand genau dieses Textes 1975 seine Kritik an Lacan formuliert (vgl. Derrida 1983, S. 183 ff.).[29] Der Einsatzpunkt dieses Konflikts, der über Poes Text ausgetragen wurde, geht sehr weit. Denn Derrida und Lacan begegneten sich zum ersten Mal 1966 in Baltimore »das auch die Stadt Poes ist, dessen Grab ich in jenen Tagen vergeblich gesucht habe« (Derrida 1998, S. 32).

Lacan gelingt es in seinem Seminar die Struktur der Geschichte von Poe, die er vor allem als eine Wiederholung deutet, mit seinem Gefängnisspiel zu verbinden (vgl. Lacan 1986, S. 13) und damit seine Betrachtungen über verschiedene Stufen einer logischen Zeit und über zwei ödipale Dreiecke auszubauen. In Poes Geschichte werden strukturell folgende drei Positionen wiederholt: Der Detektiv Dupin agiert darin genauso wie vor ihm der Minister D. und stiehlt den Brief erneut, den zuvor der Minister der Königin gestohlen hat. Die Königin ließ dabei den Brief genauso offen liegen, wie es später der Minister getan hat. Und die Polizei sieht ihn genauso wenig, wie zuvor der König ihn gesehen hat. Die vierte Person in der Geschichte, den Erzähler und Freund Dupins, lässt Lacan vollständig aus. Ebenso unterschlägt er, dass *alle* Personen *alle* Positionen einnehmen (Derrida 1987, S. 276). »Jede Position identifiziert sich mit der anderen und teilt sich, selbst die des Toten und eines supplementären Vierten« (ebd., S. 277). Die strukturellen Abtrennungen sind demnach ein analytischer Kunstgriff. Der Erzähler spiegelt sich beispielsweise zuweilen in Dupin. Dupin wiederum spiegelt sich aber in dem Minister. Dupin kommt am Ende sogar in die Lage des Ministers (und damit auch der Königin), indem er den Brief entwendet. Der Minister und

---

29 Eine vollständige Auflistung der kritischen Punkte, die Derrida innerhalb des Lacan'schen Deutung aufgefallen sind, findet sich in *Vergessen wir nicht - die Psychoanalyse!* (Derrida 1998, S. 42 ff.).

Dupin rivalisieren miteinander wie zwei Brüder, »weit davon entfernt, in den symbolischen Raum des familiären Dreiecks (das erste, das zweite oder das folgende) einzugehen« (ebd.). Diese Rivalität ignoriert Lacan zugunsten der ödipalen Konstellation, innerhalb derer der Souverän von seiner Ehefrau getäuscht wird.

Der Betrag des Erzählers zur Geschichte ist für ihn nicht von Belang. Außerdem sieht er in einer wesentlichen Fähigkeit, die Poe betont, ein Problem: die Möglichkeit zur *Identifikation* (vgl. Poe 1979 Bd. 2, S. 930). Poes cleverer Detektiv Dupin stellt nämlich nicht nur die Logik der reinen Mathematik infrage (ebd. S, 93 4), er stellt auch fest, dass alle logischen Überlegungen mit einem Gegenüber sinnlos sind, wenn sie nicht die Individualität dieses Anderen berücksichtigen.³⁰ Das Mittel mit dem dann diese *Empathie* hergestellt werden soll, ist dann allerdings wieder etwas abstrus: Dann »passe ich meinen Gesichtsausdruck so getreu als möglich dem seinigen an und warte einfach ab, welche Gedanken oder Empfindungen nun *mir* im Kopf aufsteigen« (ebd., S. 930). Lacan wertet diese Art der Einfühlung teilweise zu Recht *als imaginäre Spiegelung* ab (Lacan 1986, S. 58). Er versucht alle Doublierungen, die den Effekt des Unheimlichen hätten, in seiner Interpretation als bloße Effekte des Imaginären herunterzuspielen und so aus Poes Text zu eliminieren (vgl. Derrida 1987, S. 238 ff. u. S. 275). Und er reduziert dabei die Übertragung auf seine eigene Logik: Nicht mit dem Gegner, sondern mit seinem Gedankengang habe eine korrekte, und das heißt dann symbolische Identifizierung stattgefunden (ebd.). Die Geschichte wird damit für ihn zu einem Beispiel von triangulierter, ödipal organisierter Intersubjektivität, die über den Rahmen dualer, imaginärer Trugbilder hinausgeht, die aber für Poe und sein Vorbild E. T. A. Hoffmann typisch sind. Und gerade weil Dupin auch in der Deutung Lacans die Handlungsweise des Ministers exakt imitiert und sich überhaupt eine ganzen Szenerie wiederholt wird, bleibt die Frage, ob es sich hier lediglich um einen symbolischen Wiederholungszwang (Lacan) oder nicht doch auch vielmehr um eine unheimliche Spiegelung (Derrida) handelt. Die Nähe zu E. T. A. Hoffmann, die Poe immer wieder hergestellt hat, basiert unter anderem auf dem Doppelgänger-Motiv (vgl. Osterwalder 2011, S. 42).

Wenn Lacan schreibt, »daß Dupin die Anwendung des Begriffs Analyse auf die Algebra durch die Franzosen als Irreführung taxiert, kann unserem Stolz kaum etwas anhaben« (Lacan 1986, S. 19), wird schon deutlich, dass er unter allen Umständen Dupins Ansehen gewahrt wissen will. Dupin bekommt bei ihm am Ende sogar die Position des Psychoanalytikers und zugleich identifiziert er sich selbst

---

30 Ganz in dieser Tradition von Poe erklärt Holmes der Polizei einmal seine Vorgehensweise in Bezug auf den Täter: »Resultate erzielt man, Inspektor, indem man sich immer wieder in die Situation des anderen versetzt und sich vorstellt, wie man an dessen Stelle handeln würde. Das erfordert zwar ein wenig Phantasie, aber es lohnt sich« (Doyle, WA Bd. 9, S. 304).

mit ihm. Denn auch Lacan eignet sich die Schriften (Lettern) Freuds wieder an, um sie zurückzubringen zu ihrem Ursprung, zu ihrem Herkunftsort. Er stellt sich als die einzige Instanz dar, die in der Lage ist die Schriften Freuds zu entziffern. Lacan ist der Briefträger der Wahrheit, die Freud zu uns gesandt hat und die ständig durch die anderen Analytiker unterschlagen wird, die seine Texte nicht zu lesen wissen. Lacan ist Dupin, der den Brief der Königin zurückbringt, während sich die gesamte Psychoanalyse in der Position des Ministers befindet. Diese Detektivgeschichte von Poe zeigt damit Lacans eigene Vorgehensweise (vgl. Derrida 1987, S. 233). Und diese Rückkehr/Rückgabe der Freud'schen Lettern findet in vielfacher Weise in seiner Lehre statt. So zumindest sein Selbstverständnis.

Lacan nutzt Poes Geschichte demnach, um die »Dominanz des Signifikanten über das Subjekt« zu illustrieren (Lacan 1986, S. 60). Und diese Dominanz verbindet sich mit der Illustration der Wahrheit in einer Fiktion (ebd., S. 200). Es ist dieser Bezug zur Wahrheit (im vollen philosophischen Sinne des Wortes), der von einem besonderen Interesse ist für Derrida. Lacan ist der Briefträger der Wahrheit in den Texten Freuds, so wie Dupin der Briefträger der Königin wird, der das Verlorene zurückbringt. Derrida missfällt dieser Wahrheitsdiskurs, weil er voller transzendentaler Implikationen ist. Und diese Geste – endlich die Wahrheit der Texte Freuds aufzuzeigen – wiederholt Lacan immer wieder. Hier in dieser Interpretation ist die Wahrheit am Ende nichts anderes als die *Kastration* der Frau, als derjenigen, welcher ein Brief (Phallus) gestohlen worden ist.

In Lacans Interpretation wird dann vor allem anderen die Feminisierung des Ministers betont, der durch seinen Diebstahl des Briefes, weil er nun selbst derjenige ist, der ihn verlieren könnte, in eine weibliche Position gerät (eben die, die zuvor die Königin innehatte). Diese Positionierung beweist für Lacan, dass der Signifikant den Menschen *beherrscht* (Lacan 1986, S. 30 ff.). Er lässt keinen Zweifel daran, dass es sich hier um eine pathologische Position handelt, da der Brief als ein weibliches Zeichen (geklauter Phallus) und sogar als ein Fetisch interpretiert werden kann (vgl. ebd. S. 31). Anders als in der an Poes Biografie angelehnten Interpretation von Marie Bonaparte von 1934, die Lacan kannte und auf die er sich mindestens einmal bezieht (vgl. ebd., S. 36), wird hier der Minister *nicht* zu einer Vaterfigur, mit der Dupin (als Sohn) rivalisiert (vgl. Bonaparte 1981, S. 416 f.), sondern zu einem Opfer des Briefes. Er wird von dem Brief, den er gestohlen hat, *dominiert*. Dieser determiniert ihn und Lacan erläutert daran eine allgemeine Einsicht seiner Lehre: »Die Subjektivität steht ursprünglich in keinem Bezug zum Realen, sondern kommt aus einer Syntax, die die signifikante Kennzeichnung in ihm erzeugt« (Lacan 1986, S. 50). Um diese definierende Macht des Signifikanten zu stützen, darf der Brief sich nicht aufteilen lassen. Lacan besteht darauf, dass ein Signifikant *unteilbar* ist. Die Einheit des Signifikanten bleibt immer erhalten, »da er infolge seiner Natur nur das Symbol einer Abwesenheit ist« (ebd., S. 23).

Ein wesentliches Argument befindet sich im letzten Satz des offiziellen Aufsatzes. Lacan formuliert hier seine Formel für intersubjektive Kommunikation als Kreislauf: Der Sender bekommt seine Botschaft vom Empfänger stets in umgekehrter Form zurück. »Somit will ›entwendeter‹, eben ›unzustellbarer Brief‹ besagen, ein Brief (eine Letter) erreiche immer seinen (ihren) Bestimmungsort« (ebd., S. 41). »Er kehrt zurück zum Absender, der nicht der Signatar des Billets ist, sondern die Statt, wo er begonnen hat, sich *abzulösen* von seinem weiblichen Inhaber oder Legatar« (Derrida 1987, S. 216). Die Analyse ist zentriert um dieses phallische Zentrum. Der Signifikant ist unteilbar und damit *unzerstörbar* (ebd., S. 217). Derrida wendet dagegen ein: »Er kann sich zerstückeln ohne Zurück, und das ist es, wovor das System des Symbolischen, der Kastration, des Signifikanten, der Wahrheit, des Kontrakts usf. immer versucht ihn zu bewahren« (ebd., S. 220). Es ist die Dissemination, die die Einheit des Signifikanten, das heißt des Phallus, stets bedroht. Viel später wird Derrida feststellen, dass auch die Souveränität im politischen Diskurs als unteilbar gesetzt wird. Und dies geschieht, gerade weil sie teilbar ist (Derrida 2015, S. 75). Sie gibt aber stets vor unteilbar zu sein: »Eine teilbare oder aufteilbare Souveränität ist keine Souveränität« (ebd., S. 79). Es gäbe damit eine Verwandtschaft zwischen dem König (Souverän) und dem Phallus oder sogar Lacan selbst (der sich zu einer Vaterfigur und Autorität innerhalb der Lehre stilisierte).

Lacan verbindet die Wahrheit des Signifikanten mit einem vollen Sprechen, das die Psychoanalyse zutage fördert. Dieses präsente Sprechen braucht die Teilung des Signifikanten *nicht* zu ertragen. Hier zeigt sich wie Lacan das Sprechen in der analytischen Kur mit der metaphysischen Tradition des Phonozentrismus verbindet, innerhalb dessen die Aufzeichnung immer schon den Verlust eines authentischen Ursprungs darstellt (ebd., S. 250 ff.). Das volle Sprechen »kontraktiert nur mit sich selbst: es spricht von sich selbst« (ebd., S. 255). So muss von Freud seine eigene Rede zurückgegeben werden, die durch den Umweg über die USA abhandengekommen ist.

Slavoj Žižeks spätere Widerlegung von Derridas Argumentation (vgl. Žižek 1991, S. 27 ff.)[31] führt alle möglichen umständlichen und skurrilen Variationen an, um zu beweisen, dass sich Derrida geirrt habe. Aber er erkennt nicht *an*, dass Derrida den Phallus nicht wie Lacan liest, sondern eher wie Bonaparte oder Melanie Klein, die ihn als ein *Partialobjekt* verstehen (vgl. Derrida 1987, S. 260). Er er-

---

31 In diesem Zusammenhang ist es wichtig, dass er nur eine Position erkennt, in der ein Brief seinen Bestimmungsort wirklich *nicht* erreicht: in der Psychose. Dort wird der Signifikant verworfen und taucht dann als Halluzination im Realen wieder auf und erreicht seinen Empfänger aber so über diesen Umweg dennoch (ebd., S. 33). Die Dissemination von Derrida ist damit für den Lacanianer nichts anderes als die Psychose.

kennt nicht *an*, dass dieser Signifikant mehr in einem pathologischen als in einem gesunden Sinne von jener strukturellen Bedeutsamkeit ist, die Lacan ihm gibt. Lacan blendet nicht nur Bonapartes psychobiografische Lesart aus (die den Text mit anderen von Poe und der Biografie des Autors verbindet), sondern er stellt ihn selbst als eine Illustration der Wahrheit dar. Und er unterscheidet dabei die Wahrheit von der Realität. Und diese Trennung ist (wie Derrida zeigt) klassisch (ebd., S. 248.) und geht so weit, den traditionellen Topoi der kastrierten Frau als Ort der Wahrheit erneut als letzte Konsequenz aufzurufen und damit in Szene zu setzen.

Diese Wahrheit, deren Inhalt »die verschleierte/entschleierte/kastrierte Weiblichkeit« ist, existiert aber nur für den Mann, der damit zum Herren der Wahrheit wird (vgl. ebd., S. 237f.). Die Kastration als letzte Wahrheit des Textes in einem psychoanalytischen Sinn war aber schon das Ergebnis der Interpretation von Bonaparte (vgl. ebd., S. 221). Für Lacan erklärt sich die Bedeutung des Phallus nur aus der Kastration der Mutter, wie Derrida zeigt und belegt, eine androzentrische Sichtweise also (ebd., S. 262). Damit wird die Logik der Sprache primär an ein männliches Symbol geknüpft. Die Vernunft (artikuliert durch den Logos) ist demnach von Natur aus männlich (vgl. ebd., S. 265). Hier konvergiert die Psychoanalyse Lacans, der sich anders als Freud in diesem Terrain einrichtet, mit der Entwertung/Mystifikation der Frau, weil sie nicht teilhat an der phallozentrischen Dialektik.

Bei Poe ist diese Bewegung (wie im Folgenden noch gezeigt wird) bereits angelegt. Er hat schließlich in seiner Geschichte den weiblichen Phallus (also den Phallus der Mutter) zwischen *den Beinen* eines Kaminsimses platziert. Dupin findet den Brief genau dort wieder. Er baumelt an einem Band »just in der Mitte unter dem Kaminsims« (Poe 1979, Bd. 2, S. 939). In seinem Essay *The Philosophy of Furniture* (1845/*Philosophie der Einrichtung*) erwähnt Poe am Ende seiner Beschreibung eines gut eingerichteten Zimmers eine »Argandlampe mit ihrem glatten, karmesingetönten Michglasschirm, die »an einer einzigen dünnen, goldenen Kette von der hochgewölbten Decke« herabhängt und überall ihren einen »ruhigen, doch zauberhaften Glanz« verbreitet (ebd., Bd. 9, S. 307). Zuvor warnt er vor den Folgen einer schlechten Beleuchtung durch einen Kristallglasschirm: »Zumal weibliche Reize werden unter seinem bösen Blick mehr als zur Hälfte entzaubert« (ebd., S. 303). Hier nimmt demnach eine Lampe nicht nur eine ähnliche Position wie zuvor der versteckte Brief ein. Es ist die Art ihres Lichtes, der einen Raum (oder eben eine Frau) entweder verzaubert oder entzaubert. Der Raum und die Frau bilden sich dabei aufeinander ab, während die Lampe oder der Brief in den Raum hinabgesenkt werden.

Was bedeutet aber alle diese Interpretation nun für Sherlock Holmes, dessen Vorläufer Dupin ohne jeden Zweifel gewesen ist? Es ist ein offenes Geheimnis, dass sich Holmes nicht *gut* auf Frauen versteht. Sie stören ihn beim Denken. Ist aber deshalb *das Bild* von der Wahrheit, welches Holmes aufbaut, auch letztendlich die Kastration der Frau? Oder interessieren ihn Frauen gerade deshalb nicht, weil er dem fetischisierenden Blick seines Vorfahren bei Poe nicht entkommen konnte? Und warum wird sein Denken durch die Frauen gestört? Um dieser Frage nachzugehen, sollen nun in mehreren Schritten im Folgenden verschiedene Wege eingeschlagen werden. Die ersten bestehen darin, die Biografie von Doyle und das Erbe von Poe in seinen Geschichten eingehender zu untersuchen.

Düstere Vorbilder: E. A. Poe 3

3.1 *The purloined letter* und *A Scandal in Bohemia*

Poe prägte bekanntlich mit nur drei Kurzgeschichten, deren Hauptdarsteller ein Privatdetektiv namens C. Auguste Dupin ist, in der Mitte des 19. Jahrhunderts (zwischen 1841–1845) ganz entschieden das Genre der Detektivgeschichte. Neu war es vor allem die Nachforschungen in den Vordergrund zu stellen: »Poes Held ist nicht der Verbrecher, sondern der Detektiv« (Benjamin 1991, Bd. I, S. 582). Der Name Dupin klingt im Englischen wie dupe-ing (dupe = betrügen, überlisten, vgl. Fisher 2004, S. 37). Dupin ist ein isolierter nachtwandelnder Spätromantiker mit einem messerscharfen Verstand. Und auch er hat einen Freund, der alles aufschreibt und dessen Namen man allerdings nie erfährt. Die Schreibsituation ist also erneut die von Platon und Sokrates. Der gelehrige Schüler schreibt alle Erfahrungen auf, die ihm zusammen mit dem genialen Mastermind und unverbesserlichen Besserwisser widerfahren. In allen drei Detektivgeschichten nahm Poe vor allem die grundsätzliche Struktur eines *Detektivpaares* vorweg, welches Doyle und nach ihm auch viele andere Autoren anwenden sollten (bis hin zu den deutschen Krimiserien *Derrick* (1974–1998) oder *Ein Fall für zwei* (1981–1988)).

Weil die Leichen in *The Murders in the Rue Morgue* (1841/*Die Morde in der Rue Morgue*) in einem abgeschlossenen Zimmer gefunden werden, hatte Poe damit auch »die *closed room mystery* oder *locked room mystery* geschaffen« (Seesslen 2011, S. 13). Das durch die Ratio aufzulösende Rätsel besteht dabei darin, wie der Kriminelle vom Tatort, der ein nur von innen abzuschließender Raum ist, dennoch entkommen konnte. In Doyles Geschichten kommt dieses Element mehrfach vor. So zum Beispiel in seinem zweiten Roman *The Sign of Four* (1890/*Im Zeichen der Vier*), wo ein exotischer, kleiner Mann an der Fassade eines Hauses hochgeklettert sein muss, weil die Tür des Raumes, in der die Leiche gefunden wurde, von innen verschlossen war. Diese Idee wurde in der TV-Reihe für die zweite Folge *The blind Banker* (2010/*Der blinde Banker*) übernommen. In der Folge *The Sign of Three* (2014/*Im Zeichen der Drei*) handelt der Hauptfall ebenfalls von einer *closed room mystery*, wie Holmes bei der Hochzeitsrede für Watson und seine Frau selbst erklärt. Hier hat der Täter den Mord zeitversetzt begangen, sodass das Opfer sich vollkommen isoliert am Tatort aufhalten konnte. Eine ähnliche Variante befindet sich im letzten Holmes-Roman *The Valley of Fear* (1915/*Das Tal der Angst*), wo bei der Auflösung das Opfer gar zum Täter geworden ist und das fragliche in sich abgeschlossen Gebäude (es wird auch nur von einem niedrigen Wassergraben umzäunt) überhaupt gar nicht verlassen hat. Poes ursprünglicher Kontext wird also demnach nur angedeutet und dann das Rätsel vollkommen anders aufgelöst.

Generell ist der Tatort stets ein spezieller Ort mit speziellen Gegebenheiten und oftmals mit deutlich eingeschränktem Zugang. Direkt bezieht sich Doyle auf die erste Detektivgeschichte von Poe in *The Cardboard Box* (1892/*Die Pappschachtel*) (Doyle, WA Bd. 8, S. 52), wo es auch um einen Doppelmord geht und die Leichen zwar nicht grob versteckt, aber grausam verstümmelt worden sind, indem der Täter ihnen die Ohren abgeschnitten hat. Dieses Element passt sehr gut in Poes Fantasien.[32]

Poes zweite Detektiv-Geschichte *The Mystery of Marie Rogêt* (1842/*Das Geheimnis um Marie Rogêt*) basierte dann auf einem realen Fall, zu dessen Lösung der Autor durch seine Überlegungen sogar beitrug. In diesem Fall löst der Detektiv das Rätsel von zuhause und zeigt sich damit als ein *Mastermind*, welcher von seinem Armsessel aus ohne jeden empirischen Zugriff das rätselhafte Verbrechen aufzulösen vermag. »So wird Dupin zum Ahnherren aller *armchair detectives*« (ebd.). Häufig weiß Holmes nach den ersten Berichten eines Falls bereits, wonach er am Tatort suchen muss. Auch ihm reichen oftmals Erzählungen aus, um einen Fall schon weitgehend auflösen zu können. Holmes gesteht diese Gabe aber mehr seinem schwerfälligen Bruder Mycroft als sich selbst zu: »Wenn die Kunst des Detektivs mit dem logischen Denken von einem Sessel aus begänne und endete, wäre mein Bruder der größte Kriminalist, der je gelebt hat« (Doyle, WA Bd. 6, S. 209). Es gibt kaum eine Geschichte wie *The Mystery of Marie Rogêt*, in der Holmes den Fall ausschließlich von zuhause aus auflösen kann. Im Gegenteil meistens verläuft gerade die Auflösung wie ein spannendes Abenteuer und eignet sich daher besonders gut für die Verfilmungen.

---

32 Die Kurzgeschichte *The Cardboard Box* (1892/*Die Pappschachtel*) war so grausam, dass sie zunächst nur im Strand Magazin erschien und in den meisten Sammlungen innerhalb der chronologischen Reihenfolge fehlte. Sie wurde dann erneut im vorletzten Band *His Last Bow* (1917/*Seine Abschiedsvorstellung*), also innerhalb der Bücher erst mit vierundzwanzig Jahren Verspätung publiziert und befindet sich in diesem Band bis heute. Žižek und Ginzburg haben beide *The Cardboard Box* interpretiert (vgl. Osterwalder 2011 S. 58).

Die dritte und mit Abstand am weitesten entwickelte Geschichte (Poe hielt sie selbst für seine beste) war *The purloined letter* (1844/*Der entwendete Brief*). Sie handelt nicht von einem Mordfall, wie die beiden, die ihr vorausgingen. In alle drei von Poe beschriebenen Detektivgeschichten sind jedoch die Opfer *Frauen*. In den ersten beiden Geschichten werden sie ermordet, in der dritten wird eine adlige Dame (die Königin) beraubt. Die Pointe in dieser Kurzgeschichte ist, dass das Diebesgut (ein gestohlener Brief) so offensichtlich versteckt wurde, dass er darum unsichtbar wird. Diese Denkfigur wurde von Doyle nie kopiert. Andere Autoren wie Nabokov haben dieses Konzept für *Lolita* (1955) übernommen (vgl. Scholz 2014, S. 282). Poes Schriften und seine Biografie nehmen in *Lolita* aufgrund der Affinität von Poe für seine minderjährige Cousine ohnehin eine Schlüsselposition ein (vgl. Jacke 2009, S. 108). Auch dieses Motiv wurde von Doyle nicht übernommen, sondern erheblich verändert. Es sind hier häufig die älteren Männer, die sich als *Verbrecher* gegenüber ihren Töchtern erweisen und diese Ebene kann auch versteckte erotische Motive enthalten.

Besonders interessant ist es zu sehen, wie eng nun die erste Holmes-Kurzgeschichte *A Scandal in Bohemia* (1891/*Skandal in Böhmen*) angelehnt war an die dritte und perfekteste Dupin-Geschichte *The purloined letter* von Poe. In beiden Fällen geraten hohe aristokratische Persönlichkeiten (bei Poe eine Königin, bei Doyle ein König) durch eine Liebschaft, die geheim gehalten werden muss aufgrund ihrer existierenden (Poe) oder geplanten Ehe (Doyle), in eine missliche Lage. Der Täter verfügt jeweils über ein Dokument, durch welches er diese Liebschaft nachweisen kann.[33] Er erpresst damit die Aristokraten, die möglichst rasch dieses Dokument wieder zurückhaben wollen. Bei Poe darf *ein Brief*, der Königin kompromittiert niemals in die Hände des Königs gelangen. Der Minister D. hat nun diesen Brief gestohlen und versucht die Königin damit zu erpressen. Bei Doyle hingegen verfügt die ehemalige Geliebte des Königs, Irene Adler, über *ein Foto*, welches die zukünftige Gattin des Königs niemals zu Gesicht bekommen darf. Auch sie versucht den König damit zu erpressen. Nicht nur die Geschlechterrollen der Opfer, sondern dazu passend auch die der Täter sind demnach ver-

---

33 Erst in der späteren Geschichte von Doyle, *The Naval Treaty* (1893/*Der Flottenvertrag*), geht es dann direkt um ein gestohlenes schriftliches Dokument, welches in diesem Fall von äußerster politischer Bedeutung ist und daher umgehend wieder herbeigeschafft werden soll. Wie in der Geschichte von Poe ist der Diebstahl auch hier nicht zuvor geplant, sondern geschieht spontan. Holmes raffinierte Überführung des Täters durch einen Trick kann sich dabei, wie so oft, ohne Weiteres mit der von Poe messen. Allerdings erzählt er nahezu dieselbe Geschichte mit einem anderen Plot nochmals in *The Second Stain* (1904/*Der zweite Fleck*). Hier hat die Ehefrau unter der Hand ein wichtiges politisches Dokument ihres Mannes eingetauscht, um alte Liebesbriefe, die sie kompromittieren, zurückzuerhalten. Holmes kann den Fall mit der Hilfe der Dame diskret auflösen und so einen Skandal vermeiden. Auch diese Variante enthält viele Elemente aus dem Original von Poe.

tauscht worden. Bei Poe geht die Königin fremd, bei Doyle beging der König eine ihn kompromittierende Jugendsünde. Diese Verschiebung ist wesentlich, denn aus ihr ergibt sich eine völlig andere Perspektive.

Doyle hat den König gleichermaßen entmachtet.[34] Seine Geschichte stellt die patriarchale Macht des Königs infrage, während bei Poe der Souverän, die von der Königin gefürchtete Autorität, im Hintergrund intakt bleibt. Doyle lässt den König daher auch verkleidet persönlich bei Holmes vorsprechen, während Dupin lediglich vom Präfekten der Pariser Polizei besucht wird, der ihn im Namen der Königin um Rat bittet.

In beiden Fällen werden die Täter (der Minister/Irene Adler) jedoch mehrfach von der Polizei überfallen und ihre Wohnungen werden ergebnislos durchsucht. Die Auflösungen weichen dann allerdings ganz *erheblich* voneinander ab, wobei beide Detektive versuchen die Erpresser hereinzulegen. Nur dass Holmes Irene Adler durch die Vortäuschung, dass in ihrer Wohnung Feuer ausgebrochen ist, dazu bringt, selbst preiszugeben, wo die kompromittierende Fotografie versteckt ist, während Dupin sich mit einer grünen Brille ausstattet, damit er so die Wohnung des Ministers D. vor dessen Augen mit seinen Blicken durchsuchen kann, ohne selbst dabei entdeckt zu werden. Dupin findet rasch, was er gesucht hat und vertauscht bei einem zweiten Besuch den betreffenden Brief gegen einen anderen, während der Minister abgelenkt wird vom Pöbel auf der Straße, den Dupin eigens zu diesem Zwecke engagiert hat. Auch Holmes hat für seine Inszenierung einen Pulk von Männern engagiert, die ihn als Priester verkleidet niederschlagen, woraufhin ihn Frau Adler allererst in ihre Wohnung bringt. Allerdings wird die Falle, die Holmes stellt, am Ende durchschaut und Irene Adler erweist sich so als ihm überlegen.[35]

---

34 Oftmals gibt es bei Doyle Kritik an der Aristokratie, die aber zugleich als vornehm, zuvorkommend und als integer beschrieben wird. Ein anderes gutes Beispiel dafür ist der Herzog in *The Priory School* (1904/*Die Abtei-Schule*), der zwar kein einfacher aber ein durch und durch anständiger Mensch ist, wie sich am Ende herausstellt.

35 Seit Chestertons Pater Brown weiß man, dass der Priester eng mit dem Detektiv verwandt ist. In *The Final Problem* (1893/*Das letzte Problem*) verkleidet sich Holmes als ein italienischer Priester, um seinem bösartigen Verfolger Professor Moriarty zu entkommen. Nirgends wird deutlicher, dass diese Verkleidung hier auch die klassische theologische Konnotation von Gut (Holmes) und Böse (Moriarty) trägt. Einen Geistlichen als Schurken (Holy Peters), der eine reiche Frau gefangen hält und ermorden will, gibt es in *The Disappearance of Lady France Carfax* (1911/*Das Verschwinden der Lady Frances Carfax*). Allerdings handelt es sich hier um keinen gewöhnlichen Geistlichen, sondern wie so oft mischt Doyle einen doppelten exotischen Hintergrund mit hinein: Der Mann kommt aus Australien und gibt vor ein Missionar aus Südamerika zu sein (Doyle, WA Bd. 8, S. 188). »Seine besondere Spezialität ist es, alleinstehende Damen unter Ausnutzung ihrer religiösen Gefühle um ihr Vermögen zu betrügen« (ebd.).

Ein weiterer wichtiger Unterschied besteht darin, dass Doyle anders als Poe in seiner Geschichte gleich drei Hochzeiten erwähnt. Alle Figuren um Holmes herum treten in den Stand der Ehe, die er selbst stets ablehnen wird, weil sie nicht zu ihm passt: Watson hat zuvor geheiratet, wie es am Anfang erwähnt wird. Irene Adler heiratet in der Geschichte und ihrer Vermählung wohnt der Privatdetektiv sogar verkleidet bei und sein Auftraggeber der König von Böhmen wird demnächst heiraten. Diese Häufung des Themas Ehebündnis, welches bei Poe einzig und allein durch die Ehe zwischen der untreuen Königin und dem König gekennzeichnet ist, erscheint in diesem Zusammenhang als eine besondere Veränderung, wie es überhaupt ein entscheidendes Merkmal für die Holmes-Geschichten ist, dass Watson gleich im zweiten Roman heiratet. Stiegler beschreibt *A Scandal in Bohemia* strukturell als eine Geschichte, in der es um *Substitutionen* geht (Stiegler 2014, S. 61). So gibt es hier nicht nur drei Ehen, sondern alle Hauptfiguren (der König, Holmes, Adler) verkleiden sich und stellen so eine andere Person da. Die figürliche Struktur stammt von Poe, der allerdings nicht mit Verkleidungen arbeitet.

Bei Doyle haben Aristokraten in den Geschichten häufig Probleme bei ihren Vermählungen. Einerseits sind die vorherigen Geliebten ein Hindernis, wie in *A Scandal in Bohemia,* andererseits kann sich aber auch herausstellen, dass die Braut bereits verheiratet war und ihr erster, totgeglaubter Gemahl tritt plötzlich wieder in Erscheinung, wie in *The Adventure of the Noble Bachelor* (1892/*Der adlige Junggeselle*). Vielfach wird in den Geschichten die Ehe vereitelt. Entweder ist der Bräutigam ein Unhold, oder ein Stiefvater gibt seine Tochter aus egoistischen Zwecken nicht frei. Es gibt vielerlei Spielarten. In Poes Geschichte ist das aristokratische Paar hingegen bereits verheiratet. Als königliches Paar hat es vorbildhaft zu handeln, sodass Seitensprünge ein sehr spannungsvolles und gesellschaftlich wenig akzeptables Bild von ihm abgeben. Es ist interessant, dass Poes Detektiv diese unmoralische Wurzel im Handeln der Königin nicht einmal mit einer einzigen kritischen Bemerkung kommentiert. Bei Doyle hat der König einen Fehler begangen, den er selbst auch eingesteht. Außerdem liegt sein Fehler in der Vergangenheit, während bei Poe überhaupt nicht klar ist, ob der Seitensprung der Königin noch andauert. Poes Geschichte ist gerade in diesem heiklen Punkt extrem diskret. Der Leser erfährt über den Inhalt des betreffenden Briefes nämlich kein einziges Wort.

3.2 Desolate Vaterfiguren und schlimme Vorgeschichten

Folgt man einmal dem biografischen Weg, wird man dabei unweigerlich rasch auf den besonderen Vater von Arthur Conan Doyle stoßen. Er hieß Charles Altamont Doyle.[36] Während der Großvater und auch der ältere Bruder von Charles starke künstlerische Fähigkeiten hatten und deshalb als Karikaturisten und Zeichner arbeiten konnten, musste er in den Staatsdienst eintreten, um dort sein Geld zu verdienen. Er versuchte sich jedoch auch nebenbei als Künstler zu profilieren, was ihm aber allein schon aus zeitlichen Gründen nicht richtig gelang. Das war eine Ursache für seine zunehmende Depression und Alkoholabhängigkeit. Während Doyles Kindheit kämpfte sein Vater gegen den Alkohol (daraus erklärt sich die Affinität des Autors zu Poe, der ebenfalls unter starken Alkoholproblemen gelitten hat). Das Glück von Conan Doyle bestand darin, mit neun Jahren in ein englisches Jesuiteninternat gebracht worden zu sein. »In den nächsten sieben Jahren sollte er seine Familie nur noch in den Sommerferien zu sehen bekommen« (Stashower 2008, S. 32). Er hatte aber während dieser Zeit einen beinahe ununterbrochenen *Briefverkehr* mit seiner Mutter, durch den er zugleich (ohne es zu Wissen) seine schriftstellerischen Fähigkeiten trainierte. Sie war es auch, die ihn später immer wieder zum Schreiben ermutigte (vgl. Fleischhack 2015, S. 14). Sie ist demnach die erste Adresse, an die Doyle seine Geschichten sandte, sie steht am Anfang seiner Schreibsituation, die darauf resultiert, dass sie abwesend ist. »Und wie so oft gibst Du mir, ohne es zu wissen, das Wort, das bist immer noch Du, die die Geschichte schreibt, das bist Du, die diktiert, während ich mich abmühe, indem ich an der Zunge zerre, Brief für Brief, ohne je mich umzudrehen« (Derrida 1982, S. 19). In dieser Lesart ist es seine Mutter, die Doyle die Briefe diktiert, die er zunächst ihr und dann in der Form von literarischen Texten der ganzen Welt zusendet. Sie wird abgelöst von einer spiritistischen Ehefrau, deren Weisheiten er auf langen Vortragsreisen erneut als Botschaft unter die Menschen bringen möchte. Namen wie Sherlock oder Moriarty hingegen waren Nachnamen von Schulkameraden aus der privaten Jesuitenschule (ebd.), die Doyle eine vorzügliche, aber auch strenge Ausbildung ermöglichte. Danach war er noch ein Jahr in einem anderen Internat in Österreich.

1876, A. C. Doyle war zu diesem Zeitpunkt 17 Jahre alt, wurde sein Vater aus dem Staatsdienst entlassen und in eine Spezialklinik für Alkoholkranke eingewie-

---

36 Den zweiten Namen des Vaters, Altamont, verwendet Holmes als Decknamen in *His Last Bow* (1917/*Seine Abschiedsvorstellung*), wo der Detektiv als irisch-amerikanischer Informant für die Deutschen arbeitet, in Wirklichkeit aber ein englischer Agent im Dienste der britischen Regierung ist. Es handelt sich chronologisch betrachtet um den letzten Fall des Detektivs.

sen. Es gibt eine frühe Kurzgeschichte von Doyle *The Surgeon of Gaster Fell* (*Der Arzt von Gaster Fell*), wo es um einen Arzt geht, der seinen kranken, alten Vater in einen Käfig gesperrt hat, weil dieser bei der geringsten geistigen Verwirrung zu einem Mörder werden kann. Nur um ihn vor der Irrenanstalt zu bewahren, hat der Arzt den potenziellen Mörder eingesperrt (vgl. Stashower 2008, S. 35). Die drastische Geschichte passt zu den nachfolgenden Holmes-Geschichten insofern, als darin oft die Väter die grausamen Täter sind. Umgekehrt nimmt Holmes in der schon erwähnten Geschichte *His Last Bow* (1917/*Seine Abschiedsvorstellung*) den Decknamen Altamont (also den zweiten Vornamen des Vaters) und gibt falsche Informationen an einen deutschen Agenten, um sein Vaterland zu retten und zu beschützen. Doch diese Versöhnung (wenn es denn eine ist) findet erst im Spätwerk statt. Außerdem hat sich Doyle zeitlebens *nicht* über seinen Vater geäußert, was zeigt, dass ihn seine Krankheit sehr belastet haben muss.

Charles Doyle hatte in der Anstalt endlich die Zeit der Malerei nachzugehen, was er auch tat. Doch während des Aufenthaltes dort erkrankte er an Epilepsie. 1885 versuchte er aus der Klinik zu fliehen und wurde dabei gewalttätig. Daraufhin schaffte man ihn in eine Irrenanstalt. Für die Erstausgabe seines Sohnes von *A Study in Scarlet* (1887/*Eine Studie in Scharlachrot*) fertigte er dennoch sechs Illustrationen an. Dabei veränderte er jedoch das Aussehen des Detektivs. Holmes trug nun einen Backenbart und hatte eine Stupsnase. Er wich damit deutlich ab von den Beschreibungen, die in dem Roman niedergelegt sind und glich nun Charles Doyle (vgl. Weinstein 2009, S. 170 f.). Solche Veränderung zeigen, wie sehr auch der Vater darunter litt, für seinen Sohn nunmehr schon lange kein Idol mehr zu sein, was er wohl gerne gewesen wäre. 1892 wurde Charles Doyle noch zweimal in andere Kliniken verlegt und starb schon 1893 an einem schweren epileptischen Anfall.

Auffallend ist die Häufigkeit, mit der Alkoholiker in den Fällen bei Doyle auftauchen. So zum Beispiel in *The Abbey Grange* (1904/*Abbey Grange*), wo es für eine jung verheiratete Ehefrau schier unerträglich ist mit ihrem Ehemann, der ein Gewohnheitstrinker ist, zusammenleben zu müssen (vgl. Doyle, WA Bd. 7, S. 325). Der Mord an diesem Mann (der aus Notwehr geschah) wird dann von Holmes auch keinem Gericht zugänglich gemacht, sondern der Detektiv selbst erklärt den Mörder (einen Geliebten der leidenden Ehefrau) für unschuldig. Ein anderes interessantes Beispiel ist der tragische Täter in der ungewöhnlich grausamen Geschichte *The Cardboard Box* (1892/*Die Pappschachtel*). Es handelt sich um einen alkoholkranken Seemann, der aufgrund einer Intrige wieder beginnt zu trinken und schließlich aus Eifersucht seine Frau und ihren Freund brutal erschlägt. Hier empfinden der Leser und Watson und Holmes sogar Mitleid mit dem schwerkranken Mann. Auch das Opfer Captain Peter Carey, in *Black Peter* (1904/*Der schwarze Peter*), nach dem die Geschichte benannt wurde, ist ein Quartalssäufer. Wenn

Carey einen Anfall hatte »war er der reinste Satan« (Doyle, WA Bd. 7, S. 169). Folglich ist kein Mensch traurig, als dieser grimmige und düstere Mann mit einer Harpune durchbohrt in seinem Gartenhaus aufgefunden wird.

In der TV-Serie *Sherlock* tritt Holmes in *The Hounds of Baskerville* (2012/*Die Hunde der Baskervilles*) am Anfang einmal mit einer Harpune in der Hand und vollkommen blutverschmiert auf. Allerdings wird dabei überhaupt nicht klar, was er gemacht hat. Watson merkt später an, er habe wohl ein totes Schwein damit bearbeitet. Das Motiv wurde hier wohl nur benutzt, weil es an Melvilles *Moby Dick* (1851) erinnert, schließlich wird Holmes in der Folge doch einem fürchterlichen Tier nachstellen. Schon in der ersten Folge *A Study in Pink* (2010/*Ein Fall in Pink*) erkennt er aber anhand von Kratzern am Micro-USB- Eingang am Handy von Watson, dass dieses Gerät vorher einem Alkoholiker gehört haben muss, der häufiger mit zittriger Hand versucht hat, die Buchse zu treffen und sie verfehlte. Das Handy gehörte Watsons lesbischer Schwester, die mit einer Frau verheiratet war. Die Szene stammt aus dem zweiten Holmes-Roman *The Sign of Four* (1890/*Im Zeichen der Vier*), wo der Detektiv ähnliche Deduktionen aus der Uhr von Watson ableitet, die zuvor seinem Vater und dann seinem älteren Bruder gehört hatte. Über den Bruder sagt Holmes dort, nachdem er die Uhr eingehend betrachtet hat: »Er war ein liederlicher Mensch – sehr liederlich und nachlässig. Er hatte ursprünglich gute Aussichten, aber er vertat sein Glück, lebte längere Zeit in Armut, kam ab und zu mal für kurze Zeit zu Geld, verfiel schließlich der Trunksucht und starb. Das ist alles, was ich herausfinden kann« (Doyle, WA Bd. 2, S. 15). Das ist die Biografie des Vaters als Kurzfassung. Die Trunksucht des Bruders wird im Roman genauso herausgefunden wie die Trunksucht der Schwester im Film: »Schließlich möchte ich Sie noch darum bitten, sich die innere Abdeckplatte mit dem Schlüsselloch anzusehen. Schauen Sie: Tausende von Kratzern rings um das Schlüsselloch, Spuren eines Schlüssels, der abgeglitten ist. Wie könnte ein nüchterner Mann solche Kerben zustandebringen? Aber auf der Uhr eines Trinkers werden Sie sie immer finden: Er zieht die Uhr nachts auf und hinterläßt dabei diese Spuren seiner unsicheren Hand. – Was ist denn nun so rätselhaft an alledem?« (ebd., S. 16). In diesem frühen Roman deduziert Holmes also noch sehr ausführlich die Spuren des Alkoholismus.

In dem ursprünglichen (aber nie ausgestrahlten) Pilotfilm *Ein Fall von Pink* (2009) täuscht Holmes selbst vor betrunken zu sein und wird dann von dem Mörder durch eine Spritze tatsächlich schwer betäubt. Es gibt hier einen langen Dialog, in dem Holmes sich kaum aufrecht halten kann. Diese Ideen wurden aber für die zweite und eigentliche Version dann fallen gelassen. Erst in der Folge *The Sign of Three* (2014/*Im Zeichen der Drei*) betrinken sich Watson und Holmes ganz fürchterlich, weil Watson bald heiratet und sie damit ihren Junggesellenhaushalt aufgeben. Sie versuchen sogar in diesem Zustand noch einen Fall zu lösen. Aber direkt tyrannische Vaterfiguren die unter Alkoholsucht leiden, gibt es in der TV-Reihe bisher nicht.

Die Schäden durch den Alkohol, die damals noch viel verbreiteter waren, sind in den Geschichten von Doyle oft beschrieben worden. In *Die fünf Orangenkerne* (1891/*The Five Orange Pips*) gibt es eine Vaterfigur, die dem Alkohol stark zuspricht: »Er trank sehr viel Brandy und war ein starker Raucher, aber er hielt nichts von Gesellschaft und wollte keine Freunde um sich haben, nicht einmal seinen eigenen Bruder« (Doyle, WA Bd. 5, S. 127). In diesem und vielen anderen Fällen geht es um ein Delikt, das Männer in der Vergangenheit im Ausland (oft in den USA oder einem anderen Land außerhalb Europas – hier beispielsweise in Australien) verübt oder zumindest daran teilgehabt haben. Dann flüchten sie zurück in ihre Heimat nach England und beginnen dort sich eine neue und vollkommen seriöse Existenz aufzubauen. Schließlich werden sie aber von der Vergangenheit eingeholt und ihre ehemaligen Freunde verfolgen sie nach England und versuchen sie dann dort zu erpressen, was ihnen auch meistens gelingt. Nach diesem Schema sind beispielsweise auch die frühen Kurzgeschichten *The Boscombe Valley Mystery* (1891/*Das Rätsel von Boscombe Valley*) oder der letzte Roman *The Valley of Fear* (1915/*Das Tal der Angst*) aufgebaut. Das Verbrechen geht bei Doyle häufiger von den *Eltern* und dabei meistens von desolaten Vaterfiguren aus.[37] Ihre Vergangenheit wirft einen Schatten auf die Zukunft ihrer Kinder. Es geht ihnen aber selbst darum diese düstere Vorgeschichte loszuwerden und so ihre Nachfahren nicht mit dem Erbe ihrer eigenen Jugendsünden zu belasten. Eine besonders interessan-

---

37 Auffallend ist, dass die CBS-Holmes-TV-Serie *Elementary* (seit 2012) in Bezug auf die Darstellung von niederträchtigen Vaterfiguren näher an Doyles Konzept heranreicht als *Sherlock*. Denn hier treiben regelmäßig ältere Männer, also Vaterfiguren, ihr kriminelles Unwesen. Genau wie bei *Sherlock* agiert der amerikanische Holmes (Jonny Lee Miller) in der Gegenwart, nur ist der Schauplatz nicht London, sondern New York. Er ist jedoch kein schneller, witziger Denker, sondern ein schwerfälliger Neurotiker und ehemaliger Drogensüchtiger. Watson, nun gespielt von einer attraktiven Asiatin (Lucy Liu), sorgt allein schon für die notwendigen weiblichen Schauwerte. Sie tritt zunächst als Holmes Suchttherapeutin in Erscheinung. *Elementary* ist aber nicht einmal als ein billiges, amerikanisches Plagiat des britischen Vorbildes zu betrachten. Nicht nur wurde der britische Charakter amerikanisiert, die Reihe unterscheidet sich auch leider kaum von vielen anderen durchschnittlichen US-Krimiserien dieser Art. Es handelt sich hier um eine typische CBS-Detektivserie (Porter 2012, S. 126). Aus Moriarty wurde nun eine gefährliche Femme fatale, was mehr an die Tradition des amerikanischen Film noir anknüpft als an Doyle. Es ging wohl nur darum, ein amerikanisches Pendant zu der weltweit erfolgreichen britischen Serie zu schaffen, um auf der Welle mitschwimmen zu können. Tatsächlich hat die Reihe auch Erfolg, weil es so wenige Folgen von *Sherlock* gibt und sie daher sogar in Deutschland gern als Pausenfüller genommen wird. In den Staaten wurde die BBC-Reihe bei ihrer Ausstrahlung auf PBS nur gekürzt und in einer amerikanisierten Version gezeigt. Lynnette Porter hat die Veränderungen im Detail analysiert (vgl. Porter 2012, S. 113 ff.).

te Variante dieses Motivs findet sich in *The Priory School* (1904/*Die Abtei-Schule*), wo ein aristokratischer Vater seinen standesgemäßen und guten Sohn vor seinem nicht standesgemäßen, unehelichen und bösartigen Sohn bewahren möchte. Es sind aber sogar in diesem komplizierten Fall letztendlich die Verfehlungen des Vaters, die ihren düsteren Schatten auf die Söhne werfen. Die Verfehlungen der Väter gefährden die Zukunft der Kinder. Das ist sicherlich eine der häufigsten Plot-Strukturen bei Doyle, die auch für die TV-Serie aufgegriffen worden ist. Sowohl in *A Study in Pink* (2010/*Ein Fall in Pink*) als auch in *The Hounds of Baskerville* (2012/*Die Hunde der Baskervilles*) und *His last Vow* (2014/*Sein letzter Schwur*) sind die Verbrecher Vaterfiguren. Doch zugleich spielt die brüderliche Rivalität eine wichtige Rolle in den Geschichten. Die von Doyle bereits betriebene massive Kritik an degenerierten, patriarchalen Machtstrukturen hat sicherlich erheblich zur Modernität von Doyles Sherlock-Holmes-Geschichten beigetragen und ihre lange Nachwirkung bis ins unsrige Jahrhundert hinein zuallererst ermöglicht.

Selbst in der Geschichte *The Three Students* (1904/*Die drei Studenten*), die eigentlich vollkommen in der Gegenwart spielt und die eigentlich kein Motiv aus der Vergangenheit benötigt hätte, um die Ursache des Delikts zu erklären, ist mit einer Vorgeschichte ausstaffiert. Der Butler des Opfers war zuvor der Butler vom Vater des Täters. Doyle scheint damit auf dieser Struktur zu insistieren. In der Kurzgeschichte *The Gloria Scott* (1893/*Die ›Gloria Scott‹*) berichtet Holmes davon, dass er schon während seiner Studienzeit bereits einen einzigen Freund gehabt habe, dessen Vater dann in ein Verbrechen involviert war, das zu seinem ersten Fall werden sollte. Dieser Fall klärt sich aber im Grunde von selbst auf. Die Ursachen des Verbrechens liegen in der Vergangenheit und sind in der Fremde (in diesem Fall auf hoher See) passiert. Das Opfer, der Vater, ein Friedensrichter, wird von seiner kriminellen Vergangenheit *heimgesucht,* an der er schließlich aufgrund einer Herzschwäche stirbt. Holmes dechiffriert lediglich einen verschlüsselten Brief, der an den Friedensrichter gerichtet war. Der Friedensrichter hatte ihn zuvor gelesen und war auf der Stelle gestorben. Die eigentliche Auflösung des Falls bringt aber der Friedensrichter in einem langen schriftlichen Bericht an seinen Sohn selbst bei. Die Geschichte teilt sich so in das *aktuelle* Geschehen und in diesen langen Bericht. Sie funktioniert so wie zwei der vier Holmes-Romane.

Denn der letzte Holmes-Roman *The Valley of Fear* (1915/*Das Tal der Angst*) ist wiederum im Grunde ein spätes und nur schwaches Remake von *A Study in Scarlet* (1887/*Eine Studie in Scharlachrot*). In beiden Romanen gibt es sehr lange Einschübe, die über die Vorgeschichte der Protagonisten *ohne* Holmes berichten. *The Valley of Fear* erzählt von den Freimaurern, die ein ganzes Tal durch ihre Tyrannei beherrschen, *A Study in Scarlet* von den Mormonen, die ähnlich grausam mit denen umgehen, die sich ihren strengen Anweisungen widersetzen. In beiden Versionen handelt es sich um Formen von totalitären und antidemokratischen Regimen, die ihre Gegner einfach beseitigen. Eine ähnliche Struktur lässt sich nochmals in der Kurzgeschichte *The Red Circle* (1911/*Der rote Kreis*) finden, wo es eine Art Mafia ist, die ein junges, italienisches Paar verfolgt. Meistens sind es Liebespaare, welche vor den Ansprüchen und Interessen einer Geheimgesellschaft, die sie trennen wollen, fliehen müssen. Die Interessen des Individuums passen nicht zu auferlegten Vorgaben dieser stets kriminellen Gesellschaften, die die liebenden Männer mit dem Tod bestrafen und die Frauen für sich haben wollen. Es kommt zu einer tödlichen Verfolgungsjagd, deren Folgen meistens schon deutlich absehbar sind, wenn die Handlung beginnt. Diese Vorgeschichten haben oftmals in den USA stattgefunden.

In der TV-Reihe spielt die düstere Vergangenheit von Mary Watson in der Folge *His last Vow* (2014/*Sein letzter Schwur*) eine erhebliche Rolle. Doch dies ist *nicht* eine düstere Vorgeschichte, in die eine desolate Vaterfigur verstrickt ist, sondern allein Watsons Ehefrau und das ist ein erheblicher Unterschied. In *Ein Fall von Pink* (2010) fehlt die Vorgeschichte des Mörders, wie sie Doyle in *A Study in Scarlet* beschrieben hat vollständig. Er hat hier einfach nur ein Aneurysma im Kopf und kann jederzeit sterben. Allerdings arbeitet er für Moriarty. Der wirkliche Grund dafür, dass er mit seinen Opfern ein Zufallsspiel um Leben und Tod spielt, liegt aber wohl darin, dass er beweisen möchte, dass er sein Schicksal und damit auch den Tod zumindest noch für eine Weile, im Gegensatz zu den anderen, besiegen kann. In der Folge *The Hounds of Baskerville* (2012/*Die Hunde der Baskervilles*) wurde die Vorgeschichte auf den ersten Blick vollkommen verändert: Es liegt nun kein Fluch mehr auf der Familie des Opfers. Es gibt keine patriarchalen Vorfahren, die blutrünstige Taten begangen haben, sondern der Vater von Henry Knight wurde selbst ermordet. Allerdings ist ein Freund des Vaters der Mörder, der sich auch anfangs als guter Freund von Holmes in diesem mysteriösen Fall zu erkennen gibt. Auf der Ebene eines infantilen Unbewussten sind väterliche Freunde nie weit von Vätern entfernt.

In der Folge *The Lying Detective* (2017/*Der lügende Detektiv*) wird Holmes mit der enormen Macht eines monströsen Patriarchen konfrontiert, weil dieser ein prominenter Unternehmer und zugleich ein versteckter Serienkiller ist. Culverton Smith (Toby Jones) gibt sich als Philanthrop hat aber in Wirklichkeit ein geheimes, perverses Vergnügen daran Menschen zu töten. Sein Frauenhass ist dabei sehr offensichtlich. So erklärt er vor einer ganzen Kinderschar die englische Königin zur potenziellen Serienkillerin und reißt währenddessen einer Barbiepuppe den Kopf ab. Oder er spielt in seinem Lieblingsraum, einer Leichenhalle in einem von ihm gesponserten Krankenhaus, pietätslos mit dem Mund einer verstorbenen, alten Frau und lässt sie in einer makabren Weise Dinge sagen. Seine eigene Tochter Faith verwendet er, um vor ihr und seinen Kollegen ein Geständnis seiner zukünftigen Taten abzulegen und zugleich sind die Zeugen dabei so unter ein Medikament gesetzt worden, dass sie seine Aussage sogleich wieder vergessen müssen. Hier ist bisher am deutlichsten das Motiv eines kriminellen Vaters in Szene gesetzt worden, der sogar seine eigene Tochter für seine perversen Leidenschaften benutzt.

3.3 Poes Einfluss auf Doyle

Bekanntlich hat Poe sehr unter seinem Stiefvater gelitten und dessen Grausamkeit wird neben dem frühen Tod seiner Mutter oftmals als Erklärungsmuster für die düsteren Fantasien dieses Autors genommen. Poes Leistung bestand jedoch nur nebenbei darin den Detektivroman (und auch den Science-Fiction-Roman) entschieden zu prägen. Er brachte vor allem die Horrorliteratur entschieden weiter voran und entwickelte so einprägsame Phantasmen, dass sie sich bis heute auf ihn beziehen. Auch innerhalb der Filmkultur dienen seine Geschichten bis in die Gegenwart hinein als eine wichtige Vorlage und Inspirationsquelle für Drehbuchautoren, zu denen auch Mark Gatiss gehört. Deutliche Spuren des Horrorgenres lassen sich auch in den von Poe verfassten und bereits genauer beschriebenen drei Detektivgeschichten finden.

Ein für ihn typisches makabres Detail kann man in seiner Geschichte *The Gold Bug* (1843/*Der Goldkäfer*) finden. Es besteht darin, dass eine wichtige Markierung in der Realität ausgerechnet ein auf einem Baum festgenagelter Totenschädel ist. Er gehört zu Poes Inventar des Grauens. Dieser Schädel muss von weitem sichtbar sein, damit ein Goldschatz gefunden werden kann. Poe hat über diesen Schädel eine handschriftliche Bemerkung hinzugefügt: Nur ein menschlicher Schädel behält seine weiße Bleiche, auch wenn man ihn den Wetterwechseln aussetzt (Poe 1979, Bd. 2, S. 913). Damit nicht genug, muss durch das linke Auge dieses Schädels ein Goldkäfer an einem Bindfaden gezogen werden. So wird am Ende der letzte Koordinatenpunkt für das Versteck des Schatzes ermittelt. Poe ging es wohl darum, das Zeichen der Piraterie (es handelt sich um einen Piratenschatz) sehr direkt zur Schau zu stellen. Ähnlich verbindet er in seinen ersten beiden Detektivgeschichten eine archaische Albtraumstruktur mit einer völlig rationalen und abstrakten Logik. Und diese Verbindung ist es, die Doyle zum Teil übernehmen sollte. Sie ist besonders raffiniert und sehr *einprägsam*. Gerade durch die Darstellung einer düsteren, primitiven und archaischen Gewalt lagern sich die Geschichten tief der unzivilisierten Welt des Verdrängten ein, indem ähnlich unorganisierte, destruktive Kräfte herrschen.

Der Schädel, der durch die Logistik zum reinen Zeichen wird, lässt sich auch in der TV-Serie *Sherlock* wiederfinden. In Holmes' Zimmer befindet sich ein großes Bild mit einem Totenkopf darauf und außerdem wurde der Schädel eines Büffels an die Wand gehängt. Damit noch nicht genug, wurde außerdem ein Totenschädel auf dem Regal platziert. Alle drei Elemente stehen für das Todesmotiv, mit dem Holmes sich auf seine eigentümliche, da stets begeisterte Weise, permanent auseinandersetzt. Er interessiert sich für den Tod rein wissenschaftlich, ohne jedes Mitgefühl, ohne jede Angst und Trauer. Dennoch verlieren diese Elemente hier nicht ihren düsteren Charakter. Sie sind vielmehr abstrahiert von ihrer primitiven, archaischen Bedeutung, die sie bei Poe durchaus haben.

Poe ist einer der wichtigsten literarischen Väter für A. C. Doyle gewesen. Er war ebenfalls wie Doyles Vater ein Alkoholiker und bot dem jungen Mann die Chance so manche Erfahrungen durch Fiktionen zu verarbeiten. In vielfacher Hinsicht hat Doyle Poe vieles, was er schrieb, zu verdanken. Nicht nur für die Detektivgeschichten auch für die Science-Fiction-Abenteuer war Poe eine seiner wichtigsten Inspirationsquellen. »Arthur Conan Doyle hat nicht unrecht, wenn er über Poes Erzählungen sagt, jede sei eine Wurzel, aus der eine ganze Literatur gewachsen ist« (El-Hassan 1980, S. 106). Doyle entdeckte Poe bereits im zarten Alter von 16 Jahren (Stashower 2008, S. 34). Immer wieder lassen sich nun ganz konkret Elemente, die Doyle für seine Sherlock-Holmes-Geschichten verwendet hat, bei Poe finden. So ist selbst der berühmte Sturz des Detektivs in die Reichenbachfälle mit großer Wahrscheinlichkeit angelehnt an die berühmte Poe-Geschichte *A Decent into the Maelström* (1841/*Ein Sturz in den Malstrom*). Nimmt man beispielsweise eine Geschichte wie *The Adventure of the Devil's Foot* (1910/*Der Teufelsfuß*), so erinnert vor allem die unheimliche und plötzlich wahnsinnig gewordene Gesellschaft der zwei Brüder, die neben der toten Schwester sitzen und nur noch lachen, johlen und singen, umgehend an Poes Geschichte *The System of Dr. Tarr and Prof. Fether* (1845/*Die Methode Dr. Thaer & Prof. Fedders*). Der Wahn bekommt hier wie bei Poe eine irrwitzige Komponente und wirkt damit noch unheimlicher. Bei Doyle fällt jedoch der Themenkomplex, um den das Geheimnis kreist, völlig anders aus als bei seinem Vorgänger. Das *Unheimliche,* welches Poes Geschichten insgesamt durchläuft, wird hier nur als ein situatives Motiv und damit sehr gezielt und *punktuell* eingesetzt. Es ist ein wichtiges Element, aber es bestimmt nicht den gesamten Kontext. Poes Horrorphantasmen, die sich oftmals auf die Welt des düsteren und aufgeklärten Mittelalters beziehen, bilden dennoch einen auffälligen Bezugspunkt, ohne den Doyles Geschichten nicht funktioniert hätten. Poe selbst hatte aber den Gegensatz zwischen Analyse und Mythos bereits entworfen. Schon seiner ersten Detektivgeschichte *The Murders in the Rue Morgue* (1841/*Die Morde in der Rue Morgue*) ist eine längere pseudowissenschaftliche Abhandlung über die Analyse- und Kombinationsfähigkeit des menschlichen Geistes vorangestellt. In ihr werden unter anderem solche merkwürdigen Überlegungen angestellt, dass das Damespiel dem Schachspiel letztendlich in Bezug auf die Fähigkeiten der Spieler überlegen sei (Poe 1979 Bd. 2, S. 724). Doch die hier begangenen Morde bleiben dennoch stark im Bannkreis ihres skurrilen Mörders (eines Orang-Utans), der eben aus dem geschlossenen Raum über das Fenster hinausklettern konnte. Die Grausamkeit seiner Tat überschattet die gesamte Geschichte.

Auch bei Doyle spielen solche grotesken und makabren *Szenen* vor allem bei den Beschreibungen seiner Mordopfer eine erhebliche Rolle. Oft lassen sich zunächst auch nur mythologische Erklärungen finden, um die Ursachen eines Mordes zu erklären. Das Unheimliche, welches den traditionellen Geschichten sowie dem romantischen Londoner Nebel anhaftet, wird oftmals durch die genauen Beschreibungen der Leichen vermittelt. Dieses Element gibt es auch in der TV-Reihe *Sherlock*, wenn der Detektiv beispielsweise eine genaue Untersuchung der Leiche in *A Study in Pink* (2010/*Ein Fall in Pink*) vornimmt. Das Opfer bei Doyle hat dabei seinen Tod manchmal bereits vorhergesehen. Ein typisches Beispiel ist folgende Beschreibung in *The Crooked Man* (1893/*Der Verwachsene*): »Es gab etwas an dem Fall, das sowohl auf die Dienstboten als auch auf die Polizei den tiefsten Eindruck machte. Das war das verzerrte Gesicht des Colonels. Es war ihrem Bericht zufolge zum fürchterlichsten Ausdruck von Furcht und Entsetzen erstarrt, den ein menschliches Antlitz nur annehmen kann. Mehr als einem Menschen schwanden bei seinem bloßen Anblick die Sinne, so schrecklich war die Wirkung. Es war ganz sicher, daß er sein Schicksal vorausgesehen und daß es ihn mit äußerstem Entsetzen erfüllt hatte« (Doyle, WA Bd. 6, S. 169f). In der TV-Folge *The Great Game* (2010/*Das große Spiel*) hat Moriarty seinen Opfern eine Weste mit Sprengstoff umgelegt und sie wissen, dass sie sterben werden, wenn Sherlock sie nicht rechtzeitig befreit.[38] Alle Opfer weinen, während sie mit dem Detektiv telefonieren und den Text sprechen, den Moriarty ihnen vorgibt. Noch extremer konnte man die Todesangst, die in den Geschichten von Doyle so häufig auftaucht, nicht zeigen.

Andere Varianten, die bei Doyle auftauchen wurden jedoch nicht für die Reihe verwendet. So gibt es keinen Toten, der ein vor Hass zerfressenes Gesicht hat, wie in *The Abbey Grange* (1904/*Abbey Grange*), wo das Opfer schließlich auch der eigentliche Täter ist: »Sein dunkles, ansehnliches Adlergesicht war von rachsüch-

---

38 Die Bombe, deren wirkliche Konjunktur erst im 20. Jahrhundert mit dem Ersten Weltkrieg begann und die im 21. Jahrhundert durch den Terrorismus immer wieder auf eine grauenhafte Weise Menschenleben vernichtet, wird hier als extremes, weil ultimatives Spannungselement verwendet. Rhonda Harris Taylor sieht deshalb in der gesamten TV-Serie eine zeitgenössische Reaktion auf die Terroranschläge von 9/11 (Taylor 2012, S. 100). Es gibt aber dafür nur sehr wenige direkte Bezüge, anders als beispielweise in der *Batman-Triologie* (2005–2012) oder in *Skyfall* (2012). Die Bombe als Element für Suspense verwendete schon Hitchcock. In zwei Filmen bestimmt sie weitgehend die Narration: *Sabotage* (1936) und die einstündige TV-Folge *Four O'Clock* (1957). Aber nur in der TV-Sendung erwartet das Opfer selbst, ebenso wie bei *Sherlock*, dass die Bombe explodiert und hofft vorher gerettet zu werden.

tigem Haß verkrampft, was seinem Totenantlitz einen furchtbaren, satanischen Ausdruck verlieh« (Doyle, WA Bd. 6, S. 329). Eine andere häufige Möglichkeit ist es, den Mord als abscheuliche Gewalttat darzustellen, der seine Spuren an dem Opfer hinterlassen hat. In *The Adventure of Wisteria Lodge* (1908/*Wisteria Lodge*) beispielsweise ist der Kopf der Leiche kaum noch zu erkennen: »Sein Kopf war regelrecht zu Brei gehauen, durch wuchtige Schläge mit einem Sandsack oder einem ähnlichen, nicht scharfkantigen, sondern stumpfen Gegenstand« (Doyle, WA Bd. 6, S. 169 f.). Auf solche Elemente der Entstellung, die aus dem Bereich des Horrorfilms stammen und die Doyle sicherlich von Poe übernommen hat,[39] wurde in der TV-Serie weitgehend verzichtet. Sie würden die komische Ebene, die darin angelegt ist, zerstören. Überhaupt arbeitet die Filmreihe weniger mit dem Konzept ihr Publikum ernsthaft (wenngleich auch manchmal punktuell) *schockieren* zu wollen. Aber schon bei Doyle ist die psychotische Ebene unheimlicher Verzerrungen ein Element, das von Holmes immer wieder auf einen strikt rationalen, etwas neurotischen, aber stets sachlichen, wissenschaftlichen Boden zurückgeführt wird. Darin besteht zum Teil die Unterhaltsamkeit der Geschichten, dass die schlimmsten Bedrohungen und Befürchtungen im aufgeklärten Licht von rationalen Erklärungsmustern gleichsam nur noch wie harmlose Abläufe erscheinen. Es sind bei Holmes auch keine medizinischen Beschreibungen, die die Todesursache der Opfer erklären, sondern stets kriminalistische, die die Vorgehensweise der Täter analysieren. So wird in *The Adventure of Wisteria Lodge* gleich angemerkt, dass der Täter weiter auf das Opfer eingeschlagen haben muss, als dieses schon längst tot war (ebd.).

Auch die Todesangst als solche, wie beispielsweise in der bereits genannten *Sherlock*-Folge *The Great Game* (2010/*Das große Spiel*), ist stets eingebaut in eine komplexe Story, die dem unheimlichen Element seine Kraft zu nehmen scheint. Dadurch, dass die Morde eingebettet sind in eine komplizierte Rätselstruktur, verliert die Handlung zwar nicht an Brutalität, sie wird jedoch stets konfrontiert mit den enormen kognitiven Leistungen des Detektivs, der wie eine Art Supermann (eher ein Superhirn) im Bereich des Denkens agiert, und so meistens das Schlimmste zu verhindern weiß. Logisches Denken, eine stabile Matrix aus Deduktionen, tritt gegen archaische Todesängste, gemeine Verbrechen und bösartige Bedrohungen an. Vor allem Denken und Wissen werden zu faszinierenden Mit-

---

39   Einmal ging Doyle über das noch Erträgliche hinaus. In der bereits erwähnten Geschichte *The Cardboard Box* (1892/*Die Pappschachtel*) bekommt eine allein stehende Dame ein Paket geschickt, in dem sich zwei frisch abgeschnittene Ohren befinden. Die Geschichte wurde von den amerikanischen Verlegern aufgrund dieses Inhalts als zu gewalttätig angesehen und daher erst mit einiger Verspätung abgedruckt. In der orthodoxen britischen TV-Serie mit Jeremy Brett handelt es sich ebenfalls nicht zufällig um die allerletzte Episode, die verfilmt wurde.

teln in der Verbrechensbekämpfung. Diesen Aspekt, durch den Morde zum Teil eines faszinierenden Rätsels werden, ist ein Punkt, der moralisch sehr heikel ist, wie bei *Sherlock* zunächst Watson gegenüber Holmes und dann auch Holmes gegenüber Moriarty kritisch anmerkt. Es ist ein geschicktes und für den Krimi typisches ödipales Manöver, den Mord durch einen Plan, den man durchschauen muss, zu umstellen. Es geht also nicht wie bei Poe um die Grausamkeit der Todeserfahrung, sondern um die Logik des Verbrechens. Die bizarre und unheimliche Beschreibung des Toten kippt rasch um in die rationalen Aufklärungsversuche für ihre Ursache. Poes eher *psychotische* Perspektive dient Doyle nur dazu, jene Horrorelemente in seine zwangsneurotisch orientierten Geschichten zu transplantieren, die der Kriminalität die nötige Schockwirkung verleihen, um sie besonders wirkungsvoll werden zu lassen. Das Böse muss bösartig genug sein, damit Holmes eine starke Motivation bekommt es zu bekämpfen. Es muss auch tatsächlich gefährlich sein. Anders als Poe interessiert sich Doyle aber nicht nur für düstere, psychotische Wahnvorstellungen, die versuchen das Grauen, die reine Angst zu evozieren, sondern zugleich vielmehr noch für das rettende gesellschaftliche Gerüst, welches das Abdriften in die reine Angst, die das Subjekt erstarren lässt, systematisch verhindert. Dazu gehört die Verknüpfung des Verbrechens mit einem logischen System. Alles hängt wesentlich von der *Aufklärung* eines Mordes oder eines Verbrechens ab, welches oftmals durch sehr klare ödipale Motivketten bestimmt wird. Die Spuren, die die Präsenz, eben das Hier und unmittelbare Jetzt der Todesangst in einen Verzug, eine Verzögerung bringen, sind das wesentliche Element, dem Holmes nachspürt.

Doyles Arbeit besteht also unter diesem Gesichtspunkt betrachtet, eigentlich darin, wesentliche Motive in den düsteren Geschichten von Poe immer wieder zu transferieren in einen anderen, weit weniger *angstbesetzten* Kosmos. Es geht durchaus um ihre Schockwirkung und um das Serum dagegen zugleich. In der Kurzgeschichte *The Musgrave Ritual* (1893/*Das Musgrave-Ritual*) bezieht er sich beispielsweise gleich auf zwei von Poes Geschichten. Aus *The Gold Bug* (1843/*Der Goldkäfer*) nimmt er den kryptierten Schatzplan, der nun als ein Familienritual weitergegeben wird, ohne dass die Nachfahren ahnen, um was es sich handelt.[40] Aus *The Cask of Amontillado* (1846/*Das Fass Amontillado*) nimmt er die unheimliche Idee lebendig begraben zu werden, die bei Poe häufiger wiederauftaucht und

---

40 Dieser Kontext wurde (freilich in einer sehr freien Umarbeitung) für die TV-Folge *The Final Problem* (2017/*Das letzte Problem*) verwendet. Das kryptierte Familiengeheimnis ist hier die selbst vor ihren Eltern versteckt gehaltene böse und psychotische Schwester Eurus Holmes. Sie wurde eingesperrt, nachdem sie das Elternhaus ihrer Familie (Musgrave) in Brand gesetzt hat. Offiziell wurde später erklärt, sie sei bei einem weiteren selbst gelegten Feuer ums Leben gekommen.

zu seinen Grundängsten gehört.[41] Dabei wurden jedoch wesentliche Elemente verändert. Der Schatzplan enthält nun keinerlei düsteren Elemente, wie Totenköpfe, mehr und lebendig begraben wird kein Rivale, sondern das Dienstmädchen sperrt, als sich ihm die Gelegenheit bietet, den Butler ein, der sie zuvor verführt hat, aber nun nicht heiraten will, sodass er erstickt. Holmes findet nur noch die Leiche dieses Butlers, das Dienstmädchen ist längst geflohen. Die Kontexte, in denen scheinbar dieselben Motive nun stehen, sind als gänzlich anders aufgebaut und viel harmloser und verständlicher. Bei Poe wird man *vergeblich* nach feministischen Motiven suchen. Bei Doyle hingegen werden immer wieder sehr direkt kriminelle Männer gezeigt, die Frauen nachstellen und ihr Verhalten wird auf das schärfste verurteilt. Meistens werden sie für ihr Handeln auch bestraft. Der unheimliche Effekt in *The Musgrave Ritual* kommt zustande, weil das Dienstmädchen sich weigert den Butler zu retten und damit eindeutig über das moralisch noch akzeptable Ziel hinausschießt.

Es wäre nun eine eigene Studie Wert alle Elemente, die Doyle von Poe bezogen hat, zu zeigen. Und dabei müsste man *unbedingt* über den allzu eng gesteckten

---

41 Die makabre Vorstellung wurde von Doyle mindestens noch einmal verwendet: Der Trick des Schurken Holy Peters in *The Disappearance of Lady France Carfax* (1911/*Das Verschwinden der Lady Frances Carfax*) Lady Carfax, die mit Chloroform betäubt ist, lebendig zu begraben (in einem Sarg zusammen mit der Leiche einer alten Frau) enthält dasselbe Motiv. Poes Geschichte *The Premature Burial* (1844/*Das vorzeitige Begräbnis*) berichtet in allen Details von der Sorge Scheintod zu sein und aufgrund dessen lebendig begraben zu werden (Poe 1979 Bd. 4, S. 788 ff.). Die ersten beiden Beispiele darin sind dann auch zu früh beerdigte Frauen, bevor der Ich-Erzähler auf seine eigenen Ängste und Erfahrungen zu sprechen kommt. Freud hat die unheimliche Vorstellung scheintot begraben zu sein auf die positive Phantasie von einem Leben im Mutterleib zurückgeführt (Freud 2000, Bd. IV, S. 266), die Holmes durch seine Häuslichkeit und seinen Namen (die Homofonie zwischen Holme(s) und home) tatsächlich verkörpert. Sarah Kofman hat den Zusammenhang, der die gesamte Rückführung des Unheimlichen auf das Heim betrifft, hinterfragt. Könnte es nicht auch sein, dass die Ambivalenz aufrechterhalten bleiben muss und beide Wörter (heimisch-unheimlich) nebeneinander oder sogar ineinander in einer ständigen Wechselbeziehung stehen? »Lehrt uns Freud nicht, daß der Anblick der weiblichen Geschlechtsorgane Schrecken, Erstarrung auslösen kann« (Kofman 2000, S. 88), wie dies bei Poe der Fall ist, wie Marie Bonaparte genau gezeigt hat (vgl. Bonaparte 1981, S. 19). Das Motiv vom lebendigen Begräbnis gehört bei Poe zum umfassenderen, melancholischen Vorstellungskreis immer wiederkehrender, lebendiger, toter Frauen, dem Reich von weiblichen Geistern, die sein Werk durchziehen, dem Zyklus der totlebenden Mutter. Doyle taucht aber in seinen Detektivgeschichten nie tief in diesen unheimlichen Kosmos ein, sondern entnimmt ihm nur Elemente. Auch in *The Disappearance of Lady France Carfax* verwendet er nur den grauenhaften Zusammenhang, um einen geplanten Mord, die Herstellung einer Leiche so düster wie möglich auszustatten und ließ alle anderen Motive der Geschichte weg. In *The Adventure of Shoscombe Old Place* (1927/*Shoscombe Old Place*) wird dann genau umgekehrt das Leben einer bereits verstorbenen Frau vorgetäuscht. Das hat nahezu den gleichen unheimlichen Effekt, wenn Holmes den Sarg öffnet und eine Tote darin findet (Doyle, WA Bd. 9, S. 281 f.).

Rahmen von Poes Detektivgeschichten hinausgehen, die in nahezu jeder Studie angeführt werden. Zugleich würde ein solcher Vergleich hier aber über das Vorhaben dieses Buches hinausgehen, denn nur die wenigsten dieser Bezüge wurden dann für die TV-Serie *Sherlock* übernommen, auch wenn einer der Erfinder dieser Reihe, Mark Gatiss, ein kleines Bild von Poe in Sherlocks Schlafzimmer aufgehängt hat, um auf eine wichtige Quelle seiner eigenen Arbeit hinzuweisen.[42]

Gerade die späten Geschichten von Doyle haben dann auch noch andere wichtige Quellen. *The Sussex Vampire* (1924/*Der Vampir von Sussex*) übernimmt Motive aus Bram Stokers *Dracula* (1897) und löst sich rasch auf. Am Ende wird die hier vermeintliche Blutsaugerin als eine besonders fürsorgliche Mutter erkannt, die ihrem Baby nicht das Blut, sondern das Gift aus einer Wunde am Hals gesaugt hat. Der Täter ist ein besonders anhänglicher, kleiner Junge, der aus Eifersucht auf seinen kleinen Halbbruder einen Mordversuch (mit einem Giftpfeil aus Peru) unternommen hat. Die mystische, spirituelle und melancholische Struktur der Vampirgeschichte wird hier (wie ich finde auf sehr enttäuschende Weise) vollständig aufgelöst in die rationale und leicht neurotische Struktur eines misslungenen Mordanschlags. Die Bezüge zur gesamten *Gothic-Fiction-Atmosphäre* kommen bei Doyle allein schon durch die romantischen Landschaftsbeschreibungen und die bizarren Verbrechen zustande. Die Geschichte versenkt sich aber nicht in diese Welt, sondern stets wird in die mythologische Landschaft des Grauens das erhellende Licht wissenschaftlicher Aufklärung getragen. Sterben bedeutet für Holmes Herzstillstand, mehr nicht.

3.4 Schwarze Romantik und *The Hounds of Baskerville*

Der Horrorexperte Mark Gatiss war es dann auch, der das Drehbuch für die berühmteste und gruseligste aller Sherlock-Holmes-Geschichten schrieb: *The Hound of the Baskervilles* (1902/*Der Hund der Baskervilles*).[43] Er erfand eine vollkommen neue Variante dieser Geschichte und sie enthielt dennoch zahlreiche Anspielungen auf ihre berühmte Vorlage, weil er davon ausgehen konnte, dass viele

---

42   Gatiss hat die dreiteilige TV-Dokumentation *A History of Horror* (2010), die eine Geschichte des Horrorfilms ist und in der er selbst als Moderator und Interviewpartner auftrat, für BBC Four geschrieben. In der ersten Folge erklärt er, dass der Horrorfilm seine wichtigste Inspirationsquelle als Drehbuchautor ist.
43   *Silver Blaze* (1892/*Silberstern*) bereitet Doyles berühmteste Holmes-Geschichte *The Hound of the Baskervilles* (1902/*Der Hund der Baskervilles*) schon etwas vor. Denn schon in dieser Kurzgeschichte kommt einem Hund eine Schlüsselposition zu. Der Hund, der bei dem Pferd nachts schlief, bellte nämlich nicht als dieses entführt wurde. Daraus schließt Holmes, dass der Hund den Pferdedieb kannte, was den Kreis verdächtiger Personen ganz erheblich redu-

der Zuschauer, sie gelesen hatten oder zumindest bereits eine Verfilmung dieser Geschichte gesehen hatten (Stafford 2015, S. 127).[44] Und genau in dieser Geschichte spielt die Ebene unheimlicher Angstfantasien eine Schlüsselrolle. Ihr Ruhm kam daher (wie stets behauptet wird) nicht nur zustande, weil Doyle darin den totgeglaubten Detektiv nach acht Jahren (1893–1901) erstmals wieder zum Leben erweckte, er kämpfte in diesem Fall gegen einen *dämonischen* Hund. Ohne die unheimliche Seite der schwarzen Romantik, hätte diese Geschichte überhaupt nicht funktioniert.

Die TV-Folge enthält durch die Aufnahmen vom Wald bei Nacht und bei Tag noch am meisten der klassischen romantischen Elemente, die sonst aus der Reihe weitgehend getilgt wurden.[45] Aber auch hier werfen allein schon die Stabtaschenlampen, die Holmes und Watson nachts im Wald benutzen, klare und weite Lichtkegel, die eine vollkommen andere Wirkung haben als jenes viel diffusere Licht, welches romantische Blendlaternen ausstrahlen. Die Romantik, die in der Romanvorlage in einer ziemlich spektakulären und düsteren Weise das Szenario bestimmte, durchzieht aber die gesamte literarische Reihe: »Sämtliche Fälle des Meisterdetektivs sind durchsetzt mit Elementen des Schauerromans, der Abenteuergeschichte und nicht zuletzt der *romantic novel*« (Osterwalder 2011, S. 55). Die Aufklärungsarbeit ist bei Holmes tatsächlich keine bloße *Metapher*. Ein typisches und häufiges Motiv ist die Auflösung der Fälle bei finsterer Nacht. Oftmals versuchen die Verbrecher im Dunkeln, also ungesehen, ihr Ziel zu erreichen und Holmes und Watson lauern ihnen dabei auf, um sie dann auf frischer Tat zu ertappen. Sie zerren den Verbrecher und seinen Plan ans Licht, sie bringen die Wahrheit ans Licht, lassen sie sichtbar werden. Und diese Vorgehensweise wird nie

---

ziert. Und bereits *Silver Blaze* spielt in Dartmoor und verwendet die eigenwillige Stimmung dieser Landschaft. Das Moor, ein Ort wo an jeder Stelle Gefahr lauert, passt besonders gut zu einem Verbrecherjäger, der deutlich zwanghafte Züge aufweist: Es ist ein schlammiger, analer Schauplatz, indem die Verbrechen stattfinden. Doyle hat ihn dann nochmals in *The Priory School* (1904/*Die Abtei-Schule*) verwendet, wo Watson und Holmes viele Spuren im Moor finden. Bei *Sherlock* spielt das Moor als spezifischer Ort jedoch kaum eine Rolle, vielmehr ist es nun einfach der Wald, der hier stark als Ort des Unheils in Szene wurde.

44 Selbst die nächtlichen Lichtsignale des Butlers aus der originären Story wurden in die Verfilmung auf eine spannende Weise transplantiert. »Das blinkende Licht über dem Moor behält Gatiss bei, aber als Quelle des Lichts stellen sich nun mehrere schaukelnde Autos heraus, mit dem atemlosen Ausruf: ›Mr. Selden, Sie haben es wieder geschafft‹. Mr. Selden frönt dem ›Dogging‹. ›Das ist ein Meta-Witz, wie er im Buch steht‹, bemerkt Gatiss« (Tribe 2015, S. 165). Das sogenannte Dogging (hier als steile Antithese zum unheimlichen Dog/Hund eingesetzt) ist eine Sexualpraktik, bei der sich Menschen an öffentlichen Plätzen (hier ein Parkplatz) treffen, um Sex vor anderen zu praktizieren, die vorher dazu eingeladen worden sind zuzuschauen.

45 Sie sind kaum mehr als Pinselstriche, so etwa wie die Tatsache, dass Watsons Frau bei seiner Hochzeitsfeier ein klassisches, weißes Kleid mit Spitze trägt (Tribe 2015, S. 262).

ohne romantische Elemente beschrieben, denn ohnehin ist die Nacht der romantische Zeitpunkt schlechthin.

Doyles Detektivgeschichten gehören als besondere Ausläufer zur Romantik. Allein schon deshalb partizipieren sie am Schauerroman. Mithilfe von E. T. A. Hoffmann, der Poe inspirierte, kann die Verbindung zwischen der Detektivgeschichte und der Romantik ganz konkret datiert werden. Hoffmans Kriminalerzählung *Das Fräulein von Scuderi* (1819) wird in der Germanistik gern als Vorläufermodell zu Poes Detektivgeschichten betrachtet (Osterwalder 2011, S. 21). Was bei Hoffmann jedoch im Gegensatz zu Poe noch fehlte, war die Figur eines Detektivs und seine logischen Konstruktionen, mit dem diese Form erst ihren eigentlichen Charakter bekam (ebd.). Erst die streng logische Auflösung einer oftmals irrational und absurd *wirkenden* Handlungsweise, kann als Eröffnung des Detektivgenres, wie es Doyle dann verwendete, gelten.

Der Hund der Baskervilles (1902) verfügt in einer sehr ausgeprägten Weise über das Motiv einer Erbsünde der Vorväter, welches hier auf Nachfahren lauert, wie ein tödlicher Schatten. Ein Fluch lastet auf der Familie der Baskervilles. Er besteht darin, dass im 18. Jahrhundert einer ihrer Vorväter namens Hugo, ein gottloser Mensch war, und Taten voller Grausamkeit und Wollust verübte. So entführte er am St.-Michaels-Tag die Tochter eines Freisassen, sperrte sie in seine Gemächer ein und feierte ein rauschendes Gelage. Diese höchst unmoralische Feier erinnert an Poes Kurzgeschichte *The Mask of the Red Death* (1842/*Die Maske des roten Todes*) in der Prinz Prospero ein rauschendes Fest in seinen Gemächern feiert, obwohl vor den Türen seiner Abtei der rote Tod die Menschen hinwegrafft. In Doyles Geschichte gelingt es der jungen Frau nun am Efeu der Hauswand herunterzuklettern und zu fliehen. Als Hugo Baskerville sie ins Moor hinein verfolgt, wird er schließlich von einem übergroßen Hund getötet. Man fand ihn tot neben der Leiche der jungen Frau, die vor Erschöpfung und Angst ebenfalls zuvor gestorben war (Doyle, WA Bd. 3, S. 20). Neben ihm stand ein riesiger Hund und machte sich an seiner Gurgel zu schaffen.

Holmes erklärt sofort, dass diese Geschichten nur für Märchensammler von Interesse sein können und bekundet damit sein Desinteresse am *Übernatürlichen* (ebd., S. 21). Keine Sekunde glaubt er an die Existenz eines dämonischen, übernatürlichen Hundes (ebd., S. 32). Das heißt in einem psychoanalytischen Kontext: Ihn interessieren psychotische Horrorfigurationen dieser Art nicht, er ist weder abergläubisch, noch lässt er sich (wie jeder moderne Mensch) von Spukgeschichten in seiner Realitätswahrnehmung sonderlich beeindrucken. Psychoanalytisch genauer betrachtet, lässt sich das Auftreten des dämonischen Hundes als eine Rachefigur interpretieren, die den Vater und die Brüder des jungen Mädchens vertritt. Die Abwesenheit dieser Familienmitglieder wird am Anfang der Geschichte auch ausdrücklich betont: »So trug es sich zu, dass an einem St.-Michaels-Tag dieser Hugo mit fünf oder sechs seiner nichtigen und verruchten Gefährten sich an den Bauernhof heranschlich und die Maid entführte, wohl wissend um die Abwesenheit ihres Vaters und ihrer Brüder« (ebd., S. 17). Dass es sich um Freisassen handelt, betont ihre vollkommene Unabhängigkeit vom Gutsherrn Baskerville.

Wie schon in der Vorgeschichte von *A Study in Scarlet* (1887/*Eine Studie in Scharlachrot*) handelt es sich, wenngleich auch viel versteckter dargestellt, letztendlich um Väter, Ersatzväter oder andere Familienmitglieder, die die Tochter davor bewahren wollen, in die Hände von polygamen und freizügigen Männern zu gelangen. In beiden Geschichten gelingt ihnen dieses aber nicht und die Töchter müssen sterben. Durch den religiösen Kontext und die mysteriöse Figur des Hundes wird diese Struktur nun allerdings gänzlich in einen Mythos hineingezogen. Auch ist der Höllenhund ja kein gutes, sondern ein dämonisches und bösartiges Wesen, weshalb er auch *mehr* ist als bloß ein Substitut für die beschützenden Familienmitglieder. Er ist selbst eine Bedrohung aus der Vergangenheit, dem Reich der Schatten und Verstorbenen, die für die eigentliche Geschichte wichtig ist. Hugo hatte an jenem Abend einen Fluch ausgesprochen und erklärt, »daß er heute nacht noch Leib und Seele dem Bösen verschreiben wolle, wenn es ihm nur gelänge, das junge Weib zu haschen« (ebd., S. 18). Damit wird suggeriert, dass der Hund aufgrund seines unverkennbar sexuellen Wunsches aus der Hölle emporgestiegen kam. Er kann also auch als Triebwesen interpretiert werden und fällt dann mit Hugo zusammen. Außerdem hatte Hugo das arme Mädchen von seinen eigenen Jagdhunden verfolgen lassen, die nun von diesem übergroßen Hund überboten werden, welcher sie verfolgt und tötet. Die paranoide Spiegelung zwischen seinen Hunden und diesem höllischen Hund ist offensichtlich. Ihr liegt aber keine strikte Spaltung zwischen Gut und Böse zugrunde, die dieses Szenario konfigurieren würde. Einzig das Opfer ist gut, aller anderen sind bösartig. Der sexuelle Aspekt eines gesetzlosen Begehrens nach einer jungen Frau wird so unterbunden und zugleich sogar gerächt.

Doch darüber hinaus agiert der Hund in der Gegenwart lediglich noch wie ein Fatum, ein Familienfluch. Seine Rache, so die abergläubische Fantasie, hat magische Qualitäten und reicht weiter über die Zeit und den konkreten Täter hinaus. Allerdings bleibt der Hund mit dem Schauplatz, dem Moor auf dem er sich herumtreibt, stets verbunden. Er ist also ans Territorium gebunden und kann nur dort auftauchen. Der Hund der Baskervilles bekommt seine Macht durch eine Drohung, die darin besteht sein baldiges (Wieder)Kommen vor Ort heraufzubeschwören. Der dämonische Hund ist, wie der große böse Wolf aus den Sagen und Märchen, eine Figur, die vor allem nicht greifbar ist, sondern nur als eine Vorstellung existiert (Derrida 2015, S. 27). Wie bei Freuds Wolfsmann handelt es sich um ein sehr eindrückliches Phantasma, um ein Angsttier. Seine Bedrohlichkeit stammt aus seiner Nicht-Existenz, daher ist das Ende der Geschichte bei Doyle einigermaßen unbefriedigend, wenn er den Höllenhund als ein reales Tier entlarvt, einer Mischung aus Bluthund und Dogge, die mit einem Phosphorpräparat zum Leuchten gebracht wurde. Während des gesamten Romans ist dieses Tier jedoch ein unheimliches Phantom, ein Gespenst, ein gigantischer, dämonischer Hund, eine übernatürliche Erscheinung, ein Geisterhund, an dessen Existenz vielleicht ein Spiritist glauben würde, aber keinesfalls ein rationaler Detektiv.

Poes Unheimliches bekommt hier mehr Raum als sonst. Das Moor, in dem die Geschichte hauptsächlich spielt, ist an sich bereits ein gefährlicher Ort, schließlich kann man dort an jeder Stelle im Morast versinken. Zu diesem Naturaspekt passt auch der Hund, der hier über das archaische Territorium zu herrschen scheint. Die Moorlandschaft und die Ahnenreihe verweisen außerdem auf die Sumpflandschaft und das degenerierte Adelsgeschlecht in Poes berühmter Geschichte *The Fall of the House of Usher* (1839/*Der Fall des Hauses Ascher*).

Für die Verfilmung innerhalb der BBC-Reihe *The Hounds of Baskerville* (2012/*Die Hunde von Baskerville*) wurden neben zahlreichen Updates und Transformationen dann zwei grundsätzliche Veränderungen vorgenommen: Zum einen wurde der gigantische, höllenhafte Hund nun vor allem als eine traumatische Deckerinnerung dargestellt, die sich in den Beobachtungen von Henry Knight (er nimmt im Film den Platz von Henry Baskerville ein) über den realen Mord an seinem Vater gelegt hat, den er als Kind beobachtet hat. Und außerdem wurde diese Deckerinnerung mithilfe einer Droge, die schwere Halluzinationen und Angstzustände auslöst, künstlich hergestellt und wird durch sie immer wieder aktualisiert. Henry Knight befindet sich in einer Psychotherapie und ist dabei zu dem realen Kern seines Traumas vorzustoßen. Der Täter (ein Freund seines Vaters) dopt den jungen Mann daraufhin mit der Droge, um ihn unzurechnungsfähig zu machen. Am Tatort ist im Wald unter der Erde ein System versteckt, das einen künstlichen Nebel erzeugt, in dem die Droge enthalten ist. Wer ihn einatmet halluziniert, bekommt Angst und sieht Dinge, die es nicht gibt. So entsteht hier der dämonische Hund als ein reines Fantasieprodukt.

In einer sehr spannenden Weise hat der Drehbuchautor Mark Gatiss die Wirkung psychogener Drogen hier mit den Horrorelementen der Geschichte von Doyle, der schizoiden Spaltung verbunden.[46] Er hat dafür die Vorlage von Doyle ergänzt mit einer anderen Geschichte, die vielmehr um die schizoide Spaltung von Gut und Böse kreist und in der ebenfalls recht vehement von einem Einfluss des Teufels die Rede ist: *The Adventure of the Devil's Foot* (1910/*Der Teufelsfuß*). Dort

---

46 Mark Gatiss verbrachte einige Zeit in seiner Kindheit in einem psychiatrischen Krankenhaus, weil seine beiden Eltern dort arbeiteten. Nach eigenen Angaben hat die Begegnung mit den dort lebenden Geisteskranken ihn sehr geprägt. Er erklärte, dass sein späteres Interesse an Monstern und Dämonen von den frühen Erfahrungen stammt (vgl. Stafford 2015, S. 3).

löst sich die Vermutung, eine kleine Gesellschaft wäre durch »Teufelswerk« in den Wahnsinn und Tod getrieben worden, am Ende so auf, dass ein Gift, welches aus einer Pflanze namens Teufelsfuß gewonnen wurde, die Ursache des Übels ist. Der Täter selbst legt die mystische Fährte aus: »›Es ist Teufelswerk, Mr. Holmes, Teufelswerk!‹ rief Mortimer Tregennis. ›Es muß etwas gewesen sein, das nicht von dieser Welt ist. Irgendetwas ist in dieses Zimmer gekommen und hat das Licht der Vernunft in ihnen ausgelöscht. Wie könnte Menschenwerk so etwas tun?‹« (Doyle, WA Bd. 8, S. 212). Und auch der Pfarrer verstärkt diesen Verdacht und ruft, nachdem Mortimer Tregennis auf dieselbe grauenhafte Weise ums Leben gekommen ist, panisch und tanzend mit aschfahlem Gesicht: »›Meine arme Gemeinde ist vom Teufel besessen!‹ schrie er. ›Der leibhaftige Satan geht hier um! Wir sind ihm hilflos ausgeliefert!‹« (ebd., S. 223). Die wirkliche Ursache, das verwendete Gift, welches seine Wirkung bei seiner Verbrennung entfaltet, wird aus der Teufelsfußwurzel gewonnen, die ihren Namen daher hat, weil sie die Form eines Fußes hat, der halb wie ein Menschfuß und halb wie ein Bocksfuß aussieht (ebd. S. 236). Eine Pflanze mit diesem Namen (sie soll aus dem Kongo stammen) gibt es in der Realität nicht und damit stammt die Namensgebung, die hier den Zusammenhang schon andeutet, allein von Doyle. Das von ihm beschriebene Gift soll zunächst starke Halluzinationen hervorrufen und tötet erst danach. Durch das Gift werden »jene Zentren im Gehirn angeregt, die das Gefühl der Angst regulieren« (ebd., S. 237). Wer es länger einatmet, fällt unweigerlich dem Tod oder Wahnsinn anheim (ebd.).

Dieses Element wurde nun in die Geschichte über den dämonischen Hund eingeflochten und herausgekommen ist dabei eine bisher einzigartige und sehr überzeugende Erklärung für sein Erscheinen auf einer rein *psychischen Ebene*. Das lieferte einen Plot, der der originalen Geschichte deutlich überlegen ist. Gatiss entzog dem Stoff die Peinlichkeit, ein extrem wirksames Phantasma als materiellen, empirischen Gegenstand auflösen zu müssen.[47] Der halluzinierte Hund wird demnach auch nur ein einziges Mal, ganz am Ende in der Episode wirklich gezeigt. Es handelt sich um eine aufwendig angelegte und sehr virtuell gestaltete CGI Animation, die die gespensterhafte Natur dieses halluzinierten Geisterhundes unterstützt.

Auch die Rolle von Holmes wurde geändert. Nicht nur ist er anders als im Roman durchgängig anwesend, im Gegensatz zur Romanfigur gerät der kluge De-

---

47 Filmgeschichtlich wurde eine ähnliche Lösung für die Erzeugung von grauenhaften Eindrücken durch chemische Produkte, die sogar eine Massenpanik auslösen sollen, allerdings von Christopher Nolan schon einige Jahre zuvor in Batman Begins (2005) im großen Stil in Szene gesetzt. Die Innovation von Gatiss liegt demnach nicht in diesem Motiv, sondern in der Kühnheit, es in dieser legendären Geschichte zu verwenden.

tektiv hier zum ersten (und einzigen Mal) innerhalb der TV-Reihe an die Grenzen seiner Verstandestätigkeit, wenn er sich eingestehen muss, etwas gesehen zu haben, was er *nicht* gesehen haben kann. Und das löst zunächst auch bei ihm extreme Ängste aus (die hier, weil es sich um das Verhältnis zur Realität handelt, eine psychotische Tendenz haben, die aber von der Droge stammen). Wenn dieser Geisterhund (den er gesehen hat) existieren würde, brächte dies das gesamte aufgeklärte Weltbild von Holmes zum Einstürzen. Und dieses Weltbild ist schließlich dasselbe wie unseres. Im Pub zeigt er daher eine arge Form von Verstörtheit, die man nie zuvor an ihm gesehen hat (Stafford 2015, S. 130). Der Kampf zwischen dem Okkulten und der Rationalität wird aufgrund der Droge, die den Höllenhund erscheinen ließ, erstmal zugunsten des Okkulten entschieden und das ist für Holmes unmöglich.[48] Schließlich entdeckt er, dass seine Wahrnehmung durch Drogen getrübt gewesen sein muss. Er hat das gesehen, was er sehen *wollte* und nicht das, was wirklich vorhanden gewesen ist. Der Hund ist nur eine Vorstellung, die sich ihren Weg von seinem psychischen Inneren nach außen gebahnt hat. Er hat keine Evidenz, keine empirische Faktizität, außer der Droge. Das führt bei Holmes jedoch nicht dazu den gespenstischen Raum zwischen Sein und Nichtsein weiter zu durchdenken (vgl. Derrida 1996). Auf eine Reise zwischen Realität und Virtualität und zugleich zwischen Vergangenheit und Gegenwart wird er erst in der Sonderfolge *The Abominable Bride* (2016/*Die Braut des Grauens*) geschickt werden.

Exkurs II: Benjamin und Poe:
Die Detektivgeschichte als Großstadtroman

> »Man sieht, es ist im Grunde die alte Klage, daß die Massen Zerstreuung suchen, die Kunst aber vom Betrachter Sammlung verlangt. Das ist ein Gemeinplatz« (Benjamin 1991, Bd. I, S. 504).

London wird in der BBC-Reihe als eine geschäftstüchtige Großstadt dargestellt. Die Gegensätze zwischen der sauberen, effizienten Welt des Business und der kriminellen Unterwelt werden dabei weiterhin als starker Kontrast in Szene gesetzt. Immer wieder müssen sich Watson und Holmes auch in die Welt der Obdachlo-

---

48 Einen solchen Selbstzweifel muss Holmes in den Geschichten von Doyle nie erleben. Hier sind es stets die anderen, von denen der Aberglaube Besitz ergreift. Das Okkulte selbst taucht in einigen Geschichten auf. Beispielsweise in *The Adventure of Wisteria Lodge* (1908/ *Wisteria Lodge*) ist nicht nur nochmals vom Teufel die Rede, sondern hier hat Doyle sogar den Voodoo-Kult als ein Nebenelement eingebaut (vgl. Doyle, WA Bd. 8, S. 49).

sen begeben. Holmes ist jedoch ein Stadtmensch, solange er als Detektiv arbeitet. Er zieht erst aufs Land, wenn er in Rente geht.

In der vorletzten Folge der dritten Staffel von *Sherlock,* die den Titel trägt *The Sign of Three* (2014/*Im Zeichen der Drei*), heiratet John Watson Mary Morstan. Diese Handlung gibt es in den Holmes-Geschichten schon in dem zweiten Roman *The Sign of Four* (1890/*Im Zeichen der Vier*). Im Unterschied zur Vorlage taucht während der Hochzeitsfeierlichkeiten ein Problem auf: Holmes entdeckt, während er seine Festrede als *best men* hält, in der er mehrere ungelöste Fälle rekapituliert, dass eine Person mitten während dieses Hochzeitsfestes ermordet werden soll. Er weiß aber nicht wer. So tastet er sich suchend nach dem möglichen Opfer durch den gesamten Raum und scannt mit seinen Blicken alle Personen, um es herauszufinden. Diese Suche, in der es vor allem um die genaue Beobachtung einer Menschenansammlung geht, zu dem Zweck die *eine* wichtige Person ausfindig zu machen, bietet eine eindrucksvolle Darstellung für eine essenzielle Grundlage der Detektivgeschichte.

Walter Benjamin, der selbst zwar viele andere Kriminalromane, aber nur zwei Kurzgeschichten mit Sherlock Holmes gelesen hat (Benjamin 1991, Bd. VII, S. 469), stellte eine beeindruckende Theorie über die Entstehung der Detektivgeschichte auf. Nach seiner Ansicht ist die Menschenmasse, die prägende Erfahrung für die Literatur des 19. Jahrhunderts: »Die Menge – kein Gegenstand ist befugter an die Literaten des neunzehnten Jahrhunderts herangetreten« (ebd. S. 618). Seine Überlegungen streifen dabei auch immer wieder den Detektivroman. Für ihn ist dieses Genre primär verbunden mit den Erlebnissen in der Großstadt, wo die Menschenmassen wohnen und sich ständig begegnen. Die Großstadt bildet auch bis in ihre unterirdische Architektur hinein das komplexe und vielschichtige Geflecht, in dem der Detektiv auf die Spurensuche nach dem kriminellen Individuum geht. Dasselbe hatte vor ihm G. K. Chesterton in dem Kapitel *Verteidigung von Detektivgeschichten* in seinem Buch *Verteidigung des Unsinns, der Demut, des Schundromans und anderer mißachteter Dinge* (1901) bereits behauptet.[49] So wie E. A. Poe seinen Meisterdetektiv Auguste Dupin mitten in Paris *installierte* (obwohl Poe in den USA lebte), so hielt es nach ihm auch C. A. Doyle. Sein Sherlock Holmes bezog sein Quartier zusammen mit Watson nicht zufällig mitten in London. Seine Adresse ist nicht umsonst bis heute bekannt: Baker Street 221B.[50]

---

49 Benjamins Ehefrau Dora Sophie Kellner hatte 1927 eine Sammlung mit Kurzgeschichten von Chesterton unter dem Titel *Ein Pfeil vom Himmel* ins Deutsche übersetzt. Ihr Mann kannte demnach auch möglicherweise diesen Text des Autors. Benjamin hat 1929 den Band *Das Geheimnis des Pater Brown* von Chesterton gelesen (vgl. Benjamin 1991, Bd. VII, S. 461).

50 Doyle soll auf den Namen dieser Straße gekommen sein, weil er dort als Kind das Wachsfigurenkabinett von Madame Tussaud besucht hat (Fleischhack 2015, S. 15).

Für Benjamin ist der ursprüngliche gesellschaftliche Inhalt der Detektivgeschichte »die Verwischung der Spuren des Einzelnen in der Großstadtmenge« (Benjamin 1991, Bd. I, S. 546). Deshalb bekommt E. A. Poes Geschichte *The Man of The Crowd* (1840/*Der Mann in der Menge*) von ihm einen besonderen Platz zugewiesen. Diese Kurzgeschichte (die nicht in Paris, sondern ebenfalls in London spielt) wird von Benjamin als eine Art »Röntgenbild« und somit weitreichende Grundlage für Poes drei Detektivgeschichten beschrieben (vgl. ebd., S. 550). Tatsächlich wurde sie unmittelbar vor der ersten Detektivgeschichte (drei Monate zuvor) veröffentlicht. In ihr verfolgt der Erzähler einen anonymen Mann eine Nacht lang, der immer dort hingeht, wo am meisten Menschen sind. Doch nicht ein gelassener Flaneur durchschreitet hier die Stadt, sondern eine manisch aufgereizte Persönlichkeit folgt dem Menschenstrom (vgl. ebd., S. 627). Die Berührung mit der großstädtischen Masse als einer amorphen Menge stellt nach Benjamin für Baudelaire zunächst einen Schock dar, den der Typ des Manikers oder Flaneurs dann unterschiedlich umarbeitet, um ihn sich repetierend einzuverleiben (vgl. ebd., S. 618).

Ohne das spezifische Flair von Menschenmassen auf dichtem Raum in den Metropolen ist der Typus des Detektivs nicht zu denken. Er ist eine Spielart des Flaneurs, der die überdachten Einkaufspassagen durchstreift und seinen Platz in der Menschenmasse genießt. Wie Benjamin bemerkt, zeichnen sich die wechselseitigen Beziehungen der Menschen in den Großstädten »durch ein ausgesprochenes Übergewicht der Aktivität des Auges über das Gehör aus« (ebd., S. 540). In der hier inflationär ansteigenden literarischen Gattung der Physiologien werden daher die verschiedenen Menschentypen genauestens beschrieben (ebd. S. 537 ff.). Die hier positiv beschriebenen Charaktere wandeln sich im Detektivroman bald in ihr Gegenteil. Hier wird in der harmlosen Masse stets nach dem kriminellen Subjekt gefahndet. Und dabei ist die *Beobachtung* das wesentliche Instrument. Die Nähe zum Film als einem primär optischen Medium ist damit schon hergestellt. Die Bewegung kann paranoide Züge annehmen: »In Zeiten des Terrors, wo jedermann etwas von einem Konspirateur an sich hat, wird auch jedermann in die Lage kommen, den Detektiv zu spielen« (ebd., S. 542 f.). Doch all dies gehört zur Großstadtrezeption. Aus dem Flaneur wird dabei ein Detektiv, der den Missetäter nicht aus den Augen lässt. »So sieht der Detektiv ziemlich weite Gefilde seinem Selbstgefühl aufgetan. Er bildet Formen des Reagierens aus, wie sie dem Tempo der Großstadt anstehen. Er erhascht die Dinge im Flug« (ebd., S. 543). Aus den flüchtig vorbeiziehenden Passanten vermag er anhand einer raschen Wahrnehmung von besonderen Attributen, die er blitzartig kognitiv zum logischen Bild des Gesuchten zu verdichten weiß, den Täter herauszufiltern. Sein Blick erhascht den Delinquenten, indem er sich ihn aus der Masse herauspickt und wie eine Filmkamera heranzoomen kann. Die Detektivgeschichte entsteht nicht zufällig zusammen mit der Fotografie, die es ermöglichte das Inkognito des Menschen einschneidend und entschieden zu verringern (vgl. ebd., S. 550). In der Literatur wird der Detektiv nicht selten metaphorisch selbst zu einem Fotoapparat (Stiegler 2014, S. 62). In *A Study in Pink* (2010/*Ein Fall in Pink*) versteckt sich der Mörder, ein anonymer Taxifahrer, mitten im Gewimmel der Großstadt. Und Holmes fragt sich bei seinen letzten Deduktionen: »Wer jagt mitten in der Menge?« (»*Who hunts in the middle of a crowd?*«).

Die mit den neuen Ballungsgebieten ansteigende Kriminalität und die Möglichkeit seine Spuren zu verwischen und unerkannt unterzutauchen, wurde aber noch mit einem anderen Mittel verfolgt: dem Fingerabdruck. Erst durch ihn konnte aus einer Masse von Menschen endlich mit Sicherheit die jeweilige *Individualität* festgestellt werden (vgl. Ginzburg 1988, S. 109 ff.). Erst am Beginn des 20. Jahrhunderts sollten die Fingerabdrücke die photographische Identifikationsmethode ablösen (vgl. Stiegler 2014, S. 73). Doyles Holmes arbeitet selten mit Fingerabdrücken, aber mit anderen Spuren aller Art. Am häufigsten sind es wohl die Fußspuren, aus denen er sehr viel ablesen kann. In *The Dancing Men* (1903/*Die tanzenden Männchen*) rekonstruiert er einen Fall weitgehend durch die Pistolenkugeln, die er findet. Nur in *The Norwood Builder* (1903/*Der Baumeister aus Norwood*) gibt es als wichtiges, aber zugleich gefälschtes Indiz des Tatverdächtigen einen vorgetäuschten blutigen Fingerabdruck, der mithilfe eines Wachsabdrucks hergestellt wurde (Doyle, WA Bd. 7, S. 57 ff.). Eine dubiose Mischung von zwei verschiedenen Fahrradreifenspuren und Abdrücken von Kühen, die aber eigentlich von Pferden stammen, gibt es in der Geschichte *The Priory School* (1904/*Die Abtei-Schule*). Es ist immer wieder die Ungewöhnlichkeit der hinterlassenen Spuren, die ein Rätsel stellt. So hinterlässt der Student, welcher die Prüfungsbögen in *The Three Students* (1904/*Die drei Studenten*) abgeschrieben hat, nicht bloß die Reste vom Anspitzen seines Bleistifts, sondern auch »schwarze Klümpchen aus Teig oder Lehm, in dem etwas war, dass wie Sägemehl aussieht« (Doyle, WA Bd. 7, S. 244). Am Ende stellt sich heraus, dass der schwarze Lehm und das Sägemehl aus der Sprunggrube stammen und der Student zuvor Weitsprung trainiert hatte. Seine Sportschuhe haben auch einen Schnitt auf dem Lederbezug des Schreibtischs hinterlassen (ebd., S. 261 f.).

Benjamin erklärt, dass beide, der Detektiv wie der Flaneur, ein besonders intensives Verhältnis zur *Dingwelt* haben. Holmes vermag sehr viele *Indizienbeweise* aus einem Gegenstand durch pure Beobachtung und scharfe Kombination herauszuholen. Die Spuren, die Menschen hinterlassen, werden von ihm meistens an ihrer Kleidung oder von ihren Gebrauchsgegenständen abgelesen und durch rasche Kombination zu einem *Gesamteindruck* zusammengestellt. Aus seinen detaillierten Kenntnissen von beispielsweise Parfüms oder Rauchwaren bei Holmes spricht das luxuriöse Interesse an der Warenwelt, das sich bekanntlich durch übersteigerte Formen von Auswahl qualifiziert. Die Masse an Menschen bedingt auch die Masse an Ware. Beides hatte sich *vervielfältigt* und darin liegt ein besonderer Reiz (Benjamin 1991, Bd. I, S. 561).

Der Detektiv wie der Flaneur sind bürgerliche Gestalten, die auf Zeitvertreib aus sind und nicht an Lohnarbeit gebunden sind. Es sind so gesehen Dandys, die nicht aus sozialen Gründen agieren, sondern aus ästhetischen kombinieren. Ihre Faszination an der geistigen Sphäre, mithilfe derer sie ihre Fälle lösen, hat narzisstische Hintergründe. Und selbstverständlich stilisieren sie sich dabei selbst und ihre Besonderheiten, so, wie es Holmes bzw. Doyle unentwegt tut. Holmes Nicht-Teilnahme an ökonomischen Beschränkungen erscheint in den Geschichten immer wieder als ein Privileg. Nur deshalb kann er drogensüchtig werden, weil er die Zeit dafür hat. Es gehört zu seinem Habitus, sich vor allem in einer geistigen Sphäre zu bewegen und sich nur die Hände schmutzig zu machen, wenn es darum geht, den Verbrecher zu stellen.

Poe lässt William Legrand, die Hauptfigur in seiner Kurzgeschichte *The Gold Bug* (1843/*Der Goldkäfer*), über die Logik menschlicher Rätsel in Bezug auf das dechiffrieren von Geheimschriften folgende allgemeine Erklärung abgeben: Es »darf bezweifelt werden, ob menschlicher Scharfsinn überhaupt ein Rätsel der Art zu konstruieren vermag, welches nicht menschlicher Scharfsinn, bei rechter Hingabe, wieder zu lösen vermag« (Poe 1979, Bd. 2; S. 902). Diese Beschreibung könnte man auf das Verhältnis zwischen dem Autor und dem Leser einer Kriminalgeschichte beziehen. Oder aber er berichtet davon, dass der Autor zunächst ein Rätsel erfinden muss, dass dann innerhalb seiner eigenen Geschichte von ihm selbst (durch den Detektiv) wieder aufgelöst werden muss. In keinem Fall beschreibt diese Erklärung jedoch das Verhältnis zwischen einem rätselhaften realen Vorgang und seiner Auflösung, wie es uns die Kriminalgeschichte suggeriert. Und selbst diese Suggestion von einem realen Anspruch innerhalb der Fiktion erscheint gerade bei der klassischen Detektivgeschichte besonders *brüchig* zu sein. Zu sehr ist das Verbrechen zum Rätsel stilisiert worden, als dass es in dieser Form in der Realität wirklich eine höheren Grad an Plausibilität oder Authentizität vermitteln würde.

Denkbewegungen 4

Das 19. Jahrhundert war noch fasziniert vom wissenschaftlichen Fortschrittsglauben, in dessen Licht es möglich schien auf eine vollkommen neue Weise die Spuren in der Realität zu lesen. Die Möglichkeiten die Welt aufgrund genauer Beobachtungen und kognitiver Meditationen scheinbar nahezu vollständig zu durchleuchten, erschien als ein Faszinosum am Horizont einer immer weiter und tiefer analysierbaren Welt. Holmes erscheint in seiner Zeit als ein *Mastermind*, welches nur bestimmte Fähigkeiten, die ehedem gefordert waren, in einem ungewöhnlichen Bereich enorm optimiert hatte. Den Errungenschaften der Forschung waren jedoch Grenzen gesetzt und heute ist der Optimismus gewichen und an seine Stelle eine Skepsis oder in Bezug auf die Technik sogar zuweilen eine starke Abwehr getreten. Daher werden die besonderen Fähigkeiten des Detektivs zwar immer noch bestaunt, aber das Verhältnis zur Wissenschaft ist viel ambivalenter geworden. Der Einbruch lässt sich vielleicht mit Adorno und Horkheimers *Dialektik der Aufklärung* (1939–1944) am klarsten formulieren. Der Wunsch nach restloser Aufklärung ist ein Phantasma, das selbst wieder zu seinem Gegenpol, dem Mythos umschlägt. Vor Adorno hatte Siegfried Kracauer mit seiner Studie *Der Detektiv-Roman* (1922–1925) bereits das Genre der Detektivgeschichte aufgrund der Vorstellung einer durchrationalisierten Weltaneignung stark kritisiert. Auch wenn seine Kritik zuweilen polemisch überzogen war, weil er die humorvolle Ebene, die bei Doyle bereits angelegt ist, übergeht.

Denn dieser hatte seinen Detektiv von Anfang an als einen fehlerhaften Charakter beschrieben. So hat der Detektiv nicht nur zahlreiche Marotten, er verfügt auch nur über ein sehr einseitiges Wissen. Er kennt sich nur in den Bereichen aus, die er für seine Arbeit braucht. So hat er beispielsweise keinerlei Kenntnis von Philosophie und vielen anderen Dingen (Doyle, WA Bd. 1, S. 21f.). Dafür hat er aber den gesamten Stadtplan von London in seinem Kopf. Das wird in *A Study in Pink* (2010/*Ein Fall in Pink*) vorgeführt und lässt sich schon bei Doyle finden (vgl. Doyle, WA Bd. 2, S. 29).

Sein aktueller Wirkungskreis wird nun durch die Verbindung mit der digitalen Technik ganz anderes beschrieben. Holmes arbeitet nämlich nun wie ein besserer PC. Er ist zu einem Radardenker geworden, dessen Gehirn mithilfe von seinem Gedächtnispalast zwar ähnlich, aber eben noch effizienter, wie ein Computer funktioniert. Mithilfe dieses Gerätes kann man nämlich nicht jene grandiosen Deduktionen vornehmen. Ein Computer kann die Fakten zwar sammeln aber bisher nicht in dieser Form auswerten und kombinieren. Holmes Denk- und Merkfähigkeit müssen sich demnach mit den Kapazitäten eines Rechners und einer Festplatte messen und erhalten so einen neuen Reiz. Nicht zufällig bewegt er sich so roboterhaft wie eine Maschine, wenn er sich in seinen Gedächtnispalast vertieft. Und nicht zufällig vergleicht er selbst seine Gehirnkapazität in der Serie öfter mit den Möglichkeiten eines Computers. Ein Problem im 21. Jahrhundert ist der Überfluss an Daten, dem sich auch Holmes immer wieder stellen muss (Taylor 2012a, S. 140). Seine Methode besteht oftmals darin, alle unmöglichen Wege auszuschließen, solange bis der eine, der zur Lösung führt, übrig bleibt. Schon der viktorianische Holmes betrieb eine radikale Selektion von Daten und sondierte alles Überflüssige aus. Trotz oder gerade wegen seiner enormen Fähigkeiten wird das Superhirn in der Reihe *Sherlock* nun noch viel mehr als früher mit Ironie betrachtet (Stafford 2015, S. 69). Die TV-Serie ist insgesamt viel selbst-reflexiver als die Geschichten von Doyle (Bochman 2012, S. 148). Aber vor allem bestand in einer interessanten Visualisierung von Holmes speziellen kognitiven Fähigkeiten, welche die neusten Innovationen der Filmtechniken geschickt mit den komplizierten narrativen Strukturen zu kombinieren vermag, eine der größten Herausforderungen für die Macher von *Sherlock*.

4.1 Holmes und Platon/Sokrates

Der zweite Holmes-Roman *The Sign of Four* (1890/*Im Zeichen der Vier*) beginnt mit einer Szene, in der sich Holmes mit einer Nadel eine siebenprozentige Lösung Kokain in den Unterarm injiziert: »Dreimal täglich, viele Monate lang war ich Zeuge dieses Schauspiels gewesen, aber seine Regelmäßigkeit hatte nicht dazu geführt, daß ich mich damit abgefunden hätte« weiß Watson zu berichten (Doyle, WA Bd. 2, S. 7).[51] Als Arzt ermahnt er den Detektiv, dass er damit seinen Geist gesundheitlich schädigen würde. Holmes stimmt sofort zu und erklärt ihm den Grund für sein Handeln. Sein Geist *rebelliere* bei Stagnation. Er brauche Arbeit,

---

51 »Zum Ende des 19.Jahrhunderts waren weder Morphin noch Kokain illegal« (Fleischhack 2015, S. 50).

er liebes es *Kryptogramme* zu entziffern. ›Mein Geist‹, begann er, ›rebelliert gegen den Stillstand. Man gebe mir Probleme zu lösen, man gebe mir Arbeit, man gebe mir die verworrenste Geheimschrift, die vertrackteste Analyse – da bin ich ganz in meinem Element. Dann kann ich ohne Stimulantien auskommen.« Der dumpfe Trott des Daseins jedoch erfüllt mich mit Abscheu. Ich verzehre mich nach geistigen Höhenflügen« (ebd., S. 9). Die Ideenwelt ist der Ort, an dem Holmes aufblüht. Die gegenständliche Welt interessiert ihn nicht. Die Existenz, das Dasein, das reine Leben wird verachtet zugunsten der geistigen Abenteuer. Die Wirklichkeit muss stets in *mentale* Strukturen übertragen werden. Erst dann wird sie für ihn *wirklich* interessant.

Der Körper wird demnach von Sherlock Holmes zugunsten des Geistes zuweilen *geopfert*: »Nun gehört zwar sein Gesundheitszustand zu den Dingen, denen er nicht das geringste Interesse entgegenbringt, da sein Geist die größtmögliche Unabhängigkeit vom Körper erlangt hat« (Doyle, WA Bd. 8, S. 206). Holmes hat demnach auch häufiger keine Zeit zum Essen, wenn er an einem ungelösten Fall arbeitet: »›Gegenwärtig kann ich für die Verdauung weder Energie noch Nervenkraft erübrigen‹, pflegte er in solchen Fällen auf meine medizinischen Einwände zu antworten«, schreibt Watson (Doyle, WA Bd. 7, S. 54). Die geistige Sphäre hat demnach absolute Priorität: »Ich bin ein Gehirn, Watson. Der Rest von mir ist nur ein Anhängsel. Daher gilt meine Rücksicht nur dem Gehirn«, erklärt der Detektiv in dem Fall *The Mazarin Stone* (Doyle, WA Bd. 9, S. 74). »Es scheint uns doch ein gewisser Ausweg weiter zu führen: solange wir nämlich beim Forschen neben dem reinen Denken noch den Leib gebrauchen und solange unsere Seele mit diesem Übel vermengt ist, werden wir das, wonach wir begehren – nämlich die Wahrheit – niemals erlangen«, erklärt Sokrates seinem Schüler Simmias im *Phaidon* (399 v. Chr.), der die Dialoge des Sokrates am Tag seiner Hinrichtung enthält (Platon 1991, S. 347). Der Philosoph kann die Wahrheit demnach erst erkennen, wenn sich seine unsterbliche Seele von dem Körper mit all seinen Begierden, die ihn ablenken, getrennt hat.

In der Beschreibung der Physiognomie von Mycroft Holmes, dem älteren Bruder, der noch schlauer ist als Sherlock Holmes selbst, spiegelt sich dann das gesamte abendländische Leib-Seele-Problem: »Einen Augenblick später wurde die große, behäbige Gestalt Mycroft Holmes' ins Zimmer geleitet. Schwer und massig, wie er gebaut war, haftete seiner Erscheinung eine Spur plumper Unbeweglichkeit an; aber auf dem ungeschlachten Körper thronte ein Haupt mit einer so majestätischen Stirn, so lebhaft blickenden, tiefliegenden, stahlgrauen Augen, einer so entschlossenen Mundpartie und einem so ausdrucksvollen Mienenspiel, daß man schon nach dem ersten Blick den plumpen Leib vergaß und nur noch den überragenden Geist wahrnahm« (Doyle, WA Bd. 8, S. 117). Mycroft hat zwar seinen Körper nicht unter Kontrolle (er isst zu viel), sehr wohl aber einen wachen Geist.

In der Sonderfolge *The Abominable Bride* (2016/*Die Braut des Grauens*) hat Mark Gatiss selbst, die Bulimie der Figur ausgiebig dargestellt.

Holmes erklärt einmal in seiner üblich lapidaren Weise: »Kein Fall für Sie, Watson – etwas Geistiges, nichts Physisches« (Doyle, WA Bd. 7, S. 246). Watson ist demgegenüber nicht an den akrobatischen Leistungen des Geistes, sondern an den konkreten Fällen interessiert. So schreibt er einmal, als Holmes von seinen allgemeinen Betrachtungen endlich auf einen konkreten Fall zu sprechen kommt: »Dieser plötzliche Abstieg aus den Höhen des Allgemeinen in die Niederungen des Besonderen war mir eine Erleichterung« (Doyle, WA Bd. 8, S. 177).

Nach Platon ist der Mensch zunächst seinen unmittelbaren Sinneseindrücken ausgeliefert und muss erst durch einen philosophischen Lehrer von ihnen befreit werden. Er kann erst dann, wenn er aus der Höhle herausgeführt wird, die Wahrheit sehen, die ihm die unmittelbaren Eindrücke verwehren. Diese Struktur lässt sich noch deutlicher finden bei Doyle in *The Illustrious Client* (1924/*Der illustre Klient*), wo der männliche Täter (ein mörderischer Don Juan und Heiratsschwindler) als ein animalisches Wesen und sein weibliches Opfer als eine völlig geistige Persönlichkeit beschrieben werden. Die von diesem Mann, aufgrund seiner Sinnlichkeit, besessene Frau schwebt wie ein Engel in den »höchsten Gefilden«, während er einem primitiven »Höhlenmenschen« gleicht (Doyle, WA Bd. 9, S. 26f.). Stets wird das Geistige in einem platonischen Sinne mit dem Guten (und hier sogar auch mit dem Schönen) zusammengedacht. Und schließlich ist es eine geistige Ebene, auf der der Leser die Holmes-Geschichten zunächst empfing, bevor sie dann verfilmt (und für viele Bildungsbürger in einer profanen Weise materialisiert) wurden.

Aber Holmes ist (ebenso wie der platonische Sokrates) kein Feind der Sinne. So beginnt beispielsweise dieselbe Geschichte, *The Illustrious Client*, damit, dass Watson erklärt, er und Holmes hätten eine Schwäche für das türkische Dampfbad (ebd., S. 11). Holmes tritt zwar (wie Sokrates) stets belehrend und damit wie ein Lehrer auf, eine Rolle, die ihm von einem Polizeiinspektor auch wörtlich einmal zugesprochen wird (Doyle, WA Bd. 7, S. 186), er ist als Raucher, Drogensüchtiger, Musiker aber kein Feind körperbezogener Genüsse, wenngleich er diese auch immer gern mit geistigen Inhalten verbindet. Wer Holmes als reinen Denker abtut, vergisst nicht nur sein aktionsreiches Handeln, sondern auch seine Fähigkeit zur Beobachtung, die der sinnlichen Ebene schließlich nicht entbehrt. Am Anfang in dem zweiten Roman *The Sign of Four* (1890/*Im Zeichen der Vier*), gibt es den Spürhund Toby. Das Holmes sich auf tierische Instinkte verlässt, um einer Spur zu folgen, sollte aber dann nur noch einmal wieder vorkommen. In der TV-Serie wurde dieser Hund, der ein dankbares Element der Komödie ist, in der Folge *The Six Thatchers* (2017/*Die sechs Thatchers*) aufgenommen. Doyle ließ einen Spürhund nochmals in der Kurzgeschichte *The Missing Three-Quarter* (1904/*Der *verschollene Three-Quarter*) auftreten. Es passt im klassischen Kanon nicht richtig gut zur logischen Gedankenwelt des Detektivs, ein Instinktwesen zur Aufklärung seiner Fälle zu verwenden. Das Tier ist entweder bösartig, weil es triebgeleitet ist, deshalb tauchen Tiere in den Geschichten viel häufiger als Gefährten der Bösewichte auf. Dann wird ihr animalischer Charakter im viktorianischen England mit einer freien unkultivierten und bösartigen Begierde gleichgesetzt, oder aber die rationalen Leistungen des Detektivs, sein gesamtes manisches Verhalten, wenn er sich auf Fährte eines Verbrechers setzt, wird mit einem Jagdhund verglichen, wie Doyle es einige Male gemacht hat (vgl. Doyle, WA Bd. 1, S. 42 u. WA Bd. 8, S. 126). Dieses Element wurde bei der TV-Serie nicht übernommen, dass des instinkthaften, gefährlichen Angsttieres schon, zum Beispiel, wenn sich Moriarty gerade in Holmes Angstvisionen und Träumen zuweilen fast wie ein wildes, böses Tier gebärdet. Und Holmes hat in *Sherlock* zumindest in seinen falschen Erinnerungen eine kindliche Bindung an den Hund Redbeard. In *The Final Problem* (2017/*Das letzte Problem*) stellt sich allerdings heraus, dass es diesen Hund niemals gegeben hat und Redbeard der Name seines ersten Freundes bei einem Piratenspiel war. Er hat keinen Hund, sondern seinen ersten Freund verloren, einen anderen gleich alten Jungen.

Bei Doyle blieb der Hund Toby in dem frühen Roman *Das Zeichen der Vier* eine Ausnahme. Dieser Roman enthält auch vergleichsweise wenige Deduktionen und dafür einen übermäßigen Reichtum an Action, der in einer wilden Verfolgungsjagd mit Dampfbooten über die Themse seinen Höhepunkt findet.[52] Er diente später dem Disney-Zeichentrickfilm über Sherlock Holmes *The Great Mouse Detective* (1986/*Basil, der Mäusedetektiv*) in vielfacher Hinsicht als eine gute Vorlage.[53] Neben der Action, die auch in der *Sherlock-Reihe* nicht zur kurz kommt, wo der Detektiv ständig Londoner Taxis nimmt, um rasch zu seinem Ziel zu gelangen, ist aber schließlich ein zentraler Inhalt die Vorführung seines genia-

---

52 Zugleich gibt sich Holmes gerade in diesem Roman als ein Kenner der deutschen Literatur zu erkennen. Er zitiert zweimal Goethe und einmal Jean Paul. Das sollte nie wieder vorkommen und wurde nirgends übernommen. Es passt aber zu den anderen Ambitionen des Detektivs sich in der Welt der sublimen Hochkultur gerne zu bewegen.
53 Bereits die berühmte Mickey Mouse trat in den Comic-Strips von Anfang an auch als Detektiv auf. Es sollte aber sehr lange dauern bis sich die Disney-Studios ganz direkt dem Thema widmen sollten. Mit *The Great Mouse Detective* gelang ihnen eine geniale Zeichentrickfilmversion des berühmten Detektivs, die aus dem Kanon ihrer Filme herausragt, weil sie auch etwas düsterere Akzente zuließ. Der Name des Detektivmaus Basil, welche hier Holmes darstellt, stammt von dem Holmes-Darsteller Basil Rathborne und ist zugleich auch ein Zitat aus einer Holmes-Geschichte: Denn Kapitän Basil ist eine von Holmes falschen Identitäten (Doyle, WA Bd. 7, S. 166). Sein Erzgegner Professor Ratigan (in Deutschland Rattenzahn) ist deutlich angelehnt an Professor Moriarty und wurde im Original von Vincent Price, einem berühmten Schauspieler aus dem Horrorfilm gesprochen.

len Geistes. Und man wird den literarischen Holmes aufgrund seiner verstärkten geistigen Tätigkeiten und dem Fehlen jeglicher sexueller Interessen wohl in die Reihe der klassischen Philosophen stellen können. Er hat aber anders als Sokrates keinerlei homosexuellen Interessen, sondern ist an dem gesamten Bereich bei Doyle nicht interessiert. Bei *Sherlock* wurde dieser merkwürdige Puritanismus zwar aufgelockert, aber nicht völlig aufgegeben. Der Detektiv schläft auch hier nie mit einer Frau: »Du kennst das Ende des Krimis: Socrate knallt sie alle ab oder macht sie sich umbringen untereinander, er bleibt allein, die Antigangs besetzen die Orte, er übergießt alles mit Benzin, es ist ein Flammenmeer in der Sekunde und hinter den Bullen drängt sich eine Menge ein bißchen enttäuscht, daß man ihn nicht lebendig gefaßt hat oder daß er sich nicht da heraus gezogen hat, das kommt auf das gleiche hinaus« (Derrida 1982, S. 302). Ja, wenn man Sokrates/ Holmes nicht lieben kann, dann hält man ihn sicherlich für einen Schurken oder nur für einen Helden. Das kommt auf das Gleiche hinaus.

4.2 Wie kann man Denkvorgänge visualisieren?

Aufgrund seiner komplizierten Denkvorgänge vertrat Doyle zunächst die Ansicht, dass seine Holmes-Figur sich nicht für eine dramatische Repräsentation eigne (Stafford 2015, S. 38). Sein Standpunkt wurde jedoch bereits zu Lebzeiten durch die sehr erfolgreiche Bühnenaufführung von 1899 in London, mit dem amerikanischen Schauspieler William Gillette, widerlegt. Doyle hatte dieses Stück genehmigt und dem Schauspieler und Regisseur Gillette sogar bei dessen Abfassung geholfen.[54] Die neue BBC-Reihe entschied sich dafür, dass schwierige Motiv der Deduktion extrem eng in einer vielfachen und sehr originellen Verbindung mit dem digitalen Zeitalter auf eine sehr innovative Weise zu aktualisieren.

Die Deduktionen bilden das Herzstück dieser Detektivgeschichten. Mark Gatiss erklärte in einem Interview (Bonusmaterial, Zweite DVD, Dritte Staffel), dass es extrem schwierig sei, sich welche auszudenken, und dass sie deshalb auch bei Doyle immer weniger vorkommen würden. Außerdem sind sie für Benedict Cumberbatch schwer zu spielen. Holmes ist bei seinen erzählten Erkenntnissen nun so schnell, dass der Schauspieler schneller sprechen muss, als er denken kann. Sie müssen also extrem gut auswendig gelernt werden und kommen so rasant wie aus der Pistole geschossen. Bei einer sehr langen Deduktion im Wirtshaus in der Folge *The Hounds of Baskerville* (2012/*Die Hunde von Baskerville*) hat Gatiss ein »Entschuldige Benedict« an den Rand des Drehbuchs geschrieben, weil der Text ex-

---

54 Eine genaue Beschreibung dieser Zusammenarbeit und ihrer Folgen findet sich auf Deutsch bei Matthias Boström (Boström 2016, S. 140 ff.).

trem lang und schwierig war. Hier versucht der clevere Detektiv, der gerade einen Höllenhund gesehen hat, sich und Watson aber nur zu beweisen, dass sein Denk- und Beobachtungsapparat noch vollkommen intakt ist. Man hat die Deduktionen vor allem auf ein hohes Tempo hin angelegt (um ihnen die Langatmigkeit langer, trockener Erklärungen zu nehmen), was der ursprünglichen Form nicht entspricht.[55] Holmes denkt und erklärt gleichzeitig. Die Wahrheit spricht aus seinem Mund, was ihm eine hohe Präsenz verleiht und der Figur den Ausdruck gibt im Hier und Jetzt zu sein, wobei sie gleichzeitig die Spuren aus der Vergangenheit liest und die zukünftigen Pläne des Verbrechers vorhersieht, um sie zu verhindern. Der Adrenalin-Pegel des Zuschauers, das heißt sein Spannungszustand, wird nicht selten über die Geschwindigkeit geregelt, mit der es Holmes gelingt einen Fall in letzter Sekunde kognitiv zu lösen.

Die bisher längste Deduktion innerhalb der TV-Reihe fand in der zweiten Folge der dritten Staffel *The Sign of Three* (2014/*Im Zeichen der Drei*) statt. Hier hält Holmes seine Hochzeitsrede, die zu einer immens langen Deduktion mit zahlreichen Rückblenden ausartet (vgl. Tribe 2015, S. 248). Sie gehört zweifellos aufgrund ihrer vielen absurden Stellen zu den unterhaltsamsten Stellen innerhalb der Serie (Stafford 2015, S. 184). Die Faszination an dem Detektiv steht und fällt in *Sherlock* mit der originellen Vorführung seiner Denkvorgänge und das war neu. Keine Verfilmung zuvor hat so einen massiven Wert darauf gelegt, diesen Vorgang genauer zu zeigen. Auch die zwei neuen Holmes-Filme (2009 u. 2011) von Guy Ritchie reichen da nicht heran, obwohl sie dasselbe versuchen. Aber hier haben die Deduktionen und die gesamte Story längst nicht dieselbe mentale Komplexität. Es ist zwar ganz lustig, wie Holmes (Robert Downey jr.) die Züge des anderen im Voraus berechnen kann (vor allem anhand von Boxschlägen). Seine Berechnungen, die oft in einer Art Schnellvorlauf der Szene gezeigt werden, erreichen aber optisch nicht das Niveau der TV-Serie, welche Doyles Geschichten schon allein viel näherkommt, weil sie bei der Darstellung der Deduktionen vielmehr mit der Sprache operiert.

»Intelligenz ist in Filmen schwer vermittelbar«, erklärte der Regisseur Paul McGuigan (Tribe 2015, S. 107). Und so nahm man sich ein Hilfsmittel, um diese Ebene nicht nur durch gesprochene Sprache, sondern auch visuell deutlicher werden zu lassen. Es sind die immer mehr in den Vordergrund tretenden *Texteinblendungen*, die die Denkprozesse des großen Detektivs zum Teil nachvollziehbar

---

55 Aber auch bei Doyle zieht der hyperintelligente Detektiv die Schlüsse aus seinen Beobachtungen manchmal so schnell, dass er selbst sie auf der Ebene des Bewusstseins gar nicht mehr nachvollziehen kann: »Aus langer Gewohnheit ist der Denkvorgang in mir so schnell abgelaufen, dass ich zu der Schlußfolgerung gelangt bin, ohne mir der Zwischenschritte bewußt zu sein« (Doyle, WA Bd. 1, S. 28).

werden lassen. »Durch die Texteinblendungen sehen wir alle Informationen, die auch Sherlock wahrnimmt, aber wir wissen nicht, was er damit anfängt« (Adams 2013, S. 23). Bezeichnenderweise waren diese Texteinblendungen zunächst gar keine Idee der Drehbuchautoren, sondern ganz allein des Regisseurs (vgl. Adams 2013, S. 23). Man kam bei dem massiven Einsatz von Handy und Laptops, der von Anfang an zum Konzept gehörte, auf die Idee, die Gedanken des Detektivs durch schriftliche Etiketten zu unterstützen. Alle Formen von elektronischer Intelligenz und Kommunikation sind für die Handlung der Reihe tatsächlich essenziell. Der Regisseur McGuigan erklärte gleich zu Beginn, als er merkte es würde viel um Handys und Computer gehen, er wolle keine Aufnahmen von Bildschirmen haben (Tribe 2015, S. 100).[56] So wurden zunächst nur die Texte von Handy und Computer auf eine sehr geschickte Weise in die Bilder montiert. »Der Text sollte auch auf seine Umgebung reagieren, damit man spürt, dass er dazugehört und nicht erst hinterher reinmontiert wurde« erklärte der Regisseur (ebd., S. 101). Der Cutter Charlie Philips, der die dritte Folge der ersten Staffel schnitt (sie wurde nach dem abgelehnten Pilotfilm zuerst gedreht), erklärte, wie er am Anfang vorgegangen sei. Der Text wurde auf der Wand platziert, sodass Watson ihn sogar zum Teil zunächst verdeckt (ebd., S. 104). Weil er in dem Moment eingeblendet wird, wo Watson sein Handy anschaut, ist es vollkommen klar, dass dieser Text eben der ist, der auf seinem Display gerade erschienen ist. Es handelt sich um eine SMS von Mycroft, von dem Watson während der gesamten Folge immer wieder Nachrichten erhält, weil Holmes sich endlich mit dem Diebstahl der Bruce-Pardington-Pläne befassen soll, was er am Ende auch tun wird. Die Technik wurde weiterentwickelt. In der dritten Staffel gab es häufig Szenen, in denen eine ganze Flut von Wörtern auftaucht. (Einen Raum voller Journalisten, die bei einer Pressekonferenz der Polizei alle dieselbe SMS von Holmes mit der Erklärung »Falsch!« (»*Wrong!*«) erhalten, gibt es allerdings schon in der ersten Folge). Die Herstellung der Grafiken übernahm das Peter Anderson Studio. »Die Schriftart ist Underground P22, 1916 für die Londoner Untergrundbahn entworfen. Es ist eine neutrale, unaufdringliche Schrift mit einer historischen Verbindung zu London, darum wählten wir sie aus« (Tribe 2015, S. 300). Die Serie versucht Sherlocks Gedanken zu visualisieren, indem sie zeigt, was er sieht und seine Beobachtungen mit Wörtern etikettiert. Daraus werden dann zum Teil auch bereits Schlussfolgerungen gezogen, die ebenfalls per Schrift angezeigt werden. Wenn er beispielsweise ein Jackett betrachtet, werden alle nö-

---

56 Anders als bei den optischen Zeichen konnten die akustischen Geräusche, die diese Geräte von sich geben können, direkt übernommen werden. Doch auch hier fand man sehr originelle Möglichkeiten. So erklingt jedes Mal, wenn Irene Adler auf dem Handy von Holmes eine SMS sendet ein weibliches Stöhnen, und wenn das Handy von Moriarty klingelt, ertönt der kitschige Discosong *Stayin' Alive* von den Bee Gees.

tigen Details in Großaufnahme gezeigt und alle Schlussfolgerungen, die er daraus ziehen kann, durch Schilder, die Beschriftungen enthalten, rasch verdeutlicht.

Einer der Höhepunkte in der Visualisierung von Holmes' Denken ist, wenn er in der Folge *The Lying Detective* (2017/*Der lügende Detektiv*), noch vollkommen von Heroin betäubt, auf der Straße nachts eine seiner Deduktionen vorführt. Er benötigt dafür eine Pinnwand, die sofort im Bild erscheint, sodass er einen Zettel auf ihr befestigen kann. Dann berechnet er mithilfe dieses Zettels den Wohnort und auch die Größe des Zimmers, in dem er gehangen hat, durch den Einfallswinkel der Sonne mithilfe eines Fensters, das auch sofort gegenüber der Pinnwand auf der Straße erscheint. Diese Konstruktion, die letztendlich einzig in seinem Kopf stattfindet, ist, wie stets, absolut korrekt und wirkt nur so absurd, weil sie nachts auf einer Straße stattfindet und der Detektiv sich in einem sehr desolaten Zustand befindet. Wie bereits in der Folge *The Sign of Three* (2014/*Im Zeichen der Drei*), wo sich Watson und Holmes schwer betrinken, wurden in dieser Folge immer wieder optische Verzerrungen eingesetzt, um den besonderen Zustand des Detektivs, aber auch anderer Personen, die unter Drogen stehen, visuell herauszuarbeiten. Und das alles entbehrt nicht der Komik, vor allem dann nicht, wenn einige Gedanken des Detektivs zunächst rasch wieder ausgelöscht werden, weil er sie für falsch hält und dabei auch die Schrift im Bild rasch wieder zu Staub zerfällt. Holmes wirkt dabei wie ein Lehrer, der seine Gedanken auf eine imaginäre Tafel schreibt, selbst nicht mehr an sie glaubt und sie daher rasch wieder wegputzt. Die Quote der Fehlversuche ist bei dem betäubten Detektiv nun erheblich höher als seine Trefferquote.

Weil McGuigan den im TV niemals ausgestrahlten ursprünglichen Pilotfilm von *Ein Fall von Pink* (2009) nicht gedreht hatte, waren die Schrifttitel dort noch nicht enthalten. Dieser Pilotfilm ist aber zugänglich; er erschien später auf der DVD der ersten Staffel. Die Unterschiede sind gravierend. Hier obduzieren Holmes und Watson eine Leiche und es ist ganz und gar langweilig. Erst in dem Augenblick, wo mithilfe von Schrifteinblendungen in der späteren Version die deduktiven Schlussfolgerungen des Detektivs auch visuell sichtbar werden, gewinnt die Szene an Spannung und wird wirklich interessant. Da diese Folge in der Staffel nun zuletzt gedreht wurde, konnte Moffat, der das Drehbuch dafür schrieb, bei seiner Umarbeitung schon konkrete Hinweise für die Art der Texteinblendung einfügen: »Ein Wirbelsturm an Details – schnell, nah. Nahaufnahme der ausgestreckten Hand. Der Ehe- und Verlobungsring. Das Wort VERHEIRATET pulsiert durch das Bild – taucht einfach auf, schwebt, verblasst« (Tribe 2015, S. 66). Holmes erkennt anhand des Eherings, dass die Leiche verheiratet war, zugleich erkennt er aber auch, dass der Ring oft abgenommen wurde, was darauf hinweist, dass die Frau viele Liebhaber hatte, die nicht sehen sollten, dass sie verheiratet war.

Die Textzeilen agieren wie die Großstadtreklame taktil. Sie *springen* ins Auge und bekommen damit eine völlig andere Qualität, als der Text eines Buches. Sie dienen nicht mehr der Kontemplation des Lesenden, der sich in Ruhe in sie vertiefen kann, sondern tauchen blitzartig auf, um sofort wieder zu verschwinden. Sie dienen der Zerstreuung, nicht der Sammlung und werden damit in einer Weise verwendet, die nach Benjamin zum Film gehört: »*Die Rezeption in der Zerstreuung, die sich mit wachsendem Nachdruck auf allen Gebieten der Kunst bemerkbar macht und das Symptom von tiefgreifenden Veränderungen der Apperzeption ist, hat am Film ihr eigentliches Übungsinstrument*« (Benjamin 1991, Bd. I, S. 505). Es geht demnach in der Rezeption nicht *nur* um die Inhalte der kurzen Texte oder Schlagwörter, es geht zugleich um die Signalwirkung mit der die Buchstabenfolge erscheint, die so aufgerufen wird, dass der Zuschauer sie gerade noch lesen kann. Am Ende werden die Wörter dann von Holmes in einer nahezu ebenso raschen Konklusion zu einer deduktiven Erklärung zusammengefasst. Aufgrund dessen kann dann ein rascher Handlungsplan erstellt werden. Die Recherche unterstützt immer wieder die rasche Aktion. Der Filmschnitt und die raschen Bilderwechsel entsprechen dieser visuellen Darstellung der Sprache, deren Botschaft zum Teil schon allein dadurch vermittelt wird, wie und wann sie ein- und ausgeblendet wird.

Die Serie arbeitet außerdem häufiger mit sehr geschickten und zum Teil sehr aufwendigen visuellen Übergängen. Diese Vorgehensweise in der Montage entspricht ebenfalls den sehr anspruchsvollen kognitiven Bewegungen des Detektivs. Es wurde also auch im Schnitt versucht eine Ebene zu kreieren, die die Gedankenspiele des Detektivs nachstellt. Eine der auffälligsten Möglichkeiten, die Narration der Fälle dabei spannender zu gestalten, besteht darin, dass man den Ort der Rekonstruktion (meistens das Wohnzimmer von Holmes) und den Tatort visuell enger miteinander verbindet und den Tathergang zwar zeigt, aber ihn dabei zugleich mit Holmes und seinen Zwischenbemerkungen optisch, ohne Schnitte machen zu müssen, verbindet. Diese Technik wurde zum ersten Mal sehr erfolgreich in der Folge *A Scandal in Belgravia* (2012/*Skandal in Belgravia*) verwendet, wo Holmes in der Narration zuhause sitzt und per Kognition im Bild zugleich am Schauplatz der Tat, auf einem Feld im Grünen, auftaucht. Die Verknüpfung ist so eng, dass nun seine Couch mitten auf dem grünen Feld steht. Am Ende fällt er auf der Wiese in ein Bett, dass hinter ihm hochgefahren wird und schon ist er wieder in dem Schlafzimmer in seiner Wohnung. Diese Effekte sind nicht computergeneriert, sondern wurden von der Firma Real SFX als praktische Effekte hergestellt (Tribe 2015, S. 274 ff.). Aufgrund dessen wirken sie weniger virtuell und damit überzeugender. Diese Technik, Szenen miteinander zu verknüpfen, indem man die Interieurs ineinander übergehen lässt, wurde nochmals in derselben Form in der Sonderfolge *The Abominable Bride* (2016/*Die Braut des Grauens*) angewandt, wo nun nicht nur die Couch, sondern gleich das halbe Wohnzimmer von Holmes auf einmal direkt auf der Straße auftaucht, wo die Braut ihren vorgetäuschten Selbstmord verübt hat, und danach nochmals in Limehouse (einem Distrikt in London), wo sie ihren Gatten nachts erschießt.

Technische Gadgets aller Art (vor allem Handys und Laptops) spielen eine erhebliche Rolle in der Narration und werden, wann immer es möglich ist, verwendet. In der Folge *A Scandal in Belgravia* (2012/*Skandal in Belgravia*) schickt Holmes Watson mit einem Laptop los und gibt ihm Anweisungen, was er ihm via Skype vom Tatort zeigen soll. So werden hier der visuelle Übergang und die Recherche zugleich durch die Technik hergestellt.

Ab der Folge *The Hounds of Baskerville* (2012/*Die Hunde von Baskerville*) verfügt Holmes dann über einen Gedächtnispalast, in dem er seine Gedanken so ablegen kann, dass er sie jederzeit wiederfindet. Hier wurde zum ersten Mal nicht nur die Verbindung zwischen Indizien und den sich daraus ergebenden Schlussfolgerungen gezeigt, sondern die reine Gedankenbewegung des Detektivs, der aus einem enormen, enzyklopädischen Wissensspeicher in seinem Gehirn die benötigten Fakten filtern und anordnen und sie zu einer Konklusion zusammenziehen kann. Die Inspiration zu dem Gedächtnispalast hatte Gatiss von dem britischen Zauberkünstler Derren Brown, mit dem er seit vielen Jahren befreundet ist (Stafford 2015, S. 139).[57] Ein Gedächtnis- oder Gedankenpalast (im Original *mind palace*) ist ein vorgestellter oder realer Ort (ein Haus oder ein Zimmer), in dem an verschiedenen Plätzen Gedanken oder Fakten hinterlegt sind. Man merkt sich die Fakten, indem man sie mit dem Platz verbindet und dort ablegt. Durchläuft man dann diesen Ort kann man sich die jeweiligen Informationen leichter wieder abrufen, weil sie an einem bestimmten Platz, der einem leicht wieder einfällt, hinterlegt worden sind. Die topgraphische Verknüpfung zu der jeweiligen Information erleichtert den Zugang und erhöht die Gedächtnisleistung. Man nennt dies auch die Loci-Methode.

In den Originalgeschichten vergleicht Holmes schon früh in *A Study in Scarlet* (1887/*Eine Studie in Scharlachrot*) sein Gehirn mit einer Dachkammer. Nur ein Narr stelle dort alles Mögliche ab, der Platz im Gedächtnis sei schließlich begrenzt und er merke sich deshalb nur die Dinge, die er für seine Fälle benötigt. »Es ist ein Irrtum, anzunehmen, dieser kleine Raum habe elastische Wände und sei beliebig dehnbar. Verlassen Sie sich darauf: Es kommt eine Zeit, da Sie für jede

---

57 Brown ist kein gewöhnlicher Zauberkünstler, sondern ein Mentalist, der sich gezielt damit beschäftigt Gedanken von Menschen zu manipulieren. Er hat mehrere TV-Serien gemacht und ist auch später immer wieder in TV-Specials aufgetreten. Er ist wie Gatiss homosexuell. In *Sherlock* hatte er einen Cameo-Auftritt: Eine von drei Theorien in *The Empty Hearse* (2014/*Der leere Sarg*) ist, dass Brown Watson lahmgelegt hat, kurz bevor Holmes in *The Reichenbachfall* (2012/*Der Reichenbachfall*) vom Dach sprang.

neue Kenntnis etwas vergessen, das sie vordem gewußt haben« (Doyle, WA Bd. 1, S. 21). Die Beschreibung eines regelrechten *Gedächtnispalastes* wird aber eher für Mycroft Holmes, den Bruder des Detektivs, der im Staatsdienst arbeitet, angedeutet: »In seinem großartigen Gehirn liegt alles nach Fächern geordnet da und kann im Handumdrehen hervorgeholt werden« (Doyle, WA Bd. 8, S. 114).

Der Gedächtnispalast wird mit einem digitalen Wissensspeicher verglichen. Beide Ebenen (Technik und menschliche Kognition) gehen immer wieder ineinander über. So heißt beispielsweise der üppige Wohnsitz des Medienmoguls Magnussen in der Folge *His last Vow* (2014/*Sein letzter Schwur*) nicht zufällig Appledore, was vor allem an den Computerkonzern Apple erinnert, dessen Laptops Sherlock Holmes in der Serie auch stets verwendet. Magnussen besitzt ein visuelles, digitales Hilfsgerät, mit dessen Hilfe er Leute erkennen und alle Daten über sie blitzschnell abrufen kann. Lange Zeit denkt man, es handele sich um eine spezielle Brille, in einer Szene mit Holmes stellt sich allerdings heraus, dass es die Kontaktlinsen des Schurken sein müssen. Magnussen verfügt dabei über »Gesichtserkennungssoftware«, mit deren Hilfe er sein Gegenüber umgehend identifizieren (vgl. Tribe 2015, S. 299) und alle benötigen Daten über es sofort abrufen kann. Diese computerbasierte Technik funktioniert fast genauso wie die Denkprozesse von Sherlock Holmes. Auf der Affinität dieser beiden Vorgänge zueinander basiert die Aktualität der Reihe.

Der Plot der Folge besteht dann auch darin, dass auch Magnussen, wie Holmes, einen Gedächtnispalast angelegt hat und darin alle Daten, die er über andere Menschen gesammelt hat, aufbewahrt. Magnussen verfügt also in seinem Haus nicht über ein physisches Archiv aus Papier (das ungefähr so groß wäre, wie die Bibliothek in Alexandria), wie Holmes vermutet, sondern hat sich tatsächlich alle Fakten in seinem Gedächtnis gemerkt. Man hätte den gemeinen Erpresser anhand einer materialisierten aber auch digitalen Bibliothek leicht überführen können. Weil beides jedoch nicht existiert, ist auch seine Schuld nicht nachweisbar und Holmes bleibt nichts anderes übrig, als Magnussen am Ende zu erschießen, um ihn unschädlich zu machen. Magnussen wird so zu einem nahezu ebenbürtigen Gegner, weil er sich ähnlicher mentaler Techniken bedient, wie der Detektiv.[58]

Beide Männer können ein Parfüm anhand ihres guten Geruchsinns in einem Raum identifizieren. Magnussen verwendet sein Wissen oftmals in Kontexten, die um erotische Inhalte kreisen (Liebesaffären) und spielt es in einer *widerlichen* (perversen) Weise aus. Auch die Deduktionen von Sherlock Holmes wurden in der TV-Serie oftmals mit erotischen Kontexten versehen, was sie spannender

---

58 Es ist daher sogar ein logisches Resultat, wenn die nächste Folge, die Sonderfolge *The Abominable Bride* (2016/*Die Braut des Grauens*), sich zumindest in einer möglichen Lesart (von mehreren) *nur* noch im Kopf von Holmes abspielt.

und interessanter macht. Holmes kennt sich so stets sehr gut aus mit dem Sexualleben seiner Umgebung und er lässt es auch stets vollkommen indiskret die anderen wissen, wer mit wem gerade eine Affäre hat, um diese Menschen auf eine lustige Art bloßzustellen. Es geht dennoch weiterhin, wie in dem Original von Doyle, das ganz im Zeichen der viktorianischen Sexualmoral stand, um *die Ehe*. Denn über den Ehebruch und die zahlreichen sexuellen Verstrickungen, die sich daraus ergeben, macht der Detektiv sich lustig und verwendet sie auch, um seine Mitmenschen zu ärgern und bloßzustellen. Das ist eine Art *Running Gag* in der Reihe, dass gerade der Mann, der selbst kein Sexualleben hat, es bei allen anderen so genau aufspürt und sich darüber amüsiert. In *A Scandal in Belgravia* (2012/*Skandal in Belgravia*) erkennt er so, dass die Pathologin Molly Hooper am Heiligabend noch Pläne hat, weil sie Geschenke für einen geliebten Mann bei sich führt. Er kommt allerdings nicht auf den Gedanken, dass er selbst dieser Mann sein könnte und entschuldigt sich anschließend für seine forschen Sprüche. Holmes hat oft wenig Zartgefühl – ihm geht es stets darum, mithilfe seiner Deduktionen seine Fähigkeiten unter Beweis zu stellen und damit seine Umgebung sowohl zu erstaunen, aber auch zu brüskieren. Bei Doyle wird Holmes schon so beschrieben, dass er oftmals Verbrechen aufdeckt, die im Zusammenhang mit Ehebruch oder Eheschwindel stehen. Er wird damit zu einem Beschützer der echten und treuen Liebesheirat. Was Holmes aber mit Magnussen (oder Milverton) so eng verbindet, dass es ihm ekelhaft ist: beide Männer interessieren sich für den Ehebruch. Allerdings deckt der viktorianische Holmes weit weniger Seitensprünge auf als der moderne und er hat sich auch nie so über die sexuellen Interessen seiner Mitmenschen amüsieren können. Das gehört zu den Ergänzungen in der TV-Serie, die die humorvolle Seite des Detektivs verstärkt haben, die jedoch bei Doyle durchaus schon angelegt war.

4.3 Holmes und Kracauer

Oft führt Holmes am Anfang seine Fähigkeiten vor, um Watson und dann auch seinen Klienten zu imponieren. In *The Blanched Soldier* (1926/*Der erbleichte Soldat*) lässt Doyle Holmes folgende Erklärung dazu abgeben: »Es hat sich als klug erwiesen, die Klienten mit einer Kostprobe meiner Fähigkeiten zu beeindrucken, daher teilte ich ihm einige meiner Schlußfolgerungen mit« (Doyle, WA Bd. 9, S. 46). Er erreicht so durch seine stillen Kombinationsfähigkeiten ein wenig den Status von Allwissenheit und das ist ein narzisstischer Mythos (vgl. Haubl 1996, S. 32).

In *The Adventure of Wisteria Lodge* (1908/*Wisteria Lodge*) erklärt der Meisterdetektiv, wie so oft, die Problematik seiner Passion: »Mein Geist ist wie eine Maschine, die leerläuft und sich selbst in Stücke reißt, weil sie nicht mit dem Räderwerk verkoppelt ist, für das sie konstruiert wurde« (Doyle, WA Bd. 8, S. 10). Dieser mechanistische Vergleich deutet auf die *zwanghafte* Ebene hin, mit der Holmes die Verbrechen kognitiv (ver)folgen und auflösen muss. Seine Ratio zerfleischt sich selbst, wenn sie keine Anwendung findet. In der TV-Serie ist Sherlock Homes stets dann ungenießbar und wütend, wenn er keine Arbeit hat. Er ist außerdem extrem schnell gelangweilt, wenn der Fall nichts Besonderes hat, was sein Interesse weckt. Umgekehrt ist er in den Geschichten auf dem Höhepunkt seiner Tätigkeit, wenn er seine Gedanken auf einen rätselhaften Gegenstand richtet und ihn durchleuchten kann. Und er ist ein Angeber und notorischer *Rechthaber,* wenn er den anderen vorführt, wie er zu seinem Schluss gekommen ist.

Adorno erläuterte einmal anhand einer Haussuchung, die er selbst im Jahr 1933 über sich hat ergehen lassen müssen, das Zusammenspiel von einzelnen Fakten, die überhaupt erst einen Sinn ergeben, wenn sie in einen größeren Kontext gestellt werden können. So hätte diese Haussuchung für ihn vollkommen harmlos sein können, wenn mit ihr »nicht zugleich das Wissen des Wechsels der gesamten politischen Herrschaftsform impliziert gewesen wäre« (Adorno 2001, S. 31). Sie ist also nicht einfach eine unmittelbare Handlung, sondern steht selbst bereits in einem umfassenderen Vermittlungszusammenhang. Erst durch den faschistischen Hintergrund wurde sie zu einer wirklich gefährlichen, bedrohlichen Angelegenheit. Adorno nennt die Totalität des geschichtlichen Zusammenhangs den »Realgrund«, der leicht mit dem »Erkenntnisgrund« verwechselt wird (ebd., S. 38 f.).

Alle Fakten in den Sherlock-Holmes-Geschichten sind bezogen auf ein meistens schreckliches Verbrechen und bekommen so ihren besonderen Sinn, eine Konnotation, die dann stets mit dem Versuch den unbekannten Täter zu finden und zu stellen, einhergeht. Das jedoch wäre noch nicht der von Adorno gemeinte »Realgrund«. Dieser wäre wohl vielmehr in der übergeordneten *historischen Situation* zu suchen, in der die Geschichten entstanden sind. Das Wechselspiel von Aufklärung und Mythos ist in ihnen nur allzu deutlich sichtbar. Die Fakten, die isoliert betrachtet häufig genug Anlass zu mythologischen Spekulationen bieten würden, werden am Ende zu einem vollständig rationalen Kontext subsumiert. Allein durch seinen Abschluss, dass Happy End, entflieht der Detektiv-Roman der Wirklichkeit, die auf eine tragische Weise offenbleiben muss. Statt »in der Frage offen zu bleiben, gibt er als Gewißheit sich, die jeder Frage enthoben ist« (Kracauer 1978, S. 202). Fragwürdig wäre dabei also nicht nur, ob rein *rationale* Lösungen nicht selbst die Rationalität wieder zum Mythos verklären, sondern auch, ob die Gewissheit am Ende nicht einfach eine künstliche, kitschige und sentimentale Auflösung, die gar keine sein kann, bereitstellt.

So zumindest sieht es Siegfried Kracauer und exakt in diesem Kontext steht seine wichtige Studie *Der Detektiv-Roman* (1922–25). Die Omnipotenz der Rationalität, die restlose Aufklärungsarbeit des Detektivs mithilfe seines logischen Denkens, bildet dabei für ihn den zentralen, problematischen Horizont. Die Wirklichkeit *durchdenkend* müsste Holmes weitaus mehr Lücken bei seinen Deduktionen zulassen und könnte so den Täter als Anderen, ihm Unbekannten auffassen. So aber teilen sich Täter und Detektiv sogar dieselbe Logik und unterhalten aufgrund dieser Spiegelung oft eine paranoide und unheimliche Nähe. Unreflektiert bleiben außerdem der historische Grund dieser detektivischen Vorführung und die Faszination am Kriminellen. Kracauer kritisiert, dass der Detektivroman sich bei den Auflösungen nicht sonderlich für die Verbrecher und ihr Schicksal interessiere (Kracauer 1978, S. 196). Die Handlung hat nur das Rätselraten des Detektivs im Fokus, der ein Verbrechen zum Anlass nimmt, weil sich so Spannung erzeugen lässt. Zusammengetragen werden lediglich die Fakten, nie wird der größere Kontext der historischen Situation, der Realgrund auch nur erwähnt. So bleiben die Geschichten ebenso wie die Folgen der TV-Serie weitgehend jenseits jeglicher Politisierung, Psychologisierung oder gar soziologischen Betrachtungsweise. Vorgeführt wird nur die stringente Logik nicht ein soziales Verständnis. Es geht ums Rätselraten, nicht um eine Philosophie des Verbrechens. Was Holmes erklärt, ist dennoch *nicht* individuell. Es gilt ganz allgemein. Die gebildeten Kontexte oder Theorien, die der Detektiv baut, müssen lediglich alle Fakten berücksichtigen und deuten, sonst werden sie zu Wahnsystemen: »Die Konstruktion der Zusammenhänge allein, die der Konfrontation mit den Fakten sich entzieht, kann dann eben wirklich zu Wahnsystemen führen« (Adorno 2001, S. 32), wie eben die Herleitungen des Rassismus immer wieder gezeigt haben.

Der Kriminelle als Individuum, das nicht durchschaubar wäre, taucht in Doyles Geschichten hingegen gar nicht auf. Es gibt hier keinen *Anderen,* weil sich Holmes für den Anderen, der stets eine unberechenbare Kategorie ist, nicht interessiert. Die kalte, distanzierte und wissenschaftliche *Reduktion* macht den Genuss für den Leser aus. Nur durch sie gelangt Holmes in die Rolle, durch omnipotente Kognition sich in seiner Welt zurechtzufinden. Er könnte sie sonst nicht beherrschen und stößt dennoch immer wieder auf seine Grenzen, das wird besonders in der TV-Serie vorgeführt. Für Holmes kann es aber letztendlich nichts Fremdes, nichts Unerklärliches, eben nichts *Anderes* mehr geben, weil er es von vornherein ausgeschlossen hat. Das Licht der Ratio, der Aufklärung dringt so stets in die dunkle Nacht des Verbrechens und erhellt sie so, dass keinerlei Finsternis mehr zurückbleibt. Dieser Vorgang wird in der TV-Serie aber glücklicherweise nie ohne eine komische Brechung vorgeführt.

Einmal bezieht sich Holmes am Anfang einer Geschichte direkt auf Poe und erklärt Watson, dass er ebenso wie es bei Poe beschrieben wird, ständig den Gedankengängen seines Gegenübers folgen würde (Doyle, WA Bd. 8, S. 52). Dann erklärt er Watson in einer geradezu haarsträubenden Weise anhand des Blicks und des Gesichtsausdrucks des Doktors, was dieser in der letzten Zeit gedacht hat (ebd., S. 52 ff.) Das kommt jedoch mehr einer telepathischen Begabung nahe. Innerhalb der Lektüre funktionieren seine Spekulationen aber und Watson bestätigt, dass alle Deduktionen richtig sind und er tatsächlich genau das gedacht hat, was Holmes sagt. Solche Übereinstimmungen machen den Reiz der Geschichten aus, wobei es ausreicht, dass sie stimmen *könnten*. Die Fiktion wird so verdoppelt und das versetzt den Detektiv (und mit ihm den Leser) in eine *Hochstimmung*. Kracauer, der ein anderes Beispiel dieser Art bringt, moniert, dass nur solche Präludien typisch seien und zeigen, dass das Verbrechen im Detektivroman nur geschieht, damit der Detektiv seine Deduktionen vorführen kann (Kracauer 1978, S. 194).

Dass gerade in Deutschland der Enthusiasmus an dieser Form des Detektivromans in akademischen Kreisen selten geteilt wird, hat historische Gründe. Kracauers Kritik, die zum Kanon der kritischen Theorie gehört, ist schon sehr alt, seine Studie *Der Detektiv-Roman* wurde zwischen 1922–1925 verfasst, wenngleich auch damals nicht veröffentlicht. Sie wurde aber in einer Zeit geschrieben, wo Doyle selbst noch aktiv seine letzten Holmes-Geschichten erfand. Zugleich ist sie heute jedoch kaum mehr lesbar, ohne dass man den posthum hergestellten Bezug zwischen ihr, als einem frühen Fundament der Lehre der Frankfurter Schule, und dem erst später stattfindenden Verbrechen der Nazis, sieht. Daraus ergibt sich eine bestimmte linke Tradition, die den Detektivroman, der ohnehin in einem bürgerlichen Milieu spielt, hierzulande immer wieder zu diskreditieren versucht. So beginnt beispielsweise die aktuelle Studie von Mirko F. Schmidt *Der Anti-Detektivroman* (2014), die ganz in dieser Tradition steht, mit folgender Bemerkung: »Die *Lesbarkeit* der Welt und die Sinnhaftigkeit der gefundenen Spur sind Voraussetzungen für den Erfolg der klassischen Detektivfigur und Grundlage ihrer Aufgabe, das durch die Störung des Verbrechens in Unordnung geratene Gefüge der erzählten Welt zu korrigieren und die Ordnung zu restituieren. Jede Tat, jedes Ereignis hinterlässt Spuren, schreibt sich ein in diese Welt, die der Detektiv zu deuten versteht. Damit feiert der Detektivroman die Omnipotenz menschlichen Intellekts vor allem in den *Great Detectives* und *Thinking Machines* der Frühphase des Genres, denen die innerhalb der Diegese evozierte Struktur aus Objekten und Subjekten zum Text wird, aus dem sie zweifelsfrei lesen können und deren Zeichen sie in Beziehung zueinander setzen. Dabei geht der detektivischen Ermittlung das Postulat einer kohärenten Welt und deren Erfass- und Verstehbarkeit voraus: Um das vorliegende Verbrechen zu klären, um das Rätsel zu lösen und den Täter zu finden, müssen und können die Detektive die abwesende Geschichte der Tat anhand von Spuren und Zeugenaussagen rekonstruieren und das zunächst Ungeheure zu einem vermittelbaren, einfachen Kausalzusammenhang destillieren. Alles ist schließlich rational erklärbar und mittels Logik rückführbar auf *eine* Wahrheit. Als Funktion gewordene Figur reduziert der Detektiv die Komplexität und löscht die Polysemien aus. Seine Schlussrede ist die Antwort auf alle aufgeworfenen Fragen. Ein Scheitern des Detektivs, das die Unlesbarkeit der Welt oder gar deren Absurdität oder Irrationalität ausstellt, ist in diesem Ablaufmodell undenkbar: Im klassischen Detektivroman wird der Detektiv nicht in Frage gestellt; im Gegenteil ist er unangreifbarer und unfehlbarer Katalysator des Reorganisationsprozesses« (Schmidt 2014, S. 9).

Ein interessantes Beispiel ist der Fall *Silver Blaze* (1892/*Silberstern*), wo sich Holmes erfolgreich auf die Suche nach einem verlorenen Rennpferd begibt. Er erklärt Watson, dass er im Gegensatz zur Polizei über die Gabe der Fantasie verfüge (Doyle, WA Bd. 6, S. 15). Er *spekuliert* hier aber nur über die wenigen verschiedenen Möglichkeiten, wo das Pferd hingelaufen sein könnte (es kommen nur zwei Orte, Ställe überhaupt infrage) und erreicht so rasch sein Ziel. Es geht also gerade nicht um einen Reichtum an vielen verschiedenen fantastischen Möglichkeiten, sondern um die Reduktion auf die naheliegende Verbindung. Zwischenfälle oder Umwege werden dabei ausgeschlossen. *Zufälle* kann es keine geben (Seeßlen 2011, S. 18).[59] Der Ablauf eines Verbrechens ist stets logisch, so zumindest erklärt es uns der Detektiv. Selbst wenn, wie in *The Adventure of Shoscombe Old Place* (1927/*Shoscombe Old Place*), einer weiteren Geschichte über das Pferderennen, zwei kausale Gedankenketten aufgebaut werden (vgl. Doyle, WA Bd. 9, S. 277), sind dadurch die Verknüpfungen, wenn man sie überprüft, nicht logischer. Sie wirken jedoch auf den ersten Blick stets überzeugend und genau darauf kommt es an. Mit anderen Worten, es handelt sich um fiktive Verkürzungen und Vereinfachungen, die den Leser durch die Geschichte hindurchführen und zu ihr hin *verführen*. Dazu passt, dass die Menschen sich auch in der Realität weitgehend nur in berechenbaren, kontrollierbaren und vorhersehbaren Situationen einigermaßen wohlfühlen können, auch und wenn die Realität stets unberechenbare und nicht vorhersehbare Situationen für sie bereithält. Außerdem sind die Ordnungen, die Holmes aus der Realität herausliest, vielleicht reduziert, aber eben nicht falsch.

Allerdings irrt er sich Holmes an einigen Stellen auch und das relativiert seine Fähigkeiten und macht sie zugleich noch glaubwürdiger. Watson sieht generell ein mögliches Hindernis für Holmes darin, dass er dazu neige der komplizierteren Lösung den Vorzug zu geben, weil der Detektiv das allzu Gewöhnliche schließlich intuitiv ablehne (Doyle, WA Bd. 2, S. 99). Auch bei *Sherlock* kommen solche Verirrungen vor. Schon bei Doyle zieht er einmal vollkommen falsche Schlüsse in der allerdings weniger bekannten und kaum verfilmten Geschichte

---

59 Schon Kracauer hat sich eingehend mit dem Ausschluss des Zufalls im Detektivroman auseinandergesetzt und dabei die philosophischen Positionen von Kant und Hegel zum Zufall kritisiert (vgl. Kracauer 1978, S. 187–193).

The Yellow Face (1893/*Das gelbe Gesicht*). Dort wird ein dunkelhäutiges Kind aus erster Ehe versteckt gehalten, das eine wiederverheiratete Frau vor ihrem zweiten, englischen Ehemann zu verbergen versucht, weil sie vermutet, dass er dieses Kind (welches einen afrikanischen Vater hatte) aufgrund seiner Hautfarbe nicht akzeptieren würde. Das stellt sich aber am Ende als ein Irrtum heraus. Holmes, der hier nur durch den zweiten Ehemann informiert wird, stellt vorher eine völlig falsche These auf: Er glaubt, dass sich hinter der gelben Maske, hinter der das Kind versteckt ist, der angeblich verstorbene Ehemann sich verbergen würde, der seine Frau nun zu erpressen versucht. Er irrt sich. Kleinere Irrtümer dieser Art unterlaufen Holmes auch in der TV-Reihe, dass er einen ganzen Fall falsch auflöst, jedoch nicht. Außerdem gab es hier nicht das von Holmes stets intendierte Verbrechen und deshalb hatte er den Fall falsch betrachtet.

Die Konstruktionen, die Doyle in seinen Texten vorführt, sind für den Leser in den meisten Fällen überhaupt *nicht* auflösbar. Er verfügt nicht über das Gesamtbild des Autors, vor dessen Hintergrund die einzelnen Fakten nun wie Puzzleteile langsam vor seinen Augen arrangiert werden. Im Fall von *Silver Blaze* beispielsweise wird sich das gesuchte Pferd selbst am Ende als Täter, als der Mörder erweisen. Die Qualität der Narration besteht darin, alle Fakten so zu bestimmen, dass sie die Handlungsweise dieses ungewöhnlichen Täters von Anfang an ermöglichen, ohne ihn jedoch zu verraten. Stattdessen wird der Verdacht auf eine Person gelenkt, die Gründe gehabt haben könnte, die Tat zu begehen. Der falsche Verdächtige ist auch eine häufige Figur innerhalb der Geschichten. So wird oftmals in einer für das Genre typischen Form eine falsche Fährte gelegt, um den Leser zu täuschen. In dem Fall *The Bruce-Partington Plans* (1908/*Die Bruce-Partington-Pläne*) ist sogar Holmes selbst zwischendurch davon überzeugt, dass der zu Unrecht verdächtigte und tote Mr. Cadogan den Diebstahl an den U-Boot-Plänen begangen hat (vgl. Doyle, WA Bd. 8, S. 132). Nur in schwächeren Geschichten wie beispielsweise in *A Case of Identity* (1891/*Eine Frage der Identität*), wo der Plot gleich im Titel erzählt wird (die Geschichte handelt von einem jungen Stiefvater, der seine Identität wechselt und sich verkleidet, um seine Tochter zu täuschen) und der Leser sehr wohl sehr bald ahnt, um was es geht, liegt der Fall anders. Meistens ist es jedoch so, dass der Leser am Ende (immer wieder) erstaunt ist, wenn er die Auflösung und den Weg auf dem Holmes zu ihr gelangt ist, von dem Detektiv in allen Einzelheiten berichtet bekommt. Erst jetzt ergeben die oftmals dubiosen Einzelteile anhand der Erklärungen von Holmes einen zusammenhängenden Sinn. Damit sind aber die gelegten Spuren für den Leser letztendlich oftmals nur schwer deutbar. Er wird sich häufig (wie Watson) von Holmes erst im Finale aufklären lassen müssen und kann vorher nur sehr grob einer Fährte folgen, die auch häufig noch die falsche ist. Doyle hat den gesamten Ablauf stets zuerst erfunden und dann die Spuren dazu in seine Geschichten eingestreut. Die *Nachträglichkeit* der Lösung in der Narration ist also eine wichtige Voraussetzung dafür, eine solche Geschichte zu schreiben. Und so sähen manchmal auch seine Protagonisten absichtlich falsche Spuren: In *The Problem of Thor Bridge* (1922/*Die Thor Brücke*) hat das vor Eifersucht wahnsinnige Opfer sich selbst ermordet und alle Spuren so angelegt, dass anschließend ein Mordverdacht auf ihre unschuldige Rivalin fallen würde.

Die Zeichen, die der Detektiv aufspürt, kann man mit der Unterscheidung von Charles S. Peirce wohl indexikalische Zeichen nennen, weil stets ein kausaler Zusammenhang zwischen Zeichen und Objekt hergestellt wird (vgl. Stiegler 2014, S. 52). Diese Lesart, die wie Stiegler zeigt, stark vom Optischen ausgeht (und damit dem Film als Medium entspricht), wirkt wie ein Ordnungsprinzip allererster Klasse: »Das Kauderwelsch vieler einzelner unzusammenhängender Beobachtungen übersetzt er in die Grammatik einer Sprache von großer Klarheit« (ebd., S. 57). »Die bedeutungsvollen Zeichen werden organisiert, komponiert und schließlich als Text eingerichtet« (Rohrwasser 2005, S. 69). Das System ist demnach *selbstreferenziell*. Doyle *fingiert* eine Spur, die eigentlich eine Metapher auf die Spur eines literarischen Textes ist, der ein Leser durch einen Text folgt. Demnach ist hier gerade das Sehen schon untrennbar mit dem Erkennen verbunden. Erkenntnis ist Einsicht. Lupe und Adlerblick sind nur die Instrumente für eine schnelle Auffassungsgabe, die die aus der sinnlichen Welt gesammelte Vielzahl detaillierter Daten zu kombinieren und so logisch weiterzuverarbeiten weiß. Die reduzierte Form in einfachen Kausalketten zu handeln und zu denken, ermöglicht innerhalb der Fiktion auch erst den Wettbewerb des Detektivs mit den Verbrechern. Nicht zufällig ist der größte Gegner von Holmes, Professor Moriarty, ebenfalls ein Superhirn und das heißt eine Person, die ebenso logisch, ökonomisch und effizient vorgeht.[60]

Weil jedes Hindernis dem Detektiv vor allem dazu dient, die *Vorführung* seines Denkens zu üben, nennt Kracauer diese Art von Rationalität einige Male sogar »*Pseudo-Logos*« (vgl. Kracauer 1978, S. 127, S. 139, S. 147 u. a.). Er beschreibt den Vorgang so: »Holmes hat kaum von dem Ausgangsbefund Notiz genommen, so versinkt er in ein schöpferisches Brüten, dem die Idee entsteigt, die Einheit in der Mannigfaltigkeit stiftet, und ehe der gute Watson den Zusammenhang noch ahnt, handelt der Meister bereits aus dem Bewußtsein der Totalität, reiht auf Grund der Idee von ihr die Teile verschwiegen zusammen« (Kracauer 1978, S. 184). Hegel bis

---

60 Es gibt eine extreme Spiegelung zwischen Holmes und Moriarty, denn der Professor ist »ein Genie, ein Philosoph, ein abstrakter Denker« (Doyle, WA Bd. 6, S. 277), so, wie es der Detektiv selbst auch ist. Sie können die *kognitiven* Schritte des anderen jeweils voraussehen, was zu einem paranoiden *Thrill* führt, der die gesamte Geschichte *The Final Problem* (1893/*Das letzte Problem*) durchläuft, die auf permanente Symmetrien zwischen Gut und Böse, Holmes und Moriarty angelegt ist. Holmes trifft dort zum ersten Mal auf einen Widersacher, »der mir geistig ebenbürtig ist« (ebd., S. 278).

in die Wortwahl hinein folgend, würde Adorno die aufgeklärte und individualisierte Ratio des Meisterdetektivs (die sich an der Materie in einer spezifischen und zugleich faszinierten Weise abarbeitet, um aus diesem Material per Abstraktion ihre eigenwilligen, logischen und abgehobenen Schlüsse zu ziehen) als eine historische »Stellung des Gedankens, einer Stellung der Vernunft zu der Wirklichkeit« begreifen (Adorno 2001, S. 91). Das eröffnet eine utopische Perspektive, in der deutlich wird, wie wenig *zwingend* die Wahrnehmung und rationelle Verarbeitung der Realität durch Holmes ist. Damit gerät nicht nur der reduzierte Zugang seiner rationellen Fähigkeiten (die von Doyle schon beschrieben worden sind), sondern der gesamte Standpunkt, die gesamte geistige Haltung in eine kritikfähige Perspektive. Das, was hier absolut gesetzt wird, weil es zur Lösung führt, ist für Adorno eher neurotisch und entspringt einem *beschädigten* Denken (vgl. ebd., S. 108).

Die These von der Omnipotenz des Detektivs wird allerorts in ihrer ganzen Radikalität bei der Analyse des Genres gerne vertreten. Das geht so weit, dem Detektiv alle ernsthaften (nicht nur die psychoanalytischen) Analysefähigkeiten abzusprechen. Der Vorgang der Deduktion bestehe vor allem darin, Dinge und auch Menschen als *reine Zeichen* zu betrachten. Die Lesart von Holmes stelle eine *Reduktion* dar und das sei beabsichtigt. Seine »*Perfektion* beruht einzig darauf, daß Doyle ihn nicht irren läßt« (Haubl 1996, S. 31). Die Schlüsse des Detektivs sind also eigentlich willkürlich (vgl. Osterwalder 2011, S. 69). Holmes narzisstische Haltung will dann nur in einer Art logischer *Allmachtsfantasie* seine Gegner kognitiv besiegen. Bei Doyle ist die Realität demnach weitgehend einfach so, wie der Detektiv sie sich denkt. Der *Animismus* (der die Filmgeschichte ehedem durchläuft, wie kaum ein zweites Motiv) wird auch in der TV-Serie ganz konkret erzeugt durch die *Gleichsetzung* der Gedanken des Detektivs mit der ihm umgebenden Wirklichkeit.

Vielen Einschätzungen in diesem Buch sind von der Position Kracauers maßgeblich beeinflusst worden. Dennoch erscheint es sinnvoller, als seine Position einfach zum x-ten Mal wiederzugeben, diese zugleich zu ergänzen, um so ein innovativeres Verhältnis zum Detektivroman herzustellen. Übergangen wird in der Wiedergabe auch stets, dass Kracauer seine Ansichten selbst in einem platonischen Zusammenhang entworfen hatte, wo der Mensch die Teilhabe an einer Übernatur hat, die gerade im Detektivroman vollständig ausgeblendet wird (Kracauer 1978, S. 109 ff.). Der Mensch ist gerichtet auf diese höhere Sphäre aufgrund seiner Existenz. »In den Sphären minderer Wirklichkeit schwindet mit dem existenziellen Zug das Bewußtsein von der Existenz und den eigentlichen Gegebenheiten und getrübter Sinn verwirrt sich in dem Labyrinth des verzerrten Geschehens, um dessen Verzerrung es nicht mehr weiß« (ebd., S. 115). Der Erkenntnisgehalt des Detektivromans besteht darin, dass er eine Gesellschaft zeigt, die um diese Ebene *nicht* mehr weiß und damit die reale Gesellschaft wiederspiegelt. In dieser Perspektive wirkt der gesamte Ansatz der Kritischen Theorie wie eine platonische Geburtshilfe, die das Licht in die Höhle einer entfremdeten Gesellschaft bringt, um sie wieder der Sonne zuzuführen. Kracauer steht damit Holmes strukturell näher als er denkt.[61]

Die von ihm ausgehenden kritischen Einschätzungen sind zwar nicht falsch, aber insgesamt überspannt. Denn schon Doyle hatte ja die Schwächen seiner Narration erkannt und zum Teil auch in den Geschichten gezeigt. Er hatte das Sozialverhalten seines klugen Detektivs schon kritisch hinterfragt. Kracauers Kritik ist schon deshalb fragwürdig, weil sich dahinter der Anspruch verbirgt, eine fiktive Narration müsse der Realität 1:1 gerecht werden, sie am Ende abbilden oder zumindest ihre höheren Gehalte genau repräsentieren, was aber eben *nie* der Fall ist. Die Kritik ist also platonischer Art: Die Nachahmung ist nur eine grobe Skizze des Originals, beide stimmen nicht überein. Wenn Holmes deshalb so schlecht bewertet wird, müsste dieselbe Kritik beispielsweise auch an die Romane von Jules Verne herangetragen werden. In beiden Fällen handelt es sich schließlich um szientistische Fiktionen.

Deduktiv zu denken heißt rückwärts denken, um so einen bereits stattgefundenen Ablauf zu rekonstruieren. Dabei kann man *nicht* auf *Monokausalität* beharren, denn meistens gibt es mehre Möglichkeiten. Holmes bei Doyle insistiert aber gar nicht immer auf dem Wissen des Detektivs. Er besitzt sogar einen dyna-

---

61 Es wäre wünschenswert diese Analogie weiterzuverfolgen und damit Kracauers Affinität für den Detektiv-Roman im Detail zu bestimmen. Leider ist das hier nur begrenzt möglich. Doch gerade solche Vergleiche von ihm, wie der zwischen dem Gotteshaus (als Vermittlungsort der höheren Sphäre) und einem Hotel (als typischer profaner Ort des Detektiv-Romans, der sich anstatt auf die Transzendenz auf den Ort der Leere richtet), wären spannend in diese Richtung auszudeuten, wenn man dabei die Position von Holmes nur ebenso als die eines sokratischen Lehrers anerkennt (vgl. Kracauer 1978, S. 128 ff.). Kracauer sieht in dem Detektiv-Roman nur die verzerrte Darstellung der Realität durch die Ratio. Um wahrer zu sein als diese Form, muss ein direkter transzendentaler Anspruch vorhanden sein: »Sowie Gott den Menschen nach seinem Ebenbilde schafft, so gebiert sich die ratio in den abstrakten Schemen des Detektivs, der sie von vornherein repräsentiert, statt durch die Hinwendung zu ihr in sie einzugehen« (ebd., S. 139). In ihm treten keine Individuen auf, sondern bloß Typen. »Der Anspruch auf Autonomie der ratio macht den Detektiv zum Widerspiel Gottes selber« (ebd., S. 140). Aus der Angst vor dem Tod als solchem, ohne die es keinen Zugang zur Transzendenz gibt, wird eine rein in der Immanenz verortete Todesangst, die sich allein auf das Verbrechen richtet. Jenseits dieser Kritik ist Holmes wie gerade in unserer Zeit ein bemerkenswertes Vorbild für den praktischen Umgang mit technischen Geräten, die ihm dazu verhelfen, sich sehr gut zu orientieren. Aus den Karten, die in Doyles Geschichten oft als kleine Skizzen abgebildet worden sind, um dem Leser einen kleinen Überblick über die örtlichen Gegebenheiten zu verschaffen, sind nun äußerst komplexe visuelle Gebilde geworden, die dem Zuschauer von *Sherlock* versuchen, einen Einblick in ein viel umfassenderes, und mit technischen Mitteln unterstütztes Suchsystem zu ermöglichen.

mischen Zugang. Er verrät seine Thesen nicht vorzeitig und außerdem ist er fest davon überzeugt, dass voreilige Mutmaßungen nur in die Irre führen: »Dennoch, es ist ein Fehler, den Tatsachen mit Behauptungen zuvorzukommen. Unmerklich biegt man sich dann die Fakten zurecht, damit sie besser zu den Theorien passen« (Doyle, WA Bd. 8, S. 24 f.). Solche gemächlichen Überlegungen entfallen bei *Sherlock* zwar, aber auch hier ist der Detektiv seiner Umwelt durch seine kognitiven Fähigkeiten meistens um Nasenlängen voraus. Und es handelt sich dabei für ihn um ein Spiel. Holmes besteht Abenteuer und schreibt nur nebenbei wissenschaftliche Abhandlungen. Seine geistige Tätigkeit steht im engen Verhältnis zur geistigen Tätigkeit seiner Rezipienten, denn sowohl im Fernsehen als auch in der Literatur findet die vorgeführte Kriminalhandlung schließlich auch nur auf einer rein mentalen Ebene statt.

Auf der anderen Seite können uns die Deduktionen auch noch so viel Berechenbarkeit vorgaukeln, die TV-Serie *Sherlock* arbeitet genau umgekehrt stets daran, die Erwartungen der Zuschauer *nicht* zu erfüllen und die alten Kontexte in einer solchen Weise zu verändern, dass wirklich etwas Neues dabei herauskommt. Und das gilt auch und gerade für Holmes-Denkbewegungen, die die Realität hier *nicht* fixieren, sondern abtasten und sich ihr auf immer wieder neue Weise stellen. Weil die Reihe versucht Ereignisse zu produzieren, wie zum Beispiel den Tod des Detektivs durch seinen Sturz von einem Krankenhaus in *The Reichenbachfall* (2012/*Der Reichenbachfall*), arbeitet diese Ebene auch der Übermacht einseitiger Deduktionen entgegen. Immer wieder insistiert Holmes hier darauf, dass er verschiedene alternative Gedankenketten in seinem Hirn bereitgestellt habe. Er sucht jedoch immer nach den Ursachen, ohne die sich deduktive Ketten überhaupt nicht bilden lassen. Und damit ist der Radius seines Denkens auf die Gesetze kausaler Zusammenhänge hin begrenzt. Aber genau diese Einschränkung wird in der TV-Reihe auch häufig genug kritisiert. Wenngleich auch hier die Folgerungen, die Holmes damit ziehen kann, meistens unglaublich weitreichend sind.

4.4 Die Deduktion als Zaubertrick

Schon Kracauer ist die Nähe des Detektivs zu einem Magier aufgefallen: »Als Wundermann in hoher spitzer Mütze und einem Sternenmantel: so läßt man den Detektiv auf die Menge wirken, und er selbst spielt wohl als Runenwisser sich auf« (Kracauer 1978, S. 143). Die Bewegung dabei ist seiner Ansicht nach eine doppelte: Einerseits wird die Magie durch das aufklärende Licht der Ratio entwertet, sie wird als fauler Zauber entlarvt, andererseits tritt aber nun die Ratio selbst in einer scherzhaften Weise an ihre Stelle. »Eine Usurpation, die den falschen Herrscher entrechtet, ohne den richtigen an seine Stelle zu setzen« (ebd., S. 144). Magie ist nach ihm die Vorwegnahme des Göttlichen als Blendwerk. Die Ratio kappt aber alle Bezüge zum Übernatürlichen. Ohne Kracauers metaphysische Orientierung fortzusetzen, kann man zeigen, wie die Detektivarbeit selbst wie ein magischer Prozess wirkt. Holmes hat selbst die Umstände geschildert, die seine Deduktionen wie magische Handlungen wirken lassen. Denn immer wieder weist der Detektiv bei Doyle daraufhin, wenn er die Kette seiner Schlussfolgerungen vorführt, dass dabei das zunächst *Verblüffende* seiner Überlegungen erheblich an Reiz verliert und sich die *Banalität* dahinter vollkommen deutlich offenbart (vgl. Doyle, WA Bd. 8, S. 176). Es handelt sich demnach um die Logik eines *Zaubertricks*: Nur solange man *nicht* nachvollziehen kann, *wie* der Detektiv zu seinen unglaublich weitreichenden Erkenntnissen kommt, bleibt die *Illusion* einer Allmacht bestehen, durch die Holmes die Dinge sehen kann, die außer ihm keiner sieht.[62] Kommt dann aber die wirkliche *Aufklärung*, wird also der magisch wirkende Trick offensichtlich gemacht, schwindet die Illusion seiner übermenschlichen Fähigkeiten augenblicklich dahin. Banales, profanes Wissen rückt an die Stelle von magischer Durchleuchtung und Illumination.[63] Paradoxerweise führt aber die Auflösung nicht dazu, dass die Illusion *restlos* ihren magischen Reiz einbüßt. Sie kann erneut vorgeführt werden, obwohl der Rezipient nun weiß, dass es sich um eine Täuschung handelt, vermag er sich doch durch sie *verführen* zu lassen. Dieser wichtige Widerspruch ist schon dem Aufklärer Kant aufgefallen: »Illusion ist dasjenige Blendwerk, welches bleibt, ob man gleich weiß, daß der vermeinte Gegenstand nicht wirklich ist« (Kant 2000, S. 149). Mit Adorno und Horkheimer kann man sagen: Jede Art von Aufklärung muss selbst in Mythologie umkippen, wenn sie den mythologischen Bodensatz menschlichen Bewusstseins, der aus unserer Kindheit stammt, nicht begreift und ihm eine entsprechende Position zuweist.

Bevor Holmes in der TV-Serie in der Folge *Der Reichenbachfall* (2012) vom Dach eines Krankenhauses springt, erklärt er selbst, dass all die Deduktionen, die er Watson vorgeführt hat, *nur* Zaubertricks gewesen seien, denn in Wirklichkeit habe er stets vorher recherchiert. Er sei gerade nicht durch kognitive Ableitungen, die von den vorliegenden Fakten oder Gegenständen ausgehen, auf seine

---

62 Dazu gehört es, dass auch in den Fällen intelligible Strukturen verwendet wurden, die, wenn man sie nicht durchschaut, wie Magie wirken. In *The Greek Interpreter* (1893/*Der griechische Dolmetscher*) beispielsweise besteht ein logischer Trick darin, dass der Dolmetscher dem Originaltext, den er übersetzen soll, stets noch eigene Sätze hinzufügt, um so von dem Opfer mehr zu erfahren, als er eigentlich soll. Solche Strategien sind für die Geschichten typisch.
63 Nur einmal begab sich der TV-Reihe bisher direkt in den Illusionsraum der klassischen Zaubertricks und zeigte die Szenerie eines chinesischen Entfesselungskünstlers in der zweiten Folge *The blind Banker* (2010/*Der blinde Banker*), der ein Nachfolger des berühmten Harry Houdini gewesen sein könnte, mit dem Doyle eng befreundet gewesen ist. In seinen Detektivgeschichten habe ich leider keine Hinweise auf diese Freundschaft oder einen Bezug zur Zauberkunst finden können.

genialen Rückschlüsse und Erklärungen gekommen. Solche Behauptungen können aber nur deshalb aufgestellt werden (der Zuschauer weiß genau, dass diese Behauptungen innerhalb der Narration nicht stimmen), weil es eine gewisse Unglaubwürdigkeit, eine mythologische Magie innerhalb der deduktiven Denkbewegung von Holmes tatsächlich gibt. Die TV-Serie spielt mit diesem Faktor, mit einer Unsicherheit, die die Deduktionen gegenüber der Realität tatsächlich haben. Es mangelt ihnen letztlich an Glaubwürdigkeit. Holmes vorgeführte geistige Brillanz ist selbst eine faszinierende Fiktion und das weiß der Rezipient und kann sie daher umso mehr genießen, wenn sie mit Humor serviert wird, wie es sich die *Sherlock*-Serie dann auch zum Ziel gemacht hat. Ohne Humor wirken seine geistigen Anstrengungen heutzutage etwas überholt, verbissen, latent größenwahnsinnig und autistisch.

Der Detektiv handelt nun selbst wie ein Zauberkünstler. Nachdem *Sherlock* in *Der Reichenbachfall* (2012) vom Dach eines Krankenhauses sprang und fünf Minuten später bereits wieder lebendig gezeigt wurde, fragten sich viele Zuschauer, wie er das gemacht hat. Zwei Jahre lang mussten sie auf die Antwort warten. Das Team hatte zuvor den bekannten englischen Zauberkünstler Derren Brown konsultiert, um sich dabei beraten zu lassen, wie sie diese Szene am besten auflösen könnten (Tribe 2015, S. 201). Holmes telefoniert mit Watson und springt dann vom Dach des Hauses in die Tiefe. In der nächsten Folge *The Empty Hearse* (2014/ *Der leere Sarg*) werden drei verschiedene Lösungsmöglichkeiten angeboten, von denen eine jedoch, die dritte, die wahrscheinlichste ist, weil sie von Holmes am Ende selbst erzählt wird. Version Nummer zwei wird sofort verworfen, ist aber tiefenpsychologisch interessant. Die erste Version stammt von Anderson, der den Club *The Empty Hearse* gegründet hat, welcher, noch bevor Holmes zurückkehrt, festen Glaubens ist, dass der berühmte Detektiv nicht Tod sein kann. Die Erklärungen in der Handlung lauten:

1) Ein Bungee-Seil war im Spiel und hat Holmes zurückgezogen. Unten lag nicht die Leiche von Holmes, sondern von Moriarty, mit dem Gesicht von Holmes.
2) Moriarty und Holmes sind homosexuell und haben ein Verhältnis. Holmes hat daher zusammen mit dem Gangsterboss lediglich eine Puppe von sich heruntergeworfen.
3) Der Detektiv ist gesprungen und auf einem weichen Polster gelandet, das für Watson nicht sichtbar war, weil er den Aufprallort nicht sehen konnte.

Gatiss, der das Drehbuch zu dieser Folge geschrieben hat, erklärte jedoch, dass auch diese Lösung nicht die endgültige sein müsse und dass man sich eine Tür offengelassen habe, um noch weitere anzubieten. In der Sonderfolge *Die abscheuliche Braut* (2016) wird bereits angedeutet, dass der Selbstmord von Moriarty auf dem Hochhaus ebenfalls nur ein Trick gewesen sein könnte. Moriarty hat dort, wie die wiederkehrende Braut aus der Sonderfolge, nur vorgetäuscht sich zu erschießen. Tatsächlich ist er aber tot und die Finte der Drehbuchautoren bestand hier nur darin vorzutäuschen, er könne noch am Leben sein. Moriarty hat ein Leben, dass über die psychische Existenz hinausreicht aufgrund des besonderen Status. In der Sonderfolge wird daher außerdem in einer Traumsequenz der Sturz von ihm und Holmes in die Reichenbachfälle in der Schweiz nochmals rekapituliert. Hier ist es aber dann Watson der Moriarty mit einer Pistole bedroht und ihn schubst, sodass er in die Tiefe stürzt. Holmes springt danach freiwillig hinter ihm her und erklärt vorher, dass er überleben wird. Es geht demnach um unerwartete Varianten, die gerade die Erwartungen der Zuschauer nicht erfüllen, sondern einen neuen Weg einschlagen.[64]

Gatiss erklärte aber, dass am Ende die Illusion (Holmes springt in die Tiefe und überlebt dennoch) viel spannender sei als jegliche rationale Erklärung, ganz gleich wie sie ausfällt. Die prächtige Illusion, ein mystischer Entwurf, der eine übermenschliche Kraft vorgaukelt, ist stets wirkungsmächtiger als ihre banale und fade Auflösung. Die Faszination, eine Jungfrau schweben zu sehen, ist viel ge-

---

64 Ich hatte schon geschildert, wieso der Sturz im Jahre 1891 zusammen mit Moriarty in die Reichenbachfälle zu einem wichtigen Bestandteil der Holmes-Legende zu Doyles Zeiten geworden war (vgl. Kap. 1.6). Bei Doyle kündigt Holmes im Vorfeld dieses Ereignisses schon an, dass es ausreichen würde, diese Gegner unschädlich zu machen, um sich zur Ruhe setzen zu können. In einem Abschiedsbrief an Watson erklärt er sogar: »Ich hatte Ihnen indes bereits erklärt, daß meine Karriere ohnehin einen Wendepunkt erreicht hat und kein anderer möglicher Abschluß angemessener sein könnte« (Doyle, WA Bd. 6, S. 294). Er plant damit am Ende sogar seinen Untergang im Voraus, weil er selbst an einem Endpunkt und Höhepunkt seiner Karriere angekommen sei, wenn er Moriarty vernichtet. Doyle hatte 1893, also im selben Jahr, wo er das Ende von Holmes beschriebe, mit seiner todkranken Ehefrau (Tuberkulose) die Schweiz bereist und auch die Reichenbachfälle besucht. Es liegt auf der Hand, dass er die dunkle Stimmung dieser Reise für das antizipierte Ende von Holmes verwendet hat. In dem Namen Moriarty steckt schon das französische mort (tot) oder noch näher das spanische morir (absterben, umkommen). Moriarty ist damit vor allem eine *Todesdrohung*, das definitive Böse, der Ausdruck und das heißt die literarische Repräsentation eines reinen Destruktions- oder Todestriebes. In dieser Totalität und Absolutheit liegt sowohl die Schwäche (er ist als Allegorie des Bösen eine Verzerrung der Realität, die auf einer Spaltung basiert) wie die Faszination dieser Gestalt. »Aber der Mann hat erbte Neigungen der diabolischsten Art« erklärt Holmes gegenüber Watson (ebd. S. 276). Es muss ein Gegner von Rang und Namen sein, ein Gegner der *Superlative,* der Holmes zur Strecke bringt, den er nicht anders besiegen kann (vgl. Fleischhack 2015, S. 92), um den Stellenwert des Detektivs herauszustellen. Holmes erklärt: »Ganz London ist von ihm durchdrungen, und niemand hat je von dem Mann gehört. Das ist es, was ihm in den Annalen des Verbrechens eine absolute Spitzenposition garantiert. Ich sage Ihnen in vollem Ernst, Watson: Sollte es mir gelingen, diesen Mann zu schlagen, die Gesellschaft von ihm zu befreien, dann könnte ich mich mit dem Gefühl, den Höhepunkt meiner Karriere erreicht zu haben, einer friedlicheren Lebensbeschäftigung zuwenden« (Doyle, WA Bd. 6, S. 276).

nussvoller als genau zu wissen, wie es gemacht wurde. Darin besteht die Zauberkraft der Deduktion. Durch sie hat Holmes Zugriff auf Dinge, die gewöhnlich nur Wahrsager oder Menschen mit spirituellen Fähigkeiten besitzen. Es ist eine Zauberkraft, die durch rein rationelle Denkbewegungen begründet wird.»›Ich glaube, Sie sind ein Zauberer, Mr. Holmes. Manchmal denke ich wirklich, daß Sie übermenschliche Kräfte besitzen‹« erklärt ein von den Methoden des Detektivs begeisterter Polizeiinspektor (Doyle, WA Bd. 7, S. 342). In der Folge *The Lying Detective* (2017/*Der lügende Detektiv*) hat Holmes das Zusammentreffen vieler Personen bei Watsons zukünftiger Psychoanalytikerin zwei Wochen im Voraus organisiert, zu einem Zeitpunkt, wo Watson diese Analytikerin noch nicht einmal kontaktiert hatte. Diese unglaubliche Leistung und das perfekt Timing mit dem sogar Molly Hopper dort auftaucht, um Holmes wegen seine Drogenabhängigkeit mitzunehmen, nehmen hier den Charakter einer *Prophezeiung* an, die durch und durch komisch ist. Mithilfe seines Verstandes kann Holmes also auch in Zukunft sehen und die Dinge voraussehen.

Exkurs III: Telepathie und Psychoanalyse

Als Folge der Aufklärung wird das Interesse um 1800 an Phänomenen aus dem okkulten Bereich nicht, wie zu erwarten war, vermindert, sondern gesteigert (Thomalla 2015, S. 43). Dieses Interesse setzt sich fort und wird am Anfang des 20. Jahrhunderts in einer schon fast unheimlichen Weise zu einem Teil des öffentlichen Diskurses an dem auch Conan Doyle teilnahm. Man kennt diesen Diskurs heute aus den esoterischen Strömungen, wo er uns nun oft auf eine relativ naive Weise in der Gegenwart begegnet.

Derrida schrieb 1982 einen kleinen Essay (44 Seiten lang) mit dem Namen *Télépathie* (*Telepathie*), der sich ebenfalls explizit mit dem Thema von spirituellen Sendungen beschäftigt. Es handelt sich bei diesem Text ganz offensichtlich um ein Supplement zur ersten Lieferung von *La carte postale* (1980/*Die Postkarte*). *Télépathie* ist ein Restposten, der einige Briefe enthält, die alle aus einer Woche im Juli 1979 stammen (demnach aus dem letzten Abschnitt des Zeitraums, in den die Briefe (3. Juni 1977–30. August 1979) aus *La carte postale* fallen). Derrida behauptet, dass er diese Briefe erst wiedergefunden habe, nachdem die Fahnen zu der ersten Lieferung von *La carte postale* bereits herausgegangen waren (Derrida 2004, S. 5). In dieser Ergänzung thematisiert er eine Sorte von Sendungen, die er in *La carte postale* nur indirekt erwähnt hatte, nämlich die telepathischen.[65] Und

---

65 Die Telepathie nimmt in Derridas Denken deshalb eine exponierte Position ein, weil sie *scheinbar* die allergrößte Nähe innerhalb der Kommunikation darstellt. Die Haltung Derri-

Exkurs III: Telepathie und Psychoanalyse

dabei geht es ihm vor allem um das Interesse von Freud an dem Okkulten innerhalb und außerhalb der Psychoanalyse.

Sigmund Freuds großes Interesse an der Telepathie, zeigt wie stark der Einfluss und die Faszination an der Parapsychologie am Anfang des 20. Jahrhunderts gewesen ist. In dem zweiten überlieferten Text, der sich wohlwollend mit der Telepathie beschäftigt und den Titel trägt *Traum und Telepathie* (1922),[66] berichtet

---

das und seine Faszination für die Geisteswelt bleibt unverständlich, wenn man Bücher wie *La carte postale* oder Texte wie *Télépathie* zu verstehen versucht, ohne das Interesse des Philosophen an einer melancholischen Grundhaltung nachzuvollziehen (vgl. Böhler 2015, S. 341ff.). Daher auch seine Faszination für Poe oder Hamlet – nicht zufällig gilt Derridas Kommentar über die Einverleibung beim Wolfsmann *Fors* (1976), der vier Jahre vor *La carte postale* erschien, bis heute als einer seiner Schlüsseltexte (Derrida 1979, S. 5ff). Die melancholische Sichtweise, innerhalb derer ein Objekt, das es nicht mehr gibt, weil es verstorben ist, in einer hier durchaus bewussten Art und Weise einverleibt wurde (vgl. Derrida 2004, S. 42), bildet einen starken Interpretationsrahmen für Derridas Gesamtwerk. Daher seine ständige Beschäftigung mit dem Tod. »Seit-dem-ersten-Tag sprichst du (mir) von sterben« schrieb Cixous über ihn (Cixous 2014, S. 24). Aber Derridas Melancholie ist reflektiert und damit weder persönlich noch rein gesellschaftlich. Und er nimmt an, dass auch und gerade eine melancholische Sendung, die einen telepathischen Charakter haben kann, wie alle Formen von Tele-Kommunikation, *nicht* ankommen muss: »Denn hier mein letztes Paradox, das Du allein sein wirst, recht zu verstehen: weil's Telepathie gäbe, kann eine Postkarte nicht ankommen am Schickungsort. Die letzte Naivität ließe denken, daß Telepathie eine Schickung garantiert, die die ›Posten und Telekommunikationen‹ scheitern sicherzustellen. Im Gegenteil, alles was ich sage von der postkartierten Struktur der Marke (Störung, Parasitierung, Teilbarkeit, Iterierbarkeit and so on) befindet sich auf dem Netz. Das gilt für jedes System in Tele-, welches auch sein mögen sein Inhalt, seine Form oder sein Träger« (Derrida 2004, S. 20).

66 Schon in dem ersten expliziten Text zu diesem Thema *Psychoanalyse und Telepathie* (1921), in dem Freud seine Überzeugungen zur Telepathie positiv darlegt, zeigt er sich von der Möglichkeit der Telepathie als Gedankenübertragung überzeugt: »Es gibt Gedankenübertragung« (Freud 1972, S. 35). Allerdings wurde dieser Text nur »für die mündliche Mitteilung vor dem engeren Zentralvorstand der psychoanalytischen Vereinigung« geschrieben (ebd., S. vif.). Der nächste wichtige Text *Traum und Telepathie* (1922), der ursprünglich ein Vortrag gewesen ist, der vor der Wiener Gesellschaft gehalten werden sollte, wurde dann doch nur in Imago veröffentlicht (Derrida 2004, S. 22/Jones 1984, S. 468). In ihm ist Freud viel zurückhaltender. In einem privaten Brief an Jones vom 7. März 1926 bekennt sich Freud aufgrund von Experimenten, die er mit seiner Tochter Anna und Ferenczi angestellt habe, aber ausdrücklich zur Telepathie. Er möchte jedoch, dass diese Angelegenheit (dieser Sündenfall) notfalls als seine Privatangelegenheit betrachtet wird (vgl. Derrida 2004, S. 40f./Jones 1984, S. 460). Ein Jahr zuvor, am 15. März 1925, hatte Freud Jones diese Experimente in einem Brief genauer beschrieben. Es handelt sich um Gedankenübertragungen und Freud merkte an, dass sie dabei mit ihm als Medium besonders gute Ergebnisse erzielten (Derrida 2004, S. 44/Jones 1984, S. 457). Bei dem dritten und letzten wichtigen Text *Traum und Okkultismus*, der 1932 geschrieben wurde und 1933 veröffentlicht wurde, handelt es sich erneut um eine Vorlesung, die nie gehalten wurde und auch nicht dazu bestimmt war, gehalten zu werden, einer Art Pseudo-Vorlesung. Freud hat demnach über das Thema nie im großen Rah-

Freud anfangs von einem eigenen Traum, der den Tod einer seiner Söhne betraf. Dieser Sohn befand sich zu diesem Zeitpunkt als Soldat im Ersten Weltkrieg. Er kehrte jedoch heil aus dem Krieg zurück, sodass der Inhalt des Traums eben gerade nicht als eine spirituelle Botschaft gedeutet werden kann. Freud schrieb: »Ich habe z.b. einmal während des Krieges geträumt, daß einer meiner an der Front befindlichen Söhne gefallen sei. Der Traum sagte dies nicht direkt, aber doch unverkennbar, er drückte es mit den Mitteln der bekannten, zuerst von W. Stekel angegebenen Todessymbolik aus. (Versäumen wir nicht, hier die oft unbequeme Pflicht literarischer Gewissenhaftigkeit zu erfüllen!) Ich sah den jungen Krieger an einem Landungssteg stehen, an der Grenze von Land und Wasser; er kam mir sehr bleich vor, ich sprach ihn an, er aber antwortete nicht. Dazu kamen andere nicht mißverständliche Anspielungen. Er trug nicht militärische Uniform, sondern ein Skifahrerkostüm, wie er es bei seinem schweren Skiunfall mehrere Jahre vor dem Kriege getragen hatte. Er stand auf einer schemelartigen Erhöhung vor einem Kasten, welche Situation mir die Deutung des »Fallens« mit Hinsicht auf eine eigene Kindheitserinnerung nahe legen mußte, denn ich selbst war als Kind von wenig mehr als zwei Jahren auf einen solchen Schemel gestiegen, um etwas von einem Kasten herunterzuholen, – wahrscheinlich etwas Gutes, – bin dabei umgefallen und habe mir eine Wunde geschlagen, deren Spur ich noch heute zeigen kann. Mein Sohn aber, den jener Traum totsagte, ist heil aus den Gefahren des Krieges zurückgekehrt« (Freud 1972a, S. 166).

Freud hatte dann von seinem Sohn Martin, kurz nach diesem Traum, aber eine Postkarte bekommen, auf dem dieser eine oberflächliche Wunde erwähnte, die gerade dabei sei zu verheilen. »Dann erkundigte sich Freud über das genaue Datum der Verletzung; aber darauf kam keine Antwort« (Jones 1984, S. 453). Der abergläubische Freud konstruierte demnach zwischen seinem Traum und dieser Postkarte einen telepathischen Zusammenhang, über den er jedoch öffentlich nichts schrieb. Derrida kommentiert: »All das, wenn's wirklich der Traum vom 8. Juli 1915 ist, um den es sich handelt. Drei Tage später wurde mir eine Postkarte gesandt von meinem ältesten Sohn, sie erwähnte eine bereits vernarbte Wunde. Ich habe nachgefragt um Präzisierungen vorzunehmen, aber ich habe keine Antwort erhalten« (Derrida 2004, S. 32).

Derrida vermutet dann, aufgrund einiger Analogien, einen Zusammenhang zwischen Freuds Träumen und dem in dem Aufsatz vorgebrachten Material eines

---

men öffentlich gesprochen. Ihm war stets klar, dass seine Affinität zur Telepathie das Projekt der Psychoanalyse gefährden könne. An Ferenczi, der 1925 bei einem Kongress in Hamburg über seine telepathischen Experimente berichten wollte, schrieb er: »Sie werfen eine Bombe ins psychoanalytische Haus, die gewiß nicht verfehlen wird zu explodieren« (Jones 1984, S. 458).

seiner Klienten (Derrida 2004, S. 32). Denn im selben Text berichtet Freud im Folgenden von einem Brief von einer Frau, den er erhalten habe und dessen Inhalt er wiedergibt. Auch hier ist von einem jungen Mann, Bruder und Sohn die Rede, der aber nun tatsächlich im Krieg gefallen ist und dessen Tod telepathisch übermittelt wurde: »Im Jahre 1914 war mein Bruder im Felde, ich nicht bei den Eltern in B., sondern in Ch. Es war vormittags 10 Uhr, 22. August, da hörte ich ›Mutter, Mutter‹ von der Stimme meines Bruders rufen. Nach zehn Minuten nochmals, habe aber nichts gesehen. Am 24. August kam ich heim, fand Mutter bedrückt und auf Befragen erklärte sie, der Junge hätte sich am 22. August angemeldet. Sie sei vormittags im Garten gewesen, da hätte sie den Jungen ›Mutter, Mutter‹ rufen hören. Ich tröstete sie und sagte ihr nichts von mir. Drei Wochen darauf kam eine Karte meines Bruders an, die er am 22. August zwischen 9 und 10 Uhr vormittags geschrieben hatte, kurz darauf starb er« (ebd., S. 180). Unabhängig voneinander haben demnach Mutter und Schwester eine telepathische Anrufung an die Mutter bekommen, lange bevor die postalische Depesche sie erreicht.

Freud leitet analytisch aus dem gesamten Brief ab, dass seine Autorin »virtuell – und zeitweise gewiß auch faktisch – eine hysterische Neurotika« gewesen sei (ebd., S. 185). Er deutet ihre Erfahrung einer telepathischen Botschaft so: »Am 22. August 1914, vormittags zehn Uhr, unterliegt die Schreiberin der telepathischen Wahrnehmung, daß ihr im Feld befindlicher Bruder »Mutter, Mutter« ausruft. Das Phänomen ist ein rein akustisches, wiederholt sich kurz nachher, sie sieht aber nichts dabei. Zwei Tage später sieht sie ihre Mutter und findet sie schwer bedrückt, da sich der Junge bei ihr mit dem wiederholten Ausruf »Mutter, Mutter« angemeldet. Sie erinnert sich sofort an die nämliche telepathische Botschaft, die ihr zur gleichen Zeit zuteil geworden, und wirklich läßt sich nach Wochen feststellen, daß der junge Krieger an jenem Tage zur bezeichneten Stunde gestorben ist. Es ist nicht zu beweisen, aber auch nicht abzuweisen, daß der Vorgang vielmehr der folgende war: Die Mutter macht ihr eines Tages die Mitteilung, daß sich der Sohn telepathisch bei ihr angezeigt. Sofort entsteht bei ihr die Überzeugung, sie habe um dieselbe Zeit das gleiche Erlebnis gehabt. Solche Erinnerungstäuschungen treten mit zwanghafter Stärke auf, die sie aus realer Quelle beziehen; sie setzen aber psychische Realität in materielle um. Das Starke an der Erinnerungstäuschung ist, daß sie ein guter Ausdruck für die in der Schwester vorhandene Tendenz zur Identifizierung mit der Mutter werden kann. ›Du sorgst dich um den Jungen, aber ich bin ja eigentlich seine Mutter. Also hat sein Ausruf mich gemeint, ich habe jene telepathische Botschaft empfangen.‹ Die Schwester würde natürlich unseren Erklärungsversuch entschieden ablehnen und ihren Glauben an das eigene Erlebnis festhalten. Allein sie kann gar nicht anders; sie muß an die Realität des pathologischen Erfolges glauben, solange ihr die Realität der unbewußten Voraussetzung unbekannt ist. Die Stärke und Unangreifbarkeit eines jeden Wahns führt sich ja auf seine Abstammung von einer unbewußten psychischen Realität zurück. Ich bemerke noch, das Erlebnis der Mutter haben wir hier nicht zu erklären und dessen Tatsächlichkeit nicht zu untersuchen. Der verstorbene Bruder ist aber nicht nur das imaginäre Kind unserer Schreiberin, sondern er steht auch für einen schon bei der Geburt mit Haß empfangenen Rivalen. Weitaus die zahlreichsten telepathischen Ahnungen beziehen sich auf Tod und Todesmöglichkeit; den analytischen Patienten, die uns von der Häufigkeit und Untrüglichkeit ihrer düsteren Vorahnungen berichten, können wir mit ebensolcher Regelmäßigkeit nachweisen, daß sie besonders starke unbewußte Todeswünsche gegen ihre Nächsten im Unbewußten hegen und darum seit langem unterdrücken« (ebd. S. 187 ff.). Freud erklärt, dass in diesem (und dem anderen von ihm beschriebenen) Fall, die Leistungen der telepathischen Botschaften deutlich mit Inhalten aus dem Ödipuskomplex verbunden sind (ebd., S. 190). Die Psychoanalyse kann demnach dazu dienen, die unbewussten Motive der *angeblich* telepathischen Botschaften offenzulegen. Das ist durchgängig Freuds Haltung, dass die faszinierenden und von den Personen als unglaublich bedeutungsvoll empfundenen spirituellen Kontakte, ihre Bedeutung nur erlangen, weil sie auf verdrängten oder zumindest unbewussten Wünschen basieren, die sich psychoanalytisch offenlegen lassen.

In *Traum und Okkultismus* (1933) wiederholt er nun seine früheren (und zunächst zurückgehaltenen) Überlegungen und bekundet öffentlich (vielleicht ist ein Grund dafür die damals stattfindende *Ausbeutung* esoterischer Interessen durch den Faschismus) ein ernsthaftes psychoanalytisches Interesse an der Telepathie: »Ihnen wäre es gewiß lieber, ich hielte an einem gemäßigten Theismus fest und zeigte mich unerbittlich in der Ablehnung des Okkulten. Aber ich bin unfähig um Gunst zu werben, ich muß Ihnen nahelegen, über die objektive Möglichkeit einer Gedankenübertragung und damit auch der Telepathie freundlicher zu denken« (Freud 2000, Bd. I, S. 493). Sein Fazit lautet erneut, dass er eine nonverbale Kommunikation zwischen Menschen, die sich treffen, per Gedankenübertragung durchaus für möglich hält (ebd., S. 494). Zunächst wird damit das viel weitere Feld der Telepathie auf das der lokalen Gedankenübertragung reduziert und dann werden nach Freud immer nur die intensivsten, unbewußten Wünsche übertragen. Damit bleibt das Sujet der Telepathie außerhalb seines Diskurses (Derrida 2004, S. 37). »Die Psychoanalyse gleicht dann (und Du folgst immer der Falzlinie) einem Abenteuer der modernen Rationalität, um zu verschlingen *und* auszuwerfen zugleich den Fremdkörper namens Telepathie, ihn zu assimilieren und ihn zu erbrechen, ohne sich entschließen zu können zum einen noch zum anderen« (ebd., S. 44). Freud versteht sich darauf, von ihr nur die Elemente anzuerkennen, die zur Psychoanalyse und insbesondere zur Traumdeutung als Wunscherfüllung passen. Die Psychoanalyse stützt dann die telepathischen Vorhersagen, insbesondere, wenn diese gar nicht, oder aber erst verspätet eintreffen. »›Kein Problem‹

sagt er (Freud), wenn das telepathische Phänomen eine Leistung des Unbewußten ist. Die Gesetze dieses letzteren wenden sich darauf an und alles geht wie von selbst« (ebd., S. 38).

Und es kommt noch eine weitere medientheoretische Pointe hinzu: Der Clou innerhalb der telepathischen Übertragung ist, dass sie, so vermutet Freud nun, leicht auf eine *physikalische* Weise stattfinden könnte: »Der telepathische Vorgang soll ja darin bestehen, daß ein seelischer Akt der einen Person den nämlichen seelischen Akt bei einer anderen Person anregt. Was zwischen den beiden seelischen Akten liegt, kann leicht ein physikalischer Vorgang sein, in den sich das Psychische an einem Ende umsetzt und sich am anderen Ende wieder in das gleiche Psychische umsetzt« (ebd., S. 493 f.). Ursprünglich hat Freud diese Wandlung in Wellen oder Strahlen nur für die Gedankenübertragung angenommen, die er zunächst von der Telepathie unterschieden wissen wollte (Jones 1984, S. 444), dann erst fiel beides zusammen. Derrida kommentiert, »der Vorgang der Telepathie wäre physikalisch in sich selbst, außer an seinen beiden Enden; wobei das eine sich rekonvertiert (*sich wieder umsetzt*) in das gleich Physische am anderen Ende« (Derrida 2004, S. 23). Damit wird die Telepathie kompatibel zur Telekommunikation, sie funktioniert nach demselben Schema. Eine Information wird in Strom verwandelt und anschließend wieder zurückverwandelt in dieselben akustischen Signale wie zuvor, um hörbar zu werden. Der technische (im Fall der Telepathie der physikalische) Träger garantiert die materielle Basis der geistigen Vermittlung. Diese mediale Ebene gegenüber dem Spirituellen, die das Unfassbare nachweisbar und verständlich machen könnte, sollte in einer spezifischen, wenngleich auch anderen Form ebenso Doyle faszinieren.

4.5 Spirituelle Interessen

Es gibt nun auch bei dem streng katholisch erzogenen A. C. Doyle eine religiöse Ebene, die auf eine ganz andere Art und Weise bis in seine Detektiv-Geschichten hineinreicht.[67]

---

67 Im Unterschied zu den Kurzgeschichten ist die Vorgeschichte, in der die Ursache des Verbrechens geschildert wird, in den vier Romanen oft mit spirituellen Motiven verwoben (Mormonen, Freimaurer). In drei von vier Romanen spielen spirituelle Motive eine wichtige Rolle. In *The Hound of the Baskervilles* (1902/*Der Hund der Baskervilles*) ist es die Familienlegende über einen dämonischen Hund über die am Anfang des Romans sehr lange berichtet wird. In dem zweiten Roman *The Sign of Four* (1890/*Das Zeichen der Vier*), der von allen der actionreichste ist, fehlt allerdings dieser Bezug. Hier wird die Vorgeschichte (die relativ kurz ist) auch erst ganz am Ende erzählt.

Um die magisch-religiösen Tendenzen bei Doyle zu verstehen, muss man sich seine Biografie und bestimmte Elemente in seinen Detektivgeschichten vor Augen führen, die um die Wiederkehr von Toten kreisen. Nach dem Todessturz von Professor James Moriarty in die Reichenbachfälle glaubt der rationale Detektiv aufgrund der Gefahr, in der er sich selbst noch befindet, die Stimme eines Toten zu hören: »Ich bin kein Phantast, aber ich gebe Ihnen mein Wort, daß ich Moriartys Stimme aus dem Abgrund zu mir hinaufschreien zu hören glaubte« (Doyle, WA Bd. 7, S. 16). Schon in *A Study in Scarlet* (1887/*Eine Studie in Scharlachrot*) klingen mehrfach Töne an, die auf die Möglichkeit einer Existenz nach dem Tod hinweisen. Sie sind jedoch gut versteckt in den Rahmen der Fiktion eingebettet und tauchen darin lediglich als Wünsche auf. Zunächst glaubt ein Kind namens Lucy, welches kurz vor dem Verdursten ist, dass es nach dem Tod wieder mit seiner bereits verstorbenen Mutter zusammenkommt: »Ich wette, sie wartet auf uns an der Himmelstür mit einem großen Krug Wasser«, erklärt ihm der Mann, John Ferrier, der bei ihr ist, um Lucy zu trösten (Doyle, WA Bd. 1, S. 92). Dann treten jedoch aus dem Dunst, der sie in der großen und dürren Alkali-Ebene umgibt, keine Geistergestalten, sondern eine große Truppe von Mormonen, die die beiden retten: »Die Rettungstruppe konnte die beiden Verlorenen bald davon überzeugen, daß ihr Auftauchen keine Wahnvorstellung war« (ebd., S. 96). Es handelt sich auch hier um eine Wunschfantasie, die aber rasch von der Realität eingeholt und korrigiert wird.

Im weiteren Verlauf der Geschichte wird dieses Motiv dann aber in einer ganz anderen Form nochmals verwendet. Der Mörder in *Eine Studie in Scharlachrot* begeht seine Handlungen nämlich aus Rache. Er will sich damit an den Mördern seines Schwiegervaters John Ferrier und seiner zugesprochenen Ehefrau Lucy rächen. Als es ihm nach sehr langer Zeit endlich gelingt, seine Rache zu vollziehen und die Täter zu stellen und zu töten, sieht er immer die Geister der Ermordeten vor sich: »Beim Fahren konnte ich den alten John Ferrier und die sanfte Lucy sehen, wie sie mich aus der Dunkelheit anschauen und mir zulächeln, so deutlich, wie ich jetzt Sie alle hier in diesem Raum sehe« (ebd., S. 145). Wieder wird diese Vorstellung einer Fata Morgana der Toten nicht ernsthaft durchgespielt, sondern erneut handelt es sich um eine Wunschvorstellung, in diesem Fall eines von Rache vollkommen durchdrungen Menschen, der als Zeugen für die positive Natur seiner Tat, die ehemaligen Opfer mental in den Zeugenstand ruft. Und auf dieser Ebene bekommen die Toten eine physische Präsens, die ihre (endgültige) Abwesenheit negiert. Der Mörder insistiert darauf, er habe *die Toten* so deutlich gesehen, wie er jetzt die Polizisten und Holmes sähe.

Was hier noch undeutlich und skizzenhaft in einer literarischen Form auftritt, die sich weitaus eher als Spleen denn als eine reale Möglichkeit deuten lässt, liegt genau in dem Bereich, den Doyle schließlich persönlich besonders engagiert betätigen sollte. So, wie der Mörder darauf insistiert, er habe die Geister tatsächlich gesehen: »Ich gebe ihnen mein Wort: Auf dem ganzen Weg sind der Vater und die Tochter vor uns hergegangen« (ebd.), wird es auch Doyle einige Jahre später behaupten. Seine Affinität für spirituelle Inhalte ist durch den Katholizismus und Poe bereits präfiguriert. Es geht um eine spezielle Form von Widerauferstehung, es geht um Vorstellungen und Eindrücke, letztlich sogar um Beweise, die ein Leben *nach* dem Tod garantieren sollen.

Bernd Stiegler hat in der jüngsten deutschsprachigen Rezeptionsgeschichte durch sein Buch *Spuren, Elfen und andere Erscheinungen. Conan Doyle und die Photographie* (2014) den Zusammenhang zwischen Doyles Interesse an der Fotografie und seiner Affinität zum Spiritismus medientheoretisch sehr detailliert offengelegt. Psychoanalytisch betrachtet, handelt es sich bei diesem Versuch, Gewesenes zu konservieren und sogar die Grenze zwischen Leben und Tod zu verleugnen (Doyle ging dahin, Geister aus dem Totenreich zu fotografieren, um ihre Existenz zu beweisen), aber mehr um ein zwanghaftes als melancholisches Interesse. Die katholische Sozialisation des Autors fand ihren Fortgang in einer zwanghaften Verleugnung des Todes, die auch den Tonfall seiner Holmes-Geschichten an den Stellen prägt, wo der kluge Detektiv jegliche emotionale Betroffenheit durch kühle Distanz abwehrt. Holmes negiert den Tod durch seine Ratio, Doyle tat es durch seinen Spiritismus. Beide Denkbewegungen stehen in einer engen Analogie zueinander. Ausgeschlossen ist dabei jene telepathische Ebene, die Freud und Derrida interessiert hat. Doyles Spiritualität überschreitet anders als Freuds Interesse an der Telepathie die Grenze zwischen Leben und Tod. Es ist die Hauptangst bei zwangsneurotischen Motiven (mit denen die Religion so oft verbunden ist),[68] die hier zum Tragen kommt (vgl., Riemann 2002, S. 106). Derrida ist der Ansicht, dass die gesamte Philosophie seit Platon dem Subjekt versucht vor allem beizubringen, das Sterben zu lernen (man denke nur an den Schierlingsbecher und welche Gedankengänge an Unsterblichkeit Sokrates/Platon damit verbunden hat) (Derrida 2005, S. 31). Derrida ist nach eigenen Angaben selbst an dieser Aufgabe gescheitert: »Ich habe nicht gelernt, den Tod zu akzeptieren« erklärte der französische Philosoph in einem seiner letzten Interviews im Jahr 2004 (ebd.).

Doyle ist immer wieder in der Position von Watson gesehen worden, weil beide die Geschichten aufschreiben. Doyle ist wie Platon nur ein Autor, dessen Gedankengänge angeblich von Holmes/Sokrates vorgegeben wurden. Seine Schriften sind demnach nur ein sekundäres Zeugnis gegenüber den Abenteuern von Holmes. Doyle und Watson sind keine Genies, wie Holmes. Es sind gewöhnliche Personen, wie die Evangelisten, die alle die wundersamen Geschichten des Pro-

---

68 Holmes sieht die Nähe zur Religion und seinem Denken sehr genau. So erklärt er: »Es gibt nichts, wo Deduktion so zwingend ist, wie in der Religion« (Doyle, WA Bd. 6, S. 247).

pheten Jesus aufgeschrieben haben. Doyle hat die durchrationalisierte, naturwissenschaftliche Auffassung der Welt von Holmes tatsächlich nicht geteilt. Oft hat er sie in seiner Position als Watson kritisiert und dann sich selbst als Holmes wieder kritisiert für seine Romantik. In Doyles stark autobiografisch gefärbtem Roman *The Stark Munro Letters* (1894–95/*Die Bekenntnisse des Stark Munro*) schreibt er ähnlich wie Freud über die Grenzen des Bewusstseins: »Mein Verstand ist ja nur wie ein kleiner Zollstock, mit dem ich den Mount Everest zu messen versuche, aber einen anderen habe ich nicht, und deshalb werde ich ihn nicht wegwerfen, solange ich atme« (Doyle 2007, S. 62). Freud verwendet dieselbe Metapher, wenn er behauptet, das Ich sei nur die Spitze eines Eisbergs und darunter läge ein gigantisches Massiv des unbewussten Es unter dem Wasser. Im Gegensatz zu den naturwissenschaftlich geprägten Atheisten Freud und Holmes, hat Doyle jedoch niemals an der Existenz Gottes gezweifelt. Das wird in demselben Roman sehr deutlich. Hier ist die Rede davon, dass man keine Bibel oder Prediger brauche, um die Existenz Gottes zu erkennen: »Allein schon die Existenz der Welt birgt in sich den Beweis eines Weltschöpfers« (ebd., S. 37). »Die Natur ist die wahre Offenbarung Gottes gegenüber den Menschen« (ebd.). Um zu wissen, dass es Gott gibt, bräuchte man demnach keine Bücher zu lesen, sondern müsse sich lediglich die grüne Wiese nebenan ansehen. Innerhalb dieser Überzeugung, in der die Materialität der Welt selbst zum Zeugnis für die Existenz des Schöpfers wird, ließen sich später auch verhältnismäßig leicht *materielle* Beweise für die Existenz des Jenseits finden. Das Besondere war, dass Doyle nicht vom Glauben, sondern vielmehr vom *Wissen*, dass Gott existiert, sprach. Auch wenn er die Evolution anerkannte, so war nach seiner Ansicht allein durch die *wohl organisierte* Natur (die er aufgrund der naturwissenschaftlichen Theorien seiner Zeit, als eine solche verstand) der Beweis für einen Schöpfer bereits gegeben: »Weisheit, Kraft und Mittel, die zielgerichtet wirken, kennzeichnen alle Sphären der Natur« (ebd.).

Es gibt wenige Stellen an denen die philosophische Haltung von Holmes ausgesprochen wird.[69] Eine längere Passage, in der der Detektiv den reinen Materialismus ohne geistigen Überbau kritisiert, gibt es in *The Creeping Man* (1923/*Der Mann mit dem geduckten Gang*), einer sehr späten Geschichte aus dem Kanon. Diese Kurzgeschichte bildet ohnehin eine Ausnahme: »Die Lösung des Falls ist im Vergleich zu anderen Sherlock-Holmes-Geschichten äußerst unwahrscheinlich und lässt sich nicht mit den Erzählungen vergleichen, in denen der Detektiv die

---

69 Spirituelle Orte sucht Holmes während seiner dreijährigen Abwesenheit (dem großen Hiatus) auf: So bereist er zwei Jahre lang Tibet und fährt kurz darauf auch nach Mekka (Doyle: WA Bd. 7, S. 17 f.). Obwohl Doyle nicht erzählt, was der Detektiv dort macht, reichen diese Hinweise aus, um sein Interesse an spirituellen Motiven aufzuzeigen. Für die TV-Serie wurden diese Elemente, in der Minifolge *Many Happy Returns* (2013) karikiert, weil Holmes hier in einem Kloster in Tibet eine Blondine, die eine Drogenschmugglerin sein soll, enttarnt.

Fälle rein rational aufklärt« (Fleischhack 2015, S. 179 f.). So lässt Doyle diese Geschichte im Gegensatz zu seinen üblichen Gewohnheiten auch nicht an einem realen Ort stattfinden, sondern hat den Namen der Universitätsstadt *Camford* (eine Mischung aus Cambridge und Oxford) extra für sie erfunden (Doyle, WA Bd. 9, S. 197 u. S. 315). Dort nimmt Professor Presburry, ein bekannter Physiologe, eine Droge zur Verjüngung, die ihn zugleich zu einem *affenartigen* Verhalten mutieren lässt. Er möchte eine viel jüngere Frau heiraten und plant sich deshalb *faustisch* zu verjüngen. Wie in der berühmten Geschichte *The Strange Case of Dr. Jekyll and Mr. Hyde* (1886/*Dr. Jekyll und Mr. Hyde*) ist der Wandel zu einer vitalen Gestalt aber mit einer archaischen Destruktivität und einer gefährlichen Animalität verbunden. Wie in kaum einer anderen Geschichte kommen hier viele Elemente von Doyle in einer genialen Weise zusammen: der unberechenbare Wandel einer Vaterfigur durch Drogenkonsum (Biografie), das Auftreten eines gefährlichen Affen (Poe), die Ehe (zwei sind in der Geschichte geplant, sowohl Vater als auch Tochter wollen heiraten) und das Leib-Seele-Problem. Presburry gibt seine geistige Position als Forschersubjekt auf und wird selbst zum tierischen Forschungsobjekt mit zweifelhaften sexuellen Interessen.

Am Ende äußert Holmes sogar seine Sympathie für den Spiritualismus, der in einer gut getarnten Form auch Doyles Spiritismus beinhaltet, wenn der Detektiv in einer philosophischen Betrachtungsweise auf die Gefahren hinweist, die die reale Möglichkeit einer Verjüngung darstellt: »Es geht hier um eine Gefahr – eine sehr reale Gefahr für die Menschheit. Stellen Sie sich vor, Watson, die Materialisten, die Sinnlichen, die Mondänen würden allesamt ihr wertloses Leben verlängern. Die Spiritualisten würden sich dem Ruf nach Höherem nicht verweigern. Es käme zum Überleben der wenigst Tauglichen. Was für eine Jauchegrube würde da aus unserer armen Welt!« (Doyle, WA Bd. 9, S. 220).[70]

Holmes schildert hier seine eigene Version von Darwins berühmter Formel. Er pocht darauf, dass die Menschen, die sich für die geistige Ebene begeistern, diejenigen sind, die die höhere Lebensqualität haben. Er erklärt auch, wenn nur die Materialisten überleben würden, geriete die Welt zu einem *Dreckhaufen*. In dieser Beschreibung steckt die typische Abkehr vom dreckigen, materiellen Kot im Zwang. Sie bringt Holmes dazu, die Weltsicht der Materialisten (der schmutzigen Materie) gegenüber der der Spiritualisten (die transzendental ist) so radi-

---

[70] Schon Mr. Thaddeus Sholto in *The Sign of Four* (1890/*Das Zeichen der Vier*) der so einsam und zurückgezogen lebt wie Holmes, erklärt, dass der Materialismus sein Feind sei: »Ich habe einen angeborenen Widerwillen gegen alle Erscheinungsformen des gemeinen Materialismus. Ich komme nur selten mit dem gemeinen Volk in Kontakt. Wie Sie sehen, lebe ich in meiner eigenen kleinen Atmosphäre von Eleganz« (Doyle, WA Bd. 2, S. 33). Anders als Holmes legt er jedoch Wert auf eine *ästhetische* Umgestaltung der Welt und daraus erklärt sich seine Abscheu vor dem Gewöhnlichen.

kal auszuspielen. Nur scheinbar stehen sich demnach bei Doyle Geist (Holmes) und Geister (Spiritismus) als Gegensatz gegenüber. Spiritualität und Kognition sind viel zu eng verwandt, um nicht miteinander zu kooperieren. Der wirkliche Feind ist der Sündenfall in die rein materielle Welt, die weder Geist noch Geister kennt. So, wie die Philosophie und Theologie eine starke Affinität zueinander haben, stehen sich auch Spiritismus und Spiritualismus hier nicht als Gegensätze gegenüber. Der Feind ist ein platter Materialismus.

Das Verbrechen in *Der Mann mit dem geduckten Gang* wird so zugleich in einen allgemeineren, moralischen Rahmen gestellt. Nicht die Einnahme der Droge war die eigentlich unmoralische Tat des Professors, sondern die geplante Ehe mit einer viel jüngeren Frau, der Fall wider die Vernunft in die Sinnlichkeit, die ihn zur Verjüngung treibt: »›Die eigentliche Quelle‹, sagte Holmes, ›liegt natürlich in dieser unzeitigen Liebesaffäre, die unserem ungestümen Professor die Idee eingab, er könne das Ziel seiner Wünsche nur erreichen, indem er sich in einen jungen Mann verwandle. Wenn man versucht, sich über die Natur zu erheben, sinkt man mit Sicherheit unter sie herab. Auch der höchste Typus des Menschen wird wieder zum Tier, sobald er abkommt vom geraden Weg des Schicksals‹« (Doyle, WA Bd. 9, S. 220). Die Lösung für das Dilemma der Vergänglichkeit kann nicht innerweltlich stattfinden, sondern muss im transzendentalen Feld, sei es durch geistige Verleugnung (Holmes) oder im spirituellen Kontakt mit den Toten (Doyle) erarbeitet werden. Geister- und Geisteswissenschaften bilden zwei Sektoren ein und desselben platonischen Feldes. Materiell sind die Fakten und Beweise, von denen sie getragen werden sollen und deduktiv zugänglich werden.

Schon 1887 gab Doyle seine vorherige Ablehnung gegenüber dem Spiritismus auf. Aber erst im Frühjahr 1916 verschwanden auch noch die letzten Zweifel. Schon ab 1921 agierte dann seine zweite Frau Jean Elizabeth Leckie als spiritistisches Medium. Sie war es, die ihn endgültig von den spirituellen Möglichkeiten überzeugte (Fleischhack 2015, S. 26). 1920 schrieb Doyle einen Brief an Harry Houdini, in dem er versuchte den mehr als skeptischen Zauberkünstler vom Spiritismus zu überzeugen. Er erklärte ihm, dass der Spiritismus für den Geist eines Detektivs nur ein Verdächtiger sei, der sich nähere, ganz anders aber sehe ihn eine bescheidene, religiöse Seele, die sehnsuchtsvoll nach Hilfe und Trost suche (Jones 1989, S. 184). Houdini, der Doyles Familie kennenlernte und mochte, schrieb in sein Tagebuch, dass sie fest an den Spiritualismus glauben würde (ebd., S. 185). Dieser Glaube führte schließlich zum Bruch zwischen ihnen, als der Schriftsteller immer mehr zu der Überzeugung kam Houdini selbst würde über okkulte Kräfte verfügen (ebd.). Doyles zweite Ehefrau bestand später darauf von ihrem Gatten, nach dessen Tod 1930, Botschaften zu erhalten bis zu ihrem Lebensende im Jahr 1940 (Stafford 2015, S. 42). Dass der intelligente Schriftsteller so fest an ihre Fähigkeiten glaubte, zeigt eine starke Abhängigkeit von den Frauen. Wie Watson war

Doyle den Frauen sehr zugetan und blieb dies anscheinend auch, wenn sie spezielle Interessen hatten.

Aufgrund seiner Hingabe an den Spiritismus distanzierten sich auch andere Freunde von Doyle und erklärten, dass er seinen Verstand verloren habe (ebd., S. 41), was aber keineswegs der Fall war. Ab 1922 wurde dann permanent ein Geist namens Pheneas zu Rate gezogen und so die reale Familie erweitert (Stiegler 2014, S. 187 f.). »Er erschien nun täglich, und selbst bei den Mahlzeiten wurde ein Platz für ihn freigehalten« (ebd., S. 190). Diese ungewöhnlichen und wahnhaften Überzeugungen schlugen sich aber *nie* direkt in den Holmes-Geschichten nieder, in denen weiterhin die rein rationale Aufklärung der Fälle den Ton bestimmte. Wie Freud die Psychoanalyse weitgehend von der Telepathie getrennt hat oder wenn, dann kann »die Psychoanalyse etwas lehren über die telepathischen Phänomene und nicht umgekehrt« (Derrida 2004, S. 34), so hat auch Doyle seinen Spiritismus nicht mit seinen Detektivgeschichten vermischt. Hier trennen sich demnach in einer besonders auffälligen Weise psychobiografische Motive von literarischen. Holmes und seine Abenteuer blieben letztendlich das stoisch aufgeklärte Gegenstück zu Doyles persönlichem, aber durchaus öffentlich vertretenem Aberglauben. Vermutlich hatte Doyle zu Recht Bedenken, dass die Popularität des Detektivs darunter leiden könnte, wenn Holmes, anstatt seine Deduktionen anzustellen, nun von einem nur fingierten Wahrsager zu einem richtigen würde. Holmes Gedankengänge können zwar magisch wirken, der Clou ist und bleibt aber, dass sie es nicht sind. Doyle trennten demnach diese beiden Welten, wobei ihm der Spiritismus persönlich viel wichtiger war als der erfundene, rationale Detektiv.

Er gehörte mit seinen Ansichten jedoch einer Massenbewegung an (die allein in den USA 10 Millionen Anhänger hatte) (ebd., S. 194) und das erklärt auch Freuds Interesse an dem Phänomen. Für Doyle waren seine spiritistischen Überzeugungen extrem wichtig. Er hielt weltweit Vorträge darüber vor einem Massenpublikum. Sein Interesse an parapsychologischen Vorgängen verstärkte sich nach dem Tod seines Sohnes Kingsley, der kurz nach dem Ende des Kriegs 1918 an Typhus verstorben war, dann nochmals nach dem Tod seiner Mutter im Jahr 1920. Der Schriftsteller flüchtete sich in Séancen, »in der Hoffnung, mit den Verstorbenen in Kontakt bleiben zu können« (Fleischhack 2015, S. 27).

Es war dann sein verstorbener Sohn Kingsley, den Conan Doyle in seinen Vorträgen über den Spiritismus immer wieder in einer *Geisterfotografie* als Lichtbildprojektion an die Wand projizierte (Stiegler 2014, S. 208). Einer seiner Kritiker erkannte, dass das »leuchtende photographische Antlitz«, welches den Sohn zeigte, »gerastert war« und damit aus einem Druck stammte (ebd., S. 254 f.). Doch solche Beweise ließ Doyle nicht gelten. Er wollte anscheinend unbedingt nachweisen, dass sein Sohn weiterlebt und dass es ihm gut ging, das ist die Wunschfantasie, die hier unbewusst am Werke war. Doyles Ehefrau (die jedoch nicht die

Mutter dieses Sohns war, der von seiner verstorbenen, ersten Ehefrau stammte), die als Medium, im Gegensatz zu ihrem Mann, der nur als Zeuge auftrat, jeden Tag selbst Nachrichten aus dem Reich der Toten erhielt, spielte für die Unterstützung (oder sogar Erfindung) dieser fotografischen Wahn- und Wunschfantasie sicherlich eine wesentliche Rolle. 1927 veröffentlichte Doyle ein Buch mit dem Titel *Pheneas Speaks,* der die Botschaften seines Hausgeistes einer breiten Öffentlichkeit zugänglich machte. Doyle hatte eine sehr enge Mutterbindung und nicht zufällig war der Vater seiner zweiten Ehefrau ein guter Freund seiner Mutter und seiner Schwester gewesen. Seine Mutter war die große Geschichtenerzählerin innerhalb der Familie (Stashower 2008, S. 32). Ihre Leidenschaft hatte er geerbt und dieses Erbe würdig angetreten.

Dass er dann ab 1920 auch noch die Existenz von *Elfen* nachweisen wollte und 1922 sein Buch *The Coming of the Fairies (Die Elfen kommen)* veröffentlichte, passte dann aber auch nicht mehr in den damals *noch* zugestandenen Freiraum von parapsychologischen Betrachtungsweisen und schädigte seinem Image. »Während seine spiritistischen Überzeugungen noch auf eine relative Akzeptanz trafen, teilte er diese doch mit zahlreichen seiner Mitbürger, galt das für die Annahme, es gebe Elfen und man könne sie photographieren, nicht« (ebd., S. 265). Die Beweisführung, die hier vorgenommen werden sollte, ist dafür umso interessanter. Wie Freud ging es Doyle nämlich darum, eine physikalische Ebene innerhalb des Spiritismus ausfindig zu machen. Nur interessierte er sich *nicht* für die Umwandlung telepathischer Kommunikation in physische Signale, sondern war fasziniert von der Möglichkeit, dass die Geisterwelt fotografierbar sei. Doyle wollte den handfesten Indizienbeweis für seine Behauptungen und den sollten ihm die Fotografien der Geister liefern. So hatte er es mit seinem Sohn gemacht und so sollten ihn nun die falschen Fotografien der Elfen auf Anhieb von ihrer Existenz überzeugen. In den Holmes-Geschichten traten immer wieder Geistergestalten auf, deren Spukhaftigkeit sich, wie in der TV-Folge *The Abominable Bride* (2016/ *Die Braut des Grauens),* rasch als Trick, als Schein entlarven ließ. Das galt jedoch nicht für Doyles private Überzeugungen. Die Magie von Holmes Deduktionen besteht darin, dass sie schon auf der Grenze zur *Unmöglichkeit* liegen, eigentlich sehr spekulativ sind und zugleich dennoch realistisch wirken und auch im Möglichkeitsbereich bleiben.

In der TV-Serie wurde das persönliche Motiv von Doyle, der den Kontakt zu geliebten, verstorben Menschen suchte, in der Folge *The Lying Detective* (2017/*Der lügende Detektiv)* am deutlichsten herausgearbeitet. Watson, der den Tod seiner Ehefrau nicht verkraften kann, halluziniert in dieser Folge ihre Anwesenheit immer wieder und hält lange Dialoge mit ihr. Diese Form einer schizophrenen Psychose, in der die Isolation des Subjekts in der Realität nicht akzeptiert wird, hat in der Serie jedoch keinen wirklichen pathologischen Charakter, weil Mary Watson dabei sogar mehrfach erklärt, dass er ja sehr wohl wisse, dass sie längst tot sei. Es handelt sich aber um die geschickte Einfügung eines zentralen Elements aus Doyles Privatleben. Damit wird deutlich, dass es die endgültige Trennung von geliebten Menschen war, die der sonst so kluge und aufgeklärte Schriftsteller durch seine spirituellen Interessen zu verarbeiten oder besser zu *verleugnen* versuchte. Das Motiv fügt sich hier sehr gut in die Narration ein, weil es die starke emotionale Abhängigkeit der Protagonisten (Holmes wird zeitgleich von einer echten Frau *heimgesucht*) auf sehr eindringliche Weise herausstellt.

4.6 Holmes und die Geister

Außerdem gibt es bei Doyle auch Geistererscheinungen in den Holmes-Geschichten. Nur sind sie hier nicht verbunden mit dem Jenseits. Es sind vielmehr grauenhafte Angstgestalten, die sich durch den starken Affekt, den sie auslösen beim Wahrnehmenden, stets auf der Grenze zur Wahrnehmung in Richtung *Einbildung* hin organisiert haben. Aber wie schon die Fotos, die Doyle von den Geistern der Toten hergestellt hat, erweisen sich alle diese Gestalten, egal wie unwahrscheinlich sie sind, immer als real. Sie wurden von den Personen, die sie ängstigten und verwirrt haben, stets wirklich gesehen.

Ein sehr typisches Bild des Unheimlichen ist das gespenstische, erschreckende Gesicht vor dem Fenster. Es taucht schon in dem zweiten Roman *The Sign of Four* (1890/*Im Zeichen der Vier*) auf. »Wir fuhren herum und schauten zu dem Fenster, auf dem sein starrer Blick lag. Ein Gesicht blickte aus der Dunkelheit zu uns herein. Wir sahen eine Nase, die sich weiß gegen das Glas preßte, Bart, Haare und wilde, grausame Augen, in denen der Ausdruck geballter Feindseligkeit lag« (Doyle, WA Bd. 2, S. 38). Dieses Motiv, das immer mit einem Erschrecken einhergeht, taucht immer wieder auf. So auch beispielsweise in *The Blanched Soldier* (1926/*Der erbleichte Soldat*), wo ein vermisster Soldat sein Gesicht nachts gegen eine Fensterscheibe des Zimmers presst, wo ein Kamerad übernachtet: »Es war totenbleich – noch nie habe ich einen so blassen Mann gesehen« (Doyle, WA Bd. 9, S. 54). Das erschreckende Moment besteht in der Plötzlichkeit und in dem Anblick des Gesichts, dessen plötzliches Erscheinen so rätselhaft ist, dass es auch eine Vision hätte sein können, wenn nicht andere Indizien für seine *reale* Anwesenheit sprechen würden.

Noch eindrücklicher wird dasselbe Motiv in *The Creeping Man* (1923/*Der Mann mit dem geduckten Gang*) beschrieben. Dort sieht die Tochter nachts das Gesicht ihres eigenen Vaters vor dem Fenster: »Mr. Holmes, ich bin vor Schreck und Entsetzen fast gestorben. Er preßte das Gesicht gegen die Scheibe und schien eine Hand hochzuheben, als wolle er das Fenster aufdrücken. Wenn es sich geöffnet hätte – ich glaube, ich wäre verrückt geworden. Das war keine Halluzination, Mr. Holmes. Wenn Sie das glauben, täuschen Sie sich. Jedenfalls bin ich ungefähr zwanzig Sekunden wie gelähmt dagelegen und habe das Gesicht im Auge behalten. Dann ist es verschwunden; aber ich war einfach nicht in der Lage, aus dem Bett zu springen und ihm nachzuschauen« (Doyle, WA Bd. 9, S. 205).

In dem späten und sehr kurzen Fall *The Veiled Lodger* (1927/*Die verschleierte Mieterin*) gibt es die physiognomische Beschreibung von drei Gesichtern, die alle drei Protagonisten eindeutig charakterisieren. Da ist zunächst ein teuflischer, trinkender und äußerst tyrannischer Ehemann. Er sieht aus wie ein menschliches Wildschwein, denn sein Antlitz ist »furchterregend bestialisch. Man konnte sich gut vorstellen, wie dieser abscheuliche Mund mahlte und schäumte vor Wut, und man konnte förmlich sehen, wie diese kleinen, boshaften Augen nichts als Tücke ausstrahlten, wenn sie in die Welt hinausblickten. Wüstling, Schläger, Bestie – all dies stand in diesem Gesicht mit der wuchtigen Kinnlade geschrieben« (Doyle, WA Bd. 9, S. 259). Im Vergleich dazu gibt es die Beschreibung eines engelhaften (aber zugleich feigen) Liebhabers, der diesen Ehemann ermorden wird. Er wird so beschrieben: »Die Aufnahme zeigte einen Mann von prächtigem Körperbau; er hielt seine riesigen Arme über der geschwellten Brust verschränkt, und unter seinem mächtigen Schnauzbart lag ein Lächeln – das selbstzufriedene Lächeln des Eroberers von Frauenherzen« (ebd., S. 258). Und schließlich geht bei dem Mord etwas schief und die schöne Ehefrau wird von einem Löwen angegriffen und ihr Gesicht dabei völlig entstellt. Sie tritt deshalb Holmes nur verschleiert gegenüber und lüftet erst am Ende ihren Schleier, sodass er und Watson ihr Gesicht sehen können: »Es war schauderhaft. Keine Worte können die Form eines Gesichtes beschreiben, wenn das Gesicht selbst nicht mehr vorhanden ist. Zwei lebhafte und schöne braune Augen, die traurig aus dieser grausigen Ruine hervorschauten, machten den Anblick nur noch entsetzlicher. Holmes hob mit einer Gebärde des Mitleids und des Protestes die Hand; dann verließen wir zusammen den Raum« (ebd. S. 263). Diese Frau lebt zurückgezogen und allein. Sie ist zunächst eine unheimliche und dann vor allem bemitleidenswerte Gestalt.

In der letzten Folge der ersten Staffel *The Great Game* (2010/*Das große Spiel*) gab es immer wieder die Gesichter der verängstigten Sprengstoff-Opfer zu sehen, die ihrem möglichen Tod ins Auge sehen mussten. Diese vor Schrecken und Angst verzerrten Gesichter erinnerten sehr an die der Toten bei Doyle, die ebenfalls oftmals vom Schrecken einer Todesdrohung gezeichnet sind.

4.7 The Abominable Bride

In der TV-Serie *Sherlock* gab es in der schon ausführlich kommentierten Folge *The Hounds of Baskerville* (2012/*Die Hunde von Baskerville*) abergläubische Motive. Echter Geisterglaube taucht aber sonst im Gegensatz zu Doyle kaum auf. Für die vierte Staffel verriet Mark Gatiss allerdings schon ein Stichwort, das ihren Inhalt beschreibt: »Geister« (Tribe 2015, S. 302), und verwies damit auf ein wichtiges Element in der zweiten Folge *The Lying Detective* (2017/*Der lügende Detektiv*), wo die erschossene Ehefrau von Holmes immer wieder als Geist auftaucht, mit dem er nahezu ununterbrochen Dialoge führt. Eine interessante Einstimmung auf die kommenden Ereignisse bot zuvor bereits die Sonderfolge *The Abominable Bride* (2016/*Die Braut des Grauens*), die sich am stärksten mit dieser Ebene der Hantologie (Geisterkunde) in der klassischen und das das heißt horrormäßigen Gothic-Fiction auseinandersetzt.

Hier geht es sogar in der typischen Art von Poe, um die Rückkehr einer toten Frau, die sich an ihrem Ehemann rächt und ihn erschießt. Das Motiv wurde jedoch auf eine sehr durchdachte Weise mit dem im 19. Jahrhundert aufkeimenden Feminismus verbunden und so in eine Richtung in Szene gesetzt, die über die Auffassung von Poe deutlich hinausweist, aber dennoch deutlich mit Doyle verbunden bleibt.[71] Anders als bei Theodor Fontane oder Hendrik Ibsen sind nämlich die feministischen Motive bei Doyle nur indirekt erkennbar. Aggressive Frauen, wie der Geheimclub der frühen Feministinnen, der in der Folge *The Abominable Bride* tätig wird, um sich gegen die selbstgefällige Männerwelt massiv zu wehren, kennen seine Geschichten kaum (eine wichtige Ausnahme bildet Irene Adler). Bei *Sherlock* knüpft dieser Kontext, insbesondere dann, wenn er das noch nicht bestehende Frauenwahlrecht thematisiert, an den Kinofilm *Suffragette* (2016) an, der kurz vor der Ausstrahlung von *The Abominable Bride* (im Oktober 2015) in Großbritannien und den USA zu sehen war. Zugleich erinnert bei *Sherlock* die Szenerie, in der die Braut mit zwei Revolvern durch die Gegend *ballert,* aber leider mehr an die Westernpersiflagen und die zwei *Kill Bill Filme* (2003–2004) von Quentin Tarantino. Auch dass die Frauen am Ende bei ihrem Geheimtreffen Kapuzen, wie

---

71 Das Motiv wurde gut vorbereitet. In der Gegenwart wurde in der Folge davor, *His last Vow* (2014/*Sein letzter Schwur*), Watsons Ehefrau Mary als eine ehemalige Auftragskillerin entlarvt. Auf eine solche Idee wäre Doyle niemals gekommen. Auch in der Sonderfolge ist sie keine passive, brave Ehefrau, sondern rebelliert gegen diesen Status, indem sie sich mit dem Bruder von Sherlock Holmes, Mycroft, zusammentut und erheblich zur Lösung des Falls beiträgt, weil sie den Ort ausfindig macht, an dem sich die Täterinnen treffen. Gleich zu Beginn wird schon thematisiert, dass Mary sich von ihrem Ehemann vernachlässigt fühlt, der sie nicht einmal an ihrem Parfüm erkennt. Außerdem respektiert sie Holmes als den engsten Freund ihres Mannes. Sie unterstützt das Duo, wo sie nur kann.

die Mitglieder des Ku-Klux-Klans, tragen, weist deutlich in diese ironische Richtung. Das Motiv der aufkeimenden Emanzipation ist demnach zwar sehr humorvoll und übertrieben inszeniert, es wird aber mehrfach auf einen ernsthaften Kern hingewiesen, wenn von einem Krieg der Geschlechter die Rede ist, den die Männer nur verlieren könnten, weil die Frauen im Recht sind.[72] Das stellt Mycroft gegenüber Holmes fest und es wird am Ende innerhalb seiner Deduktionen von Holmes wiederholt. Selbst der viktorianische Watson trägt nun (wie seit jeher) einen Schnauzbart und gerade in seinem Verhalten gegenüber seiner Ehefrau Mary Watson und seiner Haushälterin (die ebenfalls zum Geheimbund der Frauen gehört) tritt er nun als ein selbstgefälliger Patriarch auf, womit der Zeitgeist genau getroffen ist. Während er sich in der Gegenwart stets den Anweisungen seiner Ehefrau unterwirft, bekommt er in der Vergangenheit jene störrische und selbstgefällige, männliche Haltung, die so typisch ist für die Jahrhundertwende (und leider bis heute viele Männer *beherrscht*). In dieser Folge werden aber überhaupt auffallend viele patriarchale Sprüche gemacht. So bezeichnet sogar Sir Eustace Carmichael (Tim McInnerny) seine Ehefrau, die den klugen Detektiv hinzugezogen hat, als *hysterisch,* diese Bemerkung wird aber von Holmes sofort widerlegt. Am Ende erweist sich die kluge Ehefrau als eine Mörderin. Sie nimmt aber nur Rache für eine andere Frau, die von ihrem Ehemann verlassen worden ist.

Die Bedrohung der Männer durch die Frauen wird also bei *Sherlock* mit dem Unheimlichen, ganz im Freud'schen Sinne als dem allzu Bekannten, Heimischen, aber auch Heimlichen, Verheimlichten, also Unterdrückten bzw. Verdrängten, verbunden, das hier nun anders als bei Poe im Grunde einfach *das Emanzipierte* ist. Einen Höhepunkt findet die Inszenierung der *grauenhaften Braut* zweifellos dann, wenn nachts in einem Heckenlabyrinth, das sehr dem in Stanley Kubricks *The Shining* (1980) ähnelt, der Geist von Emelia Ricoletti erscheint und gegenüber Sir Eustace Carmichael seine ultimative Todesdrohung ausspricht.[73] Seine Angst

---

72 Auch die Figur der Molly Hooper, die nun den Namen Mary Hooper trägt, und sich als ein Mann verkleiden muss, um ihren Beruf als Pathologin im viktorianischen London überhaupt ausführen zu können, wird sehr interessant in Szene gesetzt. Im Gegensatz zu Holmes, der sonst schließlich der Klügere ist, durchschaut in dieser Folge allein Watson ihre Verkleidung.

73 Innerhalb der Serie gibt es noch weitere Kubrick-Elemente. In *The Hounds of Baskerville* (2012/*Die Hunde von Baskerville*) wurde die weiße Sterilität des Labors in Anlehnung an *2001: A Space Odyssey* (1968) hergestellt. Noch augenscheinlicher ist der Einfluss dieses Vorbildes in der Folge *The Reichenbachfall* (2012/*Der Reichenbachfall*). Für die Szene wo Moriarty in einer spektakulären Weise in den Tower einbricht, wurde Rossinis *Die diebische Elster* (1817) als Soundtrack verwendet. Obwohl diese Musik unterdessen recht häufig in Filmen benutzt wird, handelt es sich hier um ein sehr wirkungsvolles Zitat aus *A Clockwork Orange* (1971/*Uhrwerk Orange*). Wie im Original wird damit auch bei *Sherlock* die reine Lust am Verbrechen betont, die Moriarty hier verkörpert. In der Folge *The Sign of Three* (2014/*Im Zei-*

vor der unheimlichen Braut basiert auf einer verdrängten Schuld gegenüber den Frauen, welche aus heutiger Sicht für die gesamte damalige Kultur galt. In Doyles Originalgeschichten bekommen die weiblichen Charaktere im Allgemeinen keine solchen Rollen, auch wenn der Autor ihre Unterdrückung durchaus thematisiert hat. Sie können sich selbst gegenüber der patriarchalen Gewalt nicht wehren. Holmes erweist sich hier regelmäßig als ihr Schutzpatron und Retter. Er deckt die patriarchalen Verbrechen auf, ohne allerdings ihren gesellschaftlichen Kontext zu reflektieren oder auch nur zu erwähnen.

Bei Doyle geraten die Frauen auf sehr verschiedene Weise in *Schwierigkeiten*. In *The Dancing Men* (1903/*Die tanzenden Männchen*) und *The Yellow Face* (1893/*Das gelbe Gesicht*) beispielsweise ist es die verheimlichte Vorgeschichte der Ehefrauen, die sie einholt und so die gegenwärtige Ehe bedroht. In beiden Fällen fand diese Vorgeschichte auch nicht in England, sondern in den USA statt. In *The Norwood Builder* (1903/*Der Baumeister aus Norwood*) ist es ein abgewiesener Liebhaber, der sich Jahrzehnte später an seiner Jugendromanze rächen will, indem er ihren Sohn in ein vorgetäuschtes Verbrechen verwickelt. Als er in finanzielle Schwierigkeiten gerät, plant er, sich eine neue Identität zuzulegen und täuscht deshalb einen fingierten Mord an sich selbst vor, den der Sohn seiner Jugendliebe begangen haben soll. »Ein Meisterstück der Niedertracht – und meisterhaft ausgeführt«, erklärt Holmes (Doyle, WA Bd. 7, S. 64). In *The Adventure of the Solitary Cyclist* (1904/*Die einsame Radfahrerin*) soll eine Frau zur Eheschließung aus finanziellen Gründen gezwungen werden. Sie erwartet ein reiches Erbe, von dem sie selbst noch gar nichts weiß und wird deshalb zu einer illegalen Hochzeitszeremonie im Wald gezwungen. Die *paranoide* Färbung dieser Geschichte (die junge Frau wird auf ihrem Rad von einem Radfahrer immer an derselben Stelle eine kurze Wegstrecke lang verfolgt) erweist sich hingegen als eine gut getarnte Schutzaktion (ihr Verfolger will verhindern, dass sie gekidnappt und zur Ehe gezwungen wird). Eine Radfahrerin ist in diesem Zeitkontext allein schon eine feministische

---

chen der Drei) tragen die Einbrecher, um die es am Anfang geht, dann Clownsmasken, wie in dem frühen und relativ unbekannten Kubrick-Film *The Killing* (1956). Eine ähnliche Maskerade verwendete Kubrick aber nochmals für die unglaublichen Gewaltszenen in *A Clockwork Orange*. Lestrade hat Schwierigkeiten damit die maskierte Bande hinter Gitter zu bringen. Das ist nur eine Reihe von Beispielen eines Regisseurs. *Sherlock* bedient sich nach den Angaben seiner Drehbuchautoren bei vielen Filmen und diese filmgeschichtlichen Inspirationen sind mindestens so wichtig wie die literarischen. *Sherlock* legt Wert auf Originalität in der Weise *wie* alle diese berühmten und wichtigen Eindrücke zu einem neuen und hochmodernen Format zusammengetragen worden sind. Das Konzept einer cleveren, gezielten und ganz offensichtlichen *Neuverwertung* dieser Art erscheint mir für das Fernsehen typisch zu sein. Es werden nicht nur visuelle oder narrative Elemente *geklaut,* es werden die mit ihnen zusammenhängenden Kontexte in einer offenen Form zitiert. Der Zuschauer soll zu sehen bekommen, was er mag.

Figur, weil sie durch das Rad selbstbestimmt agieren kann, was in dieser Epoche keineswegs üblich war (vgl. Fleischhack 2015, S. 156).[74]

In dieser eigenwilligen und mysteriösen Geschichte kann Holmes im Vorfeld außerdem seine Boxkünste gegenüber dem Täter in Anwendung bringen. Einige Male, wenn die Männer unlautere Mittel gegen Frauen verwenden, wird von ihm die Ebene körperlicher Gewaltandrohung oder -ausübung verwendet. So droht er beispielsweise auch dem falschen Bräutigam in *A Case of Identity* (1891/ *Eine Frage der Identität*), ihn mit seiner Reitpeitsche zu schlagen, woraufhin der Mann schnell die Flucht ergreift. Diese Ebene wurde innerhalb der *Sherlock*-Reihe nicht übernommen und das liegt vielleicht daran, dass sie in den beiden Sherlock Holmes-Kinofilmen von Guy Ritchie zum Hauptthema gemacht worden ist.

Geistererscheinungen hingegen treten bei *Sherlock* in einer medialen Form auch im 21. Jahrhundert auf, beispielsweise, wenn er eine Internetkonferenz mit diversen Zeuginnen eröffnet und die Frauen zugleich in seinem Kopf erscheinen, wie *The Sign of Three* (2014/*Im Zeichen der Drei*). In dieser Folge spricht auch sein Bruder Mycroft in seinem Inneren zu ihm und wir sehen ihn vor uns. Er agiert als großer Bruder wie das Über-Ich des Detektivs und erinnert so zuweilen absichtlich an Orwells Big Brother. Diese Position von Mycroft, als ein allwissendes Auge, wurde schon in der ersten Folge *A Study in Pink* (2010/*Ein Fall in Pink*) etabliert, wo sich alle öffentlichen Überwachungskameras stets auf Watson richten, weil er diesen darüber beobachtet.

In der Folge *His last Vow* (2014/*Sein letzter Schwur*), wo Holmes fast getötet wird, träumt er von Moriarty als einem bösen Gespenst, das den Detektiv nicht in Frieden lässt. Erneut wurde gerade dieser Traum in *The Abominable Bride* (2016/ *Die Braut des Grauens*) fortgesponnen, wo Holmes auf einer Leiche die Botschaft von Moriarty *Miss ME* (*Vermisse mich*) findet und daraufhin mithilfe einer Kokain-Injektion das Rätsel von dessen vorgespieltem Tod aufzulösen vermag, indem er ihn auf einer Traumebene trifft. Dieser Traum erweist sich allerdings zugleich als ein Traum im Traum, weil die gesamte viktorianische Zeitebene sich schließlich innerhalb dieser Folge als ein Erinnerungstraum des Detektivs im 21. Jahrhundert erweist.

---

74 Auch in den wenigen Fällen, wo gar kein *richtiges* Verbrechen vorliegt, handelt es sich meistens um private Liebesmotive, welche die Ursache des seltsamen Handelns der Protagonisten sind. Genannt wurde schon *The Yellow Face* (1893/*Das gelbe Gesicht*), wo ein verheimlichtes, in erster Ehe gezeugtes Kind, dessen Vater ein Afrikaner ist, vor den Augen des neuen Ehemannes versteckt gehalten wird. In *The Missing Three-Quarter* (1904/*Der verschollene Three-Quarter*) ist es die Krankheit und der Tod einer Ehefrau, von der keiner etwas wissen soll. Und in *The Abbey Grange* (1904/*Abbey Grange*) geschieht zwar ein Mord, aber nur aus Notwehr und um die von einem anderen Mann geliebte Ehefrau vor ihrem rasenden und betrunkenen Ehemann zu beschützen und dabei auch endgültig zu befreien.

Die Sonderfolge arbeitet demnach mit verschiedenen Zeitebenen und die Gespenster (vor allem der totgeglaubte Moriarty) haben Verbindungen zu mehreren Zeiten: »Die Zeitlichkeit des Gespenstes zwingt dazu, eine Zeit jenseits der Zeit zu denken, verschiedene Zeiten zugleich« (Sternad 2015, S. 60). Das Gespenst ist ein Wiedergänger, dessen Existenz nicht in *einer* Zeit (hier sogar einer Epoche) festgelegt ist. Es lebt durch den »Effekt der Wiederkehr«, es kehrt zu dem Ausgangspunkt zurück und bietet keine Auflösung an (Derrida 1997, S. XXXI). Indem sich die gesamte Episode zwischendurch als ein Erinnerungstraum von Holmes in der Gegenwart zu erkennen gibt, wird sie nochmals virtualisiert. Sie erhält eine Virtualität zweiten Grades. Die Filmebene ist an sich schon eine Geisterebene und diesen Aspekt nutzt die TV-Reihe hier in ihren *Mind Games* (Gedankenmanipulationen) auf eine besonders ausgefeilte Weise, wenn sie Holmes durch eine mentale und durch die Einnahme von Drogen bedingte Zeitreise in seinem Gedächtnispalast zu einem Fall im viktorianischen Zeitalter zurückkehren lässt. Der Fall, den er hier vorfindet, hätte dieselbe Struktur wie in der Gegenwart: Wenn es dabei darum ginge, einen vorgetäuschten Tod zu entlarven. Die Braut Emilia Ricoletti hat sich gar nicht selbst erschossen. Sie hat ihren Suizid bloß vorgetäuscht. Demnach hat sich auch Moriarty nicht wirklich erschossen, sondern er hätte dann eine ähnliche Finte angewendet wie sie? Das ist eine der typischen Irreführungen und falschen Fährten, die in der Serie gelegt werden. Die Gespenster aus der Vergangenheit weisen dem Detektiv *nicht* den Weg in die Zukunft. Dennoch wurde das Konzept, den Detektiv in die Gegenwart zu versetzen und ihn dennoch auf eine geist(er)volle Weise mit dem Erbe von Doyles Holmes-Kanon zu verbinden, in dieser Folge ins Extrem geführt. Doyles Spiritismus hat so einen medialen Ausdruck gefunden, indem der Dialog mit einer einhundert Jahre alten Vergangenheit tatsächlich hier auf einer fiktiven Ebene geführt wurde. Die Vermittlung eines solch komplizierten Inhalts, der zugleich den aufkeimenden Feminismus aufruft und in Szene setzt, war allerdings für die meisten Fans der Reihe eine Überforderung, weshalb die Folgen nicht jenen Anklang fand, den sich die Macher erhofft hatten. Das *Sherlock-Konzept* ist einfach viel stärker in der Gegenwart. Die Sonderfolge stellt dennoch als ein imposantes Zwischenspiel auch eine wichtige Brücke zur vierten Staffel dar.

Charakteränderungen 5

»Ich ließ Holmes vor dem schwelenden Feuer zurück, und bis spät in die Nacht hinein hörte ich das leise, melancholische Klagen seiner Geige und wußte, daß er noch immer brütete über dem seltsamen Problem, das zu entwirren er sich vorgenommen hatte« (Doyle, WA Bd. 1, S. 62), schrieb Doyle. Den Detektiv als einen Melancholiker hat Kracauer 1925 bereits beschrieben (Kracauer 2011, S. 359).[75] Benjamin hat darauf in einem Brief reagiert und die charakterlichen Merkmale sogleich erweitert: »Zumindest hat er viel nicht nur von einem Melancholiker, sondern auch vom Phlegmatiker«. Nach seiner Ansicht steht durch diese Mischung »die neue Gestalt des Detektivs« schief zur klassischen Temperamentenlehre (Benjamin 1997, S. 147). Es sei dahingestellt, ob der Typus des Detektivs diesbezüglich tatsächlich etwas Neues darstellt. Deutlich wird jedoch, dass eine Festlegung auf die Melancholie zu einseitig erscheint und auch der Holmes-Charakter komplizierter angelegt worden ist.

»Sie müssen doch Triebe haben?« fragt Watson Holmes bei einem nächtlichen Gespräch in einem Gartenhaus in dem Special *The Abominable Bride* (2016/*Die Braut des Grauens*). Eine solche Frage (die Freud und die Psychoanalyse voraussetzt) gab es bei Doyle noch nicht. Jedenfalls ist das Triebleben von Holmes seltsam *sublimiert* und vollzieht sich nur noch in rasanten, eindeutig libidinös besetzten Denkbewegungen. In ein melancholisches Geigenspiel kann Holmes aber auch in der BBC-Reihe verfallen. Alle Figuren des Kanons wurden für diese TV-Serie genauer und detaillierter charakterisiert als in ihrer literarischen Vorlage. Holmes und Watson sind zudem viel jünger als in den meisten anderen Verfilmungen. Die Zielgruppe der Reihe ist damit ein jüngeres Publikum, das erfahrungsgemäß den massiven und sehr innovativen Veränderungen der Originalgeschichten of-

---

75 Wenngleich auch anhand des von Chesterton erfundenen Detektivs Horne Fisher.

fener gegenübersteht als die schon älteren Holmes-Fans. Die meisten Fans haben die Geschichten schon früh (in ihrer Jugendzeit) gelesen. Die Zielgruppe der TV-Serie liegt ca. zwischen 14 und 30 Jahren.

5.1 Gesicht und Charakter

Bei Doyle ist es primär das Gesicht, welches den Charakter näher beschreibt. Der Autor, der selbst (wie schon beschrieben) von der Fotografie begeistert war, kam väterlicherseits aus einer Familie von Karikaturisten. Sein Großvater John Doyle war ein »gefeierter Porträtmaler« und »einer der Pioniere der politischen Karikatur« (Stashower 2008, S. 31). Sein Enkel vermischte fotografischen Realismus, Poesie und karikaturenhafte Reduktion und Klischees. Die Beschreibungen der handelnden Figuren sind nicht nur oftmals übertrieben, die Charaktere werden anhand ihres Aussehens bestimmt. Sie sind optisch identifizierbar in Bezug auf ihre moralische Gesinnung. Und diese Art der Beschreibung, die durch Stilisierung die Figuren eher skizziert als wirklich erläutert, wurde bereits in den ersten visuellen Darstellungen der Figuren angelegt. Als Beispiel dafür kann man die berühmte Kopfbedeckung von Holmes, den Deerstalker, nehmen. Bei Doyle trägt Holmes den Deerstalker, der eigentlich eine Jagdmütze ist, nur äußerst selten. Er wurde erst durch die Illustrationen von Sidney Paget, wo ihn Holmes regelmäßig auf dem Kopf hatte, zu seinem Markenzeichen (Stafford 2015, S. 123). Dieser Hut, den Paget wohl auch persönlich gerne trug (vgl. Graham 2012, S. 25), hat eine ikonographische Bedeutung: Durch ihn lässt sich der Detektiv sofort wiedererkennen. Zusammen mit der Pfeife bildet er die individuellen Erkennungszeichen des Detektivs, wenn es um sein Konterfei als Scherenschnitt geht. Danach kommen dann die Lupe, als sein Arbeitswerkzeug, und schließlich seine Violine.[76] Außer der Pfeife, die eben zu sehr im 19. Jahrhundert verankert ist, wurden alle Elemente, wenngleich auch eher sparsam, für die TV-Serie übernommen. Der Holmes des 21. Jahrhunderts arbeitet zuweilen immer noch mit einer Lupe (wenngleich auch lieber mit einem Mikroskop) und spielt Violine. Seinen Deerstalker setzt er aber erst in der vierten TV-Folge *A Scandal in Belgravia* (2012/*Skandal in Belgravia*) auf. Und zwar zu dem Zeitpunkt, wo er in der Serie und durch die Serie zu Ruhm gelangt war. Er trägt den Hut hier aber nur, um die Masse zu täuschen und setzt ihn erst auf, kurz bevor er sich von der Presse fotografieren lässt. Der Hut

---

76 Der viktorianische Holmes hört sich auch gern mal ein Violinkonzert von einem angesehen spanischen Geigenvirtuosen an, wie dies beispielsweise in der Geschichte *The Red-Headed League* (1891/*Die Liga der Rotschöpfe*) berichtet wird.

dient ihm hier als eine Verkleidung, die es ihm ermöglichen soll, möglichst wenig von seinem Antlitz preiszugeben. Dieses Verhalten ist eine kluge Umsetzung von der ursprünglichen Bedeutung dieses Hutes im Kanon. In späteren Folgen setzt Holmes den Hut, wie beispielsweise am Ende von *The Lying Detective* (2017/*Der lügende Detektiv*) zwar weiterhin sporadisch auf. Er wird aber auch hier nur zu einer Art *Running Gag*, mit dem er sich scherzhaft ab und an seiner Popularität in der Öffentlichkeit versichert.

Bei Doyle hingegen ersetzt das Äußere die Innerlichkeit. Holmes betreibt keine Psychologie und Doyle liefert keine psychologischen und schon gar keine psychoanalytischen Beschreibungen seiner Charaktere. Schon bei der dritten Staffel warf man daher der TV-Serie die freudianischen Untertöne vor (Stafford 2015, S. 161). Nicht nur, das hier zum ersten Mal auch die Eltern von Holmes zu sehen waren und damit einige Gründe für seinen Charakter skizziert wurden, sogar ein kindliches Trauma, der Verlust eines geliebten Hundes (es handelt bei diesem Tier nur um eine Deckerinnung, wie sich später herausstellt), wurde thematisiert. Holmes hatte nun nicht mehr nur einen wichtigen älteren Bruder, sondern bekommt eine Biografie. Mycroft Holmes erinnert seinen jüngeren Bruder bereits bei der Hochzeitsfeier von Watson an dessen Hund Redbeard. Dieser Hund ist eine Erfindung der TV-Serie und im starken Kontrast zu dem berühmten Hund der Baskervilles angelegt worden. Redbeard ist das Gegenteil von einem dämonischen und gefährlichen Angsttier. Er war *angeblich* der beste Freund von Holmes während seiner Kindheit und das Tier wurde eingeschläfert. Holmes erinnert sich an den Hund und auch an dessen Tod während er in der Folge *His last Vow* (2014/*Sein letzter Schwur*) in einer Nahtoderfahrung seinen Gedächtnispalast durchwühlt. Doch diese Erinnerungen erweisen sich am Ende der vierten Staffel in der Folge *The Final Problem* (2017/*Das letzte Problem*) als falsch. Sein Vater ist allergisch gegen Hunde, sodass Redbeard gar kein Hund gewesen ist, sondern so hat sich Victor Trevor, ein kleiner Junge, mit dem Holmes eng befreundet gewesen ist, bei einem Piratenspiel genannt. Seine Schwester Eurus hat Trevor aus Eifersucht in einem Brunnen ertrinken lassen. Dieser Mord war so schrecklich, dass Sherlock Holmes alle Erinnerungen an Trevor und auch seine Schwester aus seinem Gedächtnis gelöscht hat. Mycroft Holmes hat ihm dann später eingeredet, dass Redbeard ein Hund gewesen sei, um das traumatische Ereignis in den Erinnerungen seines jüngeren Bruders abzumildern. Redbeard blieb der einzige Vorläufer von Watson, ein Freund, dessen Leben Holmes um jeden Preis retten möchte, den er nicht verlieren will (vgl. Stafford 2015, S. 208). Er wird *heimgesucht* von dieser Kindheitserfahrung in *His last Vow*, als er zu sterben droht (allerdings sieht er dabei stets nur den Hund). Danach als er in seinen Erinnerungen Moriarty in einer Gummizelle trifft, der ihm erklärt, dass Watson in Gefahr sei, mobilisiert Holmes sofort alle ihm verfügbaren, psychischen Energien, um ins Lebens zurückzukehren. Holmes bekommt damit ein psychologisches Profil, was er bei Doyle nicht hatte.[77]

Menschen hingegen nur aufgrund ihres Aussehens zu bestimmen, ist zwar auf der fantastischen Ebene sehr wirkungsvoll, aber nicht realistisch. Die Fähigkeit zur Deduktion, die Holmes schon vorher entwickelt hat, gehört aber zu seinen schizoiden und autistischen Charakterzügen. Er verlässt sich auf seine Beobachtungsgabe und Ratio, weil er keine Empathie kennt. Er kann sich in andere Menschen nicht einfühlen, weil er zu ihnen stets auf Distanz bleiben will. Sein grundlegendes Problem sind seine Kontaktschwierigkeiten. Er hat Angst vor zwischenmenschlicher Nähe (vgl. Riemann 2002, S. 20 ff.). Er hat aber nicht bloß Angst vor Nähe, er kann andere Personen aufgrund seines leicht autistischen Leidens (Asperger Syndrom) überhaupt nicht einschätzen. So spricht er in der Folge *The Six Thatchers* (2017/*Die sechs Thatchers*) mit einem Baby, so als wäre es ein erwachsener Mensch und bittet es am Ende seine Rassel festzuhalten. Holmes bekommt sie dann prompt ins Gesicht geworfen. Seine enorme Beobachtungsgabe kompensiert sein mangelndes Einfühlungsvermögen. Er kann sich nicht einfühlen aufgrund einer kindlichen Traumatisierung, von der er selbst nichts mehr weiß, die er verdrängt hat. Der emotionale Kontext ist daher durchbrochen. Das Trauma steht zwischen ihm und den anderen. Es blockiert die Fähigkeit zur Empathie. Umso mehr er sich diesem Trauma zuwendet (ab der dritten Staffel), desto menschlicher wird er.

Gesichter spielen in den klassischen Holmes-Geschichten eine wichtige Rolle bei der raschen Taxierung von Personen, die jede psychologische Charakterisierung substituiert. Eine solche Taxonomie die von den Gesichtszügen, von der Physiognomie auf den Charakter schließt, wird gerade in Deutschland sehrt kritisch betrachtet, weil sie im Faschismus zur Feststellung von Ariern und Juden verwendet wurde (vgl. Schmölders 2007, S. 12) Es gehörte zur theatralischen Ebene dieser *ästhetisierten Politik* Freund-Feind-Bilder physiognomisch auszustatten. Oswald Spengler erklärte in seinem Buch *Der Untergang des Abendlandes* (1918) die Physiognomik zur Wissenschaft des 20. Jahrhunderts (ebd., S. 32). Anhänger von John Caspar Lavater, der eine vierbändige Ausgabe (1775–1778) über die Mög-

---

77 Dass die dritte Folge sich von Doyles Holmes in ihrem emotionalen Ausdruck wegbewegt, spiegelte sich auch in der Arbeit der Filmkomponisten David Arnold und Michael Price wieder. Sie schrieben darüber: »Mehr Geigen als jemals zuvor. Jenseits der schrecklichen Grammatik handelt es sich um eine schöne Inhaltsangabe der dritten Staffel. Der emotionale Anteil ist gewachsen und wir haben versucht dafür eine musikalische Sprache zu finden, um das zu treffen. Für Sherlocks Überleben, John und Marys Hochzeit und der dritten Episode, wo wir uns erneut beschäftigt haben mit Leben, Tod und Liebe« (Beiheft zur Soundtrack-CD für die dritte Staffel).

lichkeiten Charaktere anhand der Gesichtszüge und Körperformen zu bestimmen geschrieben hatte, entwickelten das Motiv weiter.

Aber beispielsweise Charles Dickens, ebenso wie Edgar Alan Poe verwendeten solche Beschreibungen, um ihre Charaktere zu skizzieren. Dickens hatte den jüdischen Hehler Fagin in seinem Roman *Oliver Twist* (1837–1839) anfangs mit den typischen antisemitischen Stereotypen ausgestattet, die dann von ihm in späteren Ausgaben jedoch abgemildert und verwässert wurden. Bei Doyle gibt es durch die Schilderung des Exotischen, das immer identifiziert wird mit dem Kriminellen, ähnliche Abgrenzungen innerhalb seiner Charakterisierungen zu finden. Für ihn gab es drei Quellen, von denen aus er diese Ebene herangezogen haben könnte (Fotografie, Familie, Poe). Es sind außerdem Watsons Beschreibungen, als die eines Arztes, die diesen Aspekt besonders hervorheben. Joseph Bell, der Professor der medizinischen Fakultät (der das Vorbild für Holmes abgegeben hatte), verwendete physiognomische Betrachtungen, um den Beruf und die Herkunft seiner Patienten festzustellen. Anhand der Physiognomie erkannte er die Herkunft, anhand der Hände den ausgeübten Beruf (Stashower 2008, S. 39). Bell wurde von Doyle selbst als ein Mann mit einem Adler-Gesicht beschrieben (Stafford 2015, S. 35). Seine durch Watson vorgenommen physiognomischen Beschreibungen der Charaktere ersetzen die Psychologie. Die Menschen sind einfach so, wie sie aussehen.

Ein interessantes Beispiel unter sehr vielen dafür ist der Sidekick von Professor Moriarty, Colonel Moran, der sehr präzise als eine widersprüchliche Person im Schema des Leib-Seele-Konflikts geschildert wird, mit »der Stirn eines Philosophen oben und dem Kinn eines Lüstlings unten« (Doyle, WA Bd. 7, S. 26). In dieser vertikalen Hierarchie steht der gute Geist im Kontrast zum sinnlichen Kinn. In *The Illustrious Client* (1924/*Der illustre Klient*) sieht der Täter (ein Heiratsschwindler) zwar sehr gut aus, aber seine Mundpartie verrät ihn: Er hat zu dünne Lippen. »Wenn ich jemals den Mund eines Mörders gesehen habe, dann hier – eine grausame, harte Scharte im Gesicht zusammengepresst, unerbittlich und schrecklich (Doyle, WA Bd. 9, S. 37).

Andererseits wird die Physiognomie eines Gesichts im Gegensatz zur Kleidung und allem anderen jedoch in dieser moralischen Form (zur Auslotung des Charakters der Person) nicht bei der Klärung seiner Fälle herangezogen. Alter, nationale Herkunft, also rein äußerliche Merkmale werden von Holmes natürlich auch am Gesicht festgemacht. Er hat sogar zwei Abhandlungen über die ganz und gar individuelle Physiognomie von Ohren geschrieben (Doyle, WA Bd. 8, S. 69). Er interessiert sich aber nicht für die Psyche der Täter oder Klienten. Einige Male ist ihm der Eindruck, den die Klienten bei Watson hinterlassen, wichtig: »Ich habe sein Äußeres natürlich eingehend studiert; trotzdem würde mich Ihr Eindruck interessieren« (Doyle-WA Bd. 9, S. 290). Vor allem schließt er anders als Watson, der permanent durch das Gesicht eines Menschen seinen Charakter beschreibt, nicht vom Gesichtsausdruck, sondern eher von der Größe seiner Ohren oder der Kleidung oder Haltung eines Menschen auf seine Herkunft, seinen Lebensstil und seine momentane Situation. Die vielen Gesichtsbeschreibungen dienen demnach vielmehr zur raschen Kenntnisnahme und Vorstellung der Charaktere in einem *literarischen* Sinne. Die Figuren werden so rasch lebendig in der Vorstellungskraft des Lesers. Einmal erklärt Watson in *The Retired Colourman* (1926/*Der Farbenhändler im Ruhestand*): »Sie wissen, ich habe für Gesichter ein scharfes Auge, Holmes« (Doyle, WA Bd. 9, S. 293). Auf der anderen Seite kann der Detektiv aus einer Brille auf die Physiognomie seiner Besitzerin schließen: Ein typisches Beispiel dafür ist die ausführliche Deduktion von Charaktereigenschaften aus einem goldenen Kneifer. Der Stand, die Physiognomie und das Geschlecht der Besitzerin lassen sich hier einfach aus ihrer Brille ablesen (Doyle, WA Bd. 7, S. 273). Der Weg führt jedoch vom Gegenständlichen zum Charakter und niemals deduziert Holmes aus dem Gesichtsausdruck seiner Besucher. Der Detektiv interessiert sich kaum für die menschliche, psychologische Seite der Delikte. Er ortet die Fakten und vielleicht noch Regungen auf dem Gesicht. Zu dem zwanghaften und schizoiden Zugang von Holmes passen detaillierte Beschreibungen des Charakters, die Gefühle enthalten würden, einfach nicht. Die Physiognomie ist also in der Spiegelung von innen und außen nur ein Element innerhalb der Narration. Der Mensch mit einem physiognomischen Sensus bildet das »Gegenbild zum gefühllosen Rationalisten« (Schmölders 2007, S. 34). Allerdings hat auch Holmes eine Theorie für die Ursachen der Kriminalität, die mit dem biologischen Material der Verbrecher eng zusammenhängt und daher keineswegs unproblematisch ist. So erklärt der Detektiv den plötzlichen Umschwung von Colonel Moran von der guten auf die böse Seite nicht aus der sozialen Situation heraus, sondern genealogisch: »Ich habe eine Theorie, nach der das Individuum im Verlauf seiner Entwicklung die ganze Reihe seiner Vorfahren durchlebt, und solch ein plötzlicher Umschwung zum Guten oder Bösen beruht demnach auf irgendeinem starken Einfluß, der in der Reihe seiner Ahnen tätig war. Der Mensch wird gleichsam zum Inbegriff der Geschichte seiner Familie« (Doyle, WA Bd. 7, S. 31). Die Ursachen der Kriminalität sind daher nicht anerzogen, sondern *vererbt*. Diese Theorie wurde aber bisher nicht in die Filmadaption der TV-Serie übernommen, wenngleich die geistige Genialität von Holmes, die er mit seinem Bruder und seiner Schwester teilt, sehr wohl als mütterliches Erbe in Erscheinung tritt. Als Ursache einer kriminellen Gesinnung werden aber keine Veranlagungstheorien oder aktuellere gentechnologische Erklärungsmodelle herangezogen. Das Verbrechertum direkt als unumgängliches Familienerbe zu betrachten ist aus heutiger Sicht so veraltet, dass moderne Holmes-Autoren wie Anthony Horowitz, diese Perspektive schlichtweg durchgestrichen haben und dann auf Erklärungsmodelle für die Ursachen der Kriminalität verzichten (vgl. Horowitz 2014, S. 311 f.).[78]

In Doyles Narrationen gibt es außerdem eine starke, direkte Verbindung zu der theaterhaften, schauspielerischen Ebene, weil der Detektiv sich selbst häufiger verkleidet. Schon in dem zweiten Roman *The Sign of Four* (1890/*Im Zeichen der Vier*) gelingt es Holmes, sich als ein harmloser Seemann zu verkleiden und seine Nachforschungen versteckt anzustellen (Doyle, WA Bd. 2, S. 109). Diese Verkleidung wurde später für den Disney-Trickfilm *The Great Mouse Detective* (1986/*Basil, der große Mäusedetektiv*) übernommen. In *Sherlock* tarnt sich der Detektiv in der Folge *His last Vow* (2014/*Sein letzter Schwur*) als Drogenabhängiger und geht *undercover* in eine Drogenhöhle, weil er dabei jedoch auch tatsächlich Drogen zu sich nimmt, wollen ihm Watson, Molly, und Mycroft seine Verkleidung nicht recht abnehmen.[79] In den Folgen *The Six Thatchers* (2017/*Die sechs Thatchers*) und *The Lying Detective* (2017/*Der lügende Detektiv*) verkleidet sich die geheime Schwester des Detektivs, Eurus Holmes (Siân Brooke), als *drei* verschiedene Personen: Sie ist die Frau, die mit Watson im Bus flirtet, seine Psychoanalytikerin und sie verkleidet sich als die Tochter von Culverton Smith und konsultiert so Holmes, angeblich wegen der Verbrechen ihres Vaters. Bei Doyle beweist Holmes seine außerordentliche Fähigkeit, seine Identität für lange Zeit zu wechseln, am deutlichsten in der Geschichte *His Last Bow* (1917/*Seine Abschiedsvorstellung*), wo beschrieben wird, wie er zwei Jahre lang als ein englischer Agent die deutschen Spione täuscht

---

[78] Wie wenig die beiden durchaus interessant geschriebenen Holmes-Romane von Anthony Horowitz letztendlich denen von Doyle entsprechen, zeigt sich am blutrünstigen Charakter der Narration, dem allzu *schematischen* Auftreten einiger Figuren und der Verwendung der vielen Schauplätze. In *The House of Silk* (2011/*Das Geheimnis des weißen Bandes*) wurden Elemente aus den Charles-Dickens-Romanen (vor allem *Oliver Twist* 1937–39) mit den Holmes-Geschichten vermischt. Dabei spielt eine Gruppe von Straßenkindern, die dem Detektiv bei der Auflösung helfen, eine entscheidende Rolle. Diese Gruppe und ihr Anführer Wiggins gibt es zwar schon bei Doyle. Sie bekamen aber niemals eine so zentrale Rolle wie in *The House of Silk*. Insbesondere in dem zweiten Roman *Moriarty* (2014/*Der Fall Moriarty*), in dem Holmes und Dr. Watson erst gar nicht mitspielen, wird dann deutlich, dass der Plot nur wenig mit logischen Kombinationen, sondern vielmehr mit sensationellen Offenbarungen arbeitet. Hier erfährt man schließlich am Ende, dass das gesamte Buch von dem Erzschurken Moriarty persönlich verfasst wurde, der auf einmal Lust dazu bekommen hat, eine schwierige Episode seines Lebens niederzuschreiben. Dabei ist sich Horowitz der Unglaubwürdigkeit seiner Auflösung bewusst. Deshalb versucht er immer wieder die Zweifel des Lesers zu zerstreuen, indem er sie benennt. So erklärt Moriarty, dass er den Sturz in die Reichenbachfälle in dieser Version (wie Holmes bei Doyle) überlebt hat: »Es ist fast schon ein bisschen albern, dass Holmes und ich denselben Zwischenfall benutzt haben, um aus der Welt zu verschwinden« (Horowitz 2014, S. 323).

[79] In *The Man with the Twisted Lip* (1891/*Der Mann mit der entstellten Lippe*) trifft Watson Holmes direkt in einer Opiumhöhle an und ist genauso überrascht wie in der TV-Serie.

und ihnen gefälschte Unterlagen verkauft und fünf ihrer Mitarbeiter verrät. Hier tarnt sich Holmes als ein Irish-Amerikaner und mit seinem Bocksbärtchen hat er »eine gewisse Ähnlichkeit mit einer Karikatur von Uncle Sam« (Doyle, WA Bd. 8, S. 250). Er sieht also so amerikanisch aus wie irgend möglich. Holmes ist der perfekte Schauspieler, der in viele Rollen hüpfen kann. Imitation und Original werden durch dieses mimetische Vermögen für den Betrachter ununterscheidbar. »Sherlock Holmes röchelt in der Rolle eines Sterbenden so unnachahmlich, daß sogar der getreueste Watson sein Ableben befürchtet« (Kracauer 1978, S. 186). Seinen Tod gaukelt er seiner Umgebung in *Der Reichenbachfall* (2012) vor, um dann allerdings Watson in einer absoluten einfachen Verkleidung als französischer Kellner in *The Empty Hearse* (2014/*Der leere Sarg*) wieder gegenüberzutreten. Die schauspielerische und theaterhafte Ebene des Detektivs bei Doyle qualifizierte ihn natürlich besonders für Theaterinszenierungen und Verfilmungen.[80]

Davon wurde aber sehr viel mehr Gebrauch gemacht in der Granada-TV-Serie mit Jeremy Brett als Sherlock Holmes. Die Serie hatte neun Staffeln und lief insgesamt, mit einer dreijährigen Unterbrechung (1988–1991), elf Jahre lang (1984–1994). Es wurden insgesamt 39, der insgesamt 56 Kurzgeschichten und zwei von den vier Romanen verfilmt. Diese Reihe unterhielt die allergrößte Nähe zu

---

[80] Verkleidungen gibt es in den Geschichten häufig auch bei den Tätern. So erweist sich in *A Case of Identity* (1891/*Eine Frage der Identität*) der Stiefvater als der verkleidete Bräutigam. In *The Man with the Twisted Lip* erweist sich der Mörder, ein Bettler, am Ende als der verkleidete Ermordete. Es hat also gar kein Mord stattgefunden. In beiden Fällen verkleiden sich die Männer, um ganz bewusst zu einer anderen Person zu werden. Sie ziehen daraus finanzielle Vorteile. In *A Case of Identity* geht es darum, dass die Stieftochter keinen Mann heiraten soll, damit sie mit ihrem Lohn weiterhin die Familie finanziert. Deshalb verkleidet sich ihr Stiefvater als potenzieller Brautwerber. Als er ihr Interesse geweckt hat, verschwindet er plötzlich, um seine Stieftochter mit einer prägenden, emotionalen Bindung zurückzulassen: »James Windibank wollte, daß sich Miss Sutherland so eng an Hosmer Angel bindet und so sehr im Ungewissen über sein Geschick ist, daß sie wenigstens die nächsten zehn Jahre keinen anderen Mann erhört. Bis zur Kirchentür hat er sie gebracht, und weil er nicht weitergehen konnte, ist er in einer für ihn sehr bequemen Weise mit Hilfe eines alten Tricks verschwunden, indem er auf der einen Seite einer Droschke einsteigt und auf der anderen Seite sofort wieder aussteigt. Ich glaube, so haben sich die Dinge abgespielt, Mr. Windibank!« (Doyle WA Bd. 5, S. 87). In *The Man with the Twisted Lip* findet Neville St. Clair heraus, dass er als gebildeter Bettler Hugh Boone sehr viel Geld verdienen kann und tarnt sich deshalb täglich als ein Bettler mit einem entstellten Gesicht, um von den Almosen, die er so bekommt, mit seiner Frau und seinen zwei Kindern das vornehme Leben eines Gentlemans führen zu können. Diese Verkleidungen haben demnach keinen schizoiden Charakter, der dann auf die Identitätsprobleme der jeweils agierenden Person hinweisen würden, sondern die Wechsel sind vollkommen kalkuliert. Ihre Aufdeckung ist verblüffend, weil ein und dieselbe Person als zwei verschiedene Personen in dem jeweiligen Fall auftaucht. In dieser unerwarteten Doublierung liegt die Rätselstruktur. In beiden Geschichten findet sich ein Hinweis auf dieses Geheimnis bereits im Titel der jeweiligen Kurzgeschichte.

den literarischen Vorlagen. Niemals zuvor und danach wurde Holmes so *orthodox* verfilmt. Die Serie war in England sehr populär (Seesslen 2011, S. 147). Für viele Sherlockianer ist diese Darstellung die definitive (vgl. Stafford 2015, S. 83 f.). Dennoch tritt Holmes gerade in ihr als ein intelligenter, unattraktiver Fiesling auf, was *nicht* mit den Beschreibungen von Doyle übereinstimmt. Jeremy Brett konzentriert sich dabei sehr auf ein ausgefeiltes Mienenspiel, das deutlich theatralische Züge aufweist. Auch in seinen zahlreichen Verkleidungen ist Holmes hier tatsächlich, wie in den Vorlagen, nicht wiederzuerkennen. Die langen Dialogpassagen aus den Büchern, die hier oft nahezu vollständig wiedergegeben wurden, sind sicherlich für den Kenner des Kanons interessant, sie entsprechen aber mehr dem Theater und nicht dem Medium Film. Sie wurden ganz im Sinne Doyles visuell umgesetzt und dabei kam vor allem das Schauspiel und der Gesichtsausdruck zum Tragen. Hier liegt der Schwerpunkt auf der Darstellung der Charaktere, die in *Sherlock* nur einen Teil (wenngleich auch sehr wichtigen Teil) der gesamten Inszenierung ausmacht. Es mangelte der Produktion der Granada-TV-Serie an Geld und daher verpflichtete sie viele erstklassige, britische Theaterschauspieler, die durch ihr Mienenspiel oftmals andere mögliche Schauwerte ersetzen mussten. Es gibt demnach viele Großaufnahmen. Auch wenn eine solche Dramaturgie durch die vielen und präzisen, physiognomischen Beschreibungen von Doyle eindeutig gestützt wird, reduziert sie die Möglichkeiten einer spezifisch cineastischen Darstellung erheblich. Durch das Theaterhafte und die einfache Kameraführung bleiben diese Verfilmungen bei der damals typischen Fernsehdramaturgie stecken. Aber so konnte keine filigrane, sublime, cineastische Illusion geschaffen werden, zu der es weitaus ausgeklügelterer filmischer Mittel bedurft hätte. Ich würde daher die Ansicht vertreten, dass die Transformation und Auseinandersetzung mit dem Stoff in der BBC-Reihe dem Original im Medium Film gerechter wird als eine Verfilmung, die sich 1:1 an ihre Vorlage zu halten versucht.

Die visuellen Motive wurden in *Sherlock* ganz anders und viel komplexer gelöst. Die Montage trägt dabei erheblich zur Narration bei. Allerdings standen hier auch entsprechend höhere finanzielle Produktionsmittel zur Verfügung. Dennoch bilden die Gesichter, wie in jedem Film, eine sehr wichtige visuelle Ebene. So wurde beispielsweise das Aussehen von Benedict Cumberbatch für die Serie gründlich verändert. Als er engagiert wurde, trug er rotbraune kurze Haare. Gattis und Moffat wollten aber, dass er Lord Byron ähnlichsieht. Er sollte einen blassen Teint haben und eine Figur sein, die vor allem nachts lebt (Tribe 2015, S. 251). Generell wird das Outfit der Charaktere im Film sehr genau und nach Anweisungen der Regie gestaltet.

5.2 Die zwanghaften, autistischen, schizoiden und traumatischen Züge in der Persönlichkeit des Meisterdetektivs

Eine der wichtigsten Veränderungen gegenüber dem Original ist die häufiger erwähnte Krankheitseinsicht des Detektivs in der TV-Serie, die innerhalb der Psychoanalyse bereits den ersten Baustein für eine mögliche Heilung bereitstellt. Holmes ist sich im Gegensatz zu seinem literarischen Pendant vollkommen darüber im Klaren, dass er ein Soziopath ist, also einen schweren psychischen Defekt in Bezug auf seine sozialen Fähigkeiten hat. Und auch sein Bruder Mycroft weiß, dass beide Brüder zwar überdurchschnittlich intelligent, aber dafür zwischenmenschlich sonderbar sind. In Doyles Geschichten weiß vor allem Watson, dass Holmes oftmals seltsam tickt. Im Gegensatz zu der Figur in der TV-Serie hatte sich der Detektiv in den Geschichten allerdings an die viktorianischen Standards im zwischenmenschlichen Umgang zu halten (Redmond in: Stafford 2015, S. 82). Nur im Film kann Holmes sein Gegenüber tatsächlich beschimpfen und seine Arroganz kennt keine Grenzen. Holmes lässt seine Umgebung gern wissen, für wie dumm er sie hält und ist um freche Sprüche nie verlegen. Dadurch wirkt er aber letztendlich weniger distanziert und ist umgänglicher. Er ist nicht mehr der souveräne Meisterdetektiv, sondern gerät zunehmend in Situationen, wo auch seine menschlichen Schwächen offenkundig zutage treten und thematisiert werden.

»Er würde dich zerstören ... Er ist ein absoluter Drecksverl« sagte Cumberbatch über die Figur, die er spielt (Stafford 2015, S. 9). Dabei muss seine Darstellung eine eigenwillige Balance halten zwischen brüsk, scheußlich, kalt arrogant und abweisend und dennoch auf eine besondere Weise gutmütig, verletzlich und naiv, um eine besondere Sympathie beim Zuschauer zu erzeugen (vgl. Stafford 2015, S. 56). Ähnlich wie bei Mister Spock, vom Raumschifft Enterprise aus den 1960er Jahren, sind es seine fehlenden Gefühle, seine kalte, rationelle Effizienz, mit der der Detektiv seine Mitmenschen regelmäßig vor den Kopf stößt. Er scheint wie eine *Maschine* zu funktionieren. Dennoch ist er zugleich eine sehr charismatische Figur und eindeutig ein Idol in den Geschichten. Die Frauen begehren diese dünne, falkenhafte Figur (vgl. Graham 2012, S. 24), die viel attraktiver und jünger als ihre verstaubte literarische Vorlage ist.

Holmes ist kein Verführer und letztendlich auch nicht verführbar und darin besteht ein besonderer Reiz. Es bleibt Raum zum Träumen. Er ist mit seiner Arbeit verheiratet, eben ein platonischer Charakter. Und dennoch wirkt der neue Holmes schon aufgrund seines Äußeren auf Frauen attraktiv. In der Darstellung von Cumberbatch ist es gerade sein jugendlicher Elan, der ihn im Gegensatz zur klassischen Darstellungsweise interessant werden ließ. Er sieht sexy aus und bietet ein Model für den gut angezogenen, britischen Mann (ebd., S. 32). Nach der Ansicht von Anissa M. Graham und Jennifer C. Garlen gibt es im 21. Jahrhundert ein neues Männlichkeitsideal, in welchem intellektuelle Schärfe und sexuelle Wünsche zusammenkommen (Graham 2012, S. 33). Dieser smarte Charakter, der stets alles im Griff zu haben scheint, fasziniert die Zuschauer und nochmals auf eine andere und besondere Weise die Zuschauerinnen. Der enorme Erfolg der BBC-Reihe *Sherlock* besteht nicht zuletzt darin, dass der Holmes-Charakter zugänglicher gemacht wurde und er ist nun zwar deutlich arroganter als jemals zuvor, aber auch emotionaler und oft, wie zum Beispiel am Ende in der vierten Staffel, auch sehr viel verletzbarer.

Holmes Verhalten zeichnet sich dabei neben seiner Abenteuerlust und seinem Scharfsinn dadurch aus, dass er festen Gewohnheiten nachgeht, wie Doyle häufiger hervorhebt und wie sich auch im Verlauf der Geschichten immer wieder zeigt. Am Ende werden in der letzten Folge *The Final Problem* (2017/*Das letzte Problem*) die Ursache seines Verhaltens erklärt. Es handelt sich um eine Traumatisierung im Kindesalter (er ist ca. 6 Jahre alt). Zuvor war er ein emotionaler kleiner Junge gewesen. Ähnlich wie Freuds Wolfsmann hat Holmes eine sehr destruktive, ältere Schwester Eurus (sie ist ein Jahr älter), die ebenso intelligent, aber verrückt ist. Sie ist klüger, aber auch viel gefährlicher als ihre beiden Brüder. Schon als Kind hat sie sich mit einem Messer ins eigene Fleisch geschnitten, weil sie sehen wollte, wie ihre Muskeln arbeiten. Diese familiäre Konstruktion nimmt einige Anleihen bei *The Fall of the House of Usher* (1839/*Der Fall des Hauses Ascher*), zumal Eurus das Elternhaus mutwillig in Brand gesetzt hat und danach weggebracht wurde. Kurze Zeit später wurde sie für tot erklärt, um ihren Eltern weitere Schmerzen zu ersparen. Bei Poe bricht am Ende der Kurzgeschichte das Elternhaus ebenfalls zusammen (ein klassisches Horrormotiv) und zuvor hatte der Bruder Roderick Asher, ohne es zu wissen, seine Schwester Madeline lebendig begraben. Für Holmes (und den Zuschauer) ist die Rückkehr dieser *totgeglaubten* Schwester am Ende der vierten Staffel mehr als eine Rückkehr des Verdrängten. Denn in dem Bewusstsein des Detektivs hat es diese Schwester gar nicht gegeben. Er hat sie nicht verdrängt oder vergessen, er hat sie *gelöscht*. Sehr konventionell wird hier dennoch der Horror mit dem Femininen verbunden. Eurus ist eine Einzelgängerin, mit der kein Kind spielen wollte. Aus Eifersucht tötete sie daher beim Piratenspiel den besten Freund ihres jüngeren Bruders Trevor. Dieser frühe Verlust, den Holmes verdrängt und mithilfe von Mycroft *ersetzt* hat durch den Verlust eines Hundes (mit dem Piratenname Redbeard, ein Pirat, den Trevor beim kindlichen Rollenspiel gewesen war), ist das entscheidende Ereignis, welches die Persönlichkeit des klugen Detektivs geformt hat. Daraus ergibt sich sein lebenslanger Kampf gegen das Verbrechen, der ursprünglich einmal der Kampf gegen das Verbrechen seiner eigenen (durchaus geliebten) Schwester gewesen ist, welches er nicht verhindern konnte. Wie bei vielen Filmcharakteren erweist sich ein Trauma so als Ausgangspunkt.

Der besonders hohe Intelligenzfaktor innerhalb der Holmes-Familie, der insgesamt sehr ungewöhnliche Formen annimmt, ist damit jedoch noch nicht erklärt. So kommen andere Erklärungsmuster, wie das *Asperger-Syndrom*, durch welches die leicht autistische Haltung und ebenso zwanghafte Motive erzeugt wurden, auch bei dem Holmes im 21. Jahrhundert weiterhin in Betracht. Oft ist bei der klassischen Holmes-Figur schon auf die *zwanghafte* Persönlichkeit des Privatdetektivs hingewiesen worden, die sehr offensichtlich zutage tritt. Seesslen schrieb über Holmes, dass sich zwischen Rationalismus und Irrationalismus »die Zwangsneurose als Umgangsform« entwickelt habe (Seesslen 2011, S. 22). Bernd Stiegler erklärte den Detektiv in einer kühnen Substitution zwischen Mensch und Maschine nicht nur zum Fotoapparat, sondern auch zum Ordnungswerkzeug erster Klasse: Holmes »ist das Detektiv gewordene Ordnungsversprechen in einer modernen Welt« (Stiegler 2014, S. 49). Auch die Nähe zum Computer ist bei diesem *Mastermind* in der Gegenwart sehr evident. So wies Friedrich Kittler 1982 (mit der für ihn üblichen Genugtuung gegenüber der damaligen Literaturwissenschaft und ihrer Sinnsuche) darauf hin, dass Holmes nichts weiter als »ein wandelnder Datenspeicher« (Kittler 1993, S. 31) sei und stellte schon den Bezug zu den hochtechnisierten Möglichkeiten her, über die Holmes in der Serie dann tatsächlich verfügt. Allerdings sind für Kittlers und Stieglers medientheoretische Ansätze die psychischen Störungen dieses Detektivs keine weitere Ausdeutung wert. Ob er nun als ein Fotoapparat »Fiktion in Faktizität verwandeln soll« (Stiegler 2014, S. 92) oder seine Wissensleistungen an die Datenverarbeitung von modernsten Rechnern heranreicht, beide Phänomene sind in einer dritten psychoanalytischen Lesart Symptome für ein Krankheitsbild, das in der TV-Serie durch ein Trauma zustande kommt. Der Rückzug eines Menschen in eine disziplinierte Haltung, wo er die Anonymität eines Rechners aufweist, der zuvor wie eine Fakten sammelnde Fotokamera agiert hat, erscheint demnach viel problematischer. Ein Superhirn, das ohne störende Emotionen arbeiten möchte, weist zudem auf eine *schizoide* Grundhaltung hin, in der Intersubjektivität und Bindungen nach Fritz Riemann das eigentliche Angstpotenzial bilden, welches von Holmes systematisch abgewehrt oder auf Distanz gehalten wird (vgl. Riemann 2002, S. 23). Jede Bindung, so kann man nun für die Figur innerhalb der TV-Serie sagen, berührt das verdrängte Trauma und muss deshalb ferngehalten werden. Damit ist auch die Zwangsneurose nur ein Teil von einem umfassenderen Problemkreis, welcher durch den narzisstischen Rückzug auch psychotische Elemente aufweist.

Holmes besaß schon bei Doyle die Fähigkeit seine Emotionen vollständig zu unterdrücken. Er kann sie zuweilen gar nicht wahrnehmen: »Gegen Gefühlsregungen war er allerdings immun« (Doyle, WA Bd. 9, S. 113). Sie verpflichteten ihn als moralisch ordentlicher Teil der Gesellschaft zu funktionieren. Wenn Holmes in der BBC-Reihe *Sherlock* erklärt, dass er ein hochfunktionaler Soziopath sei, dann bezieht sich *hochfunktional* auf seine zwanghafte Besessenheit und der Soziopath auf seine schwerwiegenderen schizoiden, autistischen, eben durch das Trauma verursachten zwischenmenschlichen Defekte. Diese Defekte lassen ihn zum Außenseiter, Einzelgänger, Junkie, Freak und Ärgernis der Gesellschaft werden.

Der geniale Detektiv steht mit der Realität in einem schwer überwindbaren Konflikt. Ihm fehlen vor allem die libidinösen Besetzungen von weiblichen Objekten. Er ist vor allem von sich selbst und seinen Fähigkeiten fasziniert. Er schirmt sich schon bei Doyle systematisch vor der intersubjektiven Ebene ab, wenn es um tiefere Emotionen geht. Er fühlt sich nur wohl bei seiner Arbeit, wo er alle persönlichen Aspekte ausblenden kann und es nach eigenen Angaben sogar muss: »Ein Klient ist für mich nicht mehr als eine abstrakte Einheit, ein Faktor in einem Problem. Gefühlsregungen sind dem klaren Denken feind. Ich kann Ihnen versichern, daß die anziehendste Frau, der ich je begegnet bin, am Galgen endete, weil sie ihre drei kleinen Kinder um des Versicherungsgeldes willen vergiftet hatte, und daß der abstoßendste Mann, den ich kenne, ein Philanthrop ist, der beinahe eine Viertelmillion für die Armen Londons gespendet hat« (Doyle, WA Bd. 2, S. 23). Aus diesem Grund verzichtet Holmes auch auf Verhöre und am Schluss auf Geständnisse und löst die Fälle lieber kognitiv im Alleingang. Es gibt keine Verhöre oder Geständnisse, weil Holmes die Fälle lieber selbst rekonstruiert und sich dabei nur in den notwendig abweichenden Details von den Tätern korrigieren lässt. Auch die Kurzgeschichte *The Cardboard Box* (1892/*Die Pappschachtel*) bildet da keine Ausnahme, obwohl sie am Ende ein vollständiges, schriftliches Geständnis des Täters enthält, welches sich sogar über mehre Seiten erstreckt (Doyle, WA Bd. 8, S. 73). Denn Holmes hat den Fall vorher schon gelöst und den Namen des Täters für Kommissar Lestrade auf die Rückseite einer kleinen Visitenkarte geschrieben (ebd., S. 66). Allerdings erfährt der Leser nun alle Details, die voller *Emotionen* sind und das Gegenteil bilden von der unterkühlten Recherche des Detektivs. Holmes selbst konnte die Details dieses Falls, den er mehrfach als einen sehr einfachen bezeichnet, jedoch nicht selbst deduzieren.

Der zwangsneurotische Aspekt (er liefert in der TV-Serie den Ausgangspunkt für die Komödie) zeigt sich auch in der Freude des Detektivs am Detail. Mit der Lupe wird jeder Millimeter am Tatort nach Spuren abgesucht. Diese akribische und gründliche Untersuchung entspricht dem zwangsneurotischen Gestus nach Sauberkeit und Ordnung. Überhaupt ist die Spur hier vor allem eine *Dreckspur,* die der Täter hinterlassen hat. Oder sie ist umgekehrt eine mangelnde Staubspur und Holmes entdeckt durch sie, dass ein Gegenstand fehlt (Doyle, WA Bd. 7, S. 177). Der gesamte kriminologische Ansatz beinhaltet durch das ihm innewohnende Delikt und die daraus resultierende Schuld eine zwangsneurotische Ebene, die auch schon bei Doyle nicht selten durch die humorvolle Lockerheit von

Holmes, sobald er sich wieder in diesen Gefilden bewegt, quittiert wird. Der Detektiv durchläuft die mannigfaltige Realität und tastet sie ab, um sie letztendlich auf eine Bibliothek aller Zeichen, die der Täter hinterlassen hat, zu reduzieren. Er kann den Kontext insgesamt überhaupt nicht erfassen, sondern sieht, wie ein Mensch, der am *Asperger-Syndrom* erkrankt ist, immer nur den Ausschnitt, der ihn gerade interessiert.

Aus dem lange übersehenen Aspekt der Medialität, der Verknüpfung zwischen der Spur und der daraus resultierenden Gespensterkunde namens Medienwissenschaft, ergeben sich weitreichende Konsequenzen, die sich im Charakter des Detektivs abzeichnen. Doyle wollte die besonderen Spuren, denen Holmes nachjagt, graphisch in seinen Büchern gern wiedergeben. Eine der schönsten Verbindungen zwischen den Lesezeichen (der Buchstaben- und Zeichenkette des Textes) und den Spuren, die Holmes aufspürt, lässt sich in *The Priory School* (1904/ *Die Abtei-Schule*) finden, wo die vorgetäuschten Kuhspuren (Pferde tragen solche Hufe, dass es so aussieht als wären sie Kühe) im Buch von Punkten oder Doppelpunkten dargestellt werden. Diese Zeichen verweisen auch auf die Geschwindigkeit, mit der die Tiere sich fortbewegt haben (vgl. Doyle, WA Bd. 7, S. 150). In *The Missing Three-Quarter* (1904/*Der verschollene Three-Quarter*) ist die Schrift eines Telegramms zunächst spiegelverkehrt abgedruckt. In *The Dancing Men* (1903/*Die tanzenden Männchen*) ist die Geheimsprache durch Strichmännchen abgedruckt. In *Black Peter* (1904/*Der schwarze Peter*) sind es die Initialen auf einem Tabakbeutel und einem Notizbuch, die jeweils eine Spur zu deren Besitzer liefern. Der Tatort ist hier demnach durch den Täter, ohne dass er es wollte, signiert worden. Alle diese Spuren stellen einen Bezug *zum Tod* her, weil sie stets in der Vergangenheit gezeichnet worden sind und demnach auf ihre Vergänglichkeit insistieren. »Die Spur, die ich hinterlasse, bezeichnet mir sowohl meinen kommenden Tod als auch die Hoffnung, daß sie mich überlebt« (Derrida 2005, S. 40). Derrida hat die konkrete Hoffnung in der Geschichte der französischen Sprache, seine Spuren zu hinterlassen (ebd., S. 45), was Doyles Geschichten vor allem in der englischsprachigen Welt auf jeden Fall gelungen ist. »Jedes Graphem ist seinem Wesen nach testamentarisch« (Derrida 1992, S. 120). »Die Text Falle treibt immer schon einen Handel mit dem Tod« (Kofman 2000, S. 15). Die Spur ist stets eine aus der Vergangenheit. Ihr Urheber ist bereits fort und sie ist nicht selten unheimlich. Sie ist etwas, dass jemand *hinterlassen* hat. Wenn man diesen Strang ausdeutet, so beinhaltet die Spur die zwangsneurotische Angst vor dem Tod. Sie ist als Zeichen vergänglich und gemahnt an die Vergänglichkeit. Daher ihre unheimliche Wirkung in diesem Kontext. Bei Holmes sind die Spuren stets verbunden mit dem Tod, nämlich einem Mord, womit der Zusammenhang stets ganz direkt hergestellt wird. Die Angst vor dem Tod ist aber die *Hauptangst* innerhalb des zwanghaften Denkens (Riemann 2002, S. 106). In *Sherlock* spielt der Detektiv schon als Kind in einer Umgebung, in der der Tod sehr präsent war, durch viele komische Grabsteine, die die falschen Daten trugen und vor seinem Elternhaus standen. Denn er hatte dort gern gespielt und war von den falschen Daten fasziniert, die er erst viel später entschlüsseln konnte.

So sehr die eine Motivation von Holmes bei Doyle ursprünglich auch eine Säuberung der Welt vom *Unrat* des Verbrechens gewesen sein mag, so reicht das nicht aus, um diese vielschichtige Figur und ihren Erfolg zu erklären. Es ist nicht nur das reine Denken, es ist sein *Forscherdrang* insgesamt, der ihn *zwingt* sich in einer bestimmten Weise zu verhalten. Schon in der allerersten Holmes-Geschichte, dem damals wenig erfolgreichen Roman *A Study in Scarlet* (1887/*Eine Studie in Scharlachrot*), wird der Detektiv als ein Mann mit einem stark wechselnden Temperament beschrieben. Er arbeitet entweder von morgens bis abends in einem Chemielabor oder lässt sich dort überhaupt nicht blicken (Doyle, WA Bd. 1, S. 13). Von Anfang an hatte Doyle Holmes Charakter als den eines *besessenen* Wissenschaftlers entworfen, der zugleich lange Phasen von Lethargie kennt. Holmes muss zwanghaft arbeiten und denken, sonst fühlt er sich matt und erschöpft: »Ich habe eine eigenartige Konstitution. Ich kann mich nicht erinnern, daß Arbeit mich jemals ermüdet hätte, während Untätigkeit mich zutiefst erschöpft« (Doyle, WA Bd. 2, S. 89). Er kennt nur manischen Arbeitseifer oder eine durch Drogen noch verstärkte Lethargie (Fleischhack 2015, S. 51). In *The Bruce-Partington Plans* (1908/*Die Bruce-Partington-Pläne*) wird der Wandel von Holmes von der Melancholie[81] in die Manie sehr schön beschrieben: »Man sehe sich einen Jagdhund an, wie er mit schlaffen Ohren und hängendem Schwanz im Zwinger herumlungert, und halte sich dann zum Vergleich das Bild desselben Hundes vor Augen, wenn er mit funkelndem Blick und angespannten Muskeln einer frischen Spur nachjagt – solcher Art war die Verwandlung, die seit dem Morgen mit Holmes vorgegangen war. Niemand hätte in diesem Mann die schlaffe und träge Gestalt im mausgrauen Schlafrock wiedererkannt, die nur wenige Stunden zuvor so rastlos durch das nebelumwaberte Zimmer gestrichen war« (Doyle, WA Bd. 8, S. 126). Holmes fehlt die Fähigkeit zur Einfühlung in den Anderen weitgehend und er ist ausschließlich mit einem *Spezialinteresse* in jene kleine Welt vertieft, die ihn interessiert. Alles andere hat keinerlei Bedeutung, wenn er sich auf seine Fälle konzentriert. Schon in *A Study in Scarlet* (1887/*Eine Studie in Scharlachrot*) gibt es folgende, ähnliche Beschreibung über sein eigenartiges Benehmen bei der Spurensuche am Tatort: »In seine Beschäftigung war er so vertieft, daß er unsere Gegenwart vergessen zu haben schien, denn er redete unausgesetzt leise mit sich selbst, in einem nicht ab-

---

81 Selbst in relativ gängigen Büchern über den Meisterdetektiv wird darauf hingewiesen, dass Holmes aufgrund seiner Tiefphasen »die klassischen Symptome einer Depression« zeige (Smith 2013, S. 19).

reißenden Strom von Ausrufen, Seufzern, Pfiffen und kleinen Schreien, die Ermutigung und Hoffnung andeuten mochten. Während ich ihn beobachtete, konnte ich nicht umhin, an einen reinrassigen, gut abgerichteten Jagdhund zu denken, der vor und zurück durch das Dickicht schießt und in seinem Eifer winselt, bis er die verlorene Fährte wiederfindet« (Doyle, WA Bd. 1, S. 42). Obwohl Maria Fleischhack immer wieder dafür plädiert, auch die emotionalen Seiten des Detektivs bei Doyle zu sehen, die es ihm sogar oftmals erst ermöglichen zur Lösung zu gelangen (Fleischhack 2015, S. 58), kann man diesen stark selbstbezüglichen, autistischen und arroganten Charakterzug nicht erst in den Verfilmungen finden, sondern auch er ist bei Doyle schon angelegt.

Zweimal wird die Figur bei Doyle im Kanon etwas anders und jedes Mal menschlicher. Am schroffsten tritt Holmes nach ihrer Ansicht in den ersten zwei Romanen auf. In den Kurzgeschichten sei er dann schon etwas umgänglicher. Und als er nach seinem Sturz in die Reichenbachfälle nach dreijähriger Abwesenheit wiederkehrt ist Holmes *empathischer* als jemals zuvor (ebd., S. 160). Auch Osterwalder hat beobachtet, dass der literarische Holmes in den ersten beiden Doyle-Romanen noch viel asozialer ist als in den folgenden Kurzgeschichten. Die Figur verändert sich danach, »das mitleidlose, frostige Auftreten gegenüber den Mitmenschen wird von nun an mit Andeutungen auf ein Gefühlsleben unterbrochen, die Drogensucht durch Watsons Fürsorge geheilt« (Osterwalder 2011, S. 50). Doyle lässt Watson in einer späteren Geschichte schreiben, dass er zwar den Detektiv von seiner früheren Drogensucht abgebracht habe, dass aber immer noch die Gefahr eines Rückfalls bestünde (Doyle, WA Bd. 7, S. 294). Allerdings tritt Holmes ab dem dritten Sammelband der Kurzgeschichten *The Return of Sherlock Holmes* (1905/*Die Rückkehr des Sherlock Holmes*) mit deutlich mehr Humor und Gelassenheit auf als zuvor. Die Beobachtung eines radikalen Wandels ist aber dennoch nach meiner Ansicht nur teilweise nachvollziehbar, sie entspricht mehr der TV-Serie, wo der Detektiv während der dritten Staffel nach seiner Rückkehr zunehmend auch eine menschliche Seite bekommt und geradezu sentimental werden kann. Wenn er in der vierten Staffel seinen Freund Watson in der Folge *The Lying Detective* (2017/*Der lügende Detektiv*) in den Arm nimmt, um ihn wegen des Todes seiner Ehefrau zu trösten, ist tatsächlich sein Höchstmaß an Empathie erreicht.

Bei Doyle fehlen Holmes alle romantischen Ambitionen, diese bekam er in der TV-Serie aber bereits relativ früh. Zum ersten Mal wird dies deutlich, als sich der Detektiv in Irene Adler *verliebt*. Stafford beschreibt dann sehr eindrücklich wie der Zuschauer mitansehen kann, wie sich das Verhalten von Holmes in der Folge *The Sign of Three* (2014/*Im Zeichen der Drei*) gegenüber vorher nochmals deutlich verändert hat: »Er weiß nun, wann er ein Trottel ist« (Stafford 2015, S. 189). Er interessiert sich auf einmal dafür, was andere über ihn denken. Holmes bekundet in dieser Folge auch seine Sorge, dass Watson ihn aufgrund seiner Ehe verlassen könnte. Mycroft erinnert ihn in einem Telefongespräch erstmals an sein Trauma und an seinen Freund Redbeard, den er in seiner Kindheit verloren hat. Dasselbe könne nun nochmals mit Watson passieren. (Die Rede ist dabei allerdings von einem Hund.)

Umso mehr sich Holmes in der TV-Serie seinem Trauma nähert, desto menschlicher kann er sein. Er macht dann seinem Freund während seiner Hochzeitsrede als *best man* das größte Kompliment, das er ihm bisher gegeben hat, indem er erklärt, dass er nur Fälle löst, während Watson aber aufgrund seiner medizinischen Tätigkeit Menschenleben rettet.[82] Doch bei der anfänglichen Ablehnung des Hochzeitsrituals aus logischen Gründen zeigt er ganz seine typische Haltung, in der seine Unmenschlichkeit, seine mangelnde soziale Kompetenz hervortritt. Die Rede schwankt daher zwischen intellektueller, übermäßiger und kühler Distanz und einem freundschaftlichen Pathos. Sie ist aber vor allem komisch, weil Holmes seine Fehler zwar zum Teil öffentlich eingestehen und sie dennoch nicht ablegen kann. Später spielt er für das frischvermählte Hochzeitspaar eine wundervolle, romantische Melodie auf seiner Violine.

Den Autoren war wichtig, dass der Detektiv sich mit der Zeit verändert: »Er ist »ein bisschen wie Pinocchio: Er muss das Menschsein erst erlernen« (Tribe 2015, S. 248). Dennoch macht die Figur auch immer wieder ihre peinlichen Bemerkungen, durch die ihre Neigung zur Misanthropie und ihre soziale Störung weiterhin zum Ausdruck gebracht werden. Wirkliche Empathie empfindet Holmes erst in der vierten Staffel. Hier gibt es zahlreiche Szenen, in denen das deutlich wird. So ist er in *The Final Problem* (2017/*Das letzte Problem*) vollkommen peinlich berührt, als seine Schwester Eurus ihn und Molly Hooper dazu zwingt, sich gegenseitig Liebesgeständnisse zu machen. Er weiß nun, im Gegensatz zu vorher, wie sehr er Hooper durch seine Missachtung ihrer Zuneigung für ihn verletzt hat. Er kann sich in sie einfühlen. Vorher konnte er sich nur in den Mitmenschen *hineindenken* aufgrund der Umstände, aber kannte kein richtiges Mitgefühl. Aber seine Empathie hat eine Grenze, sie überschreitet fast nie seine Logos.

Trotz dieses Defizits bleibt er aber stets ein höflicher Gentleman mit erstklassigen Umgangsformen. Holmes bewegt sich, wenn man von seiner ungewöhnlich starken Faszination, Verbrechen aufzuklären, einmal absieht, stets im Rahmen aller sozialen Konventionen, auch wenn er mit den anderen Menschen keinen be-

---

82 Kracauer hat genau diesen Unterschied in einem Vergleich zwischen den Tätigkeiten des Arztes und Detektivs ähnlich ausgedrückt: »Denn nicht wie der Arzt folgert er (der Detektiv) in der Absicht des Heilens, sondern die Krankheit am Gesellschaftsleib ist ihm nur ein Anlass zur Deduktion« (Kracauer 1978, S. 148). Für Kracauer gehört der Detektiv als Symptom zur erkrankten Gesellschaft, deshalb kann er gar nicht anders handeln.

sonders engen Umgang pflegt. Und bei Doyle vermag er zuweilen, wie zum Beispiel in *The Illustrious Client* (1924/*Der illustre Klient*), obwohl er mehr seinen Kopf als sein Herz gebraucht, auch mit einer großen Wärme mit einer Frau zu sprechen, um sie von ihrem fanatischen Plan, einen Frauenmörder und seichten Verführer zu heiraten, abzubringen (Doyle, WA Bd. 9, S. 27 f.). Überhaupt hatte Doyle die Figur von Anfang an sehr klar angelegt und später nur wenig weiter ausformuliert, als vielmehr in zahlreichen Variationen ihre Verhaltensweisen wiederholt. Beispielsweise beginnt die Kurzgeschichte *The Reigate Puzzle* (1893/*Die Junker von Reigate*) damit, dass Watson sehr eindrücklich berichtet von den manischen Formen, die die Arbeitsweise von Holmes annehmen konnte. Holmes sei unter der Belastung seiner Nachforschungen, die sich über zwei Monate hingezogen haben, nun zusammengebrochen. Während dieser Zeitspanne habe er nie weniger als fünfzehn Stunden gearbeitet und sich mehrfach fünf Tage am Stück seiner Aufgabe gewidmet. Trotz des Erfolges dieser Arbeit litt der Detektiv nach seinem Zusammenbruch an einer Depression. Doyle beschreibt wörtlich wie dicht manischer Triumph und Depression hier beieinanderliegen: »Das triumphale Ergebnis seiner Mühen konnte ihn nach einer so schrecklichen Anstrengung nicht vor einer Reaktion bewahren, und zu einer Zeit, als Europa von seinem Namen widerhallte und sich in seinem Zimmer buchstäblich knöcheltief Glückwunschtelegramme häuften, war er das Opfer schwärzester Depressionen« (Doyle, WA Bd. 6, S. 137).

Es ist nicht der gesellschaftliche Erfolg, es ist die unermüdliche, gründliche und aufwendige detektivische Arbeit selbst, die Holmes verfolgt und nicht die gesellschaftliche Anerkennung. Seinem melancholischen und zynischen Geist war der Beifall der Menge immer ein Greuel« (vgl. Doyle, WA Bd. 8, S. 205). Er gibt sich als der typische elitäre Gelehrte, dem die Interessen der Massen verhasst sind. Oft genug überlässt es Holmes bei Doyle einem Beamten der Polizei, den Ruhm für einen aufgeklärten Fall zu ernten, weil ihm daran gar nicht gelegen ist. Ist seine Arbeit getan, kann er den Erfolg nicht genießen (er genießt es nur das Rätsel gelöst zu haben) und er fällt in eine *Krise*. Diese Krisen gehören von Anfang an zu seinem Lebensstil. So klärt er Watson am Anfang ihrer Freundschaft über seine Stimmungen auf: »Manchmal, da blase ich Trübsal und mache tagelang den Mund nicht auf. Sie dürfen dann nicht meinen, ich wäre verärgert. Lassen Sie mich in Frieden, und ich bin bald wieder in Ordnung« (Doyle, WA Bd. 1, S. 17). In der TV-Reihe Sherlock wurde die manische Seite des Original-Detektivs weitaus stärker ausgearbeitet als seine depressiven Phasen, meint der Holmes-Spezialist Christopher Redmond (Stafford 2015, S. 81). Dennoch wird häufig genug gezeigt und artikuliert, wie er sich langweilt und von seinen Mitmenschen gelangweilt ist. Holmes im BBC ist ein Mann, der die Langeweile(r) meistens rasch vor die Tür setzt, um dann im manischen Tempo weiterzuarbeiten. Die übertrieben hohe Geschwindigkeit innerhalb der Narration entspricht dem manischen Charakterzug des Detektivs.

Nur bei Doyle kommt der Detektiv in ein Alter, wo er jederzeit *pausieren* kann, ohne depressiv zu werden, wenn sich nichts Neues ergibt: »Eine der bemerkenswertesten Eigenschaften von Sherlock Holmes war die Fähigkeit, sein Gehirn jederzeit abschalten und all seine Gedanken weniger gewichtigen Dingen zuwenden zu können, wenn er der Überzeugung war, weiterzuarbeiten lohne sich im Augenblick nicht« (Doyle, WA Bd. 8, S. 145). Das heißt aber auch hier nicht, dass er auf kognitive Tätigkeiten verzichtet. So folgt auf die obenstehende Bemerkung: »Wie ich mich erinnere, vertiefte er sich für den ganzen Rest jenes denkwürdigen Tages in eine Abhandlung über die mehrstimmigen Motetten von Lassus, die er zu schreiben begonnen hatte« (ebd.). Diese Abhandlung zählt später unter Sachverständigen, als der Weisheit letzter Schluss zu diesem ungewöhnlichen Thema (ebd., S. 151). Holmes beginnt in späteren Jahren demnach regelrecht wissenschaftlich zu arbeiten, wenn er gerade keinen Fall hat. Immer wieder schreibt er wissenschaftliche Studien, die allerdings alle einen sehr sonderbaren Charakter haben, da sie ganz und gar eigentümliche Gebiete der unterschiedlichsten Art untersuchen. Liegen diese Studien zunächst noch alle im Bereich der Kriminalistik, so werden später auch andere Themen angegangen. So schreibt er nicht nur eine Abhandlung über mittelalterliche Motetten, sondern auch eine über geschichtliche Zusammenhänge der Ursprache in Cornwall und am Ende, wenn er schon nicht mehr als Detektiv, sondern Bienenzüchter arbeitet, ein Handbuch für die Bienenzucht *»nebst einigen Beobachtungen zur Segregation der Königin«* (Doyle, WA Bd. 8, S. 145, S. 207 u. S. 258). In der TV-Serie sieht seine Küche aus wie ein Chemielabor und auch hier nimmt er ab und an grundlegende Studien vor. Das bildet aber einen Nebenaspekt.

In der TV-Serie bekommt der berühmte Detektiv durch die ständige Anwesenheit seines älteren Bruders Mycroft eine neue Position. Er tritt nun selbst in keinster Weise mehr als eine Vaterfigur in Erscheinung, sondern ist immer der jüngere Bruder, der sich durchaus auch vor seinem älteren Bruder beschützen muss. Zwischen den Brüdern wird eine starke Rivalität in Szene gesetzt, die in ihren Ansätzen auch schon bei Doyle vorhanden war, wenn die beiden sich in ihren Deduktionen gegenseitig übertreffen wollten. Sie ist bei Doyle aber nur *episodisch* und bestimmt nicht alle Geschichten wie in der TV-Reihe. Durch diese familiäre Bindung ist Holmes in einem ödipalen Wettbewerb und nicht ganz so narzisstisch und idealisiert wie im Original. Der Sherlock Holmes des 21. Jahrhunderts ähnelt mehr einem eigenwilligen Nerd als einem deduktiven Propheten der Wissenschaft, der er bei Doyle durchaus noch gewesen ist.

Paranoid wird der Detektiv nur dann, wenn er auf seinen Erzfeind Moriaty trifft, weil zwischen den beiden Männern eine starke Spiegelung vorhanden ist, die schon von Doyle beschrieben wird. Diese Spiegelung wird am Ende der Serie auf die unbekannte Schwester von Holmes, Eurus, übertragen. Die paranoide Ebene im Kampf gegen Professor Moriarty, dem berühmtesten Gegner des Detektivs, wurde aber in den ersten zwei Staffeln durchaus sehr deutlich verwendet. In der dritten Staffel trat Magnussen an seine Stelle, in der vierten Eurus. Bei Doyle jagt Holmes deshalb Moriarty hinterher, weil dieses geistige Genie eine große Ähnlichkeit mit ihm selbst aufweist. Und nicht zufällig ist gerade die Moriarty-Figur so populär. Die Ähnlichkeit wird auch in der BBC-Reihe deutlich, wenn in diesem Kampf innere und äußere Ebene bei Holmes zuweilen miteinander verschmelzen. Es ist so, als stecke Moriarty auch in ihm selbst drin. Wenn Holmes sich hier als »consulting detective« bezeichnet, ist Moriarty nun eine »consulting criminal« (Bochman 2012a, S. 160). Man kann bei ihm Verbrechen buchen, so als seien es Ferien. Und er erklärt Holmes: »Ich bin ein Spezialist, wie Sie« (ebd., S. 161). Moriarty ist nicht nur seine *Nemesis,* er ist aufgrund der Spaltung auch sein Schatten, sein Alter Ego, eine beängstigte, negative Identifikationsfigur, der destruktivste Anteil in dem gutmütigen Detektiv. Durch sein Trauma ist Holmes infiziert worden mit dieser düsteren Seite, die er extrem erfolgreich bekämpft. Zu diesem zu Recht ausgestoßenen und verfolgten Teil gehört auch, dass Moriarty immer wieder Bemerkungen macht, die ein homosexuelles Interesse von seiner Seite an dem cleveren Detektiv bekunden (vgl. Lavigne 2012, S. 19). Die Erklärung von Moriarty an Holmes in *The Great Game* (2010/*Das große Spiel*), dass sie füreinander geschaffen seien, enthält bereits Untertöne, die auf ein latent homoerotisches Interesse hinweisen können. Es gibt aber immer wieder homosexuelle Untertöne bei diesem Charakter, die es bei Doyle nicht gegeben hat. So hat er zwar in der Folge *The Great Game* ein Verhältnis mit der Pathologin Molly Hooper, tarnt sich aber gleichzeitig als ein Homosexueller. Der kitschige Song von den Bee Gees auf seinem Handy und seinen Auftritt in *The Final Problem* (2017/*Das letzte Problem*), wo er sich wie ein Rockstar verhält und die Musik von Queen *I Want To Break Free* (1984) gespielt wird, weisen ebenfalls in diese Richtung. Wenn Moriarty hingegen dann mit der Schwester von Holmes durch eine Glasscheibe hindurch flirtet, ist dies ein sehr heterosexueller Ausdruck. Über seine wirkliche erotische Gesinnung (wenn es sie denn innerhalb der Fiktion überhaupt gibt) erfährt man aber letztendlich nichts.

Die Paranoia des Detektivs ist sehr begrenzt, weil Holmes, auch wenn er sich wegen Moriarty in der Folge *The Reichenbachfall* (2012/*Der Reichenbachfall*) von einem Hochhaus stürzt, in seinen Deduktionen die Zeichenketten stets überhaupt *nicht* auf sich bezieht, wie es jeder Paranoiker sofort tun würde. Holmes tastet mit seinem Cogito tatsächlich immer seine reale Umgebung ab. Rückbezüge auf seine eigene Psyche (abgesehen von der oberflächlichen Wahrnehmung, dass sie nicht intakt ist und er argen Stimmungen ausgesetzt ist) bleiben ihm fremd. Eine regelrechte *Verschwörung* gegen Holmes, das paranoide Motiv schlechthin, gibt es aber in der Folge *The Reichenbachfall*, wenn Moriarty versucht die Öffentlichkeit davon zu überzeugen, dass der kluge Detektiv alle seine Fälle nur erfunden hat, um sich selbst als Genie dazustellen.[83] Hätte sich Holmes die Deduktionen seiner Fälle nur ausgedacht und sie in Wirklichkeit selbst begangen, um dann ihre Lösungen vorzugaukeln und sich am Ende stets selbst als genialer Detektiv zu präsentieren, wäre dies ein vollkommen selbstbezügliches Szenario. Der Vorwurf, dem wäre so, ist ein psychotisches Motiv, denn es betrifft das Verhältnis zur Realität. Dieser von Moriarty inszenierte *Rufmord* trägt die Züge einer paranoiden *Verschwörungstheorie*, in der nun der Held in aller Öffentlichkeit als Scharlatan und Mörder entlarvt werden soll.

Der wichtigste Unterschied zur literarischen Figur von Moriarty ist aber, dass der superintelligente Mann hier ganz offensichtlich ein schwerer Psychopath ist, der sich am Ende sogar selbst vor Holmes erschießt, nur um auf diesen weiter Druck ausüben zu können. Diese absurd wirkende Pointe seines Suizids aus strategischen Gründen erscheint ziemlich schräg und unglaubwürdig. Und das soll er auch sein, damit die Zuschauer glauben, es handele sich auch hier um einen Trick. Dass Moriarty tatsächlich tot ist, wird erst in der vierten Staffel offensichtlich, wo seine im Voraus befürchtete Rückkehr dann gar nicht stattfindet. Die durchaus skurrile Umgestaltung der Moriarty-Figur ist aber keine Schwäche der Serie (auch wenn einige Fans enttäuscht waren von ihr), sondern streift vor allem die Parodie. Vor diesem Moriarty muss man nicht wirklich Angst haben (die Bedrohung wird karikiert, weil der Schurke selbst so harmlos wirkt, seine Handlungen hingegen sind weiterhin monströs) und das soll auch so sein. Ganz ähnliche Schwierigkeiten gibt es am Ende nochmals in der Folge *The Final Problem* (2017/*Das letzte Problem*) mit der Etablierung von Holmes geisteskranker Schwester. In beiden Fällen sind die Veränderungen aber sehr innovativ und zeigen weitaus mehr als nur ein gelungenes *Update*, was man mit den Handlungselementen von Doyle noch alles anstellen kann.

---

83 Die letzte Folge der zweiten Staffel, *The Reichenbachfall*, enthält nicht bloß zahlreiche Anspielungen auf Doyles Geschichte *The Final Problem* (1893/*Das letzte Problem*), sondern viel Material aus zwei alten Filmen mit Basil Rathbone. Der Raub der Kronjuwelen aus dem Tower von London stammt aus dem zweiten Rathbone-Film *The Adventures of Sherlock Holmes* (1939/*Die Abenteuer des Sherlock Holmes*, in dem Moriarty eine Hauptrolle spielt (Tribe 2015, S. 192). Auch der elfte Rathbone-Holmes-Film wurde hinzugezogen: *The Woman in Green* (1943/*Die Frau in Grün*). Aus ihr entnahm man stilistisch ein Treffen zwischen Moriarty und Sherlock Holmes in der Baker Street, welches deutlich paranoide Zwischentöne enthält. Moriarty (glänzend gespielt von Andrew Scott) wirkt hier insgesamt ein bisschen wie der junge, rebellische Marlon Brando. Dieses Treffen mit Holmes wurde von Doyle aber schon in *The Final Problem* beschrieben. Der Autor hatte aber sicherlich eine ganz andere Bilderwelt dazu im Kopf.

5.3 Die Freundschaft zwischen Watson und Holmes

Wie sind die beiden Hauptfiguren, die stets einen Gegensatz bilden, bei Doyle und in der BBC-Serie konkret konfiguriert? Beginnen wir mit den berühmten Namen, denn aus ihnen lässt sich schon einiges ablesen. Einen sehr bekannten Shylock gab es in Shakespeares Drama *The Merchant of Venice* (1600/*Der Kaufmann von Venedig*). Der Hauptprotagonist mit diesem Namen (allerdings mit y und nicht mit e und außerdem nicht als Vor-, sondern als Nachname) ist ein jüdischer Kaufmann, der auf seinem Recht zu Unrecht beharrt. Er teilt sich mit Holmes lediglich das Verhalten nach strengen Prinzipien vorzugehen und diese penibel einzuhalten. Den Vornamen kann man, wenn man lautlich leicht abweicht, zerlegen in sher von *shear* (scheren) und lock von *locked* (verschlossen). Entfernter und noch mehr assoziativ klingen in lock auch *look* (betrachten – ein Hinweis auf das genaue Beobachtungsvermögen des Detektivs) und loco (von locomotive – das viktorianische England als Industrienation) an. Der Nachname Holmes ist wie schon erwähnt homofon mit *homes* (Häuser, von home Zuhause). Darin kommt eine gewisse bürgerliche Häuslichkeit zum Ausdruck, die ebenfalls zu den Grundeigenschaften des *Privat*-Detektivs gehört, dessen Klienten ihn schließlich (einschließlich der Polizei) fast alle zunächst zu Hause in der Baker Street aufsuchen. Die Adresse von seinem Wohnsitz ist nicht umsonst genauso berühmt wie der Name des Detektivs. Ebenso sind in dem Namen seines besten Freundes, Watson, bereits sprachliche Möglichkeiten eingelassen, die auf den Charakter seines Trägers verweisen. Wie zum Beispiel die Assoziation an das *what*, einem typischen Fragewort, das sein oftmaliges Unverständnis ausdrückt. In der deutschen Version des Disney-Holmes-Films *The Great Mouse Detective* (1986/*Basil, der große Mäusedetektiv*) heißt Watson dann auch Dr. Wasdenn (im englischen Original allerdings lediglich Dr. David Q. Dawson).

Holmes Intelligenz, durch die ihm eine *einmalige* Stellung zugewiesen wird, auf der er stets insistieren kann, ist stets gepaart mit intellektueller Arroganz: »Ihr Kopf da, den sollten Sie nicht zur Zierde tragen, sondern auch gebrauchen« (»That head of yours should be for use as well as ornament«), erklärt er gegenüber einem Polizisten (Doyle, WA Bd. 1, S. 42). Zuweilen pflegt sich die Überlegenheit des Detektivs nicht bloß in Arroganz, sondern sogar schon in Ironie gegenüber der Polizei zu äußern. So kann er einen Lachkrampf kaum unterdrücken, als Lestrade in *The Norwood Builder* (1903/*Der Baumeister aus Norwood*) glaubt, den Täter überführt zu haben (Doyle, WA Bd. 7, S. 56). Das so entstehende Manko wird einmal so beschrieben: »Es war eine der augenfälligsten Schwächen meines Freundes, daß er Leuten, deren Intelligenz der seinen unterlegen war, mit Ungeduld begegnete« (Doyle, WA Bd. 8, S. 126). In *The Adventure of the Dying Detective* (1913/*Der Detektiv auf dem Sterbebett*) klärt Holmes in dem Tonfall einer vollkommenen Überlegenheit sogar seinen Freund Dr. Watson darüber auf, wie gering dessen ärztliche Fähigkeiten seiner Ansicht nach sind: »Watson, letzten Endes sind Sie doch nur ein kleiner praktischer Arzt mit sehr beschränkter Erfahrung und mittelmäßigen Qualifikationen« (Doyle, WA Bd. 8, S. 156). Wenngleich er Watson damit provozieren will, einen Profi zurate zu ziehen, so kann doch nur Holmes es wagen, so ein scharfes Urteil überhaupt auszusprechen. In seinem Narzissmus kostet er so seine kognitive Überlegenheit voll aus. Er stellt auch einige Male Watsons Tätigkeit als Chronist seiner Fälle infrage und nicht selten zeigt er ihm, dass er eine völlig falsche Spur verfolgt. In *The Disappearance of Lady France Carfax* (1911/*Das Verschwinden der Lady Frances Carfax*) arbeitet Watson eine Zeitlang allein im Ausland. Holmes resümiert: »›Nun, Watson‹, sagte er, ›da haben Sie ja ein schönes Schlamassel angerichtet!« (Doyle, WA Bd. 8, S. 184). Und dann folgt: »›Sie haben Ihre Untersuchung wirklich mit einzigartiger Konsequenz vorangetrieben, mein lieber Watson‹, sagte er. ›Es fällt mir im Moment kein einziges Fettnäpfchen ein, in das zu treten Sie versäumt hätten. Der Endeffekt Ihres Vorgehens ist der, daß man nun allenthalben auf der Hut ist, ohne daß Sie auch nur das Geringste entdeckt hätten‹« (ebd., S. 185).

Holmes brüskiert seine soziale Umgebung mit solchen Bemerkungen, die ohne Rücksicht auf die Reaktionen des Gegenübers geäußert werden. Dieser selbstbezügliche, narzisstische Part wird schon bei Doyle ergänzt durch Watson, der demnach als Counterpart in einem binären Oppositionspaar eine soziale und altruistische Position einnehmen muss. Holmes hat auch nur *einen* Freund. Watson baut aber zu nahezu allen Figuren in den Geschichten soziale Bindungen auf (auch wenn diese oft nur kurzweilig sind). Es ist demnach kein Zufall, dass bei Doyle Watsons zukünftige Ehefrau Mary Morstan zunächst eine Klientin ist. Und in gewisser Hinsicht gehört Holmes zu Watsons Patienten. In allen kriminalistischen Fragen (abgesehen von medizinischen) ist er aber nur der Gehilfe des Detektivs. Für das Denken von Holmes ist Watson sogar eine Art *Muse:* »Ich war ein Wetzstein für seinen Geist. Ich stimulierte ihn. Er dachte gerne laut in meiner Gegenwart. Zwar konnte man seine Bemerkungen kaum als an mich gerichtet bezeichnen – viele von ihnen hätten ebenso gut seiner Bettstatt gelten können –, aber da es nun mal zur Gewohnheit geworden war, hatte es sich in mancher Hinsicht als hilfreich erwiesen, daß ich alles registrierte und mit Einwürfen bedachte. Wenn ihn eine gewisse Langsamkeit meiner Denkvorgänge auch irritierte, so hatte dies nur zur Folge, daß seine Eingebungen und Ideen um so lebhafter und rascher aufflammten und blitzten. So also sah meine bescheidene Rolle in unserem Bündnis aus« (Doyle, WA Bd. 9, S. 195–196). Holmes spricht schon mit der Luft in der zweiten Folge der ersten Staffel *The blind Banker* (2010/*Der blinde Banker*), also kurze Zeit nachdem er Watson kennengelernt hat (Stafford 2015, S. 67). In der Folge *The Abominable Bride* (2016/*Die Braut des Grauens*) spricht er weiter mit

Watson, obwohl dieser längst ausgezogen ist, wie Lestrade bemerkt. In der vierten Staffel hat Watson auf seinem Sessel einmal einen Luftballon aufgestellt und ist weggegangen. Es dauert lange bis sein kluger Freund das überhaupt bemerkt. Darin wird die *selbstbezügliche* Form von Holmes Sprechen und Denken deutlich. Der Detektiv kann seine Konversation über die Fälle anstatt mit Watson ebenso gut mit einem leeren Sessel führen, es ändert nichts an seiner Motivation und seinen Denkbewegungen. So spitzt die Reihe das Verhalten des narzisstischen Detektivs weiter zu, das im Grunde aber Doyle schon beschrieben hat.

Die Sicherheit, die das Paar Holmes/Watson vermittelt, kommt aber vor allem durch ihre enge Freundschaft zustande, die auf einer absoluten Loyalität zueinander basiert, die frei ist von allen erotischen Leidenschaften. Es gibt darin keine Homoerotik, weil es bei Holmes überhaupt keine ernsthaften erotischen Interessen gibt und Watson augenscheinlich heterosexuell orientiert ist. In den Pastiches wird das Verhältnis zwischen Holmes und Watson zuweilen als ein homoerotisches beschrieben (Fleischhack 2015, S. 71). Das sind Versuche die Sublimation von Holmes herunterzubrechen, um sie verständlicher werden zu lassen. Das hat aber weder etwas mit dem Original noch mit der TV-Serie gemeinsam. Hier hat Holmes eine eindeutige heterosexuelle Gesinnung, aber einfach kein besonders hohes Interesse an sexuellen Kontakten mit Frauen. Die intime Nähe, die so zustande käme, würde seine zwischenmenschlichen Defizite, die aufgrund seines schizoiden Charakters massiv sind, offenlegen. Holmes hat keine Angst vor dem anderen Geschlecht, er hat Angst davor, dass ihm jemand zu nahekommt.

John Watson erklärt in der TV-Serie *Sherlock* hingegen häufiger nervös, dass er und Holmes *nicht* homosexuell sind. Schon in der ersten Folge *A Study in Pink* (2010/*Ein Fall in Pink*) befragt er Holmes nach dessen sexueller Orientierung, der ihm bereitwillig Auskunft darüber erteilt, dass er bisher weder einen *girlfriend* noch *boyfriend* gehabt habe. Später kommt Watson mit seinen Erklärungen darüber, dass sie kein Paar sind, manchmal gar nicht zum Ende und jede Szene dieser Art ist sehr lustig. In *The Hounds of Baskerville* (*2012/Die Hunde von Baskerville*), wo Holmes und Watson in einem Gasthaus übernachten, das von einem homosexuellen Männerpaar bewirtschaftet wird, kommen sogar Bemerkungen wie: »Schnarcht ihrer auch?« Oder: »Es tut uns leid, dass wir nur noch zwei Einzelzimmer für Sie haben.« Selbst Mrs. Hudson fragt ihn, nachdem Watson erklärt hat, dass er nach dem Tod von Holmes nun eine neue Beziehung führe, wie der Zukünftige denn heiße? Watson muss sich andauernd rechtfertigen, im Gegensatz zu Holmes, an den dieses Thema nicht herangetragen wird. Das Motiv, welches so gern engen Männerfreundschaften im Kino der Vergangenheit unterstellt wird (z. B. Stan Laurel und Oliver Hardy), wird hier zu einem echten *Running Gag*. Eine eingehendere Analyse der homosexuellen Aspekte bei Sherlock Holmes hat Carlen Lavigne unternommen: Nach ihrer Ansicht werden in der BBC-Reihe zwar die homoerotischen Untertöne offengelegt, zugleich werden aber für Holmes und Watson heterosexuelle Liebesinteressen favorisiert (vgl. Lavigne 2012, S. 14). Holmes ist nach Lavigne »*queer*« im weitesten Sinne des Wortes, also *speziell* und seine geschlechtliche Orientierung bleibt offen, weil es darüber keine Angaben gibt (ebd. S. 19).[84] Tatsächlich ist der Drehbuchautor Mark Gatiss homosexuell. Er heiratete 2008 seinen langjährigen Partner, den Schauspieler Ian Hallard (Stafford 2015, S. 4).[85]

Das Verhältnis zwischen Holmes und Watson ist zudem voller humorvoller Elemente, die in der TV-Reihe viel stärker hervortreten als bei Doyle. So amüsieren sich Watson und Holmes in der Folge *A Scandal in Belgravia* (2012/*Skandal in Belgravia*) im Buckingham Palace darüber, dass sie dort sind und Holmes außer seinem Bademantel immer noch unbekleidet ist. Sie kichern wie zwei Schuljungen bereits in der ersten Folge (Stafford 2015, S. 57). Solche Szenen gibt es, wenn auch selten, schon bei Doyle, so zum Beispiel in dem Roman *The Sign of Four* (1890/*Das Zeichen der Vier*), als sie merken, dass der Hund Toby einer vollkommen falschen Fährte gefolgt ist (vgl. Doyle, WA Bd. 2, S. 79). In der TV-Serie wird oftmals der ethische Aspekt in ihrer Freundschaft deutlich betont. Holmes und Watson retten sich oft gegenseitig das Leben. Der Schwerpunkt liegt auf einer engen, freundschaftlichen, sozialen Bindung mit einem äußerst hohen Grad gegenseitiger Verantwortung füreinander. Und diese Bindung stellt für den latent schizoiden Holmes-Charakter eine wirkliche Ausnahme dar.

Die schizoide oder auch leicht autistische Gesinnung des Detektivs wurde in der TV-Serie viel deutlicher herausgestellt. Hier ist Holmes viel häufiger abweisend gegenüber Watson, wenn er beispielsweise oft darauf besteht, alleine im Taxi nach Hause zu fahren, um beim Denken nicht von seinem Freund gestört zu werden. Bei Doyle wird immer wieder die Verantwortung, die Watson für Holmes hat, in den Vordergrund gestellt. In die *The Reigate Puzzle* (1893/*Die Junker von Reigate*) beispielsweise, einem Fall, den Holmes eigentlich bei einem von Watson verordneten Erholungsurlaub übernimmt, simuliert der clevere Detektiv so authentisch einen körperlichen Zusammenbruch, dass sogar Watson daran glaubt. Der Detektiv entschuldigt sich dafür aber bei seinem Freund: »›Ich konnte sehen, daß Sie mich ob meiner Schwäche bedauerten‹, sagte Holmes lachend. ›Es tat mir leid,

---

[84] In der Serie hat Watson eine lesbische Schwester und Irene Adler ist bisexuell. Das homosexuelle Motiv kursiert demnach, was aber einfach nur unserer Zeit entspricht

[85] Gatiss schrieb demnach auch die meisten Szenen mit diesem Motiv. So wird in der von ihm geschriebenen Folge *The Great Game* (2010/*Das große Spiel*) auch Moriarty, der sich Jim nennt, aufgrund seines Namens und seiner Unterwäsche von Holmes für homosexuell gehalten, obwohl (oder gerade weil) er der neue Freund von Molly Hooper ist. Eine bessere Tarnung hätte sich Moriarty kaum einfallen lassen können, der so direkt vor den Augen von Holmes agieren kann, ohne erkannt zu werden.

Ihnen den mitfühlenden Schmerz zu bereiten, den Sie, wie ich wußte, empfanden« (Doyle, WA Bd. 6, S. 159). Hier ist es vor allem Watson, der sich oftmals Sorgen um Holmes macht. In der Folge *The Lying Detective* (2017/*Der lügende Detektiv*) begibt sich Holmes absichtlich soweit in die Höhle eines Serienkillers, dass er fast ermordet wird, nur damit Watson ihn rettet.

Wie wichtig umgekehrt Watson für Holmes tatsächlich ist, wird bei Doyle nur selten offen von dem arroganten Detektiv gezeigt. Das ist in der TV-Serie vor allem ab der dritten Staffel völlig anders. Hier ist Holmes in einer extremen Weise an dem Wohlergehen seines Freundes interessiert. Bei Doyle ist die emotionale Verbindung zwar ebenso immer vorhanden, aber doch besser versteckt. In einer der ganz spät geschriebenen Geschichten kehrt Doyle diesen Punkt dann sehr deutlich heraus. In *The Three Garridebs* (1924/*Die drei Garridebs*) wird Watson verletzt. Die Reaktion von Holmes gehört zu den besten Beispielen für die Bedeutung, welche diese Männerfreundschaft für den Detektiv in Wirklichkeit hat. So berichtet Watson dort: »Dann legten sich die sehnigen Arme meines Freundes um mich, und er geleitete mich zu einem Stuhl. ›Sie sind doch nicht verletzt, Watson? Um Gottes willen, sagen Sie, daß Sie nicht verletzt sind!‹ Es war eine Wunde wert – es war viele Wunden wert –, die tiefe Treue und Zuneigung zu erfahren, die hinter dieser kalten Maske lagen. Seine klaren, scharfen Augen trübten sich einen Moment, und die festen Lippen zitterten. Dieses eine und einzige Mal ward ich inne, daß es auch ein großes Herz gab und nicht nur ein großes Hirn. All die Jahre meiner bescheidenen, aber treuen Dienste gipfelten im Augenblick dieser Enthüllung« (Doyle WA Bd. 9, S. 156).

Das gesamte Verhältnis zwischen Holmes und Watson hat sich verändert und wurde modernisiert. Es war entscheidend in dieser Freundschaft, die zwischen ihnen besteht, mehr *Gleichgewicht* herzustellen also sonst. Watson wird zu einer echten zweiten Hauptfigur und beide sind gleichermaßen süchtig nach Abenteuern. Für die zwei Neuverfilmungen im 21. Jahrhundert wurde Wert darauf gelegt, Watsons Rolle besser als jemals zuvor zu besetzen. Sie wird nun fast so wichtig, wie die von Holmes. »Die große Stärke der Erzählungen beruht auf der Freundschaft zwischen den beiden Protagonisten« (Adams 2013, S. 6). Die starke Männerfreundschaft zwischen den beiden wurde erstmals ausführlich dargestellt und man verfilmte daher in der ersten Folge von *Sherlock* auch ihre allererste Begegnung, was bisher selten gemacht worden ist. Holmes ist hier größer als Watson. Zuvor wurde gern der Gegensatz von dick (Watson) und dünn (Holmes) verwendet, auf den die TV-Serie glücklicherweise verzichtet hat. Beide Männer sind nun schlank. Außerhalb der Aufklärung ihrer Fälle führen Holmes und Watson am Anfang eine wortkarge Freundschaft. Holmes sagt dabei oft nur Stichwörter wie »Problem?« oder »Diner?«, um ihre nächste Aktion zu benennen. Länger spricht er nur über seine Fälle. Er ist viel taffer und jugendlicher als das von Doyle geschaffene bürgerliche Original. Dazu gehört, dass Watson ebenfalls nicht so bürgerlich ist, sondern deutlich proletarische Charakterzüge aufweist, trotz seines akademischen Grades und seiner medizinischen Ausbildung. Das sind zeitgemäße Charaktersierungen, in denen auch die Klassenunterschiede durchlässiger sind. Bei Doyle wird Kriminalität häufig (nicht immer) mit der Unterklasse assoziiert. Das hängt natürlich mit den sozialen Missständen seiner Zeit zusammen. Holmes und Watson gehören hier aber eindeutig zur wohlhabenden, bürgerlichen Mittelschicht. Mit ihrer proletarischen Seite sprechen sie aber nun ein größeres Publikum an. In dem Moment, wo ihre Junggesellenfreundschaft durch die Ehe von Watson trianguliert wird, bekommt Holmes mehr soziale Konturen. Die gegenüber dem Original noch gesteigerte Arroganz nimmt zwar nicht ab, aber wird unterbrochen von Bekenntnissen der Zuneigung für seinen Freund, dessen Frau und ihr zukünftiges Kind. Er zeigt sich immer mehr als ein *echter* Freund. Er handelt für Watson, um ihm oder seiner Ehefrau zu helfen. Er versucht Watson Ehefrau zu beschützen.

Watson verliert im 21. Jahrhundert nicht nur seinen Schnauzbart, den er in den Verfilmungen aus dem 19. Jahrhundert stets trug, er wirkt auch weicher, nicht so gesetzt und weit weniger erhaben als seine Vorgänger. Martin Freemans Watson ist vor allem ein aufrichtiger, ehrlicher, aber auch durch die Kriegserfahrungen traumatisierter und verletzlicher Charakter. Er ist ein durchschnittlicher Mensch und steht so weiter im Kontrast zu Holmes, dem genialen Exzentriker. Er ist oft eifersüchtig auf den Ruhm seines Freundes, den er gleichzeitig respektiert. Freeman spielt die Figur absolut glaubwürdig und stellt durch seine Direktheit eine große Nähe zum Publikum her. Watson ist nun häufiger genervt von Holmes und seinen Marotten. Freeman spielt Watson nicht als sicheren, in sich ruhenden, erhabenen Typ, sondern als eine energische Person, die sich schnell aufregt. Sein Watson hat etwas Gehetztes und verfügt nicht über die kontemplative, bis zum Dümmlichen reichende Haltung seiner Vorgänger.[86] Der Sohn von Conan Doyle, Adrian Conan Doyle, verteidigte die Watson-Figur gegenüber einer falschen Darstellung, die von den Originalgeschichten abweicht: »Certainly Watson was no fool« (zit. aus Toadvine 2012, S. 48).

---

86 In den Holmes-Filmen (1939–1946) mit Basil Rathbone geriet Dr. Watson im Film (gespielt von Nigel Bruce) zu einem gemütlichen Tölpel. Durch diese Entwertung, die allerdings bei Doyle schon durchaus vorskizziert war, weil sich Holmes stets als der Klügere erwies, entfiel das Gleichwertige vollkommen. Diese Darstellung wurde daher später oft kritisiert. Andererseits blieb Rasthbones' Holmes, obwohl er sehr elegant und geschliffen auftrat, aber auch hier realitätsfern und behielt seine zwangsneurotischen Schrullen bei. Er hatte jedoch keine schizoiden Charakterzüge und war dafür mehr ein Abenteurer. Eine typische Szene für seine zwangsneurotischen Interessen ist in dem zweiten Film *Die Abenteuer des Sherlock Holmes* (1939/*The Adventures of Sherlock Holmes*) zu sehen, wenn Holmes versucht mit chromatischen Tönen auf seiner Geige ein Dutzend Stubenfliegen, die in einem Glas sitzen,

Freemans Watson wirkt allein schon aufgrund seiner Körpergröße wie der jüngere Bruder des großen Detektivs. Freeman war tatsächlich das jüngste Kind in seiner Familie. Er hatte fünf ältere Geschwister und verbrachte seine Kindheit nach der Scheidung seiner Eltern bei seinem Vater, einem Marineoffizier (Stafford 2015, S. 26). Dazu passt, dass bei seiner Darstellung von Watson nun dessen Vergangenheit beim Militär sehr in den Vordergrund gespielt wird. Beispielsweise trifft er in der Folge *The Sign of Three* (2014/*Im Zeichen der Drei*) bei seiner Hochzeitsfeier auf seinen ehemaligen Vorgesetzten Major James Sholto.[87] Neu war auch, dass Watson nun eine komische Seite hat, die Freeman zuvor schon in der TV-Serie *The Office* (2001–2003) zusammen mit Ricky Gervais mit viel Erfolg ausgespielt hatte. Er ist nun eine zierliche Figur, die aufgrund ihrer Ernsthaftigkeit stets komisch wirkt und die sehr offen und sympathisch, aber auch eifersüchtig auf den Ruhm von Holmes ist. Watson wird in *Sherlock* zu einem engagierten, moralischen Menschen, der das Fehlverhalten und die pathologischen Komponenten seines Freundes immer mehr durchschaut und heftig kritisiert. Freeman ist privat ein überzeugter Vegetarier, sehr häuslich, katholisch und ein Marxist (ebd. S. 29). Sein Watson verhält sich zuweilen vollkommen *anders* als die Figur in den Geschichten. In der Folge *The Empty Hearse* (2014/*Der leere Sarg*) ist er wütend und entsetzt, als er erfährt, dass Holmes nicht tot ist und er ihn drei Jahre lang hat trauern lassen. Während der Watson in den Kurzgeschichten das einfach akzeptiert, droht der viel emotionalere Watson in der TV-Serie dem Detektiv Schläge an. Details wie, dass Watson durch seine Kriegserfahrungen in Afghanistan *traumatisiert* wurde und danach eine depressive Periode durchlief, bevor er durch Holmes mit seinem Leben wieder etwas anzufangen wusste (vgl. Tribe 2015, S. 50 u. S. 52), werden in der Serie sehr deutlich herausgearbeitet und stammen nicht aus der Feder von Doyle, sondern sind tatsächlich Veränderungen, die aber den heutigen Erfahrungen durchaus besser entsprechen. Watson ist nun kein tapsiger *Sidekick* mehr (ebd., S 50), sondern zuweilen sogar der eigentliche Held der Reihe.

April Toadvine hat in einem Vergleich darauf hingewiesen, dass Watson schon in den Originalgeschichten weitaus mehr als Holmes die viktorianischen Moral-

---

zu verscheuchen. Bei dem zweiten Versuch des Detektivs wird Watson am Ende die zu verscheuchende Fliege einfach mit einer Zeitung erschlagen. Daraufhin sagt Holmes: »Elementar, mein lieber Watson«, ein Spruch aus diesem Film, der sehr berühmt werden sollte und immer wieder vor allem in Holmes-Filmen inklusive *Sherlock* zitiert wird. So wurde die verschrobene Logik des Detektivs auch hier zum Anlass des Amüsements.

87 Dafür wurden einige Motive aus der späten Doyle-Geschichte *The Blanched Soldier* (1926/ *Der erbleichte Soldat*) in einer stark abgewandelten Form für die Darstellung dieses vollkommen isoliert lebenden Soldaten verwendet. In der Originalgeschichte ist der Plot eng mit Lepra verbunden. Ein englischer Soldat glaubt sich in Südafrika damit infiziert zu haben und lebt deshalb vollkommen versteckt und isoliert auf dem Gut seiner Eltern in England.

vorstellungen repräsentiert, die in der Zeit, als die Geschichten geschrieben wurden, herrschten (vgl. Toadvine 2012, S. 49 ff.). Nach ihrer Ansicht wurde Watson aber auch auf dieser Ebene modernisiert. Während die klassische Figur moralisch vollkommen integer ist, sei Watson nun, ähnlich wie Holmes, ein Charakter mit soziopathischen Zügen und das, so Toadvines negatives Fazit, entspreche der Norm eines Menschen aus der Mittelklasse im 21. Jahrhundert (ebd., S. 63). Mir erscheinen die Traumatisierung von Watson und seine persönliche Affinität für Soziopathen (Holmes, Mary Morstan) nicht unbedingt eine Norm zu repräsentieren, sondern mehr einer typischen Filmdramaturgie zu entsprechen, mit der man die Identität einer Filmfigur etabliert, die eine große emotionale Nähe zum Zuschauer haben soll (vgl. Elsaesser 2009, S. 34). Watsons Charakter bekam damit, anders als bei Doyle, den Status eines Opfers, welches von Holmes mitgerissen und auch gerettet werden muss. Wenn sich in der allerletzten Folge *The Final Problem* (2017/*Das letzte Problem*) herausstellt, dass auch Holmes selbst unter einem kindlichen Trauma leidet, schließt sich der Kreis und die Gründe für diese enge Freundschaft werden deutlich. Es ist aber Holmes, der Watson von Anfang an aus seiner eintönigen Lethargie und psychosomatischen Störung reißt und ihn mitnimmt in seine abenteuerliche Welt. So wie Doyle seinerzeit als literarischer Watson seine Leser in diese Welt mitgenommen hat.

5.4 Moral

Es kommt einige Mal vor, dass Holmes die Täter nicht fasst, die dann aber meistens durch einen Schicksalsschlag oder in manchen Fällen, wie zum Beispiel im Fall *The Greek Interpreter* (1893/*Der griechische Dolmetscher*), durch ihre Opfer später ihre gerechte Strafe erhalten. Holmes und Watson erfahren dies meistens nur noch über die Presse. Holmes hat dafür auch nur ein sekundäres Interesse, denn primär löst er seine Fälle nicht aus ethischen Gründen, sondern aus einer Lust an der Kriminalistik und am Denken. In der ersten Folge der TV-Reihe *A Study in Pink* (2010/*Ein Fall in Pink*) ist er begeistert über einen Fall mit angeblich vier Suiziden. Watson muss ihn immer wieder dabei stoppen diese Begeisterung überall offenkundig zu zeigen. In *Der Reichenbachfall* (2012) erklärt der ehemalige Militärarzt, dem vor wahrerer Wonne überschäumenden Freund, dass die Opfer hier Kinder seien. Er solle sich doch bitte etwas damit zurückhalten, seine Freude über diesen Fall allzu offen zu zeigen. In *The Great Game* (2010/*Das große Spiel*) denkt Holmes keine Sekunde über die Menschenopfer nach und betrachtet die Aufgaben, die ihm Moriarty stellt als ein *Spiel*. Er agiert wie eine Maschine, was Watson ihm auch vorwirft. Die moralische Betroffenheit, über die Grausamkeit der Täter oder das Mitleid mit den Opfern, fällt bei Holmes weitgehend aus.

Sie hilft ihm nach seiner Ansicht nicht dabei den Täter zu finden. Diese mangelnde Empathie schlägt aber nicht in eine unmoralische Haltung um, denn er handelt stets nach streng moralischen Richtlinien. Denn schließlich versucht Holmes immer die Opfer zu retten. Er erleidet in *The Great Game* auch selbst einen kurzen Schock, als er am Ende erkennt, dass das nächste Opfer sein bester Freund Watson ist, der nun eine Weste mit Sprengstoff trägt. Aber auch hier muss er rasch seine Emotionen verdrängen, damit er sich ganz auf die Frage konzentrieren kann, wie er Watson retten kann.

Kracauer schrieb in seiner Studie *Der Detektiv-Roman* (1922–25): »Damit seine Unabhängigkeit von den legalen Verpflichtungen hervortrete, wird er als Privatmann gekennzeichnet, der aus freien Stücken die Fälle übernimmt und sich jeweils mit der Polizei zusammenfindet, ohne in ihr eingegliedert zu sein« (Kracauer 1978, S. 166 f.). Die ökonomische Situation ist bei Holmes besonders interessant. Er steht nicht in einem Angestelltenverhältnis, sondern arbeitet freiberuflich. Und er finanziert sich über die Gelder seiner Klienten. Wenn er Fälle für die Polizei übernimmt, bekommt er oftmals überhaupt nichts. Auch in der TV-Serie ist dieser Aspekt besonders brisant. Wie bei Doyle beginnt Holmes seine Arbeit zunächst als beratender Detektiv für die Polizei. Erst mit der Zeit wird er so bekannt, dass er seine Klienten zu Hause empfängt. Holmes ist im Fernsehen nach eigenen Angaben ein beratender Detektiv (consulting detective), der oftmals von der Polizei hinzugezogen wird und dafür auch *kein* Honorar bekommt (jedenfalls ist davon nie die Rede). Das heißt, er hat nicht besonders viel Geld, sondern lebt in einfachen Verhältnissen. Das erklärt anfangs, warum er sich eine Wohnung mit jemandem teilen will und die günstigsten Restaurants der Stadt kennt. Holmes bezahlt, wann immer es geht, mit einer detektivischen Gefälligkeit und nicht mit barer Münze. Er ist ein purer Bohème, ein Idealist, ein Abenteurer, zuweilen sogar ein Spieler (vgl. Osterwalder 2011, S. 35 ff.), und es geht ihm anscheinend vornehmlich um Selbstverwirklichung. Erst wenn man genauer hinsieht entdeckt man, dass er lediglich eine Ebene aufsucht, wo er seine schizoiden Charaktermerkmale und sein geniales Deduktionsvermögen optimal nutzen kann.

Für Kracauer koppelt sich »das freie Walten des Intellekts« ab von einem Polizeiapparat, der sich nur legitimeren kann, indem er einen mittelbaren Bezug zu einer höheren Rechtsebene, dem Übergesetzlichen, behält (ebd., S. 151). Aber genau dieser Bezug der Polizei wird im Detektivroman gekappt: »Da die Polizei im Detektiv-Roman als Verfechterin des Legalen eine Stellung einnimmt, die aus keiner höheren Rechtsquelle ihre Berechtigung ableitet, deuten die Bestimmungen ihrer Obliegenheiten nicht über sich hinaus« (ebd., S. 156). Genau jene Differenz zwischen Legalität und Gerechtigkeit verschwindet bei der Polizei, wie sie Derrida in seiner Benjamin-Exegese ausführlich vorgestellt hat: »Das Recht ist nicht die Gerechtigkeit. Das Recht ist das Element der Berechnung: Es ist nur (ge) recht, daß es ein Recht gibt, die Gerechtigkeit indes ist unberechenbar: sie erfordert, daß man mit dem Unberechenbaren rechnet. Die aporetischen Erfahrungen sind ebenso unwahrscheinliche wie notwendige Erfahrungen der Gerechtigkeit, das heißt jener Augenblicke, da die Entscheidung zwischen dem Gerechten und dem Ungerechten von keiner Regel verbürgt und abgesichert wird« (Derrida 1991, S. 33 f.). Kracauer kritisiert nicht nur die Machtposition der Ratio, welche aufgrund ihrer Selbstgenügsamkeit eine Autonomie beansprucht. Der Detektiv kennt nämlich durchaus höhere Rechtsansprüche und er wird sogar als ein priesterlicher Mensch mit übergesetzlichen Ansprüchen etabliert, zugleich wird dieser Bereich aber nur provisorisch und »unrein« niedergelassen (Kracauer 1978, S. 170 f.). Deshalb verschmilzt der Detektiv am Ende doch mit dem Gentlemen-Verbrecher: »Die das Eigentliche ansprechende Formung holt daher den Detektiv von jener im Roman umgebenden Position oberhalb der sozialen Totalität herab und verschmilzt mit den Vertretern des Illegalen selber – mit dem Gentlemen-Verbrecher zumal, der wie auserkoren dazu ist, das Übergesetzliche ins Gedächtnis zu rufen« (ebd., S. 171).

Trotz der nach Kracauers Ansicht falschen Etablierung des Übergesetzlichen beim Detektiv, gibt es darin ein innovatives Moment, wenn dieser offen gegen das Gesetzliche rebelliert. »Indessen ist die Verwandlung des Detektivs zu dem die Totalität der Gesellschaft umfassenden und überschauenden Verknüpfer mit dem Oberen der in den niederen Regionen hingenommen Realität weniger angemessen als seine Transzendierung zum Widersacher des Legalen, der die erstarrte Rechtmäßigkeit bekämpft, um das Gesellschaftsganze neu zu verknüpfen« (ebd.). Gegenüber der Schwerfälligkeit der Polizei, die er mit Ironie kommentiert, verfügt der Detektiv über eine viel größere Dynamik und Wandlungsfähigkeit und diese betrifft nicht nur seine Möglichkeiten bei der Täterfindung, sondern auch seinen Umgang mit dem Gesetz. Vor dem Hintergrund von Benjamin und Derrida kann auch illegales Handeln gerecht sein. Und Holmes macht von der Differenz zwischen profanem Recht und höherer Gerechtigkeit als autonomer Detektiv regen Gebrauch. So erklärt er einmal: »Ich bin nicht das Gesetz, doch ich vertrete die Gerechtigkeit, soweit es in meinen schwachen Kräften steht« (Doyle, WA Bd. 9, S. 111). In *The Adventure of the Devil's Foot* (1910/*Der Teufelsfuß*) lässt Holmes den Mörder des Mörders aufgrund der damit wiederhergestellten Gerechtigkeit gehen und liefert ihn nicht an die Polizei aus. Um Gerechtigkeit herzustellen, bedarf es also auch hier keines Rechtsapparates, sondern dieser Mord am Täter wird aufgrund der Schwere seines Verbrechens (Mord an drei Menschen) akzeptiert. Dabei spielen die persönlichen Motive – der Mörder des Mörders rächt sich dafür, dass dieser seine geliebte und zukünftige Ehefrau ermordet hat – eine erhebliche Rolle. Die *Liebesbindung* eines Paares steht schon bei Doyle moralisch betrachtet über allem anderen.

Holmes handelt bei Doyle und im BBC trotz seiner Fehler stets äußerst moralisch. Der Zuschauer zweifelt in der Serie keinen Augenblick daran, dass er Verbrechen aufklären, aber nicht begehen will (Toadvine 2012, S. 61). Für Kracauer bleibt der Detektiv, moralisch betrachtet, fragwürdig. Er schreibt in seinem Essay einige Seiten später, als er ein Fazit zieht, sogar von einer »Vernachlässigung des moralischen Effekts«, der dem gesamten Genre innewohne (Kracauer 1978, S. 197). Eine höhere *Bedeutung,* die über die Immanenz der Täterfindung hinausweise, kenne der Detektivroman eben nicht. Es fehlt hier die philosophische Ebene. Bei Doyle ist Holmes ganz klar ein typischer Vertreter britischer Werte und teilt den Kanon der viktorianischen Moralvorstellungen. Die viktorianischen Moralvorstellungen handelten aber von familiären Beziehungen (Toadvine 2012, S. 49) und kreisten um die Ehe. Holmes bleibt lediglich ein Sonderling, weil er keinerlei Interesse an der Ehe als kleinster sozialer Einheit zeigt. Seine moralische Stärke tritt jedoch dann hervor, wenn Doyle beschreibt, wie sehr der kluge Detektiv seine Klienten im Griff hat. Immer wieder kann Holmes »dank einer überragenden Selbstbeherrschung« die aggressiven Affekte seiner Besucher dämpfen (Doyle, WA Bd. 9, S. 170). Ihre wütenden Drohungen nimmt der Detektiv meistens mit distanzierter Gelassenheit hin und erklärt seinem Gegenüber, dass er damit gegen ihn nichts auszurichten vermag. Seine grundlegende Distanz zu anderen Menschen hat demnach auch ihre positiven Seiten.

In *The Adventure of Charles Augustus Milverton* (1904/*Charles August Milverton*) tritt Holmes als Einbrecher selbst in Aktion, um einem perversen Erpresser belastende Papiere zu entreißen. Der ironische Kommentar gegenüber Watson lautete, dass er das Zeug zu einem Verbrecher habe: »Wissen Sie, Watson, ich gestehe Ihnen gern, daß ich schon immer die Vorstellung hatte, ich hätte einen tüchtigen Verbrecher abgeben können« (Doyle, WA Bd. 7, S. 203).[88] Zu Beginn der Geschichte *The Bruce-Partington Plans* (1908/*Die Bruce-Partington-Pläne*) gibt der englische Detektiv bei Doyle stolz das Statement ab: »Die Allgemeinheit kann von Glück sagen, daß ich kein Verbrecher bin« (Doyle, WA Bd. 8, S. 112f.). Auch in dieser Geschichte unternimmt er erneut einen Einbruch und erklärt Watson, der nur aufpassen soll, dass ihn dabei keiner sieht: »Den kriminellen Teil übernehme ich« (ebd., S. 141). Kracauer nennt ganz konkret diese Geschichte, wenn er die Position des Detektivs als eine »übergesetzliche Position« beschreibt (Kracauer 1978, S. 171). Darin erläutert Holmes Watson seine Vorgehensweise gegen Milverton: »Sie werden wohl zugeben müssen, daß die Tat moralisch gerechtfertigt ist, wenn

---

88 Diese Feststellung und Aktion wird von Holmes in einer der ganz späten Geschichten, *The Retired Colourman* (1926/*Der Farbenhändler im Ruhestand*), wiederholt (Doyle, WA Bd. 9, S. 302). Einbruch ist bei Doyle jedoch die einzige Form von Kriminalität, deren Ausübung sich der Detektiv vorstellen kann.

auch technisch ein Verbrechen« (ebd.). Am Ende werden Watson und Holmes den Mord an Milverton durch eines seiner weiblichen Opfer, ganz offensichtlich ein Akt von *Lynchjustiz*, sogar decken, weil sie ihn gerecht finden. Eine solche Handlungsweise lässt sich durch keine Form der Rechtsprechung, sondern lediglich durch einen Anspruch auf Gerechtigkeit legitimieren. Und diese Gerechtigkeit hängt, wie so oft bei Doyle und anderen, mit einem feministischen Rechtsanspruch zusammen, der sich gegen die patriarchal organisierte Gesetzesordnung durchsetzen muss.[89]

In der TV-Folge *His last Vow* (2014/*Sein letzter Schwur*) fingiert Holmes, ähnlich wie in der Vorlage, ein Verhältnis mit Janine, der Sekretärin des Erpressers Charles Augustus Milverton (der hier den dänisch klingenderen Namen Magnussen trägt), um mit ihrer Hilfe in das Büro des Schurken einbrechen zu können. Dann wurde die Story jedoch so abgeändert, dass Holmes dort auf Watsons Ehefrau Mary Watson trifft, die gerade dabei ist, Magnussen zu erschießen, weil er sie erpresst. Sie kann den Mord aber nun nicht mehr vollziehen, weil ihr Ehemann, der auch im Gebäude ist, verdächtigt werden würde. Sie lässt Magnussen also am Leben. In einem starken Gegensatz zu Doyles Vorlage erschießt Holmes den Schurken dann sogar persönlich am Ende und wurde damit zum ersten Mal innerhalb aller Holmes-Verfilmungen selbst zu einem Mörder. Dass dies eine entschiedene Erneuerung war, wussten die Drehbuchautoren (vgl. Gatiss in Tribe 2015, S. 302). Diese Zuspitzung radikalisiert den Gerechtigkeitsanspruch des Detektivs jenseits der Rechtsprechung. Die Folge ist, dass Holmes von seinem Bruder Mycroft ins Exil geschickt wird. Mycroft ist ein Vertreter des Staates und seiner Gesetze, der seinen jüngeren Bruder schon vorher davor gewarnt hat, Magnussens Verbrechen zu verfolgen.

Der Mord an Magnussen führt hier außerdem zu einer solidarischen Spiegelung zwischen Holmes und Mary Watson. Indem Holmes Magnussen erschießt, wird er zu einem *Killer* und rückt also genau in ihre Position, die in derselben Folge als ehemalige Serienkillerin enttarnt wird. Die beiden Figuren spiegeln sich ohnehin, weil sie die engsten Beziehungen zu Watson unterhalten und beide *krankhafte* Veranlagungen haben. Holmes und Mary können deshalb Watson erklären, dass er von Anfang an wusste, dass er hier eine gefährliche Freundin hat, dass er es ist, der mit zwei Psychopathen befreundet ist, weil er süchtig nach einem bestimmten Lebensstil ist. Das gut gehütete Geheimnis von Mary sollte ihr

---

89 Kracauer berichtet aus der Biografie des Gentlemen-Diebs Arsène Lupine, der mit der Zeit vom sympathischen Verbrecher (im Zeichen der Gerechtigkeit) zum Helfer der Behörden aufsteigt. Er »hat die Gesetzesparagraphen zum ersten Mal verletzt, als es sich darum handelte, seine Mutter aus schmachvoller Abhängigkeit in einem gräflichen Haus zu befreien« (Kracauer 1978, S. 173). Die Loyalität von Holmes gegenüber dem weiblichen Geschlecht muss ihn demnach dazu führen, mit dem väterlichen Gesetz zu brechen.

Ehemann nie erfahren, weil er sie dann nicht mehr würde lieben können. Watson wird jedoch am Ende den USB-Stick ihres Lebenslaufs mit allen Daten, den Mary ihm gegeben hat, nicht lesen. Er wird ihr Geheimnis diskret wahren. Er wird seiner Ehefrau Gerechtigkeit widerfahren lassen und das Recht auf Wissen und Verfolgung ignorieren. Darin besteht ein ethischer Charakterzug: Watson verzeiht etwas *Unverzeihliches,* indem er darauf verzichtet über ihre kriminelle Vergangenheit Bescheid zu wissen.

Zudem wurde hier ein interessantes Bündnis zwischen der Ehefrau und dem Detektiv in Szene gesetzt, welches bei Doyle in keiner Weise angelegt war und den Rahmen der Interaktionen zwischen den Figuren *trianguliert.* Anstatt des Paares Holmes/Watson haben wir jetzt die Trias Holmes/Mary/Watson und im selben Augenblick, wo aus dem Paar eine kleine soziale Einheit wird, wachsen die moralischen Ansprüche.

Dass die dritte Staffel viel emotionaler als die beiden zuvor ist, hängt sehr eng mit der Einführung dieser weiblichen Figur, aber auch mit der Rückkehr des totgeglaubten Detektivs zusammen. Gerade in der ersten Folge der dritten Staffel, *The Empty Hearse* (2014/*Der leere Sarg*), wird dieser Unterschied sehr deutlich. Beide, Holmes und Watson, erkennen hier die tiefe Bedeutung ihrer Freundschaft. Guy Richie hat in seinen Kinofilmen zwar etwas Ähnliches versucht. Er zeigt aber nur die narzisstische Eifersucht von Holmes, die einer Triangulation entgegenwirkt. Es bleibt so bei einem männlichen Duo, von dem der eine Teil eben auch noch verheiratet ist. Es kommt zu keinem echten Dreieck. Bei *Sherlock* ist Mary Watson dann auch sehr rasch schwanger, was den Rahmen nochmals erheblich erweitert und der Triangulation und einer moralischen Ebene zuarbeitet, denn Holmes unterstützt diese *Familienbildung* und diagnostiziert die Schwangerschaft, noch bevor das Paar selbst überhaupt etwas davon weiß. Der Detektiv wird damit viel tiefer in private zwischenmenschliche Relationen hineingezogen als in den Geschichten von Doyle, die sich doch sehr auf die Kriminalistik konzentrieren.

5.5 Das Verhältnis zu den Frauen

Wie bereits erläutert, wurden in der TV-Reihe, vor allem in *The Abominable Bride* (2016/*Die Braut des Grauens*), Bezüge zum aufkeimenden Feminismus im 19. Jahrhundert hergestellt. In der Gegenwart hat sich diese Bewegung bis zu einem bestimmten Grad durchgesetzt, sodass bei dem Update des klugen, aber zuweilen auch misogynen Detektivs eine andere Perspektive auf ihn hergestellt werden musste. Zunächst ist Holmes, wie schon bei Doyle ein Beschützer der Frauen und tritt gegenüber ihren Ehemännern durchaus für ihre Rechte ein. Die Folge *The Great Game* (2010/*Das große Spiel*) beginnt damit, dass er einen Mörder in Minsk, der Hauptstadt von Weißrussland, im Gefängnis aufsucht. Dieser hat vor kurzer Zeit seine Ehefrau aus einem Wutaffekt heraus ermordet. Die beiden hatten einen Streit wegen einer anderen Frau, mit der der Ehemann fremdgegangen war. Es ist nun vollkommen offensichtlich, dass der Mörder seine Tat nicht einmal bereut, sondern sich sogar noch während der Erzählung seines Mordes daran erfreut, dass er sie begangen hat. Er findet bei Holmes keinerlei Sympathie oder Solidarität für diesen typisch männlichen Frauenhass, der hier eine extreme Form angenommen hat. Anstatt dem Täter zu helfen, korrigiert der Detektiv nur mehrfach seine grammatisch falschen Sätze und erklärt ihm am Ende, dass er hier in Minsk nicht gehängt, sondern erschossen werde. Er hat keinerlei Mitleid mit dem Mörder, zumal die Handlung und das Motiv keinerlei Rätsel für ihn bereitstellen. Holmes ist davon nur angeödet und gelangweilt. Er verdreht mehrfach die Augen. Hier wird schon deutlich, dass er keinerlei Pakt unterhält mit dem klassischen Frauenhass.

Insgesamt ist das Frauenbild jedoch komplexer. Ganz im Geist der romantischen Epoche lässt Doyle den verliebten Watson über seine zukünftige Ehefrau Mary Morstan schreiben: »Wie es der Frauen engelhafte Art ist, hatte sie all das Ungemach mit gefaßter Miene ertragen« (Doyle, WA Bd. 2, S. 65). Ohne den gängigen Topos der Engelhaftigkeit überzubewerten, der hier zudem rein metaphorisch gemeint ist, kann in solchen Bemerkungen die Überhöhung und Idealisierung der Weiblichkeit, die Watsons romantische Beschreibungen im Gegensatz zu Holmes' Distanz oft schildern, nicht übersehen werden. Und das gilt für das gesamte Frauenbild in den Sherlock-Holmes-Geschichten. Diese romantische Sichtweise führte Doyle möglicherweise dazu, dass er am Ende seines Lebens sogar an die Existenz von Feen glauben *wollte*. Dazu im Gegensatz stand die kühle Rationalität von Holmes, der Frauen gegenüber stets reserviert und abweisend blieb. Frauen als kulturelle Trägerinnen von Emotionen widersprechen zutiefst seinen schizoiden Ängsten. Er kann keine Bindungen mit ihnen eingehen, aus Angst von ihnen vereinnahmt zu werden. »Die Sehnsucht nach Hingabe, die ja auch zu unserem Wesen gehört, staut sich durch die Unterdrückung auf und verstärkt die Angst, so daß Hingabe dann nur noch als völliges Sichausliefern, als Ich-Aufgabe und Verschlungenwerden vom Du vorgestellt werden kann. Dadurch kommt es zu einer Dämonisierung des Partners, die nun rückwirkend wieder die Angst verstärkt, und manche sonst unverständlichen Verhaltensweisen schizoider Menschen verständlicher macht, vor allem ihren plötzlichen Haß, der aus dem Gefühl der Bedrohtheit durch ein übermächtiges Du entsteht, ohne daß sie erkennen, daß ihre eigene Projektion dem anderen erst solche Macht verleiht« (Riemann 2002, S. 29). Holmes projiziert zwar aufgrund seiner permanenten Distanz keine negativen Charakterzüge in andere Menschen hinein, er schenkt den Frauen aber auch kein richtiges Vertrauen und kann sich ihnen nicht Hingeben. Ein typischer Dialog zwischen Watson und Holmes funktioniert so: Holmes sagt: »Frauen kann man nie ganz trauen – nicht einmal den allerbesten.« Und Watson schreibt: »Auf einen Streit über diese abscheuliche Geisteshaltung ließ ich mich gar nicht erst ein« (Doyle, WA Bd. 2, S. 94).

Frauen genießen demnach durch Watsons Beschreibungen in den Holmes-Geschichten ein *hohes* Ansehen. Sie haben in bürgerlichen Kreisen, trotz der patriarchalen Ausrichtung dieser Zeit, eine gewisse Autorität, die von Doyle auch beschrieben wird. Dieses Element wurde für die TV-Reihe in einer modifizierten Form übernommen und entschieden ausgebaut. Auf die Triangulation von Holmes und das Verhältnis der Reihe zum Feminismus hatte ich schon hingewiesen. In der Folge *His last Vow* (2014/*Sein letzter Schwur*) wird gezeigt, wie Holmes das Weihnachtsfest bei seinen Eltern feiert. Einer der schönsten Szenen ist, wie er und Mycroft vor der Haustür stehen und eine Zigarette rauchen. Wie üblich streiten die beiden sich. Als ihre Mutter plötzlich aus der Haustür schaut und sie ermahnt, sie würden doch nicht etwa rauchen[90], verstecken die beiden Brüder

---

90 Aus dem Drei-Pfeifen-Problem von Holmes bei Doyle (er braucht drei Pfeifen, um einen Fall zu durchdenken und so zu lösen) in *The Red-Headed League* (1891/*Die Liga der Rotschöpfe*), wird bei *Sherlock* in der ersten Folge ein Drei-Nikotinpflaster-Problem. Dem jungen Detektiv gelingt es im 21. Jahrhundert sogar mit dem Rauchen aufzuhören und er verfügt damit ganz über ein Bewusstsein des fortschrittlichen und moralischen Gesundheitstrends unserer Zeit. Schon in *A Scandal in Belgravia* (2012/*Skandal in Belgravia*) schenkt Mycroft seinem jüngeren Bruder eine Zigarette an Weihnachten, allerdings nur eine *Light,* wie Holmes kritisch anmerkt. Rauchwaren wurden im Allgemeinen von Doyle dazu verwendet, die spirituelle Ebene von Holmes' Geist (Pneuma-Hauch-Rauch) zu unterstützen. Das Pfeifenrauchen gehört damit zur geistigen Ebene. Es gehört zum Denkprozess dazu, weil Holmes durch das Rauchen seine Konzentrationsfähigkeit steigern kann. Der Rauch legt sich dabei wie ein Nebelschleier über die Außenwelt. Schon bei Poe gibt es vollkommen verrauchte Zimmer, in denen Dupin und sein Freund sitzen. Holmes raucht meistens Pfeife, ab und zu jedoch auch Zigaretten. Es gibt den Rauch jedoch auch als Indiz des Bösen. So raucht beispielsweise der Schurke Milverton starke Zigarren, die einen beißenden Gestank hinterlassen (Doyle, WA Bd. 7, S. 207). In *The Golden Pince-Nez* (1904/*Der goldene Kneifer*) raucht Holmes viele Zigaretten und verstreut die Asche absichtlich an einem verdächtigen Platz auf dem Boden. Tatsächlich kann er schon kurze Zeit später in der Asche verdächtige Fußabdrücke finden, die ihm helfen den Fall rasch restlos aufzuklären (Doyle, WA Bd. 7, S. 291). Durch diesen Trick kann er das Versteckte sichtbar machen. Dazu kommt die häufig erwähnte Abhandlung des Detektivs über die verschiedenen Aschesorten von Rauchwaren, anhand derer er viel über den Charakter der Täter erfahren kann. In *A Scandal in Belgravia* (2012/*Skandal in Belgravia*) wird erwähnt, dass Holmes diese Studie auf seiner Internetseite gepostet hat, sie aber keiner anklickt, weil sie niemanden interessiert. In der TV-Reihe spielen Rauchwaren ohnehin nur eine untergeordnete Rolle. Sie gehören, insofern sie Spuren hinterlassen haben, zu einem ganzen Ensemble von Zeichen, die Holmes zu lesen und zu deuten weiß. Ein typisches Beispiel für seine ungewöhnliche Form der Rekonstruktion in diesem Rahmen findet sich bei Doyle in *The Red Circle* (1911/*Der rote Kreis*). Dort kann der Detektiv anhand eines Zigarettenstummels erkennen, dass *kein* bärtiger Mann (zu dem sie eigentlich gehören müsste) sie geraucht haben kann (Doyle, WA Bd. 8, S. 88). Der Stummel ist einfach zu weit abgebrannt. Ein Mann mit Bart hätte sich dabei die Barthaare versengt.

ihre Zigaretten rasch hinter ihrem Rücken. Hier, wie in vielen anderen Szenen auch, wird die Autorität des häuslichen Matriarchats deutlich, dem Holmes und auch Watson bei Doyle keineswegs so deutlich unterstehen. Mrs. Hudson ist, wie sie stets betont, nun auch nicht mehr nur ihre Haushälterin, sondern vielmehr *nur* ihre Vermieterin und die beiden Freunde lassen es nicht zu, dass Mycroft ihr verbietet zu sprechen (allerdings verbietet es ihr der Detektiv dann selbst). Sie liebt Holmes sowie ihren Sohn (Stafford 2015, S. 54). In der Folge *His last Vow* (2014/ *Sein letzter Schwur*) fragt Holmes Mrs. Hudson aufgrund seiner Schmerzen, ob sie Morphium dahabe, als sie es verneint, bemerkt er nur gereizt, wofür sie denn überhaupt *da* sei? Er ist also ein etwas undankbarer Ziehsohn, der sich im Übrigen kaum belehren lässt. Es ist aber Mrs. Hudson, die den durch seine Drogensucht kollabierenden Holmes in der Folge *The Lying Detective* (2017/*Der lügende Detektiv*) mithilfe einer Pistole dazu zwingt, sich selbst Handschellen anzulegen, und ihn in den Kofferraum ihres Autos sperrt und ihn dann zu Dr. Watson fährt. Das ist ein starker Akt mütterliche Fürsorge.

Das negative und abweisende Verhältnis, welches Holmes gegenüber den Frauen unterhält, ist oft betont worden. Es taucht auch in der TV-Serie immer wieder, wenngleich auch in zurückgenommenen Formen, auf. Hier *verliebt* sich Holmes beispielsweise in der Folge *A Scandal in Belgravia* (2012/*Skandal in Belgravia*) in die lesbische Domina Irene Adler (Lara Pulver), was ihm leicht perverse Interessen unterstellt, die er bei Doyle keineswegs hat. Aber auch in der berühmten ersten Kurzgeschichte des Kanons, *A Scandal in Bohemia* (1891/*Skandal in Böhmen*), entwickelt der Detektiv zu dieser Frau eine Zuneigung, weil sie ihn *besiegt*. Adler ist in der Original-Geschichte eine Opernsängerin, und demnach in einer gesellschaftlichen Position, die in jener Zeit (noch) nicht besonders angesehen war. Noch eine Rangebene tiefer und zugleich viel libidinöser ist aber ihre Umdeutung zu einer lesbischen Domina innerhalb der TV-Reihe.[91] SM-Spiele passen aber gut zu der kühlen, emotionslosen Auffassung der Welt des Detek-

---

91 In Guy Ritchies Filmen fesselt Irene Adler, zu der hier Holmes durchaus eine richtige und länger währende sexuelle Beziehung hatte, den Detektiv nach dem Sexualverkehr nackt ans Bett. In der Folge *The Sign of Three* (2014/*Im Zeichen der Drei*), die ebenso wie der Kinofilm *Sherlock Holmes: A Game of Shadows* (2011/*Sherlock Holmes – Spiel im Schatten*) die Hochzeit von Watson zeigt, erlaubten sich die Drehbuchautoren von *Sherlock* einen Querverweis. So trägt Watson stockbetrunken bei einem Ratespiel einen Zettel mit den Namen *Madonna* auf seiner Stirn. Er muss erraten, wer er ist. Holmes weiß es aber selbst nicht, er hat diesen Namen einfach aus einer Zeitung abgeschrieben. Ritchie hatte die Hochzeit von Watson in seinem zweiten Kinofilm von zwei schottischen Dudelsackpfeifern begleiten lassen, was selbst eine Art Reminiszenz an seine groß gefeierte Hochzeit mit Madonna im Jahr 2000 in Schottland gewesen ist. Ihre Ehe wurde jedoch im Jahr 2008 bereits wieder geschieden. Bekanntlich hat sich Madonna durch ihre Performance mehrfach sehr positiv zu BDSM-Fantasien bekannt (vor allem in dem Begleitbuch SEX zu ihrem Album *Erotica* 1992).

tivs. Er kann so von einer vollkommen kontrollierbaren Sexualität ohne emotionale Hingabe träumen. Gattis und Moffat versuchen damit zugleich die Haltung von Holmes, insoweit sie auf Zwängen basiert, mit ihrem Gegenstück, dem Sadomasochismus zu konfrontieren. Beide Bereiche gehören nach Freud wie zwei Seiten einer Medaille zusammen. Es geht um Macht und Kontrolle. Die größte Angst des Detektivs bestehe darin, die Kontrolle zu verlieren, erklärte der Schauspieler Benedict Cumberbatch (Tribe 2015, S. 130). In der Folge *A Scandal in Belgravia* wird Holmes von Irene Adler eine Droge verabreicht und auf einmal ist er komplett hilflos und verletzlich. Aber er entwickelt keine sexuellen Fantasien mit ihr, sondern halluziniert, wie er gemeinsam mit Adler einen Fall löst. Holmes ist *nicht* pervers. Er wird durch Adler in seinem Denken blockiert. Er kann ihrem nackten Körper keine Fakten entnehmen; obwohl es da genug Details gebe, erscheinen nur Fragezeichen. Allerdings stellt sich dann heraus, dass er ihre Körpermaße durchaus optisch taxiert hat, denn sie ergeben die Codenummer ihres Safes, den er so öffnen kann. Obwohl Adler eine Domina ist, verliebt sich Holmes in sie, weil sie sich ihm, wie bei Doyle, als überlegen erweist. Diese Frau reißt den Detektiv aus seiner arroganten Selbstsicherheit. Seine schizoide und autistische Selbstgefälligkeit bekommt Risse und so wird er offener und sympathischer gegenüber dem Publikum. Er kommt dem Zuschauer in dieser Folge emotional näher, weil seine romantische Verliebtheit gezeigt wird. Aber selbstverständlich lässt sich der leicht zwanghafte Holmes auf die perversen Interessen einer Domina nicht ein, auch wenn er sich fasziniert zeigt. Er bleibt damit auf der moralisch akzeptablen, realistischen Seite und lässt sich gerade nicht in den libidinösen Sog bodenloser, perverser Fantasien verstricken, wenngleich auch hier, wie bei Doyle, für ihn Irene Adler immer *die* Frau bleiben wird.

Schläge, die Holmes empfängt oder austeilt, spielen aber ohnehin eine größere Rolle in der Serie. Schon in *A Study in Pink* (2010/*Ein Fall in Pink*) drischt Holmes mit einer Reitgerte auf eine Leiche ein. Dasselbe wird in *The Abominable Bride* (2016/*Die Braut des Grauens*) wiederholt. Die Drehbücher von *A Study in Pink* und *A Scandal in Belgravia* (2012/*Skandal in Belgravia*) stammen von Steven Moffat, der sich augenscheinlich für die perverse Seite des zwanghaften Detektivs besonders interessiert.[92] Seine Darstellung von Irene Adler ist auch nicht frei von einem Sexismus, der kritisiert worden ist (vgl. Stafford 2015, S. 111). In *His last Vow* (2014/*Sein letzter Schwur*), erneut schrieb Moffat das Drehbuch, schlägt dann umgekehrt Molly Hooper den Detektiv mehrfach ins Gesicht, nachdem sein Urintest ergeben hat, dass er harte Drogen zu sich genommen hat. Sie versteht nicht, dass er den Junkie nur vorspielt, um den Schurken Magnussen zu täuschen. Sie wirft Holmes seinen Konsum vor: »Wie können Sie es wagen, Ihre wunderbaren Bega-

---

92 Moffat ist der Sohn eines Lehrers, vielleicht hängt dieses Interesse damit zusammen.

bungen so mit Füßen zu treten. Und wie kommen Sie dazu, die Liebe Ihrer Freunde zu verraten? Entschuldigen Sie sich?« Holmes lässt es geschehen und erklärt nur, dass sie ihn missverstehe, er sei nicht süchtig, sondern das gehöre zu seiner Tarnung als Undercover-Agent. Aber auch in dieser Folge gibt es einen Perversen: Magnussen.

Frauen irritieren Holmes, weil sie seine schizoiden Denkvorgänge stören, in denen erotische Leidenschaften als ein wesentlicher Bestandteil zwischenmenschlicher Kontakte nicht in Bezug auf ihn selbst auftreten dürfen. Frauen müssen damit Objekte der kriminologischen Betrachtungsweise bleiben, sie dürfen ihm nicht als Subjekte eigener Sehnsüchte gegenübertreten, damit er die Ereignisse weiterhin kühl und distanziert berechnen kann. In der zweiten und letzten Geschichte, in der Doyle Holmes selbst als Erzähler einsetzte, *The Lion's Man* (1926/ *Die Löwenmähne*), weist der Detektiv besonders auf die Schönheit einer jungen Frauen hin, wie er sich übrigens überhaupt häufiger durchaus empfänglich für die weiblichen Reize zeigt, auch wenn sie auf ihn selbst wohl kaum eine größere Wirkung zu haben pflegen. Aber auch in dieser Perspektive wird Weiblichkeit als Objekt für den Mann gedacht. Auch ist er zu diesem Zeitpunkt bereits ein alter Mann und in den Ruhestand gegangen. Doyle lässt ihn schreiben: »Frauen vermochten mich nur selten anzuziehen, denn mein Gehirn behielt stets die Oberhand über mein Herz; doch ihr vollkommen ebenmäßiges, klar geschnittenes Antlitz mit all der sanften Frische der Downlands in seiner zarten Tönung konnte ich nicht betrachten, ohne mir vorzustellen, daß wohl kein junger Mann ihren Pfad unversehrt würde kreuzen können« (Doyle, WA Bd. 9, S. 233). Danach stellt er fest, dass diese Frau nicht nur über Schönheit, sondern auch über einen »festen Charakter« verfügt und das heißt, dass sie moralisch integer ist.

Allein schon seine lässige, autonome Haltung, die eng mit seinem Junggesellendasein verbunden ist, stellt eine Rebellion gegenüber Frauen dar. Ihren schizoiden Zug bekommt sie durch die rationalen Erklärungsmuster, mit deren Hilfe er seinen Status nicht nur rechtfertigt, sondern als die einzig richtige Lebensmöglichkeit zu legitimieren versucht. Zu seinen interessantesten Charakterzügen gehört eine gewisse Nachlässigkeit in Bezug auf Konventionen. So nimmt Holmes gern eine unkonventionelle Haltung ein. In der Geschichte *The Naval Treaty* (1893/ *Der Flottenvertrag*) wirft er sich in einen Sessel und zieht die Knie soweit an »bis seine Finger seine langen, dünnen Schienbeine umklammerten« (Doyle, WA Bd. 6, S. 234). Er ist nicht der überkorrekte Typ, sondern sein geistiger Scharfsinn geht auch mit einer durchaus *laxen,* zuweilen sogar nachlässigen körperlichen Haltung einher. Nicht selten versäumt es Doyle durch Watsons Beschreibungen, auf die unglaubliche »Schlampigkeit« von Holmes hinzuweisen, die sich oft auf den Zustand ihrer gemeinsamen Wohnung bezieht (vgl. Doyle, WA Bd. 8, S. 153). Das hängt damit zusammen, dass alle materiellen Dinge für den Detektiv sekundär sind, weil er der Ideenwelt nachgeht. Auch ist sein Verhalten nur auf den ersten Blick inkompatibel mit seiner *Zwanghaftigkeit*, im Gegenteil: Gerade weil er in bestimmten Punkten (eben der Verbrechensbekämpfung – also der Bekämpfung des Bösen) so rigide vorgeht, ist er in anderen Punkten (die dann direkt das Sauberkeitsempfinden betreffen) besonders nachlässig. Und mag dies nur dazu dienen, seine Vermieterin (Mrs. Hudson) zu schockieren, eine Ebene, die in allen Verfilmungen dankbar aufgenommen wurde.

Darin zeigt sich eine krasse Revolte gegen die mütterliche Sauberkeitserziehung, die ebenso wie seine ständige Rechthaberei zu seinen zwanghaften Charakterzügen gehört. In *The Adventure of the Dying Detective* (1913/*Der Detektiv auf dem Sterbebett*) täuscht er Mrs. Hudson (und Watson) sogar damit, indem er eine schwere Krankheit hat, sodass sie um sein Leben fürchten müssen. Nicht nur in der TV-Serie schießt er auf eine Wand in seine Wohnung. Solche Freiheiten nimmt sich der Detektiv ständig heraus, der schließlich auch mit eigensinnigen Mitteln der Verbrechensbekämpfung nachgeht. Eine besondere Form von Rebellion in puncto gewöhnlicher Ordnungen gehört aber oft zum zwanghaften Verhalten, welches ja immer in einem starken Konflikt mit einem mütterlich geprägten Über-Ich steht, dessen Vorschriften es als zu eng empfindet. Holmes ist gegenüber Frauen also nicht nur distanziert, sondern auch *ambivalent* eingestellt. Er will sich nichts von ihnen sagen lassen und andererseits ist er ein sehr galanter Ritter und nicht selten ihr Retter: Im »Umgang mit Frauen legte er eine ganz bemerkenswerte Liebenswürdigkeit und Artigkeit an den Tag« (Doyle, WA Bd. 8, S. 154). Holmes kann auf Frauen auch außerordentlich einnehmend wirken, wenn er es will. Es gelingt ihm häufiger, sehr rasch ihr Vertrauen zu erlangen, wie Doyle Watson schreiben lässt (Doyle, WA Bd. 7, S. 282). Er erweist sich stets als ein echter Kavalier. Beispielsweise in *The Veiled Lodger* (1927/*Die verschleierte Mieterin*) tröstet er eine im Gesicht vollkommen entstellte Frau und hält sie vom Suizid ab.[93] Holmes rettet seine Klientinnen regelmäßig vor den an ihnen verübten Verbrechen, die nahezu durchgängig von Männern begangen werden. Andererseits dürfen sie ihm persönlich nicht zu nahekommen und stören ihn beim Denken.

Androgyne Geschlechtervermischungen sind hingegen selten. In der *The Golden Pince-Nez* (1904/*Der goldene Kneifer*) ertönt von einem Opfer ein »wilder heiserer Schrei, so seltsam und unnatürlich, daß er von einem Mann oder einer Frau gleichermaßen hätte stammen können« (Doyle, WA Bd. 7, S. 268). Das ist aber eine Ausnahme. Holmes verkleidet sich in *The Mazarin-Stone* (1921/*Der Mazarin Stein*) zunächst als Handwerker auf Arbeitssuche und dann als eine alte Frau, mit einem verbeulten Sonnenschirm (Doyle, WA Bd. 9, S. 71). Dennoch hat

---

93 Das Motiv wurde in *Sherlock* in der Folge *The Lying Detective* (2017/*Der lügende Detektiv*) übernommen.

der Detektiv eine feminine Seite. Einige der ersten Rollen von Benedict Cumberbatch waren Frauenrollen, die er in Aufführungen von Shakespeare-Dramen an einer Jungenschule spielte (Stafford 2015, S. 17). Der Detektiv und sein Darsteller sind also bereit in eine Frauenrolle zu schlüpfen. Wohl aber beide nur dann, wenn ihr Beruf sie dazu zwingt. Holmes feminine Seite braucht keine Verkleidung. Aufgrund seiner narzisstischen Haltung kann sich der kluge Detektiv ohne Weiteres mit den Frauen *identifizieren,* ohne sich allerdings emphatisch in sie hineinzuversetzen, denn sobald die Sexualität und die Gefühle ins Spiel kommen, steht er ihnen gleich wieder ablehnend und distanziert gegenüber. Und auf der anderen Seite zwingt der Logos ohnehin, weil er stets männlich ist, auf der männlichen Seite zu bleiben. Die Strukturen der Geschichten sind in Bezug auf die Charakterisierung der Geschlechter, wenn man von Holmes selbst einmal absieht, daher vollkommen konventionell. Obwohl die TV-Serie den Rahmen erheblich erweitert hat, wird auch in ihr in der dritten Staffel die heterosexuelle, monogame Ehe favorisiert.[94]

Es gibt mehre Szenen in *His last Vow* (2014/*Sein letzter Schwur*), in denen Holmes gegenüber Janine, der Sekretärin des Schurken Magnussen, den frisch verliebten Mann vorspielt, um an Magnussen heranzukommen. Er hat jedoch kein einziges Mal Sex mit Janine, wie sie ihm am Ende vorhält, nachdem sie weiß, dass er sie nur benutzt hat. Holmes bezeichnet sogar Janines Liebe für ihn gegenüber Watson mehrfach als eine menschliche Schwäche, demnach als ein reines Defizit. Janine nimmt es ihrerseits sehr gelassen, dass der Detektiv sie getäuscht hat, was darauf hinweist, dass auch für sie das Verhältnis nicht wirklich in die Tiefe gegangen ist. Holmes wird selbst nie heiraten, aber in der TV-Reihe *Sherlock* stets versuchen die Ehe seines Freundes, weil sie auf echter Liebe basiert, zu schützen. Er wird hier vielmehr als ein echter Gentleman beschrieben als bei Doyle. Die Veränderungen sind also auffallend. Denn bei Doyle gibt es nur eine einzige, deutlich kritische Weise, die Ehe seines Freundes zu betrachten. So erklärt Holmes Watson: »›Aber die Liebe ist etwas Emotionelles, und alles Emotionelle ist der reinen, kühlen Vernunft, die mir das höchste aller Dinge ist, entgegengesetzt. Ich selbst würde niemals heiraten, aus Furcht, meine Urteilskraft möchte dadurch beeinträchtigt werden.‹ ›Nun, ich bin zuversichtlich‹, erwiderte ich lachend, ›daß meine Urteilskraft aus dieser schweren Prüfung unversehrt hervorgehen wird. Aber Sie sehen ja todmüde aus‹« (Doyle, WA Bd. 2, S. 157). Das ist zugleich eine Anspielung auf

---

94 *Eine Studie in Scharlachrot* enthält das Kapitel *Das Land der Heiligen,* wo eine ausführliche und sehr negative Beschreibung über die polygamen Strukturen der Mormonen in Utah gegeben wird. Doyle verficht ganz im Stil der viktorianischen Sexualmoral, der neueren Bindungstheorie in der Psychoanalyse und unserer Auffassung von Demokratie ein *monogames* Zusammenleben namens Ehe, in dem zwei Menschen partnerschaftlich und gleichberechtigt durch das Leben gehen.

Kants Buch *Die Kritik der Urteilskraft* (1790) und damit erweist sich Holmes einmal mehr als ein Anhänger zwanghaft formulierter Philosophie (vgl. Freud 2000, Bd. IX, S. 292).

Der Schnauzbart, den sich Watson beispielsweise nach dem Tod von Holmes in der Folge *The Empty Hearse* (2014/*Der leere Sarg*) hat wachsen lassen, wird von seinem Freund mehrfach stark kritisiert. Er malt sich bei ihrer Wiederbegegnung sogar selbst einen schmalen Schnauzer an, um dieses Attribut ironisch zu spiegeln. Dieses klassische Zeichen *patriarchaler* Gesinnung wird in der neuen Version stark kritisiert. Holmes mag seinen Freund lieber glattrasiert, wie er sagt. Durch den Schnauzbart hatte sich die Figur von Watson seit jeher deutlich von der von Holmes abgesetzt. Sie wird in der modernen Auffassung massiv hinterfragt, weil auch Mary Morstan, die zukünftige Frau von Watson, seinen Schnauzbart nicht mag. Watson bleibt schließlich nichts anderes übrig, als sich ihn abzurasieren. Holmes und Watson im 21. Jahrhundert haben nicht umsonst einen großen Kreis von Anhängerinnen. Vor allem Holmes ist in Bezug auf die Frauenfrage tatsächlich trotz oder gerade aufgrund seiner Schwächen um einiges attraktiver geworden.

5.6 Die Nebenfiguren

Eine wesentliche Differenz zwischen der originären Erzählform von Doyle und nahezu allen Verfilmungen besteht darin, dass stets die Perspektive aufgegeben wurde, die Geschichten aus der Sicht von Watson zu schildern. Im Gegensatz zur Literatur verzichten nahezu alle Sherlock-Holmes-Filme darauf Dr. Watson als die Figur eines erzählenden Vermittlers einzusetzen. Das hängt damit zusammen, dass eine Erzählerstimme im Film eine besondere Form der Narration darstellt, die erstmal nicht filmisch ist und nur in Sonderfällen wirkungsvoll eingesetzt werden kann. Da die meisten Holmes-Abenteuer im Film am spannungsvollsten wirken, wenn der Zuschauer nicht durch einen Erzähler auf Distanz gehalten wird, hat man auf diese literarische Form verzichtet. Damit geht ihnen aber eine wesentliche Ebene verloren. Sie gehört zur Strategie einer persönlichen Anteilnahme an dem Geschehen durch einen Dritten, der weder ein Teil des Verbrechens und nur sehr partiell ein Helfer bei seiner Auflösung ist. Es handelt sich demnach um einen *Zeugen* und einen persönlichen Freund des Detektivs, der den Part übernimmt, die Geschichte zumindest über weite Strecken (nachzu)erzählen und zu kommentieren. Diese Position gibt es bereits in Poes drei Detektivgeschichten und auch hier ist der Erzähler der engste Freund des sonderbaren Detektivs. Der Narrator spiegelt sich aber zuweilen mit dem Detektiv (vgl. Derrida 1987, S. 274), was zu den unheimlichen Effekten einer düsteren Romantik gehört, während bei

Doyle Watson und Holmes klar voneinander unterschieden sind. Aber der Narrator und der Schreiber fallen auch bei ihm zusammen und die meisten Fälle hat Watson aufgeschrieben. Diese Erzählstruktur wird auch bei *Sherlock* vollkommen aufgegeben. Die Filme erzählen die Geschichten stets von einem objektiven Standpunkt aus und enthalten daher auch Szenen, in denen weder Holmes noch Watson anwesend sind.

In der TV-Serie *Sherlock* traf man daher die bewusste Entscheidung die Position von Watson viel stärker zu machen als in den meisten Verfilmungen und auch den Originalgeschichten. So konnte man eine gelungene Substitution der verlorenen Erzählerhaltung erreichen. Watson wurde damit zur zweiten Hauptfigur erklärt. Er vertritt den Zuschauer (Tribe 2015, S. 11), er stellt die menschliche Nähe zum Großteil des Publikums her, welches den schizoiden und zwanghaften Holmes-Charakter zwar bewundert, aber im Grunde kaum verstehen kann. Dennoch ist und bleibt Holmes aufgrund seiner Gehirnaktivitäten das eigentliche Idol der Serie. Die TV-Episoden (wie auch die beiden Kinofilme) haben ihm nur ein gleichrangiges Pendant an die Seite gestellt. Im Kino ist Holmes selbst so umgestaltet worden, dass das Publikum ihn rasch als Idol akzeptiert. Dennoch steht auch hier Watson (Jude Law) für Normalität. Vom Sidekick mit durchschnittlichen geistigen Fähigkeiten ist er zur kritischen Instanz gegenüber dem pathologischen Detektiv aufgestiegen.

Neben diesem Aufstieg des Arztes, der bei Doyle durchaus angelegt (vgl. Stafford 2015, S. 46), aber weit weniger ausformuliert worden ist, wurde die Serie aber von Anfang an mit *stärkeren* Nebendarstellern ausgestattet, die allein durch ihr regelmäßiges Auftreten eine ganz andere Bedeutung bekommen als bei Doyle. Eine solche Uminterpretation stellt sich gegen die literarische Vorlage, indem sie sie ergänzt und erheblich erweitert. Sie entspricht der Konzeption von TV-Serien, die häufiger, weil sie über lange Zeiträume laufen, auf ein größeres Figurenensemble zurückgreifen als Spielfilme. Viele Nebenfiguren aus den Geschichten, wie Mrs. Hudson, Mycroft oder in der dritten Staffel Mary Morstan, bekommen demnach viel größere Rollen und damit größeren Raum innerhalb der Narration. Aus den Skizzen in den Vorlagen wurden richtige Charaktere gemacht.

Aus der hohen Anzahl an verschiedenen Polizeiinspektoren in Doyles Geschichten wurde hingegen ein einziger Inspektor, Lestrade (Rupert Graves), der nun zwei Gehilfen bekommen hat, die ebenfalls regelmäßig auftauchen und den arroganten Holmes nicht mögen: Sergeant Sally Donovan (Vinette Robinson) und der Forensiker Anderson (Jonathan Aris), der nach dem vorgetäuschten Tod von Holmes große Schuldgefühle bekommt und eine Art Fanclub gründet, der darüber spekuliert, wie der Detektiv den Sprung vom Krankenhaus überlebt haben könnte, und davon überzeugt ist, dass er noch lebt. Eine der häufigsten Konstellationen bei Doyle (und Poe), die Intelligenz von Holmes zu zeigen, indem die

Dummheit der Polizei herausgestellt wurde, konnte dabei in Bezug auf Lestrade aufgegeben werden. Dieser menschliche Polizeiinspektor ist sehr souverän, weil er im Allgemeinen die Fähigkeiten des Detektivs anerkennt und genau weiß, dass er ihn braucht. Er tritt sogar einige Male als Beschützer des jüngeren Detektivs auf (vgl. Tribe 2015, S. 152). Umgekehrt schaut Holmes aber weiterhin arrogant auf die Polizei herab und ihm gelingt es, sie regelmäßig zu vergraulen. Auch das ist intendiert (vgl. ebd., S. 184). Insbesondere der weibliche Sergeant Sally Donovan hält Sherlock aufgrund seiner pathologischen Charakterzüge sogar selbst für einen Kriminellen. In der Folge *Der Reichenbachfall* (2012) eskaliert das Verhältnis, weil Donovan und Anderson den Verdacht hegen, Holmes begehe die Verbrechen selbst, die er dann vor ihrer Nase so genial aufzulösen versucht. Sie können sogar Lestrade davon überzeugen, dass Holmes ein Schwindler ist. Schon in der ersten Folge hatte der kluge Detektiv entdeckt, dass die beiden miteinander geschlafen haben und dies (wie immer) öffentlich kundgetan, sodass ihre Verschwörung auch aus Rachemotiven gespeist ist, die darauf basieren bis auf die Haut von Holmes bloßgestellt worden zu sein (Taylor 2012a, S. 132 f.).

Auffallend ist die Rolle von Mycroft Holmes, der nun in jeder Folge auftritt und dessen Äußeres gründlich verändert worden ist. Bei Doyle ist er sieben Jahre älter als sein Bruder. »Sein Körper war absolut korpulent, doch sein Gesicht hatte, wiewohl massig, etwas von der Schärfe des Ausdrucks bewahrt, die an seinem Bruder so bemerkenswert war« (Doyle, WA Bd. 6, S. 211). Als ein verfressener Fettwanst dieser Art, tritt Mycroft nur in der Sonderfolge *The Abominable Bride* (2016/*Die Braut des Grauens*) in Erscheinung, sonst ist er so gärtenschlank wie sein Bruder und sehr streitlustig. Gatiss, der diese Figur selbst spielt, hat seine Darstellung optisch eher an Figuren des typischen englischen Gentlemans angelehnt, wie beispielweise John Steed (Patrick Macnee) aus der TV-Reihe *The Avengers* (1961–69/*Mit Schirm, Charme und Melone*). Mycroft (der Name bedeutet *my croft* – meine kleine Farm und verweist so erneut auf den häuslichen Kontext von Holmes = home) tritt nur in zwei der insgesamt 60 Holmes-Geschichten des Kanons persönlich auf: *The Greek Interpreter* (1893/*Der griechische Dolmetscher*) und *The Bruce-Partington Plans* (1908/*Die Bruce-Partington-Pläne*). Er wird in zwei weiteren Fällen namentlich erwähnt und tritt auch kurz in Erscheinung: Als Kutscher verkleidet, den Watson aber nicht erkennt, in *The Final Problem* (1893/*Das letzte Problem*) und in der chronologisch darauffolgenden Geschichte *The Empty House* (1903/*Das leere Haus*). Sein Part in den Originalgeschichten ist also ziemlich gering. Er dient hier vor allem dazu, anzudeuten, dass Sherlock Holmes auch einen familiären Hintergrund hat, über den der Leser allerdings kaum etwas erfährt, außer dass sein älterer Bruder noch klüger ist als der Detektiv selbst. In der Serie führen die beiden Brüder in der Folge *The Empty Hearse* (2014/*Der leere Sarg*) einen Dialog darüber, dass sie beide in ihrer Kindheit angenommen haben,

Sherlock sei *ein Idiot,* weil sie keinen Vergleich mit anderen Kindern hatten. In ihren Wortduellen geht es ähnlich wie in der Geschichte *The Greek Interpreter* (1893/ *Der griechische Dolmetscher*) oftmals darum, wer die schnelleren und besseren logischen Schlussfolgerungen aus dem Material ziehen kann. Für beide ist der Umgang mit *gewöhnlichen* Menschen, die nicht über ihren Scharfsinn verfügen (wie beispielsweise ihre Eltern), eine Last. Demnach teilen sich die Brüder auch die schizoiden Charakterzüge.

Während bei Doyle Mycroft zu lethargisch ist, um sich selbst auf Spurensuche zu begeben, kann dies von dem Mycroft in der TV-Serie nicht gesagt werden. Hier ist er nur so mit dem Staatsdienst beschäftigt, dass er keine Zeit hat für Detektivabenteuer. Er wäre sich auch zu schade dafür, in die Gefilde hinabzusteigen, die Holmes zuweilen aufsuchen muss, um seine Fälle aufzuklären. Bei Doyle lebt Mycroft lieber für sich allein und geht jeden Tag in den Diogenes Club. Die Besonderheit in diesem, von ihm selbst mitgegründeten Club besteht darin, dass es streng verboten ist ein anderes Clubmitglied anzusprechen. So bleibt jeder für sich und muss aber doch nicht allein zu Hause sitzen. Zwischenmenschlicher Kontakt ist also untersagt. Holmes erklärt, er »selbst habe die Atmosphäre als sehr beruhigend empfunden« (Doyle, WA Bd. 6, S. 210). Bei *Sherlock* geht Mycroft auch in den Diogenes Club und wird auch sonst als Einzelgänger dargestellt. In den meisten Szenen sitzt er allein am Schreibtisch. In der BBC-Serie ist er allerdings enger in den Staatsdienst eingespannt und zugleich der heimliche Wächter seines jüngeren Bruders, der beispielsweise aufpasst, dass dieser keine Drogen mehr nimmt. Mycroft legt wie sein Bruder sehr viel Wert auf Etikette und Würde. Er verhält sich aber auch nicht selten ein wenig sadistisch. Es wird deutlich herausgearbeitet, dass er seinen jüngeren Bruder aufgrund von Neid und Rivalität nicht besonders mag und sich andererseits doch um ihn sorgt. Das sind neue und komplexere Charakterzüge, die die Doyle-Figur nicht hat. Als Watson Holmes in der Folge *A Scandal in Belgravia* (2012/*Skandal in Belgravia*) im Buckingham Palace fragt, ob sie die Queen sehen werden, taucht im selben Moment Mycroft auf und Holmes antwortet: »Offensichtlich«. Das ist sogar eine Anspielung darauf, dass Mycroft homosexuell sein könnte oder zumindest sehr feminin ist.

Es sind aber vor allem die *Frauenrollen,* die in der TV-Reihe viel mehr Bedeutung und Raum bekommen haben. Das beginnt schon in der ersten Folge mit der Figur von Sergeant Sally, die die schwere soziale Störung in dem Verhalten von Holmes gegenüber Watson kritisch beschreibt und ihm davon abrät, sich auf diesen Psychopathen einzulassen. Sie ist es auch, die später den Verdacht schöpft, dass Holmes seine Fälle selbst kreiert habe und sogar ihr Täter sei. Die für die Serie ebenfalls extra erfundene Figur Molly Hooper (Louise Brealey), die in der Autopsie arbeitet, wird von Anfang an als eine extrem schüchterne Frau dargestellt, die sich in den abweisenden Detektiv verliebt hat, der ihr immer wieder schreckliche Dinge sagt, ohne es selbst zu merken. Sie stottert zuweilen, so aufgeregt ist sie, wenn sie mit ihrem *Schwarm* Holmes spricht. Molly ist eine wichtige und zugleich komische Identifikationsfigur für das weibliche Publikum, durch die aber deutlich wird, wie wenig Taktgefühl und soziale Intelligenz Holmes hat. Anders als in den Geschichten von Doyle, bei denen nur immer wieder wechselnde weibliche Klientinnen und Mrs. Hudson auftauchen, wird durch Hooper das (problematische) Verhältnis von Holmes zu den Frauen permanent in einer Kontinuität thematisiert (Stafford 2015, S. 10). Sie ist es, die Holmes in *His last Vow* (2014/ *Sein letzter Schwur*) in seinem Gedächtnispalast klare Anweisungen gibt, was nun zu tun ist, um dem Tod zu entkommen. Noch auffälliger ist, wie allerdings schon ausführlich beschrieben, die Rolle von Watsons Ehefrau Mary Morstan, die in der dritten Staffel erstmals auftritt und dann rasch zu der wichtigsten Figur neben den beiden Hauptdarstellern wird. In den Büchern wird sie kaum erwähnt und stirbt relativ schnell. In der TV-Serie stirbt sie am Ende der ersten Folge, *The Six Thatchers* (2017/*Die sechs Thatchers*), in der vierten Staffel auf eine sehr unvorhersehbare und sehr dramatische Weise, die die Fans mit Trauer und Unmut zurückgelassen hat. Dennoch hat sie sogar auch danach noch, in der bisher vorletzten Folge *The Lying Detective* (2017/*Der lügende Detektiv*), so etwas wie die dritte Hauptrolle, ohne dabei allerdings das freundschaftliche Gleichgewicht zwischen Holmes und Watson zu stören (Tribe 2015, S. 223). Sie ist ein starker und erstaunlich subtiler Frauencharakter (Stafford 2015, S. 12). Ihr Status als cleverer Killerin eröffnet eine Dimension, die für Doyle nicht vorstellbar gewesen wäre. Sie fügt sich aber sehr elegant in sein Schema ein. Auch Mrs. Hudson, die in Doyles Geschichten eine Randstellung innehatte, aber in den meisten Verfilmungen doch viel häufiger auftrat, ist vielschichtiger geworden. Mrs. Hudson tritt lediglich in 13 von 60 Kurzgeschichten überhaupt auf. Sie war bei Doyle also keineswegs eine tragende Figur. Nur in der Geschichte von Holmes' Rückkehr, *Das leere Haus* (1903), spielt sie eine entscheidende Rolle. In *Sherlock* bekam sie erstmals eine Vita, sie ist die Ex-Frau von einem Drogendealer und sie ist nun nicht mehr bloß die Vermieterin und Angestellte von Holmes, sondern Hausbesitzerin und Mutterersatz für die beiden Junggesellen. In der Folge *The Lying Detective* ist es ihr Einsatz, durch den es gelingt, Holmes und Watson wieder zusammenzubringen.

In einigen wichtigen Nebenrollen entschied man sich für authentische Besetzungen. »Meine Eltern spielten meine Eltern und das ganz großartig« erklärte Benedict Cumberbatch (Tribe 2015, S. 291). Die Eltern von Holmes wurden tatsächlich von den Eltern des Schauspielers dargestellt, die selbst Schauspieler sind. Sie haben nur sehr kleine, aber wichtige Auftritte. Die wichtigste Besetzung dieser Art ist die Ehefrau von Watson, gespielt von Amanda Abbingdon, die zu dieser Zeit noch die Ehefrau des Schauspielers Martin Freeman war. So wirkt das Ehepaar, zwischen dem die Chemie natürlich auf Anhieb stimmte, authentischer und für den Zuschauer glaubwürdiger (Stafford 2015, S. 169). Umgekehrt kam es vor dem Ausscheiden von Mary Watson auch tastsächlich zur Scheidung der beiden Schauspieler nach immerhin sechszehn Jahren Ehe.[95]

Der Drehbuchautor und Produzent Mark Gatiss hat als Mycroft Holmes, dem großen und mächtigen Bruder von Sherlock Holmes, eine regelmäßige und wichtige Rolle in der Serie. Auch hier gehen Realität und Fiktion ein bisschen Hand in Hand, denn Mycroft ist der Big Brother von Sherlock, der im Hintergrund oft genug die Fäden zieht, so wie es Gattis ist, der als Drehbuchautor festlegt, was Holmes als nächstes widerfahren wird. Ferner spielte auch der Sohn des Drehbuchautors und Produzenten Steven Moffat, Louis Moffat, in der Folge *His last Vow* (2014/*Sein letzter Schwur*) Holmes als kleinen Jungen. Dabei wurde das Verhältnis zu seinem grausamen älteren Bruder als ein Problem herausgearbeitet. In *The Final Problem* (2017/*Das letzte Problem*) wurde für dieselbe Rolle jedoch Tom Stoughton genommen, sicherlich, weil Louis Moffat unterdessen zu alt für diese Rolle geworden war.

Dass der kalte und arrogante Mycroft zu einer stetigen Figur in der Reihe wurde, ist ebenso wichtig, wie die größere Rolle von Watsons Ehefrau innerhalb der dritten Staffel. Mycroft ist nicht nur viel wichtiger als bei Doyle, er ist auch eine viel negativere Figur als im Original, wenngleich er sich auch stets um seinen jüngeren Bruder sorgt. In *His last Vow* ist es beispielsweise Mycroft persönlich, der dafür plädiert, dass sein Bruder bestraft wird, weil er ein Mörder sei. Er war nie ein Freund seines Bruders. Mycroft erinnert seinen jüngeren Bruder bereits bei der Hochzeitsfeier von Watson an dessen Hund Redbeard. Dieser Hund ist eine Erfindung der TV-Serie und im starken Kontrast zu dem berühmten Hund der Baskervilles angelegt worden. Redbeard ist das Gegenteil von einem dämonischen und gefährlichen Angsttier. Er war der beste Freund von Holmes während seiner Kindheit und das Tier wurde eingeschläfert. Holmes erinnert sich an den Hund und auch an dessen Tod nochmals, während er in der Folge *His last Vow* (2014/ *Sein letzter Schwur*) in einer Nahtoderfahrung sein Gedächtnis durchwühlt. Redbeard ist demnach der einzige Vorläufer von Watson, ein Freund, dessen Leben Holmes um jeden Preis retten möchte, den er nicht verlieren will (vgl. Stafford 2015, S. 208). Er wird heimgesucht von dieser Kindheitserfahrung, als er zu sterben droht. Doch als er dann in seinem Traum auf Moriarty in einer Gummizel-

---

95 Das Paar trennte sich kurz vor Beginn der Dreharbeiten zu der vierten Staffel voneinander. Einer der Gründe für die Trennung war Freemans steile Karriere als Hollywoodstar, die ihm zu wenig Zeit für seine Familie ließ. Private Beziehungen wurden aber noch öfter für die Serie verwendet. In der zweiten Folge, *The blind Banker* (2010/*Der blinde Banker*), konnte man bereits die damalige Freundin von Cumberbatch, Olivia Poulet, sehen. Allerdings hatte man ihr nur eine kleine Rolle gegeben und sie spielte demnach auch keineswegs die Freundin von Holmes, sondern lediglich die Sekretärin des ermordeten Van Coon.

le trifft, der ihm erklärt, dass Watson in Gefahr ist, wenn er stirbt, mobilisiert Holmes alle Energien, um ins Lebens zurückzukehren.

Damit sind wir bei einer weiteren Figur angelangt, die im TV, anders als bei Doyle, immer wieder auftritt: Moriarty, dessen Besonderheiten hier nochmals skizziert werden sollen. Er wurde für die ersten zwei Staffeln als ein durchgängiger Gegner konzipiert. Das war ursprünglich nicht vorgesehen. Doch als man einem kleinen Publikum die erste Fassung des Pilotfilms zeigte, kam rasch die Frage auf, wo denn Moriarty wäre? Er fehlte also augenscheinlich und kam deshalb früher als ursprünglich geplant ins Spiel (Tribe 2015, S. 64). In der dritten Staffel bekam Magnussen dieselbe Position, da er bereits am Ende von der ersten Folge, *The Empty Hearse* (2014/*Der leere Sarg*), zu sehen ist. Er betrachtet hier auf einem Video, wie Watson fast bei einem Fest in der Bonfire Night[96] verbrannt worden wäre. Es entsteht so der richtige Eindruck, dass Magnussen der Drahtzieher dieses Anschlags auf Watson gewesen ist. In der Folge *His last Vow* (2014/*Sein letzter Schwur*) zeigt Magnussen im Finale Holmes und Watson dieses Video und erklärt, dass er Watson gerettet hätte, wenn es Holmes nicht getan hätte. Dann ist es wieder Watson, gegen den sich die Aggression von Magnussen richtet, indem er ihm zunächst ins Gesicht und dann ins Auge schnippt.

Magnussen ist der unheimliche böse und mächtige *Patriarch* im Hintergrund. Er ist eine typische Doyle-Figur und ähnelt vielmehr dem literarischen Schurkenkonzept als Moriarty. Dessen Erscheinung und auch Charakterisierung wurde innerhalb der TV-Serie hingegen vollkommen erneuert: Die Figur hat keineswegs den souveränen Charakter, den Doyle ihr gegeben hat, was Holmes-Experten, wie Christopher Redmond, überhaupt nicht mochten (vgl. Stafford 2015, S. 82). Der Schauspieler Andrew Scott, der diesen Part übernahm und damit sehr erfolgreich war, erklärte: »Man bringt jemanden wie mich nicht unbedingt mit zutiefst verbrecherischen Eigenschaften in Verbindung, zumindest war es damals so. Ich glaube, die Leute waren überrumpelt« (Tribe 2015, S. 119). Moriarty wurde vor allem von seinem patriarchalen Gestus alter Schule weitgehend befreit. Er ist nun ebenso jugendlich wie Holmes. Im Original ist er ein Ire – nun sieht er mehr

---

96 Die spätere Vision von der Explosion des englischen Parlaments im Palast von Westminster in dieser Folge wird so gut vorbereitet (vgl. Stafford 2015, S. 180f). Watson wird vor der Wohnung von Holmes entführt und in einem Freudenfeuer im Rahmen der *Bonfire Night* begraben. Die *Bonfire Night* ist aber eine traditionelle englische Feier, die jährlich am 5. November begangen wird und die Vereitelung eines Attentats auf das englische Parlament von 1605 feiert. Damals versuchten Guy Fawkes und einige Mitverschwörer den Palast von Westminster in die Luft zu sprengen. Man hatte bereits 36 Fässer mit Schwarzpulver im Keller des Gebäudes untergebracht. Der gesamte Kontext wurde in der Folge aufgenommen. Holmes und Watson finden im Finale einen leeren U-Bahn-Wagen unter dem Parlament, der genug Sprengstoff enthält, um das Gebäude in die Luft zu jagen. Die Bezüge zu den aktuellen Terroranschlägen sind aufgrund des Gebäudes in diesem Fall sehr offensichtlich.

aus wie ein Mann mit italienischer Abstammung, was aber auch sein Name nahelegt. Er ähnelt ein wenig dem jungen Marlon Brando und tritt ähnlich exzentrisch auf, hat aber nicht dessen wuchtiges Charisma. Andrew Scott war aber ähnlich experimentierfreudig und suchte nach extremen Ausdrucksmöglichkeiten, um die Bösartigkeit dieses Oberschurken auf eine besondere Weise herauszuarbeiten. Sein Moriarty hat eine sehr kindliche und vor allem schwer psychotische Seite. Er wirkt unangenehm aufgeblasen, überheblich und stark überzogen. Scott spielt ihn als einen sehr flüchtigen Charakter, der in einem Moment seine Worte fast schon leise summt und ihm nächsten Moment herausbrüllt. Er spricht mit einer hohen, weichen Stimme und zeigt alle Attribute eines geistesgestörten Menschen, der sich selbst und seine Affekte nicht unter Kontrolle hat. Deshalb kann er Holmes irritieren, der stets ein hohes Maß an Selbstdisziplin aufbringt. Gatiss, der das Drehbuch zu der Folge *The Great Game* (2010/*Das große Spiel*) schrieb, in dem Moriartys Charakter erstmals deutlich wird, hat diese Figur wohl mehr aus seinen Kindheitseindrücken in der Psychiatrie kreiert als anhand von Doyles Beschreibungen. Aus der Bezeichnung »der Napoleon des Verbrechens«[97], wie Moriarty bei Doyle von Holmes charakterisiert wird, ist nun tatsächlich ein Mann mit einer schweren narzisstischen Persönlichkeitsstörung geworden. Moriarty genießt es, destruktiv zu sein. Er ist ein Unhold, der mit dem Leben anderer Menschen nur zu gern spielt. Seine Unberechenbarkeit ist das größte Übel. Wie in Doyles Geschichten trachtet Moriarty nach dem Leben von Holmes. In *Sherlock* ist Moriarty zugleich ein psychotisches *Double* von Holmes. Der *Thrill*, der von ihm ausgeht,

---

[97] Napoleon gibt es bei Doyle nochmals. Die Doppeldeutigkeit in der Kurzgeschichte *The Six Napoleons* (1904/*Die sechs Napoleons*) besteht darin, dass die Bedeutung der Büste (eines Herrschers oder einer Herrscherin) den Blick dafür verstellt, dass in ihr etwas versteckt wurde. Die Zerstörung der Napoleon-Büsten wird deshalb selbst von Watson zunächst als der politische Akt eines Verrückten gedeutet: »Zum ersten Mal ruhten unsere Augen auf dieser Darstellung des großen Kaisers, die in dem Geist des Unbekannten einen solch rasenden und zerstörerischen Haß hervorzurufen schien« (Doyle, WA Bd. 7, S. 223). Das Motiv taucht in *Sherlock*, zeitgemäß vom selbsternannten Kaisertum zum Parlamentarismus gewendet, in *The Six Thatchers* (2017/*Die sechs Thatchers*) auf, wo dasselbe mit Büsten von Margret Thatcher passiert. Auch hier vermuten die Besitzer politische Hintergründe, während Holmes sofort ahnt (weil alle anderen Thatcher Bilder und Plastiken heil geblieben sind), dass etwas ganz Anderes dahintersteckt. In einer der Büsten wurde nämlich ein USB-Stick mit Informationen über die Killerin Mary Morstan versteckt. Der Plot ist demnach derselbe. Augenscheinlich ist auch die Kurzgeschichte von Anthony Horowitz. *The Three Monarchs* (2014/*Die drei Königinnen*), ein schwaches Remake von *Die sechs Napoleons*, denn hier wird der politische Kontext ganz außer Acht gelassen. Die Büsten sind nun Liebhaberobjekte von Anhängern der Königin. Sie werden auch nicht zerstört, sondern nur gestohlen. Der Diebstahl ist hier nur ein gezieltes Täuschmanöver, der von einem Mord ablenken soll. Doyles Geschichte und ihre Modernisierung in *Sherlock* sind demnach clever angelegt worden.

ist stets ein Spiel auf Leben und Tod. Holmes trifft auf ihn unter dem Einfluss von Drogen in *The Abominable Bride* (2016/*Die Braut des Grauens*) oder in einem todesnahen Zustand in *His last Vow* (2014/*Sein letzter Schwur*). Die Figur hat etwas von einer geisterhaften Halluzination, der man im Traumzustand begegnet.

Die Verbrecher sind demnach sorgfältig in der TV-Serie angelegt worden. Ein weiteres, interessantes Beispiel dafür ist der bereits erwähnte Erpresser Magnussen, der eigentlich Milverton heißt und in der Kurzgeschichte *The Adventure* of *Charles Augustus Milverton* (1904/*Charles August Milverton*) auftrat. Auch er bekam viel mehr Raum und wurde präziser charakterisiert als in der literarischen Vorlage. »Er ist der einzige Bösewicht in den Sherlock-Holmes-Geschichten, dessen Name auch der Titel der Erzählung ist« (Fleischhack 2015, S. 102) und sein Sonderstatus wurde auch in der TV-Serie herausgearbeitet. Holmes-Fans wie Stafford finden seine ruchlose und verachtete Gestalt besser gelungen als die von Moriarty (Stafford 2015, S. 204). Dabei gab sich die Reihe insgesamt, anders als Doyle, schließlich nicht mit der Darstellung eines auffälligen, theatralischen Äußeren zufrieden, sondern sie gaben vielen Charakteren zahlreiche andere, moderne Attribute. Milverton wird bei Doyle verglichen mit einer Schlange. So erklärt Holmes: »Empfinden Sie ein Grausen und Schaudern, Watson, wenn Sie im Zoo vor den Reptilien stehen und diese schlüpfrigen, gleitenden, giftigen Wesen mit ihren tödlichen Augen und bösen platten Gesichtern betrachten? Nun, so ergeht es mir bei Milverton. Ich hatte in meiner Karriere schon mit fünfzig Mördern zu tun, aber selbst der schlimmste von ihnen hat mir keinen solchen Widerwillen eingeflößt wie dieser Kerl. Und doch kann ich es nicht umgehen, mich mit ihm abzugeben – ja, er kommt auf meine Einladung hierher« (Doyle, WA Bd. 7, S. 194). In der TV-Serie wird derselbe Vergleich nicht mit einer Schlange, sondern einem Hai angestellt: »Warst du schon mal an einem Haifischbecken im Londoner Aquarium, John? Ganz nah an der Scheibe? Diese flachen vorbeischwimmenden Gesichter. Diese toten Augen. Genau so ist er«, erklärt Holmes hier. Magnussen ist ein Medienmogul, der aus Dänemark stammt. Bei Doyle ist die Figur lediglich ein genialer Erpresser, der aber auch schon deutlich sadistische Charaktermerkmale aufweist. Charles August Milverton schafft es, Holmes wirklich wütend zu machen. Der distinguierte Detektiv gerät in Abscheu und Ekel vor ihm. Milverton ist dabei tatsächlich das perverse Pendant zum zwangsneurotischen Holmes, ein Mann, der alle gesellschaftlichen Konventionen mit Füßen tritt und dem es eine persönliche Lust bereitet, Menschen in die Enge zu treiben, indem er sie erpresst. Für ihn hat jeder Mensch einen »Druckpunkt«, eine Stelle, an der er erpressbar ist und er genießt es diesen Punkt zu finden. Als er Marys Akte als *Serienkillerin* vor seinem geistigen Auge durchblättert, sagt er nur sehr amüsiert, dass sie ein böses, böses Mädchen ist. Er ist der »übelste Mensch in ganz London« (Doyle, WA Bd. 7, S. 194). Dieser Sadist quält methodisch und nach Belieben seine Opfer (ebd.,

S. 195). Er wird mit einer Ratte verglichen (ebd., S. 199). In der TV-Serie uriniert er in den Kamin im Wohnzimmer des Detektivs, weil er dessen WC zu dreckig findet. Er leckt eines seiner weiblichen Opfer mit seiner Zunge ab und betrachtet sie (wie auch die Wohnung von Holmes) einfach als seinen Privatbesitz. Er schnippst Watson ins Gesicht, weil er das lustig findet. Milvertons/Magnussens Leidenschaft besteht darin, eine solche Macht über andere ausüben zu können, dass er sie völlig beherrschen und vernichten kann. Und er genießt es, über so viel Macht zu verfügen. Er wird in der Folge *The Lying Detective* (2017/*Der lügende Detektiv*) dann noch überboten von Culverton Smith, einem Serien-Killer, dem es ein bloßes perverses Vergnügen bereitet, Menschen zu töten und so die Illusion einer völligen Macht über sie zu haben.

Magnussen, Smith und Moriarty sind Gentlemen-Verbrecher. Während Moriarty und Smith versteckt agieren, handelt Magnussen nahezu vollkommen transparent. Vergleicht man die Folge *The Great Game* (2010/*Das große Spiel*) mit *His last Vow* (2014/*Sein letzter Schwur*) werden die Unterschiede deutlich. Alle vier Staffeln der Reihe sind jedoch so aufgebaut, dass der Verbrecher der Superlative stets erst in der dritten Folge auftaucht, um sich persönlich mit Holmes zu messen, und damit die Staffel abschließt. Da bietet auch die vierte Staffel keine Alternative an, denn die Bösartigkeit von Culverton Smith in der zweiten Folge wird noch überboten von Holmes' Schwester Eurus in der letzten Folge *The Final Problem* (2017/*Das letzte Problem*).

Philosophische Betrachtungen des Mordes 6

Gibt es eine Darstellung des Mordes, die keinerlei Lustmomente enthält? Besteht die Konvention nicht auf diesem Aspekt, der wenig mit einer realen Beschreibung gemeinsam hat? Ist der Leser nicht ohnehin an dem sexuellen Aspekt interessiert und muss dieser nicht stets erfunden werden, damit die Geschichten funktionieren? »Was willst Du, daß ich Dir sage, schlafen mit mir, das ist alles was sie interessiert, der Rest ist sekundär«, schrieb Derrida über (s)eine Leser sehr kritisch in *La carte postale* (Derrida 2004, S. 30). Ganz Unrecht hatte er damit sicher nicht.

6.1 Lacans Spiegelstadium

Eine Fragestellung, in welcher sich die Kriminologie und die Psychoanalyse an einem prekären und zugleich wichtigen Ort treffen, ist die Ursachenforschung. Die Psychoanalyse liefert dabei Erklärungsmodelle der Kriminalität für die menschlichen Motive eines Verbrechens und mehr noch die Erklärungen für die Ab(Gründe) des Verbrechers. Lacan hat in dem Text *Theoretischen Einführung in die Funktionen der Psychoanalyse in der Kriminologie* (1951) zu Recht darauf beharrt, nicht das angeborene Triebhafte eines Menschen als Ursache einer kriminellen Tat heranzuziehen, da dieses (animalische) Triebhafte stets inkarniert sei in einem Vernunftwesen (vgl. Derrida 2015, S. 159). Für ihn ist deshalb der Mensch dem Menschen *kein* Wolf, weil er keine angeborenen Triebe hat, die ihn dazu zwingen würden, kriminell zu handeln (ebd., S. 157). Der Mensch organisiert sich *nicht* als Triebwesen, sondern in einem Verhältnis *zum* Gesetz (Über-Ich) und auch der Kriminelle kann aus diesem vorgegeben Rahmen nicht heraustreten. Er weiß, dass er Unrecht tut. Es gibt zwar eine animalische Triebhaftigkeit im Menschen, doch diese ist nach Lacan *nicht* die Ursache für seine

Kriminalität. Vielmehr ist es die Transzendierung dieser Triebe durch eine Wildheit und Grausamkeit *gegen Seinesgleichen*, die das Tier nicht kennt. Die *Ebenbildlichkeit* zwischen Täter und Opfer ist für Lacan das Besondere und Einzigartige beim menschlichen Verbrechen. Die Möglichkeit zur *Identifikation* wird damit zum Urheber, zum Motor, zur Ursache von jedem zwischenmenschlichen Verbrechen (und andere Verbrechen gibt es für Lacan im Grunde nicht). Diese Argumentation beinhaltet jedoch für Derrida mehrere Schwachpunkte: Zunächst wäre da die Unterscheidung zwischen Natur und Kultur, zwischen Trieb (als animalischer Instinkt) und Gesetz als Kultur, die für ihn ein sehr traditionelles und äußerst zweifelhaftes Oppositionspaar darstellt. Dann findet das Verbrechen bei Lacan nur gegenüber dem Gleichen statt und damit ist jedes Verbrechen gegen *den Anderen* gar keines mehr: »In Bezug auf jedwedes Verbrechen gegenüber allen nichtmenschlichen Lebenden ist man von vornherein freigesprochen« (ebd., S. 162). Das Verbrechen wird immer nur gegen meinesgleichen verübt und richtet sich damit letztendlich gegen mich selbst (ebd., S. 163). Beispielsweise kann das Tier nur als Opfer in Betracht gezogen werden, wenn ich eine Ebenbildlichkeit in es hineinprojiziere. Grausamkeiten gegen Tiere sind damit aber generell keine Verbrechen (ebd., S. 165). »Es gibt kein ›Verbrechen gegen die Tierheit‹, auch kein Verbrechen des Genozids an nichtmenschlichen Lebenden« (ebd., S. 166). Umgekehrt kann ein Tier auch *kein* wirklicher Verbrecher sein und damit findet in der allerersten Detektivgeschichte von Poe auch kein Verbrechen statt, weil der Handelnde *lediglich* ein Orang-Utan war (vgl. Osterwalder 2011, S. 32). Lacans Verknüpfung des Verbrechens mit dem Spiegelstadium ist demnach defizitär.

6.2 Levinas, Derrida und der Ödipuskomplex

Weitreichender und grundlegender als dieses Erklärungsmodel erscheint das von Emmanuel Levinas. Der Mord wird nach Levinas begangen, um wieder *allein* zu sein. Er ist der Ausdruck einer Gewalt, die jedem Menschen innewohnt und erst durch die Sprache und die Wahrnehmung des Antlitzes und die so hergestellte Begegnung mit dem Anderen *unmöglich* gemacht wird: »Die Gewalt ist Mord des jeweils anderen in dem Sinne, daß ich ihn töte, um wieder allein zu sein. Sie ist aber auch Mord durch die Negation seiner Andersheit, durch meinen ungeteilten Besitz der Gegenstände der Welt, von dem er ausgeschlossen ist, und durch die unbegrenzte Freiheit meines Handelns, *als ob* ich allein wäre«, kommentieren Pascal Delhom und Alfred Hirsch den Gedankengang von Levinas (Levinas 2007, S. 13). Demzufolge ist es gerade die gesuchte *egoistische Einsamkeit* des Subjekts, als ein Ausdruck einer *virtuellen* Autonomie, die die soziale Ebene suspendiert, die ein Mörder letztendlich herzustellen sucht.[98] Findet aber eine Wahrnehmung des Anderen statt, erreicht mich seine Bedeutung, so schrecke ich vor der Gewalt gegen ihn zurück. Der Mord ist damit zugleich keine reine Handlung von pathologischen Subjekten mehr, sondern findet als Motiv latent auch immer wieder im *alltäglichen* Umgang statt.

Die Motive der Mörder und Verbrecher in den Holmes-Geschichten sind oft verbunden mit einer solchen egozentrischen Haltung. Die Verbrechen dienen oft der persönlichen Bereicherung. Es ist die Aneignung oder das Festhalten von Besitztümern und Geldern, auf die es der Verbrecher abgesehen hat. Die Holmes-Geschichten sind von kapitalistischen Interessen nicht zu trennen, weil es in ihnen häufig um den finanziellen Vorteil, oftmals in der Form eines *Erbes*, geht.

Die Bösartigkeit der Täter wird, abgesehen von den schon ausführlicher behandelten und für die TV-Serie so wichtigen Einzelfällen wie Moriarty oder Milverton (Magnussen), *nie* übermäßig dämonisiert. Das liegt vor allem daran, dass alle ihre Handlungen – so irrational und magisch sie zunächst auch wirken mögen – immer wieder mithilfe der Logik auf völlig rationale Vorgänge zurückgeführt werden können. Das Wesen der Täter ist selbst *nicht* von einer unzerstörbaren magischen Kraft, sondern basiert stets auf einem »Wesenstrug, der nur solange täuschen kann, als das Unerklärliche logisch noch nicht bewältigt ist« (Kracauer 1978, S. 162). »Stets ruht das Schwergewicht auf dem profanen Geheimnis des Vorgangs an sich« (ebd., S. 161). Durch diesen strikt innerweltlichen Akzent sind die typischen Motive für die Delikte schlicht: »Geldgier, Rachegelüste und sinnliche Leidenschaften« (ebd.). Psychologisierungen, in denen sich Holmes wie in der TV-Serie mit Moriarty auf einem paranoiden Terrain trifft, sind bei Doyle zwar angelegt, werden aber längst nicht in dieser Intensität und Länge vorgeführt.

Psychoanalytisch betrachtet werden bei Doyles patriarchaler Sicht, die seiner Zeit geschuldet ist, natürlich gern ödipale Motive herausgearbeitet. Insofern der Patient seine gedachten Morde häufiger nicht wahrhaben will und es nicht auf sich nimmt, für seine Zerstörungslüste an Wiedergutmachung zu denken, muss der Analytiker ihn (wie eine Art Sherlock Holmes) zunächst einmal auf die gut versteckten Delikte hinweisen. Aufgabe des Analytikers ist es dabei häufig genug,

---

98 Bekanntlich hat Levinas mit seiner gesamten Philosophie versucht darzustellen, dass dieser *Andere* immer schon vorhanden ist. Und für diese Darstellung hat er eine eigene Terminologie geschaffen, die, weil sie hier nicht wiedergegeben werden kann, wenigstens *kurz* mit Derridas Worten skizziert werden soll: »Voilà, fast immer läuft es so bei ihm, wirkt er so sein Werk; das Gewebe unserer Sprache unterbrechend, um dann die Unterbrechungen selber zu verweben, kommt eine andere Sprache, jene zu zerstören. Sie bewohnt sie nicht, sie geht in ihr um« (Derrida 1990a, S. 50 f.).

vor allem mithilfe des Ödipuskomplexes den Patienten zu der Einsicht gelangen zu lassen, dass sich *nicht* nur die ihm wichtigen engen Bezugspersonen innerhalb seiner Lebensgeschichte oftmals wie Täter verhalten haben, sondern dass auch er selbst als ein Täter auftrat. Der Ödipus-Mythos »erzählt die Geschichte einer Person, die sich allmählich selbst als Täter überführt und die Verantwortung für ihre Taten übernimmt!« (Haubl 1996, S. 15). Von einer schuldhaften Verstrickung des Subjekts berichten kulturgeschichtlich betrachtet sowohl die griechische Tragödie wie auch die christliche Erbensündenlehre. Es gehört zum Drama des Subjekts, das es nicht ohne Schuld innerhalb seiner Sozialisation davonkommt. Und es sind die Schuldgefühle, aus denen sich zum Teil auch die menschliche Gemeinschaft heraus organisiert.

In der Psychoanalyse sind vor allem die Schuldgefühle, durch die Aggressionen hervorgerufen werden, besonders wichtig, weil durch sie engere Bindungen *erst* entstehen. Insofern soziale Bindungen (im Gegensatz zu libidinösen) wesentlich durch Ethik vermittelt sind, spielt der Mord als Extremfall zwischenmenschlicher Aggression darin sogar eine grundlegende Rolle. Die ödipale Mordfantasie, die den Anderen nicht anerkennt, sondern ihn lediglich als Double, als einen Rivalen betrachtet, konfiguriert eine soziale Ebene, weil sie bei einem normalen Menschen nicht *ohne* einen heftigen Gewissensbiss vollzogen werden kann. Aus diesen Gründen weicht er vor einer kriminellen Handlung stets zurück und versucht seine Affekte, Frustrationen und Aggressionen, die durch den Anderen hervorgerufen werden, zu sublimieren. Psychoanaltisch betrachtet ist es das Über-Ich, welches hier eine maßgebliche Rolle spielt und das Subjekt von seiner triebhaften Natur zu einem kulturellen Wesen erzieht. Während Freud demnach das Moralgesetz aus dem Vatermord der Brüder ableitet, erklärt Jacques Derrida, dass das Moralgesetz immer schon *da* ist und nur durch den Mord *aktiviert* wird. Durch den Bezug zum *Anderen* ist die ethische Ebene, noch bevor sie durch die Mordfantasie konkret verifiziert wird, schon vorhanden. Derrida unterscheidet dabei drei Phasen: »Es gibt eine erste Phase, in der das Moralgesetz da ist, bereits da ist, allerdings virtuell, potenziell, es ist also immer schon da, und dann, nach dem Mord, aktualisiert es sich als solches, erscheint als solches« (vgl. Derrida 2015, S. 339). Er erklärt diesen Vorgang anhand eines Gedichts von D. H. Lawrence, in dem berichtet wird von dem Versuch, eine Schlange zu töten. Der Gewissensbiss tritt jedoch dazwischen. Doch nach diesem Mordversuch ist die Schlange für den Täter nicht mehr dieselbe: Sie ist nun »*seine* Schlange« geworden (ebd., S. 336). »Seine Liebe zur Schlange manifestiert sich nach dem schuldhaften Akt des Mordes« (ebd., S. 337). Die Schlange gehört also nun zu dem, der versucht hat, sie leichtsinnigerweise zu töten, aber innehält, weil ihn sein Gewissen quält und dies ihn davon abhält, weiter gegen sie vorzugehen. In dem Moment entsteht eine soziale Bindung, eine Liebe zu dieser Schlange. Die Mordfantasie oder hier der Mordversuch ermöglicht es dem Moralgesetz, sich zu aktivieren und ein soziales Verhältnis aufzubauen.

Die Schlange wird durch diese Handlung (und die Schuld, die das Subjekt dabei auf sich lädt) sogar in diesem Gedicht zum Souverän, zu einem ungekrönten König, der über ihm steht und wie ein Über-Ich agiert. Durch die Mordfantasie wird sie erhöht, zu einer Art Gott oder einem Ideal. Der Mord ist also kein ethisches Motiv unter anderen, sondern *durch* das »Du sollst nicht töten«, das es nur gibt, weil die Mordfantasie mit ihm einhergeht (Freud würde sogar sagen, ihm vorausgeht, vgl. Freud 2000, Bd. IX, S. 56), wird der gesellschaftliche Rahmen gebildet. Nur das in Schuld verstrickte Subjekt übernimmt die Verantwortung und versucht sich dem fantasierten Delikt entgegenzustellen, weil es dessen Destruktivität erkannt hat und bedauert. Das Subjekt, welches es ablehnt, Schuld zu *haben*, trägt auch keine Verantwortung. Insofern nimmt der Ödipuskomplex, weil er eine Mordfantasie enthält, eine Schlüsselposition ein, wenn es darum geht, das Subjekt mit seiner Schuld und sozialen Verantwortung vertraut zu machen. Denn in diesem Komplex gibt es die Fantasie, den Vorgänger (der, der zuerst da war) zu töten und an seine Stelle zu rücken, *ohne* sein Erbe anzutreten, ohne sich als sein Nachfahre, als dessen Nachkomme zu begreifen. Der Nachfolger bildet kein Supplement mehr, er will ein Substitut sein. Die Fantasie besteht darin sich autonom an den Platz des Anderen zu setzen und nicht in seinem Namen, seiner Tradition fortzufahren.

Was bedeuten diese Strukturen für die Detektivgeschichte bei Doyle und in der TV-Serie *Sherlock*? Wie wird hier über den Mörder verhandelt? Hier handelt es sich nicht um potenzielle, sondern stets ausgeübte Verbrechen, die den sozialen Rahmen angreifen und destruieren wollen. Magnussen bezeichnet ganz England gegenüber Holmes und Watson als seine Petrischale, sein Übungsterrain für großanlegte manipulative Verbrechen. Die Verbrecher werden hier, wie bei Doyle, stets als *abgespaltene* Figuren betrachtet, gegen die der Leser oder Zuschauer mithilfe des Detektivs und seines Freundes angehen möchte. »Der Schurke ist immer der andere, stets derjenige, auf den der rechtschaffene Bürger, der Vertreter der moralischen oder rechtlichen Ordnung, mit dem Finger zeigt. Er erscheint immer in zweiter oder dritter Person« (Derrida 2003, S. 95). Doyles erste Person (und zugleich die wichtigste Identifikationsfigur in den Filmen) ist stets der rechtschaffende Dr. Watson. Der Mörder ist hier stets der Andere, von dem die Gefahr ausgeht. Er handelt gegen sein Gewissen und gegen das Gesetz. Er verbirgt ein Geheimnis, die kriminelle Handlung, die dann der Detektiv offenlegen muss. Er steht außerhalb des Gesetzes, nimmt nicht Teil an der menschlichen Gemeinschaft, sondern wendet sich gegen sie. Und dennoch findet auch mit ihm eine *unbewusste Identifikation* statt. Was passiert aber, wenn es nicht um den Vatermord geht, sondern nun genau umgekehrt um den mordenden Vater? Erneut werden also die Eltern als Täter betrachtet und das Subjekt begreift sich vor allem als *ihr* Opfer. In der berühmten Kurzgeschichte *The Adventure of the Speckled Band* (1892/ *Das gesprenkelte Band*), die auch zu den Lieblingsgeschichten von Conan Doyle gehörte, gibt es eine solch *schreckliche* Vaterfigur. Ein Vater, der eine Schlange instrumentalisiert, um seine Töchter zu töten.[99]

6.3 Tierphilosophie

Das Konzept, ein Tier zum Helfer eines Täters oder, noch verwirrender, selbst zum Täter werden zu lassen, hatte Doyle von Poe. Wenn das Tier der Täter war, wird allerdings das Vertrauen des Lesers arg in Anspruch genommen, weil dieser auf eine solche Lösung gewöhnlich nicht kommt, denn nichts liegt ihm ferner »als ein Tier auf der geistigen Liste der möglichen Täter mitzuführen« (Osterwalder 2011, S. 34). In *Silver Blaze* (1892/*Silberstern*) ist ein Pferd der Mörder, so, wie es der Orang-Utan in *The Murders in the Rue Morgue* (1841/*Die Morde in der Rue Morgue* war.[100] Doch tötet das *gute* Pferd hier seinen Entführer, während der *böse* Orang-Utan zwei hilflose Frauen tötet. Es ist aber in beiden Fällen nicht möglich, das Tier für seine Tat zur Verantwortung zu ziehen. Ein Tier kann *kein* Mörder sein: »Dem Tier (*animal*) sind das Böse (*mal*), die Lüge, das Trügerische unbekannt« (Derrida 2010, S. 189 u. Derrida 2015, S. 182). So zumindest in der traditionellen, klassischen Perspektive. Es kann instrumentalisiert werden, wie die berühmte Giftschlange in *The Adventure of the Speckled Band* (1892/*Das gesprenkelte Band*), oder es begleitet den Tatverdächtigen am Tatort, wie das unbekannte Tier aus Indien in *The Crooked Man* (1893/*Der Verwachsene*). Holmes rätselt, was es ist: »Weder Hund noch Katze, noch Affe, noch irgendein Wesen, das uns vertraut ist. Ich habe versucht, es aus den Abmessungen zu rekonstruieren. Hier sind vier Abdrücke, wo das Tier stillstand. Sie sehen, daß der Abstand zwischen Vorder- und Hinterpfote nicht weniger als fünfzehn Inches beträgt. Rechnen Sie dem die Länge von Hals und Kopf hinzu, und Sie haben ein Wesen, das nicht viel weniger als zwei Fuß lang ist – wahrscheinlich länger, falls es einen Schwanz hat. Doch nun beachten Sie diese andere Abmessung. Das Tier war in Bewegung, und wir haben seine

---

99 Die böse (teuflische) Schlange wird als Motiv in dem Verhältnis zwischen dem Mann als Täter und der Frau als seinem Opfer noch öfter genannt. So wird zum Beispiel der gefährliche Eheschwindler und Frauenmörder Baron Gruner in *The Illustrious Client* (1924/*Der illustre Klient*) nicht nur als eine »Satan«, sondern auch als so »giftig wie eine Kobra« beschrieben (Doyle, WA Bd. 9, S. 15 u. S. 20).
100 Denselben Plot verwendete Doyle nochmals in *The Lion's Man* (1926/*Die Löwenmähne*), wo eine gelbe Haarqualle (Löwenmähnenqualle) der Mörder war, obwohl es zahlreiche menschliche Verdächtige gibt.

Schrittlänge. In jedem Falle beträgt sie nur etwa drei Inches. Sie haben also einen Hinweis auf einen langgestreckten Körper mit sehr kurzen Beinen daran. Leider war es nicht so rücksichtsvoll, irgendwelche Haare zurückzulassen. Aber seine ungefähre Gestalt muß so sein, wie von mir angedeutet, und es kann einen Vorhang hinauflaufen und ist ein Fleischfresser« (Doyle, WA Bd. 6, S. 171f.). Es handelt sich am Ende um einen Mungo, eine exotische Tierart, die vor allem in Asien (hier aus Indien) kommt.

Bei Poe ist der tierische Täter der Orang-Utan in *Die Morde in der Rue Morgue*, weil er dem Menschen viel näher ist als bei Doyle, aber zugleich auch viel monströser. Doyle verwendet einmal das Bild des Affen als Metapher für einen Täter, der von einer Frau so beschrieben wird: »›Er war eher ein bösartiger und verschlagener Affe als ein Mensch‹ sagte sie, ›das war er schon immer, seit seiner Jugend‹« (Doyle, WA Bd. 7, S. 50). Auch in *The Six Napoleons* (1904/*Die sechs Napoleons*) wird der Täter als eine vitale, affenähnliche Gestalt beschrieben. Der untere Teil seines Gesichts stehe hervor »wie die Schnauze eines Pavians« (ebd., S. 222). Auch er klettert im oberen Stockwerk in ein Fenster, wozu es einiger Artistik bedarf (ebd.). Er »huschte flink und beweglich wie ein Affe über den Gartenweg« (ebd., S. 233). Durch die vollkommen irrationalen Morde eines Tieres ist in *Die Morde in der Rue Morgue* die Nähe zu Poes Horrorgeschichten noch am deutlichsten erkennbar. Der Orang-Utan ist dabei eine gut getarnte *Vaterimago* mit sadistischen Zügen. Marie Bonaparte hat diese Geschichte mit der *Urszene* (den Sexualverkehr der Eltern, der von dem kleinen Kind beobachtet und als eine gewalttätige Handlung interpretiert wird) zusammengebracht (Bonaparte 1981, S. 355ff.): »Das Kind vergleicht den Sexualakt immer mit einer Gewalttätigkeit, mit einer Grausamkeit, die vom Mann begangen wird« (ebd., S. 359). So ließe sich direkt ein enger Bezug zwischen Poes Orang-Utan und Freuds Wolfsmann herstellen. Der Wolfsmann entwickelt daraus eine Wolfphobie und identifiziert den Wolf als Vaterfigur beim Koitus. Spinnt man von hier aus den Faden weiter, kehrt man wieder zu Doyle zurück und kann rasch verstehen, warum gerade *The Hound of the Baskervilles* (1902/ *Der Hund der Baskervilles*) die berühmteste Holmes-Geschichte wurde. Mit Poe teilt sie sich den Aspekt, dass der Täter erneut ein Tier ist. Doyle nahm aber keinen Orang-Utan, dessen Täterschaft das eigentliche Rätsel in Poes Geschichte darstellt, sondern einen Hund, der hier zu einer mythologischen Angstfigur wird, die ganz in der Nähe zur Wolfsphobie des Wolfsmanns liegt.[101]

---

[101] Hunde kommen in den Holmes-Geschichten noch einige Male als wichtige Figuren vor. In der zwei Jahre später geschriebenen Geschichte *The Abbey Grange* (1904/*Abbey Grange*) beispielsweise, wird ein Hund grausam getötet, indem er mit Petroleum übergossen und angesteckt wird (vgl. Doyle, WA Bd. 7, S. 330). Auch daher rührt die Schlüsselpostion von Redbeard (Rotbart) in *Sherlock*.

Ein Hund, also ein Ableger der Wölfe nimmt hier die Rolle eines Mörders ein. Wenn das auf eine sexuell konnotierte Urszene, wie beim Wolfsmann zurückgehen soll, dann wäre diese allerdings homosexuell. Denn wie schon in der Kurzgeschichte *The Copper Beeches* (1892/*Die Blutbuchen*) tötet der Hund einen Mann und keine Frauen. Der Geisterhund aus der Vorzeit nimmt Rache für die Sünden der Ahnen, er tritt als ein Höllenhund sogar als Beschützer der Frauen auf. Letztendlich wurde der Hund aber lediglich instrumentalisiert. Er ist daher unschuldig. Ein abgerichtetes Tier, das zum Morden trainiert wurde, aber selbst keinerlei Mordmotive hat.

6.4 Ein Fallbeispiel: Die Handlungsstruktur in *The Adventure of the Speckled Band*

Interessanterweise wurde bisher keines der wichtigeren Motive aus der berühmten Kurzgeschichte *The Adventure of the Speckled Band* (1892/*Das gesprenkelte Band*) für die TV-Reihe *Sherlock* verwendet. So muss die folgende Analyse in Bezug darauf offenbleiben und kann sich weitgehend nur der klassischen Narration von Doyle widmen.

6.4.1 Täterprofil

In dieser berühmten Kurzgeschichte ermordet Dr. Grimesby Roylott seine Stieftochter Julia Stoner und versucht einen zweiten Mord an deren Zwillingsschwester Helen. Der Grund für den versuchten, wie den vollzogenen Mord seiner Stieftöchter ist deren geplante Eheschließung. Roylott müsste, wenn sie heiraten würden, an Julia und Helen eine stattliche Rente aus dem Erbe seiner verstorbenen Frau zahlen, was er so zu verhindert sucht. Dieser Stiefvater ist wie im Märchen kein seinen Ziehtöchtern zugetaner, fürsorglicher Vater, sondern ein asozialer *Egoist*. Der gute, leibliche Vater hingegen, Generalmajor Stoner, war bei der bengalischen Artillerie und kam ums Leben, als die Zwillinge noch nicht einmal zwei Jahre alt waren.[102] Roylott empfindet keinerlei Gewissensbisse nach dem Mord an der ersten Tochter, sondern will die gleiche Tat zwei Jahre später wiederholen. Er benutzt für seine Morde eine Giftschlange. Roylott ist ein leicht aufbrausender Tyrann, der

---

102 Die Vorstellung des guten Vaters stammt wie in Freuds *Familienroman der Neurotiker* aus grauer Vorzeit. Es ist »der Ausdruck der Sehnsucht des Kindes nach der verlorenen glücklichen Zeit«, in der es seine Eltern voller Zärtlichkeit überhöhen und als Ideale betrachten konnte (vgl. Freud 2000, Bd. IV, S. 226).

von der noch lebenden Ziehtochter Helen als ein Charakter mit einem *manischen* Temperament beschrieben wird (Doyle, WA Bd. 5, S. 208).[103] Er hat sich mit allen Nachbarn in seiner Umgebung zerstritten und zieht nur ab und an mit den Zigeunern durch die Lande, die er auch auf seinem heruntergekommenen Landsitz wohnen lässt. Dieses Nomadentum (das bei Doyle selten so radikal, aber doch häufiger wiederkehrt) wird mit dem Exotischen und dem Verbrechen assoziiert. Es handelt sich bei Roylott demnach um einen vagabundierenden, bindungslosen und sozial schwer gestörten Mann, der sich (im Gegensatz zu den Zigeunern, die eine eigenständige und andere Gesellschaftsform haben) nicht in die (englische) Gesellschaft integrieren kann, zu der er gehört. Seine Position als Mörder und sein gesellschaftlicher Status gehören zusammen. Seinen Versuch, beruflich als Arzt in England doch noch Fuß zu fassen, hat er unmittelbar nach dem Tod seiner Frau aufgegeben. Er ist »ein Mann von ungeheurer Kraft und völlig unkontrollierbar, wenn er in Wut gerät« (ebd.). Er wird regiert von seinen Leidenschaften.

Die beiden älteren Töchter, die ihn eigentlich längst verlassen haben müssten, nehmen ihren Stiefvater trotz seines asozialen Verhaltens in Schutz. Der tyrannische Vater wird hier zu einem gefürchteten Subjekt, das die Ordnung der Restfamilie, in der die Mutter bereits fehlt, durch *Angst* regiert. Seine Ziehtöchter müssen sich vor ihm in Acht nehmen. Sie stehen dabei auf der Seite des Rechts und müssen sein Fehlverhalten nach außen hin korrigieren. So erklärt Helen: »Vorige Woche hat er den Grobschmied des Orts über ein Geländer in den Fluß geworfen, und nur indem ich alles Geld bezahlte, das ich auftreiben konnte, war es mir möglich, eine weitere öffentliche Bloßstellung zu vermeiden« (Doyle, WA Bd. 5, S. 208 f.). Er hat keinerlei Freunde außer den Zigeunern, und er erlaubt es diesen Vagabunden, auf den wenigen *acres* mit Dornengestrüpp bedeckten Landes zu kampieren, die das Familiengut darstellen, und als Gegenleistung nimmt er die Gastfreundschaft ihrer Zelte an und geht manchmal mit ihnen wochenlang auf Wanderschaft.

»Außerdem hat er eine Leidenschaft für Tiere aus Indien, die ihm ein Korrespondent schickt, und zurzeit besitzt er einen Gepard und einen Pavian, die auf dem Besitz frei herumlaufen und von den Dorfbewohnern fast so sehr gefürchtet werden wie ihr Herr« (ebd.). Diese Tiere sind die Begleiter ihres Herren. Sie sind unzivilisiert, ungezähmt, wild, triebhaft und ungestüm. Sie sind Ausdruck eines anarchistischen Anspruchs auf ungeformte Naturwüchsigkeit. Benjamin interpretiert im Trauerspielbuch die Motive des Souveräns: »Sache des Tyrannen ist die

---

103 Patriarchale, grausame Ehemänner kommen bei Doyle immer wieder vor. In einer späten Geschichte *The Problem of Thor Bridge* (1922/*Die Thor Brücke*) hat der Gatte seine Ehefrau gequält und sich in die jüngere Gouvernante verliebt und ihr nachgestellt. Hier lässt er sich jedoch von der Gouvernante bekehren.

Restauration der Ordnung im Ausnahmezustand: eine Diktatur, deren Utopie immer bleiben wird, die eherne Verfassung der Naturgesetze an Stelle schwankenden historischen Geschehens zu setzen« (Benjamin 1991 Bd. I, S. 253). Die Analogie betrifft keineswegs die gesamte Struktur, sondern lediglich die Regression auf das Naturhafte, die einen misslungenen Versuch darstellt, die Situation des Ausnahmezustands zu meistern.[104] Das Tier löst nicht nur Angst aus, es ist Teil der Angst. Helens Augen, in denen die Angst zu sehen ist, werden am Anfang der Geschichte mit »der eines gehetzten Tieres« verglichen (ebd., S. 205). Holmes soll ein klein wenig zivilisiertes (aufgeklärtes) Licht in diese natürliche Dunkelheit bringen, die sie umgibt (ebd., S. 206). Die Tiere auf dem heruntergekommenen Adelssitz lassen sich durch die Frauen *nicht* kontrollieren, bezähmen oder begrenzen. In dieser Perspektive, die getragen ist von dem Oppositionspaar kultivierter Zivilisation und gewalttätiger, roher Natur, gehören sie zu dem permanenten *Ausnahmezustand* von Dr. Grimesby Roylott. Sie entsprechen dem Souverän, sie sind ein Teil von ihm. Die Tiere gehören zum Komplott. Sie sind ein Teil des Komplotts. Und sie gehören zur Physis der Leidenschaften, denen Holmes seinen wachen und kultivierten Geist gegenübergestellt hat. Darin besteht das problematische und zugleich vollkommen traditionelle und veraltete Moment in Doyles Geschichten, das diese beiden Bereiche nicht vermittelt, sondern voneinander trennt. Von diesem viktorianischen Kontrast ist in der TV-Serie wenig übriggeblieben, weil die rein geistige Haltung von Holmes nun als Defizit und psychische Krankheit bloßgestellt wird. Allerdings verhalten sich von ihren perversen Trieben motivierte Gangster, wie Magnussen oder Moriarty, genauso, wie es Doyle oftmals beschrieben hat. Moriartys plötzliche Wutausbrüche passen genau in dieses Schema.

6.4.2 Exotische Ursprünge

Eine besonders häufige Spielart, die als konventionelles Erklärungsmuster für die Verbrechen herangezogen wird, ist die Herkunft oder Ursache des Verbrechens aus der Vergangenheit, die in einem anderen Land stattgefunden hat. Dieser Topoi bestimmt auch die Struktur in *The Adventure of the Speckled Band*. Schon im zweiten Holmes-Roman *Das Zeichen der Vier* (1890/*The Sign oft he Four*) spielt ein Wilder namens Tonga eine entscheidende Rolle, der von einer Insel nördlich von Sumatra kommt. Er hat eine eigentümliche Physiognomie und ist vor allem

---

104 Es ist hier nicht möglich, Benjamins Beschreibung vollständig wiederzugeben. Nur soviel: Der Tyrann im Barock reagiert auf eine spezifische historische Notlage, die es im viktorianischen Zeitalter so nicht gibt.

nicht größer als ein Kind. Er gehört zu den Ureinwohnern der Andamanen, die tatsächlich sehr kleinwüchsig sind (vgl. Doyle, WA Bd. 2, S. 91). In der TV-Reihe *Sherlock* war die zweite Folge *The blind Banker* (2010/*Der blinde Banker*) voll von asiatischer Exotik im klassischen Stil von Doyle. Für sie übernahm der für seine Dr. Who-Folgen bekannte TV-Regisseur Euros Lyn die Regie. Eine kriminelle chinesische Schmugglerorganisation namens Schwarzer Lotus treibt hier in London ihr Unwesen und versucht eine entwendete und äußerst wertvolle Haarnadel, die vor tausenden Jahren einer chinesischen Kaiserin gehörte, zurückzubekommen. Wie Tonga klettert hier ein Chinese die Hauswände hoch und landet so durch ein Fenster in Räumen, die eigentlich unzugänglich und verschlossen sind. Aufgrund der vielen *rassistischen* Stereotypien handelt es sich wohl um die schwächste Folge der ersten Staffel (Stafford 2015, S. 71 f.).

In der Kurzgeschichte *The Problem of Thor Bridge* (1922/*Die Thor Brücke*) von Doyle wird der Gegensatz zwischen der südamerikanischen und englischen Kultur in einem Vergleich zwischen einer Brasilianerin und einer englischen Gouvernante ausgespielt. Die »Ausländerin« wird als eine leidenschaftliche, natürliche und körperliche Person beschrieben. Die Engländerin hingegen als eine Person mit angeborenem Seelenadel, die vor allem einen spirituellen Einfluss ausübt und sich stets für das Gute einsetzt (vgl. Doyle, WA Bd. 9, S. 167 u. S. 184 f.). Hier wird das *Leib-Seele-Problem* mit den verschiedenen Kulturen verbunden. Die brasilianische Ehefrau wird dabei zur bösartigen, wahnsinnigen Täterin aus Eifersucht, während die gute, unschuldige Gouvernante zu ihrem Opfer wird. Watson war selbst in Indien stationiert und hat sich in Afghanistan verletzt. Die TV-Serie verbindet seine Traumatisierung ebenfalls mit diesem Land, ohne allerdings einen exotischen Kontext herauszuarbeiten, vielmehr wird der militante Aspekt hervorgehoben.

Bei Doyle liegen die Ursachen des Verbrechens oft in einer Vergangenheit, die in »einem fernen, unzivilisierten, wilden Land« stattgefunden haben (Seesslen 2011, S. 21).[105] Aus dieser triebhaften und barbarischeren Kultur (meistens herrscht hier der Destruktionstrieb vor) stammen die Verbrechen, die dann in der englischen Hochkultur nur als Ausnahmefall auftreten. Es handelt sich demnach um die Vorstellung einer *importierten Kriminalität* aus dem Ausland. Darin zeigt sich aber ein extremes Vorurteil. Der abendländische Logos ist der fremden Kultur, in der potenziell das Verbrechen liegt, nämlich stets überlegen. Der Logos betreibt dabei einen Imperialismus. Er assoziiert das Fremde einfach mit

---

105 Die britischen Kolonien kommen in den Geschichten häufiger vor. Der Indische Aufstand (1857) gegen die Kolonialherrschaft taucht in *The Crooked Man* (1893/*Der Verwachsene*) und *The Sign of Four* (1890/*Im Zeichen der Vier*) auf.

dem Verbrechen. Die andere Kultur wird nicht durch ihre *Andersheit* wahrgenommen, sondern in ihrer Rätselhaftigkeit zum auflösbaren Verbrechen. Erneut sind es eigentlich die Klassenunterschiede und die Armut in den anderen Ländern, die hier herangezogen werden. Kracauer schreibt: »Die ratio zum Glück zerstört die Ansprüche des Exotischen und stellt unzweideutig fest, daß das illegale Faktum gleich erklärlich ist« (Kracauer 1978, S. 164). Was aber würde passieren, wenn die Kontexte nicht angeeignet (und dabei gleichzeitig verworfen werden), sondern *integriert* würden? Was passiert, wenn sich die Zeichen an die Realität *anschmiegen* und nicht umgekehrt die Realität einem bereits feststehenden Zeichencode unterworfen wird? Derrida hat auf der *Unmöglichkeit* geschlossener Kontexte insistiert: »Jedes linguistische oder nicht-linguistische, gesprochene oder geschriebene (im üblichen Sinne dieser Opposition) Zeichen kann als kleine oder große Einheit *zitiert,* in Anführungszeichen gesetzt werden; dadurch kann es mit jedem gegebenen Kontext brechen, unendlich viele neue Kontexte auf eine absolut nicht saturierbare Weise erzeugen« (Derrida 1988, S. 304). Intertextualität zwischen den Kulturen war also immer schon möglich, wenn man das vereinfachte Oppositionspaar Kultur/Natur, das hier stets eine Hierarchie formt, aufgibt und die finanziellen Hintergründe für die unterschiedliche Entwicklung der Organisationsstrukturen in den Ländern als einen wesentlichen Faktor beachtet. Die Dekonstruktion richtet sich gegen den Eurozentrismus (Derrida 2005, S. 49).

Auf der anderen Seite hat schon Doyle sich persönlich gegen den rassistischen Kolonialismus zur Wehr gesetzt. Bei der Darstellung der Misshandlungen im Kongo in seiner wichtigen politischen Streitschrift *The Crime of the Congo* (1909/*Das Congo-Verbrechen*) legte er großen Wert darauf, die Ausmaße der realen Gräueltaten möglichst genau zu beschreiben. Er »war zutiefst davon überzeugt, dass sein schonungsloser Reportagestil und die drastischen Fotografien, die er dazu veröffentlichte, eine absolute Notwendigkeit darstellten« (Stashower 2008, S. 357). So wird von der »Praxis der Verstümmlung« in diesem Buch in allen Details berichtet (Doyle 2009, S. 40). Eine Szene berichtet von einem neun Jahre alten Knaben, der dazu gezwungen wird, einem noch nicht ganz toten Mann die Hand abzuschneiden (ebd. S. 44). Hände wurden im Kongo gesammelt als Beweis dafür, dass eine Patrone aus einem Gewehr auch wirklich dazu abgefeuert worden war, um eine Person zu töten. Doyles Buch ließ keine Details aus, um sehr deutlich zu machen, in was für einem fürchterlichen Zustand sich der Kongo, der zu diesem Zeitpunkt das Privateigentum des belgischen Königs war, durch die Kolonialisierung, befand.

Schon in Doyles zweitem Holmes-Abenteuerroman *The Sign of Four* (1890/ *Das Zeichen der Vier*) spielt der *Große Aufstand* (1857–1858) in Indien gegen die britische Fremdherrschaft eine beachtliche Rolle. Tatsächlich nahm Doyle Anteil an den *politischen Hintergründen* und verwendete sie für eine spannungsvolle

Geschichte.[106] Denn der eigentliche Verbrecher in der Narration ist ein Brite namens Major Sholto. Der Aufstand selbst wird allerdings ganz aus einer britischen Perspektive geschildert und erwähnt vor allem die grausamen Opfer (Doyle, WA Bd. 2, S. 130 ff.). In *The Second Stain* (1904/*Der zweite Fleck*) ist ein Dokument verschwunden, welches ein ausländischer Potentat geschrieben hat, der über die kolonialen Entwicklungen in seinem Land sehr beunruhigt war (Doyle, WA Bd. 7, S. 356). Der Brief enthält eine provozierende Offenheit und ist daher sehr gefährlich: »Wenn dieser Brief an die Öffentlichkeit käme, wäre das für ihn und sein Land ein viel größerer Schlag als für uns« (ebd., S. 357). Weder das Land noch der Inhalt des Briefes werden dann jedoch im weiteren Verlauf jemals beschrieben. Einzig die Sensibilität gegenüber dem Thema ist so auch im Kanon der Holmes-Geschichten von Doyle eingelassen worden. Der Brief wird jedoch wiedergefunden und so das Problem gelöst, ohne das der heikle politische Hintergrund erwähnt würde.

In den Geschichten gibt es allerdings verschiedene Positionen. So ist beispielsweise ein verdächtiger und monströs aussehender Mulatte, der auch verhaftet wird,

---

106 Es gibt insgesamt eine ganze Reihe von politischen Sherlock-Holmes-Geschichten. In ihnen arbeitet der Detektiv meistens für die Stabilität Europas. Die erste dieser Reihe ist *The Naval Treaty* (1893/*Der Flottenvertrag*), die zweite *The Second Stain* (1904/*Der zweite Fleck*). In beiden Fällen werden wichtige politische Dokumente entwendet und von Holmes wieder herbeigeschafft. Dann folgt *The Red Circle* (1911/*Der rote Kreis*), wo es um einen ehemaligen Diktator aus Südamerika geht. Schon der Mörder in *The Adventure of Wisteria Lodge* (1908/ *Wisteria Lodge*) war ein sittenloser und blutrünstiger Tyrann (genannt der Tiger von San Pedro) aus Lateinamerika, dem Angehörige seiner Opfer nach dem Leben trachteten. Nach seinem Sturz floh er nach Europa und wurde dorthin von ihnen verfolgt. Dann folgen die *The Bruce-Partington Plans* (1908/*Die Bruce-Partington-Pläne*). Dieser Fall handelt von gestohlenen Plänen für ein superstarkes U-Boot und hat in Bezug auf das Delikt und seine Folgen eine gewisse Ähnlichkeit mit einer Mission von James Bond. In *His Last Bow* (1917/*Seine Abschiedsvorstellung*), der chronologisch betrachtet allerletzten Holmes-Geschichte innerhalb der von Doyle aufgestellten Lebenszeit des Detektivs, hat dieser seinen Ruhestand als Rentner aufgegeben und arbeitet seit drei Jahren als ein britischer Spion, der den Deutschen falsches Material in die Hände spielt, um sie zu täuschen. Diese außergewöhnliche Geschichte endet in Aussicht auf den damals anstehenden Ersten Weltkrieg mit einigen Sätzen, die aus der britischen Kriegspropaganda stammen könnten. Sie passen aber zu Sherlock Holmes, der hier kalt und leidenschaftslos die großen Verluste dieses heraufziehenden Krieges antizipiert, die später seinem geistigen Vater Doyle tatsächlich sehr zu schaffen machen sollten. In der TV-Serie wird durch die ständige Anwesenheit von Mycroft Holmes, der für die britische Regierung arbeitet, stets ein politischer Rahmen hergestellt. Auch in Folgen wie *The Hounds of Baskerville* (2012/*Die Hunde von Baskerville*) gibt es aufgrund des Forschungszentrums in Dartmoor nun eine politische Ebene, die in der Vorlage nicht vorhanden ist. Unmittelbar nach Terroristen, die einen größeren Anschlag in London verüben wollen, sucht Holmes in der Folge *The Empty Hearse* (2014/*Der leere Sarg*). Watsons Ehefrau, eine ehemalige Killerin, arbeitet auch in politischen Kontexten. In der Folge *The Six Thatchers* (2017/*Die sechs Thatchers*) erfährt man am meisten über ihre politische Vergangenheit.

in *The Adventure of Wisteria Lodge* (1908/*Wisteria Lodge*) am Ende *keineswegs* der Täter. In der Geschichte *The Three Gables* (1926/*Die Drei Giebel*) tritt allerdings ein Schwarzer als Schläger einer kriminellen Bande auf, der Holmes persönlich bedroht: »›Ich wollte Sie schon lange einmal kennenlernen‹, sagte Holmes. ›Ich kann Sie nicht bitten, Platz zu nehmen, weil mir Ihr Geruch mißfällt; aber sind Sie nicht Steve Dixie, der Schläger?‹« (Doyle, WA Bd. 9, S. 94). Danach folgt noch eine weitere drastische Bemerkung über die dicken Lippen des Schwarzen, die eben erneut von der Physiognomie abgeleitete Urteile über den Charakter sind. In dieser späten Geschichte kann man die rassistischen Untertöne kaum überhören. Weil Dixie Holmes in der Szene jedoch massiv bedroht und es sich um einen rohen Schläger handelt, muss man diese Bemerkungen wohl zugleich auch als aggressive Entgegensetzungen lesen. Holmes bezeichnet Dixie gegenüber Watson anschließend dann auch als eine ziemlich harmlose Person. Die gesamte Beschreibung erfüllt aber alle gängigen Klischees und ist damit (wie die vielen anderen stereotypen Charakterisierungen in den Geschichten auch) vollkommen oberflächlich, konventionell und war damit eben auch eingängig.

In *The Problem of Thor Bridge* (1922/*Die Thor Brücke*) wird ein reicher, skrupelloser amerikanischer Geschäftsmann, der lange Zeit unter dem Verdacht steht, seine brasilianische Ehefrau ermordet zu haben, als ein »verkehrter Abraham Lincoln mit niederen statt hohen Zielen« beschrieben (Doyle, WA Bd. 9, S. 168). Bekanntlich war Lincoln der amerikanische Präsident, der in den USA die Sklaverei abgeschafft hat. Zigeuner, die rasch von der Polizei verdächtigt werden, sind in den Holmes-Geschichten dann fast immer *unschuldig*. Ein gutes Beispiel dafür gibt es in *The Priory School* (1904/*Die Abtei-Schule*) (vgl. Doyle, WA Bd. 7, S. 141f.). Ebenso ist es mit den Indern. Der indische Student in *The Three Students* (1904/*Die drei Studenten*) ist zwar ein verdächtiger und misstrauischer Kerl mit einer Hakennase (ebd. S. S. 254), aber am Ende vollkommen unschuldig. Insgesamt überwiegen demnach die antirassistischen Tendenzen und Doyles Haltung kann dennoch nur als fortschrittlich bezeichnet werden, wenn man ihn in seiner Zeit betrachtet.

Dr. Grimesby Roylott, der lange Zeit in Indien lebte (eben darin liegt die Ursache seines Verhaltens, das exotische Element, mit dem Doyle seine Verbrecher so häufig ausstattet), hat sich nun eine besonders trickreiche Methode überlegt, wie er seine Ziehtöchter mithilfe eines Tieres beseitigen kann, ohne dass er dabei entdeckt wird. Er verwendet dafür eine indische Giftschlange, die er durch einen Luftschacht von seinem Zimmer aus und dann an der Attrappe einer Klingelschnur in das Bett seiner Töchter gleiten lässt. Diese Vorrichtung hat er installieren lassen, um heimlich morden zu können. Seine Tat ist also gut vorbereitet und durchdacht. Es handelt sich nicht um eine Affekthandlung. Das Bett seiner Tochter ist zu diesem Zweck, wie Holmes sofort auffällt, am Boden festgeschraubt, sodass es nicht verschoben werden kann. Beide Töchter schließen ihre Zimmer nachts ab, weil Roylott auf dem Gelände seinen aus Indien stammenden Pavian und den Geparden frei herumlaufen lässt. Er versucht also aus seinem Territorium in England so etwas wie einen indischen Dschungel zu machen. Er versucht der westlichen Zivilisation zu entgehen (ohne sich dabei jedoch in die indische Zivilisation zu integrieren). Die abgeschlossenen Zimmer seiner Töchter bilden englische Areale, die wie Bastionen gegen die Desozialisation und das zunehmende Barbarentum ihres Vaters versuchen zu bestehen. Doch auch in diese, bei Nacht geschlossenen Räume, dringt er mithilfe seiner giftigen und phallischen Schlange ein.

Roylott ruft seine Schlange stets durch ein leises Pfeifen zurück. Es sind mehrere Anläufe, und das heißt Nächte, nötig, bevor die Schlange ihr tödliches Werk bei Julia verüben kann und die junge Frau hört dieses Pfeifen einige Male, bevor sie tödlich gebissen wird. Das Pfeifen kündigt dann auch für Helen, die es zwei Jahre nach ihrer Schwester hört, die Gefahr an, weil ihr Julia, bevor sie starb, davon berichtet hat.

Helen hat dennoch sogar gegenüber Sherlock Holmes Angst, dass ihre Vermutungen, die sich alle und von Anfang an auf ihren Stiefvater als Aggressor richten, sogar von dem geschulten Detektiv, als die Wahnvorstellungen einer nervösen Frau angesehen werden könnten (Doyle, WA Bd. 5, S. 207). Hier treffen sich Freuds Thesen über *Hysterie* mit den Motiven von Doyle. Die Frage im Sinne Freuds wäre die: Ist der Stiefvater wirklich ein Verbrecher oder handelt es sich bei den Vermutungen seiner Stieftochter Helen nur um eine hysterische Fantasie? Bekanntlich hat Freud seinen frühen Vorwurf, dass bei jeder Hysterikerin der Vater pervers sein müsse, zugunsten von Fantasievorstellungen, die nicht in der Realität wurzeln müssen, zurückgenommen. Weil es sich bei Doyle um Fiktionen handelt, könnte man nun in beide Richtungen argumentieren: Einerseits sind es eben nur Kriminalgeschichten, andererseits häuft sich in ihnen die Anzahl krimineller Vaterfiguren und Ehemänner in einer auffälligen Weise. Der Täter ist hier der Täter, aber der Leser/Autor ein Fantast. Roylott hat nicht nur Julia ermordet, sondern schon zuvor in Indien »einen eingeborenen Butler zu Tode geprügelt und ist nur knapp der Todesstrafe entgangen« (ebd., S. 208). Er ist also »*wirklich*« gefährlich. Und er agiert sehr patriarchal, wenn er eine Schlange, die eben in der Psychoanalyse stets den Phallus symbolisiert, für seine Morde verwendet.

Nachdem Helen ihrem Stiefvater angekündigt hat, dass sie nun auch bald heiraten werde, muss sie kurz darauf umziehen in das Zimmer ihrer verstorbenen Schwester, weil an dem Haus plötzlich Renovierungsarbeiten vorgenommen werden müssen. Nun schläft sie also genau in jenem speziellen Bett, dass an den Boden festgeschraubt ist und an dem die Attrappe einer Klingelschnur von ihrem Stiefvater so befestigt worden ist, dass es seiner Schlange möglich sein wird, einen komfortablen und direkten Zugang zu der Stätte ihres Schlafes zu haben. Die

Schlange wird sie nachts besuchen, einige Male, obwohl Helen davon nichts merkt und dann schließlich noch gerade rechtzeitig Holmes zu Rate zieht.

6.4.3 Wettkampf

Und selbst gegenüber dem klugen Detektiv versucht sie, als eine zivilisierte, englische Dame, das gesamte Ausmaß der Gewalttätigkeit ihres unzivilisierten und barbarischen Stiefvaters zu kaschieren. So schiebt der kluge Detektiv die Rüschenborte ihrer Bluse zurück, woraufhin fünf »kleine, blasse Flecken, die Abdrücke von vier Fingern und einem Daumen« auf ihrem Handgelenk zum Vorschein kommen (ebd., S. 215). Dieser Abdruck, die Spuren einer unmittelbar körperlichen Gewalt, stammen von Roylott. Es sind die Spuren eines Mannes, der eine Frau versucht, gewaltsam festzuhalten. Roylott zeigt auch keine Reue, sondern überspielt diese stets mit Wut. Es ist die Wut eines Mannes, der auf sein Recht auf eine totale Autonomie und unbegrenzte Freiheit pocht, ein destruktives Recht, das ihm allein alle Freiheiten gewähren würde. Er taucht dann selbst kurz nach Helen in der Baker Street auf, um den Detektiv wutentbrannt davor zu warnen, sich in seine Angelegenheiten einzumischen. Die nun genauer beschriebene Physiognomie von Roylott verrät seinen Charakter. Er ist übermäßig groß, hat »ein breites Gesicht, übersät von tausend Runzeln, von der Sonne gelb gebrannt und von den Malen aller schlimmen Leidenschaften gezeichnet« (Doyle, WA Bd. 5, S. 217). Erneut bringt Doyle ein Tier ins Spiel. Dieses Mal erscheint der alte Tyrann selbst als ein wilder, alter *Raubvogel* aufgrund »seiner tiefliegenden galligen Augen« und der hohen, dünnen und fleischlosen Nase« (ebd.). Holmes selbst besitzt eine falkenhafte Nase, wie es schon zu Beginn in *A Study in Scarlet* (1887/*Eine Studie in Scharlachrot*) heißt (Doyle, WA Bd. 1, S. 20). Beide ähneln also Vögeln.

Dieser Kampf zwischen Gut und Böse kommt aber ohnehin nicht ohne *unheimliche* Spiegelungen aus. Die beiden Männer gebärden sich dabei wie Rivalen. Eine Rivalität, die zum Sozialen dazugehört, weshalb Roylott sie ausschlägt und Holmes sie annimmt. Zur Rivalität gehört die Identifikation mit dem Gegner, eine Spiegelung, die unheimliche Effekte hat, wenn sie zu eng vorgenommen wird.

Die Rivalität wurde körperlich vor allem in den zwei Kinofilmen von Guy Ritchie in Szene gesetzt, in *Sherlock* ist sie fast durchgehend mental. Eine deutliche Ausnahme bildet die lange Schlägerei mit Ajay (Sacha Dhawan) in der Folge *The Six Thatchers* (2017/*Die sechs Thatchers*), die Holmes am Ende auch gewinnt. Körperliche Rangeleien (auch mit Watson) finden aber auch in der TV-Serie regelmäßig statt. Roylott verbiegt nun als Ausdruck seiner Kräfte und als Drohung, mit bloßen Händen den Schürhaken, der sich am Kamin des Detektivs befindet.

Holmes Kräfte reichen aber aus, um die Eisenstange wieder geradezubiegen. Das ist ein *Wettbewerb*. Und zugleich wird die Gleichrangigkeit der Duellgegner wieder aufgehoben. Denn der Detektiv wird das Verbogene, das aus der zivilisierten Form gebrachte, wieder in die Ordnung (des Gesetzes) zurückbringen, so, wie er seinen Schürhaken wieder zurechtbiegt. Und er wird es heimlich tun, ohne dass Roylott es merkt. Es ist kein offener Kampf, sondern die Strategie besteht darin, die Geheimnisse des Anderen im Geheimen zu lüften. Der unbeherrschte Roylott hingegen, der sich für den Anderen nicht interessiert, sondern ihn loswerden, eliminieren möchte, der allein sein will, ist bereits gegangen, wenn Holmes den Schürhaken wieder richtet. Er kann so die Kräfte seines Gegners nicht einschätzen. Der Detektiv wird sich nun heimlich an den Ort des Verbrechens aufmachen. Die Symmetrie zwischen Schurke und Detektiv wird vor allem aufgehoben durch ihre unterschiedliche moralische Position. Vor allem durch diese erklären sich auch ihre Charaktere. Sie werden zu Kontrahenten, aber die Karten sind ungleich verteilt.[107] Es kommt also zu einem *Kräftemessen,* einem Duell, einer männlichen Rivalität: der gute Ersatzvater Sherlock Holmes tritt an, um das Leben von Helen vor dem bösen Stiefvater Dr. Grimesby Roylott zu retten. Aufgrund seiner narzisstischen Haltung und seinem sexuellen Desinteresse kann man hier sogar von einem mütterlichen und von einem loyalen Beschützer sprechen.

6.4.4 Die Schlange

Holmes arbeitet dabei mit seiner scharfen Beobachtungsgabe und seinem Geist gegen die (erotischen) Leidenschaften, die sich sehr konkret in dieser Geschichte ausdeuten lassen. Gerade deshalb ist sie so berühmt und gehört zum Arsenal von Doyles Lieblingsgeschichten. Die zugrunde gelegte erotische Symbolik ist einfach zu deuten: Die Schlange ist der durch die Kastration abgeschnittene und zugleich vom genitalen auf orale Interessen *verschobene* Phallus von Roylott. Bevor dieses Reptil zubeißt, streicht es durch das Bett der Töchter, die nur ihre Nachthemden tragen, was einer Inzestfantasie schon verdächtig nahekommt. Der sadis-

---

107 Die Schurken rivalisieren öfter mit Holmes. So auch Mr. Culverton Smith in *The Adventure of the Dying Detective* (1913/*Der Detektiv auf dem Sterbebett*). Er versucht Holmes umzubringen mithilfe von krankheitserregenden Mikroben. Smith ist medizinischer Experte auf dem Gebiet und so stellt er einen Vergleich zwischen sich und Holmes an, in dem die rivalisierende Spiegelung offensichtlich wird: »Was ihm (Holmes) seine Gesetzesbrecher sind, sind mir meine Mikroben« (Doyle, WA Bd. 8, S. 165). Gegenüber dem Detektiv äußert er sich später in einem weiteren einfachen Vergleich, in dem sein Neid deutlich wird: »Aber diesmal sind Sie an einen noch Schlaueren geraten« (ebd., S. 170). Die Figur und ihr Mordversuch an Holmes wurde in der TV-Folge *The Lying Detective* (2017/*Der lügende Detektiv*) verwendet.

tische Roylott (bei Holmes taucht er mit einer Reitpeitsche in der Hand auf) hat die beiden jungen Frauen zuvor schon zu seinen *Dienstboten* gemacht. Sie übernahmen die Arbeiten der Dienstboten, die er verscheucht hat. Sie nehmen also schon zuvor den Platz des getöteten, indischen Butlers ein. Er will seinen entrechteten Töchtern ihr Erbe also auf vielfache Weise vorenthalten. Er will das Geld seiner verstorbenen Frau für sich behalten und nicht mit ihnen *teilen*. Der finanzielle (anale) Aspekt und dass es sich dabei nicht um den *wirklichen* Vater, sondern nur um dessen verantwortungsloses Substitut (Stiefvater) handelt, könnte, wie schon beschrieben, auch aus dem Märchen stammen, und lässt sich so in vielen Varianten vor allem bei Charles Dickens (wieder)finden. Die phallisch/sadistische Ebene hingegen knüpft motivisch (wie schon gezeigt) an E. A. Poe an. Sie verbindet sich hier ganz konkret mit der *Souveränität* eines patriarchalen Tyrannen und seiner drei Tiere.

Holmes wird den Streich parieren, indem er die Schlange mithilfe eines langen dünnen Stocks vertreibt. Sie kriecht daraufhin wütend zurück und beißt ihren *Herren*, der einen fürchterlichen Schrei ausstößt und sofort stirbt. Wie immer wird das Todesszenario bei Doyle selbst als eingehendes und intensives *Angsterlebnis* geschildert, auch wenn es sich hier *nur* um den Tod eines Mörders handelt. Dabei wird der fürchterliche Patriarch (der einen souveränen und das heißt alleinigen und unteilbaren Machtanspruch hatte) mit seinen eigenen phallischen Waffen geschlagen. Die Tierart – eine Sumpfotter (im eng. Original swamp adder) ist reine Fiktion. Es gibt sie *nicht* in der Realität. Sie ist Teil der Fantasie, ebenso wie die Vorstellung, dass man Schlangen mit Milch füttern könnte, wie es Roylott tut. Die Milch verbindet die Schlange mit dem oralen (menschlichen) System und dem Mütterlichen. Sie saugt die Milch (was Schlangen nicht können) sowie sie die Frauen beißen wird.

Einer berühmten und wirkungsmächtigen Legende zufolge hat die letzte Pharaonin Ägyptens, Kleopatra, mithilfe einer Schlange Suizid begangen, als die Römer ihr Land in Beschlag nahmen und sie als Kriegsbeute nach Rom schaffen wollten. So beschreibt es zumindest Plutarch. Auf vielen Zeichnungen und in vielen Filmen wurde der (Selbst-)Mord Kleopatras mit einer heiligen, oft aufrechtstehenden Kobra abgebildet. Die stolze Königin (aus dem exotischen Land) ließ sich nicht unterwerfen, sie flüchtete ins Jenseits. Und dabei legte sie die Schlange direkt in ihre nackte Brust und ließ sich von ihr absichtlich beißen, um zu sterben. Das ist eine deutlich erotisch aufgeladene Fantasie. Das Gegenteil beschreibt Doyle. Anstatt dieser antiken, *exotischen* Vermischung von Eros und Thanatos (Kleopatra wurde durch diesen Biss, der ihre Vermählung mit Isis besiegelte, für ihr Volk unsterblich) beschreibt er das Grauen eines realen Sterbens durch Schlangengift. Julias Sterben und auch das ihres Stiefvaters werden in furchterregenden Details geschildert. Julia stürzte mit kalkweißem Gesicht aus ihrem Zimmer, Hilfe suchend und schwankend, wie eine Betrunkene (Doyle, WA Bd. 1, S. 212). Der Todesmoment ist ein Angstmoment, etwas Fürchterliches und Schreckliches.

Die Schlange ist durch ihre Körperform zwar das männliche, phallische Attribut, aber durch ihre oralen Interessen auch geschlechtlich neutral bzw. ungeschlechtlich. Sie ist bei Doyle nicht selbst das Böse, sondern wird zum Morden instrumentalisiert, von einem bösen Mann. Deswegen reicht ein gezielter Stockschlag von Holmes aus um ihre orale Aggression einem anderen neuen Ziel zuzuführen. Das Versteck der Schlange war ein Geldschrank, demnach jener Schrank, in dem Roylott auch die Geldnoten, die seinen Stieftöchtern zustanden, vor ihnen verbergen wollte.

6.4.5 Moral

Holmes erklärt am Ende, dass er für den Tod von Roylott verantwortlich ist, »aber ich kann nicht behaupten, daß dies mein Gewissen sehr bedrücken wird« (ebd., S. 234). Er hat den fiesen Mörder schließlich so daran gehindert, erneut zuzuschlagen. Das ist eine Art Mord, denn er konnte sich vorher ausrechnen, dass die Schlange ihren Herrn beißen würde. Er handelt nach eigenen Gesetzen, was den Handlungsverlauf abkürzt und den Leser zufriedenstellt. Der gute (aber narzisstische) Vater hat den bösen (leidenschaftlichen) Vater unschädlich gemacht und besiegt. Es geht hier also auch um einen versteckten Kampf *zwischen* libidinösen, inzestuösen Leidenschaften, die jegliches Vater-Tochter-Verhältnis zerstören (in einer anderen Geschichte, *A Case of Identity* (1891/*Eine Frage der Identität*), versucht der Stiefvater sogar seine Ziehtochter zu heiraten, um sie von der Ehe mit anderen Männern abzubringen) und einer verantwortungsvollen und ethisch orientierten Position, die sozial agiert. Der von Doyle konstruierte Gegensatz zwischen Holmes und Roylott ist im Grunde der zwischen einem perversen Vater und einem sexuell vollkommen abstinenten Freund und Retter. Einzig Watsons Reaktionen und Kommentare, die oftmals einen weitaus höheren Gefühlseinsatz zeigen als die von Holmes, sind angemessen und normal. Der psychoanalytisch bedeutsame Zusammenhang, dass Roylott allen sozialen Halt verliert, nachdem seine Frau gestorben ist, wird zwar geschildert, aber nicht weiter beschrieben. Das Täterprofil bleibt auf der Ebene der Symptome und betreibt keine genaue Ursachenforschung, für die sich Holmes auch nicht interessiert.

6.4.6 Verschlüsselungen

Wenn die sterbende Tochter im Delirium sagt: »Oh mein Gott! Es war das Band! Das gesprenkelte Band!« (ebd., S. 212), dann formalisiert sie das Tier, die biblische Schlange, und ruft zugleich Gott um Hilfe (den guten Vater), um ihr zu helfen. Sie nennt aber *nicht* den Namen des Tieres, das sie vermutlich durchaus erkannt hat. Aus der Schlange wird ein Gegenstand. In dieser *Verschlüsselung* besteht das eigentliche Rätsel der Geschichte. Wie so oft wird damit die Lösung in ihrem Titel bereits angedeutet, kann aber für lange Zeit während der Lektüre vom Leser nicht gedeutet werden. Die Formalisierung, die aus einer lebendigen Schlange ein Band werden lässt, funktioniert aber am Ende nur, weil die Schlange als eine Verlängerung der Klingelschnur auftritt, an der sie herunter gekrochen ist. Es gibt also zwei Bänder. Am Ende ist die Schlange »ein eigenartiges gelbes Band mit bräunlichen Flecken, das dicht um den Kopf gewickelt« von Roylott zu sein schien (ebd., S. 232).

Ihr Stiefvater schüttet der taumelnden und dann sterbenden Tochter Julia noch Brandy in die Kehle. Das ist die letzte Behandlung, das letzte Mittel, welches er von ihr bekommt, bevor sie stirbt. Sie sinkt langsam zusammen und stirbt (ebd.). Der Alkohol an dieser Stelle ist kein Zufall, denn er gehört zu den Problemen von Doyle, dessen Vater schließlich an übertriebenem Alkoholkonsum gelitten hat. Holmes wiederholt am Ende fast die Worte von Julia, als er die Schlange in den Haaren des toten Roylott entdeckt: »Das Band! Das gesprenkelte Band!« flüstert er (ebd. S. 232). Damit wird die Formalisierung von der Schlange zum Band ein drittes Mal wiederholt. Julia, Watson (als Erzähler) und Holmes bezeichnen die Schlange darin nacheinander als ein Band. Es ist kein Band, mit dem eine soziale (Ver)Bindung hergestellt werden sollte, sondern eines, das eben gerade diese unterbrach und für immer zerstörte. Holmes erklärt noch (in der Manier eines Priesters, eine Pose die er übrigens häufiger einnimmt): »Wahrhaftig, Gewalt fällt auf den zurück, der Gewalt übt« (ebd., S. 233).

7 Resümee: »It's not a game anymore« – Die vierte Staffel von *Sherlock*

Mit der vierten Staffel wurden innerhalb der Serie nochmals einige wichtige Motive verändert, aufgegeben oder weitergeführt, sodass hier am Ende eine kurze eigenständige Beschreibung und Analyse inklusive eines Resümees stehen soll. Für die Staffel wurde mit dem Slogan geworben »*It's not a game anymore*« (Es ist kein Spiel mehr), worin sich zeigt, dass die gesamte Handlung nunmehr eine andere ernstere Form angenommen hat und für den Detektiv, der hier menschlicher ist als je zuvor, die Fälle nun eine andere essenziellere Bedeutungsschicht haben. Bei Watson hat sich nicht nur die Frisur geändert und er wird Vater, er wirkt insgesamt auch älter als zuvor.

7.1 Politische Implikationen und das Bedürfnis nach Sicherheit

Sherlock war von Anfang an darauf angelegt, im Bereich der Kriminalität auch die terroristischen Aktionen zu thematisieren und dabei eine starke (und zugleich eigenwillige) Heldenfigur zu konfigurieren, die in der Lage ist, diese oder ähnliche Formen von Anschlägen abzuwenden. Am deutlichsten wird das vielleicht in der Folge *The Final Problem* (2017/*Das letzte Problem*), die folgendermaßen beginnt: Ein kleines Mädchen erwacht in einem gewöhnlichen Linienflugzeug. Alle Passagiere sind jedoch ohnmächtig. Die Sauerstoffmasken für den Notfall hängen in der Luft. Das Flugzeug saust ohne von einem Piloten gesteuert zu werden durch die Luft. Im Laufe der Folge wird deutlich, dass es auf eine Stadt zufliegt und viele Menschen dabei ums Leben kommen werden, wenn es dort ohne Führung in die Häuser kracht. Das ganze Szenario, das wird immer wieder betont, wird gesteuert von einem Kriminellen (zuerst ist es angeblich Moriarty, in Wirklichkeit aber Eurus, die kriminelle Schwester von Holmes). Am Ende war es nur fingiert. Dennoch zeigt es uns deutlich, wenn auch in einer abgewandelten Form, nochmals die Ereignisse von 9/11 aus der Perspektive einer Passagierin im Innenraum eines der Flugzeuge, die mutwillig zu Geschossen umfunktioniert wurden. Und es zeigt uns dieses als ein stets ausstehendes Ereignis, welches am Ende gar nur auf eine virtuelle Weise statthatte. Sherlock Holmes kann auch dieses Problem am Ende lösen. Er versteht, dass sich seine Schwester diese Metaphorik als Hilferuf für ihre eigene Situation ausgedacht hat.

Der kluge Detektiv erweist sich in der vierten Staffel mehr als zuvor als ein Mann, der Frauen rettet. Mary Watson nennt ihn im Spaß in *The Six Thatchers* (2017/*Die sechs Thatchers*) »*Sherlock the dragon slayer*« (*Sherlock der Drachentöter*).[108] Der Drachentöter ist eine Figur, die in Sagen (zum Beispiel Siegfried in den germanischen Sagenkreisen), aber auch in der Bibel vorkommt. Der Erzengel Michael ist es, der den Teufel in der Gestalt eines Drachen besiegt und ihn dann auf die Erde stößt.[109] Es ist der Kampf des Privatdetektivs gegen die Kriminalität und Destruktivität, der ihn auszeichnet und adelt. Und er erreicht in der vierten Staffel, die von Krisen durchzogen ist, das Höchstmaß seiner *zwischenmenschlichen* Vermittlungsmöglichkeiten.

Dabei wurden, wie eingangs exemplarisch beschrieben, in der Serie immer wieder *Terrorakte,* die von einzelnen Personen ausgehen, in den Vordergrund gestellt. Sie sind es, die heute in der westlichen Welt die größten Ängste auslösen. Von Anfang an war der staatliche Bezug durch die Figur von Mycroft Holmes (als Big Brother, als Mann im Hintergrund, der alles observieren kann) in *Sherlock* (all)gegenwärtig. Die wesentliche Bedrohung in der heutigen Welt geht nicht von den Regierungen anderer Länder (Putin oder Trump), sondern von gut organisierten Schurken aus, die auf eigenständige, geheime und unabhängige Weise Terror und Schrecken verbreiten. Es gibt, wie Jacques Derrida betont hat, keine *Schurkenstaaten,* sondern es ist die Angst vor den terroristischen Phantomen ohne Staat, welche die neue Politik bestimmt. Nach Derridas Ansicht wurde der 11. September als ein Trauma empfunden, das unheilbar ist, »weil es aus der Zukunft auf uns zukommt« (Derrida 2003, S. 147). Es besteht vor allem in der Ge-

---

108 Es handelt sich hier um eine direkte Anspielung auf die Rolle von Benedict Cumberbatch innerhalb der *Hobbit-Trilogie* (2012–2014). Der clevere und bösartige Drache Smaug (ein Psychopath, wie der Regisseur Peter Jackson erklärte) wurde von ihm nicht nur gesprochen, sondern mittels Motion Capture auch gespielt. Weil Martin Freeman in dieser Trilogie die Hauptrolle spielt, den Bilbo Beutlin, ist die Relation besonders interessant: Die beiden Schauspieler haben hier eine lange Dialogsequenz zusammen, bei der der ängstliche Beutlin versucht, den grausamen Smaug gleichzeitig zu beschwichtigen und zu bestehlen.

109 Der Drache ist in der Bibel eng verwandt mit der Schlange. Beide Tiere (Reptilien) sind allegorische Gestalten des Teufels. Die Schlange taucht am Anfang in der Genesis, der Drache am Ende in der Offenbarung des Johannes auf.

fahr, dass sich Privatpersonen oder Gruppen atomare Waffen zunutze machen und damit Staaten angreifen. Ein Motiv, das man aus den James-Bond-Filmen kennt: »Es ist die kompakte und allzu offenkundige Tatsache, daß seit dem Ende des kalten Krieges die absolute Bedrohung nicht mehr in staatlicher Gewalt auftritt« (ebd.).

Schon in der Folge *The Six Thatchers* (2017/*Die sechs Thatchers*) tauchen wichtige, politische Motive auf. Doch im Unterschied zu den bisherigen Darstellungen geht es hier immer wieder um das Scheitern von Rettungsmaßnahmen. Die Folge berichtet in einer Rückblende davon, wie ein Versuch, Geiseln aus einer britischen Botschaft in Tbilissi in Georgien zu retten, schiefgeht, weil diese Mission vorher verraten wurde von einer Mitarbeiterin der britischen Regierung. Zwei der eingesetzten Agenten sterben dabei, ein dritter Ajay (Sacha Dhawan) wird gefangen genommen und sechs Jahre lang gefoltert. Er glaubt, dass Watsons Ehefrau Mary, die ebenfalls an dem Einsatz beteiligt war und sich retten konnte, alle verraten hat. Bei dem Versuch sie sechs Jahre später aus Rache in Marokko zu töten, wird Ajay selbst von einem Polizisten erschossen, bevor er erfahren kann, dass sie unschuldig ist. Holmes, der dabei ist, kann Ajays Tod nicht verhindern. Bei einem anderen bizarren Fall in dieser Folge von einem jungen Mann der seinem Vater einen Streich spielen wollte (er täuscht über Bildtelefon vor in Tibet zu sein, sitzt aber in Wirklichkeit in seinem Auto vor der Haustür)[110] und dafür mit dem Leben bezahlt hat, kann Holmes den traurigen Eltern nur noch die schrecklichen Umstände erklären. Am Ende, im Finale wird dann als tragischer Höhepunkt Mary Watson, bei dem Versuch Holmes zu retten, von der Doppelagentin Mrs. Norbury (Marcia Warren) erschossen.

Vor allem Marys Tod im Auftakt der Staffel führte erstmal zu einer heftigen Abwehr und das Publikum, welches gewöhnt war seine Helden am Ende siegen zu sehen, war nicht nur enttäuscht, sondern schockiert. Aufgrund der vielen Fehlschläge und der desolaten Situation wird das Gefühl, dass Holmes auch wirklich scheitern könnte, sehr massiv etabliert. Damit wurde zugleich auch das *Sicherheitsbedürfnis,* welches ohnehin ein wichtiges Motiv innerhalb der Serie ist, noch stärker zu ihrem Thema. Mary Watson fordert am Ende in einer Videoaufnahme[111] Holmes sehr eindringlich dazu auf, im Falle ihres Todes, ihren Gatten zu beschützen. Und die einzige Weise wie dies gelingen könne, sei sich selbst so in Gefahr zu bringen, dass Watson wiederum Holmes beschützen müsse. Das sei

---

110 Der Junge bittet seinen Vater eine kleine Plastikfigur, die er auf dem Kühler seines Autos befestigt hat, zu fotografieren. Die Figur zeigt einen Superhelden und ist eine Anspielung auf die Rolle von Benedict Cumberbatch in *Doctor Strange* (2016).
111 Die DVD ist mit »*Miss Me*« signiert, eine Anspielung auf Moriarty.

der einzig mögliche Weg. Ihr Gatte würde sich sonst niemals helfen lassen. Dieser Umweg, den Holmes dann tatsächlich geht, ist besonders interessant, weil er die wechselseitige Hilfe, die die Freundschaft der beiden Männer seit jeher ausgemacht hat, nochmals betont.

7.2 Eine tote Frau

Am Anfang von *The Six Thatchers* (2017/*Die sechs Thatchers*) berichtet Holmes in einem Monolog von einem *Kaufmann*, der in Kontakt kommt mit dem Tod und versucht vor ihm zu fliehen. Der Kaufmann will nach Samarra gehen, damit der Tod ihn nicht findet, aber genau dort will der Tod ihn treffen. Es handelt sich um eine Zusammenfassung des Romans *Appointment in Samarra* (1934/*Begegnung in Samarra*) von John O'Hara, die von der Unausweichlichkeit des Sterbens handelt. Keiner kann diesem *Schicksal* letztendlich entkommen. Diese Geschichte, von der Mycroft Holmes später berichtet, dass sie aus ihrer Kindheit stamme, wird am Ende der Folge wiederaufgenommen. Der Tod von Mary Watson ist demnach unausweichlich.

Durch den Tod dieser Frau, die gerade ein Baby bekommen hat, *verdunkelt* sich zum ersten Mal wirklich der Horizont der Reihe. Er wurde in der dritten Staffel zwar schon vorbereitet durch die dunkle Vergangenheit dieser Figur als einer Killerin. *The Six Thatchers* hat aber ein regelrecht *depressives* Ende und führt die Reihe in eine andere Richtung. Die melancholische Seite, die die Manie des Detektivs triggert, wird hier nicht nur stärker als bisher. Der Tod und die schwere Verletzung des Detektivs erwiesen sich als stets heilbar. Mary ist nun aber tatsächlich tot. Bei Doyle stirbt die Ehefrau von Watson zwischen 1891–93 aus unbekannten Umständen. Es wird nur berichtet, dass der Arzt daraufhin zurück in die Baker Street zieht. In *Sherlock* macht Watson Holmes und seine Spielernatur in seiner Wut und Ohnmacht für ihren Tod verantwortlich. In seiner Manie konnte Holmes seine Deduktionen nicht stoppen und hat sich so in Gefahr gebracht. Watson erkennt erst später mit dem Satz *It is, what it is* (*Es ist, was es ist*), dass Holmes nicht wirklich die Schuld an Marys Tod trägt und dass seine Ehefrau Holmes durch ihren kühnen Sprung gerettet hat, weil *sie* es so wollte. Dennoch zerbricht daran die Freundschaft zwischen den Männern, was sich für beide nachteilig auswirkt. Watson warf Holmes die mangelnde Empathie in seinen Deduktionen seit jeher vor. Der Detektiv ist durch Marys Tod so verzweifelt, dass er daraufhin eine Psychoanalytikerin aufsucht, der er jedoch nichts erzählt. Er gibt sich aber selbst ebenfalls die Schuld an dem Tod und flüchtet, wie in der nächsten Folge zu sehen ist und zum ersten Mal wirklich deutlich und lange gezeigt wird, in seine Drogensucht.

Das Paradox innerhalb der Narration besteht aber darin, dass Holmes doch Holmes bleibt, wenn er trotz dieser Krise schließlich in der nächsten Folge *The Lying Detective* (2017/*Der lügende Detektiv*) doch wieder einen Fall verfolgt und dafür sogar seine Drogenabhängigkeit benutzt. Das Kalkül begleitet die Emotionen. Der Detektiv agiert nur *scheinbar* planlos und chaotisch. Zu einem vorher genau festgelegten Zeitpunkt dreht er zu Hause schließlich völlig durch und wird so von Mrs. Hudson (in Handschellen) zu Dr. Watson gefahren, der gerade bei seiner neuen Psychoanalytikerin eine Sitzung hat. Watson erkennt zwar die Notlage, ist aber zugleich verblüfft über die Tatsache, dass Holmes alle Vorgänge schon zwei vorher geplant hat, zu einem Zeitpunkt als er seine Analytikerin noch gar nicht konsultiert hatte. Molly Hooper, die ihn dann untersucht, erklärt Holmes, dass er gesundheitlich ernsthaft gefährdet sei. Dennoch erweist sich seine Drogenabhängigkeit am Ende vor allem als eine Taktik, die er vortäuscht, um seinen Gegner Calverton Smith gezielt hereinzulegen. Der logistische Plan, der von ihm zwei Wochen vorher bereits gemacht wurde, erweist sich vor allem aufgrund seines exakten Timings und weil er in allen Details funktioniert, als reine *Magie*. (Vgl. Kap. 4.4).

Dennoch erleidet der Detektiv schließlich einen echten psychischen Aussetzer. Die Tochter von Calverton Smith, Faith, hatte ihn besucht und Holmes über die Machenschaften ihres Vaters unterrichtet. Als er nun nochmals auf sie trifft, muss er erkennen, dass es sich um eine andere Person handelt. Faith hat ihn demnach *niemals* wirklich besucht. Er reagiert panisch und weiß selbst nicht mehr, was real ist und ob er überhaupt wirklich besucht worden ist. Er verliert die Kontrolle und geht daraufhin mit einem Skalpell auf Smith los. Der Auslöser ist nicht die Ungewissheit darüber, wer ihn denn nun eigentlich aufgesucht hat, sondern *ob* er dann überhaupt einen Gast empfangen hat. Hier wird bereits auf jene *Leerstelle*, welche durch das kindliche Trauma bei Holmes entstanden ist, hingewiesen. Denn besucht hat ihn in Wirklichkeit seine als Faith verkleidete Schwester Eurus, von deren Existenz er in seinem Bewusstsein schließlich tatsächlich nichts (mehr) weiß. Holmes hat keinerlei Erinnerungen an seine Schwester.

Watson kann sich in *The Lying Detective* nicht mit dem Tod seiner Ehefrau abfinden und *halluziniert* tatsächlich ihre Anwesenheit und tut damit so, als sei sie noch am Leben und ständig an seiner Seite. Er führt Gespräche mit Mary. Er geht deshalb sogar zu einer *neuen* Psychoanalytikerin, der er von dem Geist seiner Frau nichts erzählen muss. In Freuds Terminologie aus seinem berühmten Aufsatz *Trauer und Melancholie* (1916) steht Watson hier genau *zwischen* der Trauerarbeit und einer melancholischen Einverleibung, denn er kann sich (noch) nicht von Mary Watson trennen, arbeitet aber zugleich daran, es zu tun. Parallel dazu liegt die Frage, ob es die weibliche Person wirklich gegeben hat, mit der Holmes eine Nacht verbrachte, oder ob sie nur eine vorgestellte Gestalt in einem Drogenrausch war. Als Holmes schließlich den Zettel findet, auf dem Faith ihre Aufzeichnungen gemacht hat und den seine Schwester ihm gezeigt hat, kann er *sicher* sein, Besuch gehabt zu haben.

Darüber hinaus bestimmt der Tod von Mary die Narration der gesamten Staffel. Nicht zufällig ist *The Lying Detective* auch die Folge, in der Mrs. Hudson in ihrer Rolle als *Ersatzmutter* ihren bisher massivsten Einsatz hat und die beiden durch Marys Tod schwer angeschlagenen Männer beschützen muss. In *The Final Problem* (2017/*Das letzte Problem*) wird der Gefängnisdirektor versuchen, seine Ehefrau zu retten, und Watson auf Mary ansprechen und dort stellt Eurus auch einen Sarg für Molly Hooper bereit, auf dem steht »*Ich liebe dich*«, den Holmes schließlich wütend zerschlägt. So wird Marys Tod als ein zentraler Bezugspunkt stets unterschwellig im Bewusstsein gehalten. Man kann demnach den Drehbuchautoren nicht vorwerfen, sie würden die Frauen kommen und verschwinden lassen, so wie es ihnen gerade gefällt. Im Gegenteil: Die psychische Abhängigkeit von Watson und auch von Holmes von den Frauen wird gerade in dieser Staffel extrem herausgearbeitet. Und dass die Ehefrau von Watson stirbt, findet bei Doyle nur beiläufig statt und bekam so innerhalb des Kanons keine wirkliche Bedeutung. Hier wurden also die Motive zugunsten der Figur von Mary Watson weiter ausgearbeitet.

Wenn der Detektiv andererseits in *The Lying Detective* erklärt, welch ein Monster Culverton Smith ist und dass er sein Leben *nicht* verschwendet hätte, wenn er ihn fassen würde, dann ist er wieder ganz in jene ödipale männliche Verbrecherjagd involviert, die Doyle immer wieder beschrieben hat. Denn diese Erklärungen stammen aus der Geschichte *The Final Problem* (1893/*Das letzte Problem*), wo Holmes dieselben Statements abgibt, nur in Bezug auf Professor Moriarty. Es ist bei *Sherlock* der klassische Kampf eines angeschlagenen Sohnes gegen eine kriminelle Vaterfigur (wie in *His last Vow* (2014/*Sein letzter Schwur*), der *hier* vorgeführt wird. Kann man Doyles Holmes-Geschichten biografisch vor allem als Kampf gegen den eigenen alkoholsüchtigen Vater deuten, der seine Familie arg belastet hat, so wird diese Tradition hier fortgesetzt. Culverton Smith ist ein monströser Serienkiller, der glaubt, durch Geld, Macht und Ruhm unantastbar zu sein. Smith ist ein Prominenter der davon überzeugt ist, dass aufgrund seiner Popularität für ihn moralische Grenzen nicht gelten. Die Grundelemente stammen zwar aus *The Adventure of the Dying Detective* (1913/*Der Detektiv auf dem Sterbebett*), hier handelte es sich aber um einen Kampf zwischen zwei *gleichalten* Männern, sodass diese spezifisch ödipale Vater-Sohn-Konstellation erst in *Sherlock* auftaucht und der Kontext deutlich verändert wurde. Holmes solidarisiert sich nicht nur mit der Frau, die sich als Tochter von Smith ausgibt, er ist auch in ihrem Alter und könnte sogar ihr potenzieller Partner sein und in Wirklichkeit ist er *ihr* Bruder, wie sich in der nächsten Folge herausstellt.

7.3 *Der Ostwind* oder ein horrormäßiges Finale

Die tragische Täterin in dieser letzten und bisher düstersten Folge der Reihe, *The Final Problem* (2017/*Das letzte Problem*), heißt mit Vornamen Eurus. Eurus ist die Göttin des Ostwinds in der griechischen Mythologie. In *His Last Bow* (1917/*Seine Abschiedsvorstellung*) sagt Holmes bei Doyle am Ende zu Watson, dass ein Ostwind im Anzug sei. Es wird ein bitterkalter Wind sein und »manch einer von uns wird unter seinem Ansturm welken« (Doyle WA Bd. 8, S. 262). Diese chronologisch letzte Holmes-Geschichte wurde bereits 1914 geschrieben und gemeint war mit dem Wind ursprünglich der Erste Weltkrieg (1914–1918). In *His last Vow* (2014/*Sein letzter Schwur*) sagte Mycroft zu seinem jüngeren Bruder: »*East wind is coming Sherlock, it's coming to get you*« (*Der Ostwind kommt Sherlock, er kommt um dich zu holen*). Der Ostwind ist demnach der Tod. In *The Final Problem* (2017/ *Das letzte Problem*) konkretisiert sich diese Drohung nun in der Form der verrückten und für lange Zeit versteckt gehaltenen Schwester des Detektivs. Sie trägt den Namen Eurus und hat das Lied vom Ostwind gesungen, nachdem sie als Kind den besten Freund ihres jüngeren Bruders Sherlock getötet hatte. Sie und nicht mehr *Moriarty* ist seine wirkliche schwache Stelle, sein gefährliches, psychotisches Double, seine ganz und gar verdrängte Nemesis, die Urheberin seines Traumas und der Ausgangspunkt all seiner Handlungen als Privatdetektiv.[112] Die Substitution von Moriarty durch Eurus bricht nun endgültig aus Doyles Kanon aus und arbeitet die geheimnisvolle Seite des Detektivs, seine Einschränkungen und seine Identifikation mit einer weiblichen Figur, anhand einer psychotischen und asozialen Schwester heraus. Die Spiegelung ist am Ende perfekt, wenn die beiden am Schluss der Episode zusammen die Violine (Eurus hat ihrem jüngeren Bruder sogar eine *Stradivari* geschenkt) spielen. Die Glaswand, die dabei zwischen ihnen steht, stellt jene berühmte Grenze zwischen Gut und Böse und hier zugleich auch zwischen halbwegs normal und in einer gefährlichen Weise pathologisch dar.

Keine Folge hat so viele Anleihen beim Horrorfilm der Gegenwart genommen wie *The Final Problem*. Es ist so, als müsse das innere Rätsel von *Sherlock*, das letzte Problem, welches das Trauma des klugen Detektivs offenlegt, selbst wie ein Horrorfilm sein. Wo bei Doyle Poe war (vgl. Kap. 3), wurden hier Motive aus aktuellen Klassikern dieses Genres innerhalb der letzten Jahrzehnte als Inspirationsquelle ausgewählt. Und diese Verschiebung ist interessant.[113] Schon am Anfang wird

---

112 Diese Schwester hat eine ähnlich gravierende Bedeutung, wie die Schwester des Wolfsmanns bei Freud. Und dieser Fall ist ohnehin, wie ich schon einige Mal ausgeführt habe, derjenige, der den Holmes-Geschichten am nächsten steht.
113 Die letzte Folge wurde von Moffat und Gatiss zusammen geschrieben. Ich hatte schon darauf hingewiesen, dass Gatiss die dreiteilige TV-Dokumentation *A History of Horror* (2010) für

Mycroft nicht nur vom Geist seiner Schwester, sondern auch von Stephen Kings bösem Clown aus *Es* (1990) heimgesucht. Eurus ist in einem Hochsicherheitstrakt in dem Gefängnis Sherrinford so sicher untergebracht wie einst Hannibal Lecter in *The Silence of the Lambs* (1991/*Das Schweigen der Lämmer*). Der Glaskasten, in dem sie sitzt, erinnert an den von Lecter und er wurde auch für den Schurken in *Skyfall* (2012) in der Bond-Reihe verwendet. Darin befinden sich stets kriminelle Psychopathen, denen es jeweils auf eigentümliche Weise gelingt, ihr absolut sicheres Gefängnis zu verlassen. Und stets findet hier ein wichtiger Dialog zwischen ihnen und den legitimen Vertretern des Gesetzes statt. Die Inszenierung basiert darauf, dass diese Menschen, die unheilbar sind, weggeschlossen werden müssen, weil sie eine immerwährende tödliche Bedrohung darstellen. Die Fiktion kreist um die Darstellung von absolut gefährlichen Menschen.[114] Und Eurus verhält sich genauso. Sie spricht nicht mit Menschen, sie programmiert sie für ihre Zwecke um. *The Silence of the Lambs* stellte seinerzeit einen radikalen Umbruch in dem Genre des Kriminalfilms dar, weil er eine andere, weit drastischere Ebene von Horror als zuvor zeigte und etablierte.

Außerdem ähnelt die Handlung nun leider über weite Strecken der *Saw-Reihe* (2013–2017) und wirkt streckenweise wie ein drastisches Remake von der Folge *The Great Game* (2010/*Das große Spiel*), in der Moriarty mit Holmes ein ganz ähnliches Spiel trieb. Durch die computergenerierte Figur von Moriarty und seine Sprüche, die Eurus bei einem Besuch des Verbrecherkönigs zu dessen Lebzeiten aufgenommen hat, wird auch ständig seine Präsenz heraufbeschworen. Eurus ist eine übersteigerte Moriarty-Figur. Ähnlich wie damals erstellt sie Holmes verschiedene kriminologische Aufgaben, die der Detektiv, Watson und Mycroft lösen müssen. Dabei handelt es sich aber weniger um ein faires Detektivspiel als vielmehr um ein blutiges Massaker. Eurus verhält sich wie Jigsaw in *Saw* und stellt

---

BBC Four geschrieben hat und ein Liebhaber und Profi im Bereich des Genres Horrorfilm ist. Die Horrorelemente, mit denen er als Mycroft am Anfang dieser Folge konfrontiert wird, sollen das auch ganz bewusst darstellen. Ebenso ist es kein Zufall, dass das Ende in einer Anstalt spielt und eine Irre im Zentrum der Handlung steht. Auch das hängt sicher mit seinen Kindheitseindrücken zusammen, denn seine Eltern arbeiteten in der Psychiatrie. Wenn sich das Verhältnis zwischen der verrückten Gefangenen und ihren Wärtern umkehrt, weil Eurus ihre Wächter manipulieren konnte, erinnert die Handlung außerdem an Poes berühmte Geschichte *The System of Dr. Tarr and Prof. Fether* (1845/*Die Methode Dr. Thaer & Prof. Fedders*), wo die Verrückten die Leitung über ein Irrenhaus übernommen haben.

114 Zugleich erinnert Sherrinford, das auf einer Insel liegt, an die Wohnsitze der Bond-Schurken und ist damit ein ähnlich imposanter, aber viel düsterer Ort wie Appledore in der Folge *His last Vow* (2014/*Sein letzter Schwur*), dem Wohnsitz von Magnussen. Die Innenräume waren bisher der größte Set, welcher für *Sherlock* gebaut wurde. Der Produktion-Designer erklärte, dass der Aufwand bei der vierten Staffel ohnehin mehr die Maßstäbe für Kinofilme als für TV-Sendungen gehabt hätte.

ihren Gefangenen gern Aufgaben, in denen sie sich gegenseitig oder andere eliminieren sollen. Das erinnert mehr an ein Kriegsspiel, in dem es um die Frage, mein Leben oder dein Leben, geht, und berührt damit das Trauma von Watson, der sich selbst und Holmes auch mehrfach als Soldaten bezeichnet. Das ist ein verrücktes, sadistisches Horrorspiel, das sicherlich (erneut) viele Zuschauer schockiert hat, denn in der dritten Staffel hatten die Autoren auf solche Exzesse verzichtet. In der vierten Staffel ist die Monstrosität des Verbrechens insgesamt viel präsenter. Die hochintelligente Eurus hat ihr Spiel bereits fünf Jahre zuvor geplant. Holmes beginnt damit, sich endgültig zu weigern, als er den Sarg, der Molly Hooper gelten sollte, zerschlägt. Er kann sich nun gegen seine ältere Schwester zur Wehr setzen und weigert sich schließlich, entweder seinen Bruder Mycroft oder seinen Freund Watson zu erschießen. Das ist das Trauma, den besten Freund zu verlieren. Das ist der Moment, wo die Handlung kippt. Holmes droht damit, sich eher selbst zu erschießen. Eurus, die nicht das gewünschte Ergebnis erhält, schießt mit Tranquilizer-Dartpfeilen, sodass die Männer bewusstlos umkippen. Holmes hat erkannt, dass sie den Tod von jedem Menschen zulassen würde, außer den von ihm.

Die Figur dieser wahnsinnigen Schwester erinnert leider durch ihre rasende Mordlust auch an die typisch dämonische Frau im Horrorfilm, beispielsweise in *Ringu* (1998/*Ring – Das Original*), wo ein Brunnen im Finale auch von entscheidender Bedeutung ist. Der kaltblütige Mord von Eurus an dem besten Freund von Holmes, den sie in ihrer Kindheit in einen tiefen Brunnen gesteckt hat, wo er ertrunken ist, droht sich am Ende an Watson zu wiederholen.[115] Doch Holmes kann seine *eifersüchtige* Schwester schließlich beruhigen und verspricht ihr sogar, sich um sie zu kümmern. Am Schluss musiziert er mit ihr zusammen, um ihr seine Zuneigung zu zeigen.

Am Ende ist es aber nicht Eurus, sondern erneut Mary Watson, die den beiden Männern eine lange und großartige Zukunft wünscht. Mary ist das Pendant von John Watson und Eurus das von Sherlock Holmes. Das Frauenbild erscheint hier auf den ersten Blick gespalten in eine gute und böse Frau. Aber erinnern wir uns: Mary Watson ist eine ehemalige Serienkillerin und Eurus Holmes auch immer noch ein kleines Mädchen, das um Hilfe ruft und emotionale Kontexte sucht. So einfach liegen die Dinge demnach also hier nicht. Man kann natürlich behaupten, dass die Serie durch ihre letzten Wendungen eine frauenfeindliche Konnotation erhält, eine Kritik, die seit *The Abominable Bride* (2016/*Die Braut*

---

115 Dieses Szenario wird auch verbunden mit den Reichenbachfällen, von denen Holmes in der Sonderfolge *The Abominable Bride* (2016/*Die Braut des Grauens*) geträumt hatte und die im Holmes-Mythos so eine wichtige Rolle spielen. Holmes habe stets vom *tiefen Wasser* geträumt, erklärt ihm Eurus.

des Grauens) häufig auftaucht. Dabei wird vor allem kritisiert, dass die Frauen nur Beiwerk seien. Aber natürlich sind die Holmes-Geschichten, die Geschichten eines männlichen Helden und seines besten Freundes. Und keine Darstellung des Detektivs hat sich bisher so intensiv mit der Ehefrau von Watson, geschweige denn *einer* Schwester des Detektivs und ihrer Bedeutung für sein Leben *überhaupt* beschäftigt. Dass es bei Holmes nur eine Schwester und letztendlich *keine* Ehefrau sein kann, hängt mit Doyles Geschichten zusammen. Die häufig in Szene gesetzten Liebesabenteuer des Detektivs verlassen den Kanon noch weit mehr als die Folge *The Final Problem*. Sie setzen einfach etwas in Szene, was zu dem Detektiv *nicht* mehr passt und über den Rahmen seiner Möglichkeiten schlicht hinausweist. In puncto Liebesgeschichten (und das ist einer der wichtigsten Gründe für seine *Idolisierung*, weil er damit unerreichbar wird) ist und bleibt Holmes einfach ein *Puritaner*.

7.4 »Miss Me« – Zukunftsperspektiven

In der Dialektik von An- und Abwesenheit (siehe Kap. 1.6.), die innerhalb der Rezeptionsweise für die Zuschauer sehr wichtig ist (*Sherlock*-Folgen waren stets selten und man musste jahrelang auf sie warten), gibt es für die Zukunft letztendlich nur eine einzige brennende Frage: Wird die Reihe über diese Staffel hinaus noch fortbestehen oder arbeiten die drei letzten Folgen nicht daran, alle bisher gestreuten und versteckten Motive aufzulösen und sie so zu beenden? »Es könnte das Ende einer Ära sein«, erklärte Cumberbatch der British *GQ* und entsprach damit seiner Rolle, die die eines Detektivs ist, der sich stets entzieht und rarmacht. Als die neue Staffel im Januar 2017 in England ausgestrahlt wurde, bestand für ihre Fans die quälende Ungewissheit, ob sie jemals eine fünfte Staffel sehen würden. Immer wieder verwiesen auch die Drehbuchautoren Moffat und Gatiss auf den vollen Terminkalender der beiden Hauptdarsteller, die unterdessen vielverlangte Weltstars sind und in Zukunft wohl kaum noch die Zeit haben würden, dieses kleinere Projekt gemeinsam weiterzuführen.

Eine weitere Staffel im Stil der bisherigen kann es kaum geben, da alle Themen bereits aufgelöst worden sind. Ein endgültiges Ende wurde aber auch nicht bekannt gegeben. Auch war die Rede davon, in Zukunft das Serienformat zu verlassen und lediglich Einzelepisoden über den klugen Detektiv zu drehen. *The Final Problem* endet aber wie ein Neuanfang. Mary Watsons posthume Lobeshymne (auf ihrer zweiten »Miss-Me-DVD«) über ihre berühmten Freunde prophezeit ihnen sogar ein stets fortwährendes Wirken. Unterdessen hat Moffat bereits Details im Falle eine Fortsetzung bekannt gegeben: Da man sich bisher sehr auf die frühe Zeit des Detektivs konzentriert habe, würde man nun das Alter ändern. Holmes und Watson wären als in Zukunft bereits im mittleren Alter angelangt. Damit würde sich die Serie dem typischen Alter des Detektivs in den meisten Verfilmungen annähern und zugleich würde eine ebenfalls gealterte Fangemeinde sich besser identifizieren können. Außerdem würde das reale Alter der Schauspieler, Cumberbatch ist vierzig Jahre alt, Freeman fünfundvierzig Jahre alt, berücksichtigt. Zugleich ist es aber fraglich, ob eine solche gravierende Veränderung wirklich durchführbar und das heißt sinnvoll ist. Bei der hohen Resonanz kann man sich jedoch *fast* sicher sein, dass auf jeden Fall eine neue Form gefunden wird, in der das Spiel weitergehen kann. Es wird aber wohl einige Jahre dauern. Und wenn es nicht *Sherlock* ist, Sherlock Holmes wird es (weil er eben kein Mensch, sondern eine Fiktion ist) wohl noch lange Zeit geben. Bleibt zu hoffen, dass es ihm eines Tages gelingen wird sein *immer* noch etwas rückständiges und schwieriges Verhältnis zum anderen Geschlecht auf eine (wenn möglich tiefere) Bindung hin zu *optimieren*. Oder gehört diese therapierbare Unfähigkeit und auch Weigerung in seinem Habitus vielleicht einfach zum Thrill der Holmes-Detektivgeschichten, die ohne sie gar *nicht* funktionieren würden?

Literaturverzeichnis

Alle deutschen Zitate aus den Sherlock-Holmes-Romanen von Sir Arthur Conan Doyle stammen aus der digitalen Version der möglichst originalgetreu übersetzten Werkausgabe in neun Bänden, die zwischen 1984–88 im Haffmans Verlag in Zürich erschienen ist.

Abraham, Nicolas; Torok, Maria (1979). *Kryptonomie. Das Verbarium des Wolfsmanns.* Frankfurt a. M.; Berlin; Wien: Ullstein

Adams, Guy (2013). *Sherlock. Die Fallsammlung.* München: Riva

Adorno, Theodor W (2001). *Nachgelassene Schriften. Zur Lehre von der Geschichte und von der Freiheit (1964/65).* Frankfurt a. M.: Suhrkamp

Benjamin, Walter (1991). *Gesammelte Schriften.* Frankfurt a. M.: Suhrkamp

Benjamin, Walter (1997). *Gesammelte Briefe.* Bd. III. 1925–1930. Frankfurt a. M.: Suhrkamp

Bialluch, Christoph (2011). *Das entfremdete Subjekt. Subversive psychoanalytische Denkanstöße bei Lacan und Derrida.* Gießen: Psychosozial

Bochman, Svetlana (2012). Detecting the Technocratic Detective. In: L. Porter (Hrsg.), *Sherlock Holmes for the 21st Century: Essays on new adaptions* (S. 144–154). Jefferson, North Carolina; London: McFarland

Bochman, Svetlana (2012a). Investigating Victorian Propriety in Mony Matters. In: L. Porter (Hrsg), *Sherlock Holmes for the 21st Century: Essays on new adaptions* (S. 155–163). Jefferson, North Carolina; London: McFarland

Böhler, Arno (2015). Schlaf – fort/da. In: M. Schmidt (Hrsg.), *Rücksendungen zu Jacques Derridas »Die Postkarte«. Ein Essayistisches Glossar* (S. 341–347). Wien: Turia + Kant

Bonaparte, Marie (1981). *Edgar Poe. Eine psychoanalytische Studie.* Bd. II. Frankfurt a. M.: Suhrkamp

Boström, Matthias (2016). *Von Mr. Holmes zu Sherlock. Meisterdetektiv, Mythos, Medienstar.* München: btb

Cixous, Hélène (2014). *Insister. An Jacques Derrida.* Wien: Passagen

Derrida, Jacques (1976). *Die Schrift und die Differenz.* Frankfurt a. M.: Suhrkamp

Derrida, Jacques (1979). Fors. In: N. Abrahm; M. Torok (Hrsg.), *Kryptonymie. Das Verbarium des Wolfsmanns*. Frankfurt a. M; Berlin; Wien: Ullstein
Derrida, Jacques (1982). *Die Postkarte von Sokrates bis an Freud und jenseits. 1. Lieferung. Envois/Sendungen*. Berlin: Brinkmann & Bose
Derrida, Jacques (1983). *Die Postkarte von Sokrates bis an Freud und jenseits. 2. Lieferung. Spekulieren über/auf ›Freud‹*. Berlin: Brinkmann & Bose
Derrida, Jacques (1990). *Randgänge der Philosophie*. Wien: Passagen
Derrida, Jacques (1990a). Eben in diesem Moment in diesem Werk findest du mich. In: M. Mayer; M. Hentschel (Hrsg.), *Parabel. Lévinas. Zur Möglichkeit einer prophetischen Philosophie*. Gießen: Fokus
Derrida, Jacques (1991). *Gesetzeskraft. Der »mystische Grund der Autorität«*. Frankfurt a. M.: Suhrkamp
Derrida, Jacques (1992). *Grammatologie*. Frankfurt a. M.: Suhrkamp
Derrida, Jacques (1996). *Marx' Gespenster. Der verschuldete Staat, die Trauerarbeit und die neue Internationale*. Frankfurt a. M.: Suhrkamp
Derrida, Jacques (1997). *Recht auf Einsicht*. Wien: Passagen
Derrida, Jacques (1998). *Vergessen wir nicht – die Psychoanalyse!* Frankfurt a. M.: Suhrkamp
Derrida, Jacques (2001). *Limited Inc*. Wien: Passagen
Derrida, Jacques (2003). *Schurken*. Frankfurt a. M.: Suhrkamp
Derrida, Jacques (2004). *Telepathie*. Berlin: Brinkmann & Bose
Derrida, Jacques (2005). *Leben ist Überleben*. Wien: Passagen
Derrida, Jacques (2015). *Das Tier und der Souverän I. Seminar 2001–2002*. Wien: Passagen
Doyle, Sir Arthur Conan (1998). *The Best of Sherlock Holmes*. Herfordshire: Wordsworth
Doyle, Sir Arthur Conan (2009). *Die Bekenntnisse des Stark Munro*. Barnstorf: Verlag 28 Eichen
El-Hassan, Karla (1980). Nachwort. In: E. A. Poe, *Der Doppelmord in der Rue Morgue. Kurzgeschichten* (S. 93–106). Leipzig: Reclam
Elsaesser, Thomas (2009). *Hollywood heute. Geschichte, Gender und Nation im postklassischen Kino*. Berlin: Bertz + Fischer
Fisher, Benjamin F. (2004). Introduction. In: B. F. Fischer, Benjamin (Hrsg.), *The Essential Tales and Poems of Edgar Allan Poe*. New York: Barnes & Noble Classics
Fleischhack, Maria (2015). *Die Welt des Sherlock Holmes*. Darmstadt: Lambert Schneider
Foucault, Michel (1993). *Die Geburt der Klinik. Eine Archäologie des ärztlichen Blicks*. Frankfurt a. M.: Fischer
Freud, Sigmund (1972). Psychoanalyse und Telepathie. In: *Gesammelte Werke Bd. 17. Schriften aus dem Nachlass. 1892–1932* (S. 25–44). Frankfurt a. M.: Fischer
Freud, Sigmund (1972a). Traum und Telepathie. In: *Gesammelte Werke Bd. 13* (S. 165–191). Frankfurt a. Main: Fischer
Freud, Sigmund (2000): *Studienausgabe*. Frankfurt a. M.: Fischer
Gardiner, Muriel (Hrsg.) (1982). *Der Wolfsmann vom Wolfsmann*. Frankfurt a. M.: Fischer

Ginzburg, Carlo (1988). *Spurensicherung. Über verborgene Geschichte, Kunst und soziales Gedächtnis*. München: Deutscher Taschenbuch Verlag

Graham, Anissa M.; Garlen, Jennifer C. (2012). Sex and the Single Sleuth. In: L. Porter (Hrsg), *Sherlock Holmes for the 21st Century: Essays on new adaptions* (S. 24–34). Jefferson, North Carolina; London: McFarland

Haubl, Rolf; Mertens, Wolfgang (1996). *Der Psychoanalytiker als Detektiv*. Stuttgart, Berlin, Köln: Kohlhammer

Heidegger, Martin (1980): Die Zeit des Weltbildes. In: M Heidegger, *Holzwege* (S. 73–110). Frankfurt a. M.: Klostermann

Heinz, Andreas (2014). *Der Begriff der psychischen Krankheit*. Frankfurt a. M: Suhrkamp

Hoffmann, Christina Marie-Charlotte (2015). Logistik – Zur Kalkulierbarkeit sprachlicher Transporte. In: M. Schmidt (Hrsg.), *Rücksendungen zu Jacques Derridas »Die Postkarte«. Ein Essayistisches Glossar* (S. 231–243). Wien: Turia + Kant

Horowitz, Anthony (2014). *Das Geheimnis des weißen Bandes*. Frankfurt a. M: Suhrkamp

Horowitz, Anthony (2014). *Der Fall Moriarty*. Frankfurt a. M.: Suhrkamp

Jacke, Andreas (2009). *Stanley Kubrick. Eine Deutung der Konzepte seiner Filme*. Giessen: Psychosozial

Jones, Ernest (1984). *Sigmund Freud. Leben und Werk. Bd. 3*. München: Deutscher Taschenbuch Verlag

Jones, Kelvin I (1989). *Conan Doyle and the Spirits. Spiritualist Career of Sir Arthur Conan Doyle*. Wellingborough: Aquarian Press

Kant, Immanuel (2000). Anthropologie in pragmatischer Hinsicht. In: *Gesammelte Schriften Bd. 7*. Berlin: Akademie

Kittler, Friedrich (1993). *Draculas Vermächtnis. Technische Schriften*. Leipzig: Reclam Leipzig

Kofman, Sarah (2000): *Derrida lesen*. Wien: Passagen

Kracauer, Siegfried (1978). Der Detektiv-Roman. In: *Schriften I* (S. 103–204). Frankfurt a. M.: Suhrkamp

Kracauer, Siegfried (1992). *Der verbotene Blick. Beobachtungen. Analysen. Kritiken*. Leipzig: Reclam

Kracauer, Siegfried (2011): Hamlet wird Detektiv. In: *Werke Bd. 5.2. Essays, Feuilletons, Rezensionen. 1924–1927* (S. 359–361). Frankfurt a. M.: Suhrkamp

Lacan, Jacques (1986): *Schriften I*. Weinheim; Berlin: Quadriga

Lacan, Jacques (1991): *Schriften II*. Weinheim; Berlin: Quadriga

Lacan, Jacques (1994): *Schriften III*. Weinheim; Berlin: Quadriga

Lacan, Jacques (2016): *Schriften. Bd. I. Vollständiger Text*. Wien: Turia + Kant

Lavigne, Carlen (2012). The Noble Bachelor and the Crooked Man: Subtext and Sexuality in BBC's *Sherlock*. In: L. Porter (Hrsg), *Sherlock Holmes for the 21st Century: Essays on new adaptions* (S. 13–23). Jefferson, North Carolina; London: McFarland

Marino, Francesca M.; Thomas, Kayley (2012): »Don't Make People into Heroes, John« (Re/De)Constructing the Detektiv as Hero. In: L. Porter (Hrsg), *Sherlock Holmes for the 21st Century: Essays on new adaptions* (S. 65–80). Jefferson, North Carolina; London: McFarland

Osterwalder, Sonja (2011). *Düstere Aufklärung. Die Detektivliteratur von Conan Doyle bis Cornwell.* Wien, Köln, Weimar: Böhlau
Peeters, Benoît (1983). *Hergé. Ein Leben für die Comics.* Hamburg: Carlsen
Peeters, Benoît (2013). *Jacques Derrida – Eine Biographie.* Frankfurt a. M.: Suhrkamp
Platon (1991). *Die großen Dialoge.* Übersetzt von Rudolf Rufener. München: Artemis
Poe, Edgar Allan (1979). *Das gesamte Werk in zehn Bänden.* Herrsching: Manfred Pawlak Verlagsgesellschaft
Porter, Lynnette (2012). The Process of Elimination: The Americanization of Sherlock Holmes. In: L. Porter (Hrsg), *Sherlock Holmes for the 21st Century: Essays on new adaptions* (S. 113–127). Jefferson, North Carolina; London: McFarland
Reve, Karel van het (1994). *Dr. Freud und Sherlock Holmes.* Frankfurt a. M.: Fischer
Riemann, Fritz (2002). *Grundformen der Angst.* München: Ernst Reinhardt Verlag
Rohrwasser, Michael (2005). *Freuds Lektüren. Von Arthur Conan Doyle bis Arthur Schnitzler.* Gießen: Psychosozial
Ross, Michael; Jüngling, Markus (2012). *Beiheft. Sherlock Holmes Edition.* Planegg: Koch Media GmbH
Stafford, Nikki (2015). *Investigating Sherlock: The Unofficial Guide.* Newcastle upon Tyne: Myrmidon Books Ltd
Stashower, Daniel (2008). *Sir Arthur Conan Doyle. Das Leben des Vaters von Sherlock Holmes.* Köln: Baskerville Bücher
Seeßlen, Georg (2011). *Filmwissen: Detektive. Grundlagen des populären Films.* Marburg: Schüren
Schmidt, Jan Cornelius (2015). *Das Andere der Natur. Neue Wege zur Naturphilosophie.* Stuttgart: Hirzel Verlag
Schmidt, Mirko F. (2014). *Der Anti-Detektivroman.* Paderborn: Fink
Schmölders, Claudia (2007). *Das Vorurteil im Leibe. Eine Einführung in die Physiognomik.* Berlin: Akademie Verlag
Scholz, Nora (2014). *»…essence has been revealed to me«. Umkreisungen des Nondualen im Prosawerk von Vladimir Nabokov.* Berlin: Frank & Timme
Smith, Daniel (2013). *Denken wie Sherlock.* München: mvgverlag
Sternad, Christian (2015). Die Zeit ist aus den Fugen. Auf der Jagd nach sterblichen Gespenstern mit Emmanuel Lévinas und Jacques Derrida. In: L. Aggermann; R. Fischer; E. Holling; P. Schulte; G. Siegmund, Gerald (Hrsg.), *»Lernen, mit den Gespenstern zu leben«: Das Gespenstische als Figur, Metapher und Wahrnehmungsdispositiv* (S. 59–72). Berlin: Neofelis
Stiegler, Bernd (2014). *Spuren, Elfen und andere Erscheinungen. Conan Doyle und die Photographie.* Frankfurt a. M.: Fischer
Stiglegger, Marcus (2006). *Ritual & Verführung. Schaulust, Spektakel & Sinnlichkeit im Film.* Berlin: Bertz & Fischer
Taylor, Rhonda Harris (2012). A Singular Case of Identity: Holmesian Shapeshifting. In: L. Porter (Hrsg.), *Sherlock Holmes for the 21st Century: Essays on new adaptions* (S. 93–112). Jefferson, North Carolina; London: McFarland
Taylor, Rhonda Harris (2012a). The »Great Game« of Information: The BBC's Digital Native. In: L. Porter (Hrsg.), *Sherlock Holmes for the 21st Century: Essays on new adaptions* (S. 128–143). Jefferson, North Carolina; London: McFarland

Thomalla, Erika (2015). Botschaftler aus dem Geisterreich. Die Gespensterdebatte um 1800. In: L. Aggermann; R. Fischer; E. Holling; P. Schulte; G. Siegmund, Gerald (Hrsg.), »*Lernen, mit den Gespenstern zu leben*«: *Das Gespenstische als Figur, Metapher und Wahrnehmungsdispositiv* (S. 31–43). Berlin: Neofelis

Toadvine, April (2012). The Watson Effect. Civelizing the Soziopath. In: L. Porter (Hrsg.), *Sherlock Holmes for the 21st Century: Essays on new adaptions* (S. 48–64). Jefferson, North Carolina; London: McFarland

Weinstein, Zeus (2009). *Das umfassende Sherlock Holmes Handbuch*. Zürich: Kein & Aber

Tribe, Steve (2015). *Sherlock. Hinter den Kulissen der Erfolgsserie*. München: Knesebeck

Widmer, Peter (1997). *Subversion des Begehrens. Eine Einführung in Jacques Lacans Werk*. Wien: Turia + Kant

Žižek, Slavoj (1991). *Liebe Dein Symptom wie Dich selbst! Jacques Lacans Psychoanalyse und die Medien*. Berlin: Merve

| MIX |
| Papier aus verantwortungsvollen Quellen |
| Paper from responsible sources |
| FSC® C105338 |

If you have any concerns about our products,
you can contact us on
ProductSafety@springernature.com

In case Publisher is established outside the EU,
the EU authorized representative is:
**Springer Nature Customer Service Center GmbH
Europaplatz 3, 69115 Heidelberg, Germany**

Printed by Libri Plureos GmbH
in Hamburg, Germany